Manfred Alexander

Geschichte Polens

Reclam

Moim paniom Dorocie i Verze

Aktualisierte und erweiterte Ausgabe 2024

RECLAMS UNIVERSAL-BIBLIOTHEK Nr. 14585
2003, 2008, 2024 Philipp Reclam jun. Verlag GmbH,
Siemensstraße 32, 71254 Ditzingen
Umschlagabbildung: Europäisches Zentrum der Solidarność in Danzig –
© imago images / xBenard / Andia.frx 275282
Kartenzeichnung: Theodor Schwarz
Druck und Bindung: Esser print Solutions GmbH,
Untere Sonnenstraße 5, 84030 Ergolding
Printed in Germany 2024
RECLAM, UNIVERSAL-BIBLIOTHEK und
RECLAMS UNIVERSAL-BIBLIOTHEK sind eingetragene Marken
der Philipp Reclam jun. GmbH & Co. KG, Stuttgart
ISBN 978-3-15-014585-2
www.reclam.de

Inhalt

Polen als Wahlkönigreich und Adelsrepublik (1572–1795)

Die Polen in der Zeit der Teilung des Staates (1795–1918)

Polen im 20. Jahrhundert

Polen in der Europäischen Union

Anhang

Vorwort

Polen ist den Deutschen seit dem Ende des kommunistischen Regimes und seit der Wiedervereinigung Deutschlands näher gerückt; 2004 ist es Partner in der Europäischen Union geworden. Polens Gegenwart und seine Vergangenheit werden für seine Nachbarn damit wichtiger, denn erst Kenntnisse über den Nachbarn begründen eine Partnerschaft.

Die Geschichte Polens wird in deutschen Schulen kaum behandelt, obwohl eine gemeinsame Schulbuchkommission lange Jahre daran gearbeitet hat, Verzerrungen im jeweils anderen Geschichtsbild aufzuarbeiten. Unkennntnis erzeugt und verhärtet aber oft Vorurteile oder Schlagworte, an denen es im deutsch-polnischen Verhältnis keinen Mangel gibt. Zwar existieren zahlreiche Darstellungen zur Geschichte Polens in deutscher Sprache, sodass eine neue Kleine Geschichte Polens kühn erscheint; aber jeder Versuch hat seinen eigenen Wert; im vorliegenden Fall traf der Wunsch des Verlages auf die Bereitschaft des Verfassers, Erfahrungen aus der Lehre in einen neuen Text einzubringen. Eine Gesamtdarstellung über einen Zeitraum von tausend Jahren auf knappem Raum erzwingt Kompromisse; viele wichtige Fakten können nur kurz erwähnt und Ereignisverläufe müssen gestrafft werden. Im Wechsel von fortlaufender Erzählung und Erörterungen zur Verfassungs- und Sozialgeschichte wurden einzelne Ereignisse deutlicher hervorgehoben, wenn sie besondere Folgen zeitigten. Eine historische Darstellung beruht auf Personen und Fakten; manche Zeiträume mögen auch verwirrend sein, wenn Parallelerscheinungen zu beschreiben sind. Dennoch kann auf ihre Erwähnung nicht verzichtet werden, obwohl Vollständigkeit im vorgegebenen Rahmen unerreichbar ist. Zur besseren Lesbarkeit wurde manchmal eine Ereignislinie mit kräftigem Strich gezeichnet und damit eine Gewichtung vorgenommen, die zur Diskussion einlädt.

Die Anlage des Buches entspricht der Reihe mit knappen Gesamtdarstellungen der Geschichte einzelner Länder und Staaaten. Der Geschichtsverlauf folgt den Großepochen, die jeweils zu Beginn eines jeden Kapitels charakterisiert werden. Die Untergliederungen behandeln einzelne Zeiträume oder allgemeine Fragen und werden durch eine Auflistung wichtiger Daten, genealogische Übersichten und Karten eingeleitet.

Die Schreibung von Eigennamen ist immer ein Problem und ein Kompromiss. Im vorliegenden Fall wurde für polnische Persönlichkeiten die polnische Schreibweise gewählt, auch wenn manche Namen von einer Sprache in die andere »gewandert« sind: Neben dem römischen Kaiser und deutschen König Sigismund steht also der polnische König Zygmunt. Bei Ortsnamen erscheint bei der ersten Erwähnung die deutsche und die polnische Variante, im weiteren Text wird eine eingeführte deutsche Version verwendet. Eine Aussprachehilfe ist unten angeführt, wobei festzuhalten ist, dass für deutsche Leser das polnische Schriftbild verwirrender ist als die tatsächliche Lautung.

Die angeführte Literatur ist selbstverständlich eine Auswahl, wobei neben Standardwerken besonders Neuerscheinungen berücksichtigt wurden; sämtliche angeführten Titel enthalten weitere Literaturhinweise. Eine polnische Besonderheit ist die Verwendung zahlreicher Abkürzungen, die in einer eigenen Liste erfasst wurden. Ein Personenregister erleichtert darüber hinaus die Orientierung.

Geschichte gilt vielfach als »lebensfern« und »langweilig«, denn historisches Denken muss erst eingeübt werden, ehe Geschichte als durchaus »spannend« erfahren wird. Vielleicht ist es wenigstens an einigen Stellen gelungen, dem Leser etwas von der Faszination der Beschäftigung mit der Vergangenheit des Nachbarlandes zu vermitteln, denn das Geschehene dort ist uns nur selten völlig fremd, und die Vergangenheit ist nicht vergessen oder gar verschwunden. Gerade eine Kleine Geschichte Polens in deutscher Sprache sollte daran erinnern.

Aussprachehilfe

Polnische Namen und Wörter werden grundsätzlich auf der vorletzten Silbe (»Pänultima«) betont; ausgenommen davon sind in der Regel Fremdwörter wie z. B. *rzeczpospolita* ›Republik‹, bei dem (entsprechend dem lateinischen *res publica*) die drittletzte Silbe hervorgehoben wird. Die Vokale werden kurz und offen ausgesprochen (z. B. das *a* wie in dt. *hacken*, nicht lang und geschlossen wie in dt. *Haken*).

Folgende Buchstaben oder Buchstabenkombinationen des Polnischen sowie des Russischen und Tschechischen werden anders als im Deutschen verwendet oder bezeichnen dort unbekannte Laute:

Vokale

ą	nasales *o*, wie frz. *mon*
ę	nasales *e*, wie frz. *fin*
ó	*u*
y	›dumpfes‹ *i*, ohne Lippenspreizung

ie, *eu*, *ei* werden deutlich getrennt ausgesprochen

ě	*je*
ë	*jo*

Konsonanten

ł	*w* wie in engl. *water*
ń, ni	›weiches‹ *n* wie in *Vignette* (auch im Silbenschluss)
s	stimmloses *s* wie in *Hass*
z	stimmhaftes *s* wie in *Hase*

st	*s + t* wie in *wussten*
ck	*tz + k* wie in *Glatzkopf*
sz	*sch* wie in *Flasche*
cz	*tsch* wie in *Peitsche*
rz, ż	stimmhaftes *sch* wie in *Jalousie*
ś, si	›weiches‹ stimmloses *sch*, ohne Lippenrundung
ć, ci	›weiches‹ stimmhaftes polnisches *ż*, ohne Lippenrundung
č	*tsch* wie in *Peitsche*
ř	Verschmelzung von ›gerolltem‹ *r* und *sch* (etwa wie in *Hirsch*), stimmhaft gesprochen
š	*sch* wie in *Flasche*
šč	*schtsch*
ž	stimmhaftes *sch* wie in *Jalousie*

Die Zeit der Piasten

(um 960–1370/86)

Epochenüberblick

Polen ist eine europäische Landschaft des Übergangs, in der sich Einflüsse aus dem Westen und dem Osten mischten und zu einer unverwechselbaren eigenen Kultur zusammenwuchsen. Auch wenn es von der antiken Kultur und der Staatsgründung der Karolinger nicht berührt worden war, kam es durch die Christianisierung in den Kontakt zum Westen Europas, dessen Bestandteil es wurde. Polen hat an allen großen Entwicklungen des Abendlandes teilgenommen, wenn auch meist mit einer gewissen Verzögerung. Im Verhältnis zum Westen war es eher der empfangende, manchmal der bedrängte Partner. Die ersten belegten Einflüsse kamen aus Böhmen, unmittelbar gefolgt von jenen aus dem Römischen Reich und dem Herzogtum der Sachsen. Nach Osten strahlte die polnische Kultur weit über die Sprachgrenze hinaus und geriet in Kontakt und Konflikt mit den ostslavischen Nachbarn, die sich der byzantinischen Form des Christentums geöffnet hatten. Im Norden und Nordosten blieb das Verhältnis zu den nichtchristlichen baltischen Völkern der Prussen und Litauer komplizierter und belastet.

Die Taufe hat die Fürsten Polens aus dem Geschlecht der Piasten in den europäischen Hochadel integriert, was durch intensive Heiratsbeziehungen zu allen Nachbarn gefestigt wurde. Nach dem glanzvollen Anfang, der im Jahre 1000 seinen Höhepunkt fand, folgte der Absturz in innere Unruhen und in die Teilungszeit, die zu regionalen

Sonderentwicklungen und zur Abspaltung Schlesiens führen sollte. Der Wiederaufstieg zum Königreich festigte die Stellung des Staates und führte zu seiner Modernisierung und ›Verwestlichung‹. Mit der Entstehung der Adelsgesellschaft entwickelte Polen seine Eigenart, die es vom Westen und Osten unterschied. Ein Mit- und Nebeneinander von Bewohnern vieler Sprachen und Religionen hat das Land dauerhaft geprägt.

Die Anfänge

Aus dem Nebel der Sagen tritt Polen mit einem fähigen Herrscher in die europäische Geschichte: Für das Jahr 963 wird der Name »Misaca« das erste Mal in einer lateinischen Chronik (Widukind von Corvey) genannt, für 966 vermeldet dieselbe Quelle die Taufe des Mieszko auf das Drängen seiner Frau Dubrawa, der Tochter des böhmischen Herzogs Boleslav aus dem Geschlecht der Přemysliden. Mieszkos Herrschaftszentrum war Gnesen/Gniezno, die Grenzen seiner Herrschaft im Süden blieben zunächst unklar; nach Westen grenzte sein Herrschaftsgebiet an das Land der Slaven zwischen Elbe und Oder (Lausitzer Sorben, Heveller um Brennabor/Brandenburg), die zu dieser Zeit vom Stamm der Sachsen beherrscht, in Marken organisiert und christianisiert wurden. Hier lag eine Kontaktzone beiderseitiger Interessen, in der Vermittlung und Konkurrenz zu finden waren.

Zuvor war von den Polen (*polani, poloni*) nichts, von ihren Teilstämmen nur wenig zu lesen gewesen. Die antiken Schriftsteller hatten über das Land, durch das auf der Bernsteinstraße das begehrte *elektron* in den Mittelmeerraum verbracht worden war, nichts berichtet. Im Frankenreich waren im 9. Jahrhundert nur die Namen von Teilstämmen bekannt (vom sogenannten »bairischen Geographen« berichtet). Das Großmährische Reich (bis zum Untergang im Ungarnsturm 907), das mit dem Westen und dem Süden Europas bereits enge Verbindung besaß, hatte nur unklare Beziehungen zum Oberlauf der Weichsel und zum Bereich um Krakau gehabt, obgleich älteste Spuren des Christentums (in der Bezeichnung für »Kirche«: tschech. *kostel* und poln. *kościół* aus lat. *castellum*) auf einen Austausch hindeuteten.

Die ›Entdeckung‹ der Polen – der Name ist erst um 1015 in den Hildesheimer Annalen belegt – füllte eine Lücke zwischen Karpaten und Ostsee und vervollständigte das Europabild des 10. Jahrhunderts um ein Territorium, in das die antike Kultur nie Eingang gefunden hatte. Was Karl der Große im Ausgreifen über das Frankenreich im Norden mit der Eroberung der Sachsen begonnen hatte, wurde von den Sachsenherzögen auf dem Königsthron (seit Heinrich I. 919) fortgesetzt; so entstand ein ›Neueuropa‹, das die skandinavischen und westslavischen Gebiete für das lateinische Christentum erschloss; weiter im Osten wuchs währenddessen das Kiever Reich nach Jahrzehnten teils kriegerischer, teils friedlicher Beziehungen in den byzantinischen Kulturkreis hinein, was mit der Taufe von Vladimir dem Heiligen (988) besiegelt wurde.

Der Herrschaftsbereich des Herzogs Mieszko kann nicht über Nacht entstanden sein, und wo schriftliche Quellen fehlen, helfen oft die Archäologie und der Vergleich mit besser bekannten Gebieten. Die Archäologie hat für Polen vor Mieszko sichere Zeugnisse von menschlichen Siedlungen und Burgen sowie Begräbnisstätten unterschiedlicher Kulturen zu Tage gefördert, aber eine ethnische Zuordnung ist mehr als unsicher. Die Analogie legt nahe, dass für eine bäuerliche Bevölkerung in verstreuten Siedlungskammern eine Adelsverfassung mit festen Burgen die Vorstufe zu einer Machtkonzentration gewesen sein muss, die in Sagen und Legenden durchscheint.

Die Herkunft der Polen liegt ebenfalls im Dunklen, und weil in späterer Zeit der Streit zwischen Slaven und Germanen/Deutschen um das ›Erstgeburtsrecht‹ im Lande Argumente für den Nationalitätenkampf liefern sollte, sind die vorsichtigen Aussagen von Sprachwissenschaftlern über die Herkunft der Slaven aus einem Gebiet östlich der Verbreitungsgrenze der Rotbuche politisch missdeutet worden. Die Frage, ob die Polen in ihrem Siedlungsgebiet ›autochthon‹ waren, ist wissenschaftlich nicht zu beantworten; nimmt man mit der herrschenden Meinung an, dass die slavischen Stämme zwischen Karpaten und den Pripjetsümpfen entstanden sind, so mussten die späteren Polen nicht weit wandern.

Polen war seit alters her ein Durchgangsland, durch das viele Stämme gezogen sind und durch das alte Handelsstraßen führten, auf denen Waren und Menschen vom Frankenreich bis Kiev gelangten und umgekehrt (so reiste der Mönch Adalbert vom Kloster Sankt Maximin in Trier zur Fürstin Olga in Kiev, 959–961); jedoch weiß erst der arabisch schreibende jüdische Reisende Ibrāhīm ibn Ja'qūb um 970 wertvolle Fakten zu berichten. Die überlieferte Geschichte der Polen beginnt im Spannungsfeld zu den unmittelbar benachbarten Herrschaftsgebieten – den Hevellern um Brennabor/Brandenburg und den Tschechen in Böhmen; im weiteren Umfeld sind das Heilige Römische Reich unter Führung der Sachsen, im Süden die Ungarn und im Osten das Kiever Reich zu nennen.

Die Taufe des Mieszko und ihre Bedeutung für den Aufstieg Polens zu europäischer Bedeutung
(um 960–992)

um 960–992	Mieszko I.
966	Taufe Mieszkos
992–1025	Bolesław I. »der Tapfere«
997	Märtyrertod des Adalbert/Vojtěch
1000	Akt von Gnesen
1025–1034	Mieszko II. Lambert
1034–1058	Kazimierz I. »der Erneuerer«
1058–1079	Bolesław II. »der Kühne«
1079–1102	Władysław I. Herman
1102–1138	Bolesław III. »Schiefmund«
1138	Seniorat

Mieszko scheint um 960 die Herrschaft in Gnesen angetreten zu haben. Eine Ausweitung seiner Herrschaft nach Süden zum Oberlauf der Weichsel brachte ihn in Kontakt mit dem Přemysliden Boleslav, dessen Tochter Dubrawa er 964 heiratete. Tschechische Geistliche, darunter wohl auch der Bischof Jordan, waren die ersten Vertreter des Christentums am polnischen Herzogshof, wo 965 der Sohn Bolesław, später »der Tapfere« (*chrobry*) genannt, »von einem heidnischen Vater, aber einer gläubigen Mutter« geboren wurde. Erst ein Jahr später ließ sich Mieszko taufen, was der moralisierende Chronist Thietmar von Merseburg auf den Einfluss der Ehefrau zurückführte.

Die Taufe des Herzogs war kein Akt individueller Frömmigkeit, zog sie doch die Taufe des Hofes, ja des ganzen Stammes nach sich und war damit ein politisches Ereignis. Sie bedeutete den Abschied von der alten Stammesreligion, die zum einen auf übergeordneten Göttern beruhte (*perun* als Donnergott), zum anderen den jeweiligen Stamm an seinen Wohnsitz band (heilige Orte als Hai-

Polen um das Jahr 1000

Memel
LITAUER
PREUSSEN
Memel
Narew
ock
Bug
Weichsel
MASOWIEN
KIEVER RUS´
Pilaca
Sandomierz
San
kau
Weichsel
ROTREUSSEN
LEINPOLEN
Herrschaftsgebiet von Mieszko I., um 966
Herrschaftsgebiet von Bolesław I., um 1000
0
100
200
300 km

ne, Inseln oder auffällige Hügel). Den Christen galten die Ungetauften als Angehörige der Religion des Teufels, die ungestraft versklavt werden durften und mit denen keine Tischgemeinschaft erlaubt war. Der Übertritt zum Christentum schnitt die überlieferte Bindung an die Ahnen ab und konnte Legitimationsprobleme für den Herrscher mit sich bringen, öffnete ihm aber andererseits den Weg in die gesamte christliche Welt mit ihren universalen Wert- und Moralvorstellungen. Nur ein christlicher Herrscher war den anderen gleichgestellt, gehörte zur »christlichen Familie der Könige«.

Mieszko trat rasch in rege Beziehungen zu den westlichen Nachbarn, sodass Widukind ihn als »Freund des Kaisers« Otto I. bezeichnen konnte. Dies schloss den Streit um Territorien an der mittleren Oder nicht aus, wo der Piast seinen Herrschaftsbereich auf die slavischen Pomoranen (*na pomorzu* ›am Meer‹) erweitern wollte und in Konflikt mit dem Markgrafen Hodo geriet, in dem Otto die Partei des Polen ergriff. Mieszko war auch auf dem glanzvollen Hoftag in Quedlinburg zu Ostern 973 anwesend, was als Bezeugung des Respektes vor dem Rang des Kaisers zu werten ist. Als Dubrawa 977 starb, nahm Mieszko die Tochter des Markgrafen Dietrich von der Nordmark, Oda, zur Frau und begründete damit die engen Familienbeziehungen des Piastenhauses mit dem sächsischen Hochadel für die folgenden zwei Generationen.

Ist die Ranggleichheit der Piasten mit dem sächsischen Hochadel, darunter auch die Seitenlinie des Herzoghauses der Ekkehardiner in Meißen, in zahlreichen Eheverbindungen bezeugt, so hat die Erwähnung bei Widukind, Mieszko sei dem Kaiser »tributpflichtig« gewesen, zu nationalpolitischem Streit geführt. Heute besteht Übereinstimmung darin, dass Mieszko nicht für sein angestammtes Herzogtum Tribut leistete, sondern für eroberte – noch von Heiden bewohnte – Gebiete, auf die auch der Kaiser Ansprüche erhob. Dieser Tribut bezeugte wohl die

Anerkennung des Rangs und die persönlichen Beziehungen, die bis zum Versprechen der Heeresfolge gehen konnten; da das Mittelalter in personalen Kategorien dachte, war ein solcher »Tribut« nichts Ehrenrühriges und war bei jedem Personenwechsel zu erneuern (oder zu verweigern und eventuell nach kriegerischen Auseinandersetzungen neu zu begründen); es war keine endgültige institutionalisierte Unterordnung.

Als Otto im Mai 973 starb, wurde Mieszko auch in die Reichspolitik und in die Rivalitäten des Hochadels einbezogen.

Gegen Otto II. unterstützte er Heinrich den Zänker, Herzog in Bayern aus dem sächsischen Herzogsgeschlecht, wechselte nach dem Tode Ottos II. jedoch zur Partei der Regentin Theophanu und Ottos III. Nach dem großen Slavenaufstand von 983, der auch seine eigenen Ansprüche getroffen hatte, bekämpfte er zusammen mit den Reichstruppen die Liutizen, einen Stammesverband der heidnischen Slaven, die die sächsische Oberhoheit, das Markensystem und die christlichen Einrichtungen vernichtet hatten. Auch in den Machtkampf in Böhmen griff Mieszko ein, als er im Streit zwischen dem Přemysliden Boleslav II. und dem konkurrierenden Geschlecht der Slavnikiden das Letztere unterstützte und dabei sein Herrschaftsgebiet um große Teile Schlesiens erweiterte.

Aber nicht nur der dynastische Streit um Territorien ist bemerkenswert, sondern die Einbindung Polens in die christliche Welt durch Heiratsbeziehungen des Herzoghauses. In drei Generationen lassen sich sechs Eheverbindungen der Piasten zum sächsischen Hochadel aufzeigen, davon vier mit den Ekkehardinern von Meißen. Dem scheint ein Plan zugrunde gelegen zu haben; jedenfalls hatte es die Folge, dass die Piasten sich dem sächsischen Herzogshaus eng verwandt fühlen mussten. Geht man davon aus, dass die zukünftigen Ehefrauen nicht allein in die Fremde zogen, sondern mit Priestern und Gefolge kamen, dass sie ihre Kinder wohl auch in ihrer Muttersprache erzogen und ihnen vertraute Namen gaben, so ist hier ein enger Kulturaustausch anzunehmen, über den die Quellen selten Auskunft geben. In den folgenden Generationen ist eine Zunahme von Ehebeziehungen zu Ungarn, Böhmen und zur Kiever Ruś festzustellen, was für eine verstärkte Einbindung der polnischen Herrscher in die europäischen Beziehungen spricht.

Über die Sozialverfassung Polens zur Zeit der ersten Piasten wissen wir wenig. Ibrāhīm spricht von einem starken Herrscher und von einem reichen Land; Mieszko muss eine verlässliche Gefolgschaft von Kriegern gehabt haben, um seine militärischen Erfolge zu erringen. Die Herkunft einer solchen *drużyna* ist unklar; wir können nur vermuten, dass es Grundbesitzer waren, denen Bauern oder Sklaven den Unterhalt und die Rüstung ermöglichten, oder auch ausländische Söldner, wie sie im Kiever Reich als Skandinavier nachweisbar sind. Jedenfalls berichtet Ibrāhīm von Soldzahlungen in geprägten Münzen, ohne deren Herkunft zu verraten. Archäologisch ist für diese Zeit eine Vermehrung von Burgen mit starker Holzkonstruktion und Erdwällen nachzuweisen, die wohl nach strategischen Gesichtspunkten angelegt worden sind. Ob diese Baumaßnahmen eine Siedlungsverdichtung zur Voraussetzung oder zur Folge hatten, bleibt unklar, da über die Bauern nichts mitgeteilt wird. Es spiegelt sich darin aber eine neue Verwaltungsstruktur wider, die über die alten Stammesgrenzen hinaus zu einer Vereinheitlichung des Landes tendierte.

Etwas mehr ist über die Organisation der Kirche zu erfahren. Die älteste Schicht christlicher Tradition ist böhmischer Herkunft, und das erklärt vielleicht die Übernahme von Begriffen aus der mährischen Tradition der Slavenapostel. Ob der erste Bischof Jordan ebenfalls tschechischer Herkunft war, ist umstritten, jedenfalls wurde er 968 in Posen/Poznań eingesetzt und war dem Papst direkt unterstellt. Polen erhielt also von Anfang an eine eigene Kirchenorganisation und war nicht – wie Prag – von der Reichskirche abhängig. Dies scheint planvoll geschehen zu sein, denn für 972 ist eine Huldigung an den Papst überliefert, der gewissermaßen zum Taufpaten des jungen Bolesław gemacht wurde; 991 fand eine merkwürdige Schenkung des Landes an den Papst statt (*donatio Poloniae*), in der wohl ebenfalls in symbolischer Form die Unabhängigkeit – hier die Unmittelbarkeit der Beziehungen zum Papst – zum Ausdruck kam und sich in der Institution des »Peterspfennigs« als direkte Abgabe an den Papst halten sollte.

Bolesław der Tapfere und der Akt von Gnesen; dynastische Auseinandersetzungen (992–1025)

Herzog Mieszko hinterließ bei seinem Tode am 25. Mai 992 eine gefestigte Herrschaft, aber mehrere Erben, unter denen er das Land aufgeteilt zu haben scheint; im Streit mit den jüngeren Brüdern setzte sich jedoch Bolesław durch und vertrieb seine Stiefmutter Oda und deren Söhne. Außer der Teilnahme an einigen Feldzügen gegen die Liutizen wird von Bolesław dann wenig berichtet, bis er mit einem herausragenden Ereignis auf die europäische Bühne trat.

Anlass dazu war der Slavnikide Vojtěch/Wojciech, auf den Namen Adalbert getauft und zweiter Bischof von Prag. Neben dem Herzog Boleslav II. hatte Adalbert in Prag wenig Einfluss entwickeln können und sich lieber in Rom aufgehalten, wo er mit Reformern der Kirche in Kontakt gekommen und mit Otto III. zusammengetroffen war. Als Boleslav 995 die gegnerische Sippe der Slavnikiden ausrotten ließ, konnte sich Adalbert in Prag nicht mehr halten und ging als Missionar zu den heidnischen

Piasten (Auswahl)

Mieszko I. (um 960–992)
⚭ 2. Dubrawa v. Böhmen († 977)
⚭ 3. Oda (Tochter des Mgf. Dietrich, Nordmark) († 1023)

von 2:

Bolesław Chrobry (995–1025) ⚭ 1. Tochter des Mgf. Rikdag v. Meißen ⚭ 2. Ungarin (Tochter v. Géza) ⚭ 3. Emnilda (Tochter v. Dobromir) († 1017) ⚭ 4. Oda (Tochter des Ekkehard v. Meißen) († 1018)	Oda ⚭ Gunzelin v. Meißen	Tochter	Sigrid Storrada ⚭ 1. Erik (Dänemark) ⚭ 2. Olaf Tryggvason ⚭ 3. Sven Gabelbart

von 3:

Mieszko II. (1025–1034) ⚭ Richeza v. Lothringen († 1063)	Reglindis ⚭ Herrmann v. Meißen († 1038)	Tochter ⚭ Svjatopolk v. Kiev († 1018)	Tochter (Äbtissin)

Ekkehardiner (von Liudolf, Bruder von Heinrich I.) (Auswahl)

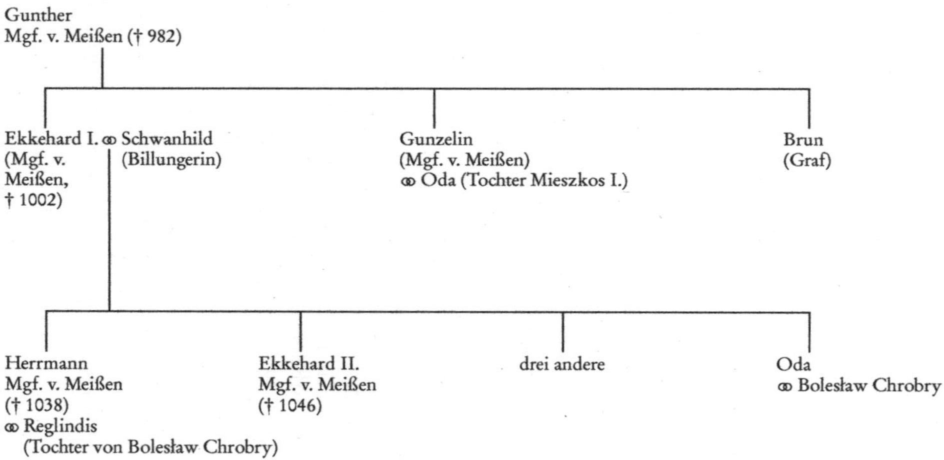

Prussen, wo er 997 den Märtyrertod fand. Der polnische Herzog, selbst ein Gegner der Přemysliden, löste den Leichnam aus und ließ ihn in Gnesen beisetzen. Gnesen war seit 999 als Sitz eines Erzbischofs und der Halbbruder des Adalbert, Radim/Gaudentius, als erster Amtsinhaber vorgesehen. Es waren mehrere Gründe, die Otto im Frühjahr 1000 zu seiner spektakulären Reise nach Gnesen bestimmten: Seit 999 forderte sein Siegel eine »Erneuerung des römischen Reiches« (*renovatio imperii romanorum*), und seine asketischen Neigungen machen den Besuch am Grabe des rasch an Berühmtheit gewinnenden Märtyrers als persönliches Motiv wahrscheinlich.

Der »Akt von Gnesen« ist in vielen Details rätselhaft und wird von dem Zeitgenossen Thietmar – aus der Sicht der folgenden dynastischen Auseinandersetzungen – kritisch, vom späteren Chronisten Polens Gallus Anonymus dagegen euphorisch geschildert. Zweifelsfrei war die Rangerhöhung, die Otto dem polnischen Herzog durch die Überreichung einer Nachbildung der Heiligen Lanze (als Symbol für die christliche Herrschaft und den Heidenkampf) gewährte, während die Bezeichnung als *amicus et socius* sowie *cooperator imperii* in anderen Quellen nicht gestützt wird. Symbolisch war auch eine Art Krönung mit dem Diadem des Kaisers, was jedoch nicht eine formelle Erhebung zum König bedeutete. Thietmar hat dies misstrauisch betrachtet und beklagt, dass der Kaiser einen *tributarius* zum *dominus* gemacht habe. Die wirklichen Motive Ottos sind aus dem Bild aus seinem Evangeliar erschlossen worden, auf dem vier allegorische Frauengestalten mit den Namen »Roma«, »Gallia«, »Germania« und »Sclavinia« dem jungen Kaiser in herrscherlicher Haltung auf dem Thron huldigen.

Dauerhafter war die Kirchenorganisation, die dem neuen Erzbischof von Gnesen die Suffraganbistümer Krakau/Kraków, Kolberg/Kołobrzeg, Breslau/Wrocław und – nach dem Tode des protestierenden Amtsinhabers Unger –

auch Posen unterstellte. Die junge polnische Kirche blieb damit dem Einfluss der Reichskirche und speziell des Erzbistums Magdeburg entzogen. Zukunftweisend war auch die Absprache, den Sohn Bolesławs, Mieszko II., mit einer Nichte des Kaisers, Richeza, Tochter des Pfalzgrafen Ezzo von Lotharingien, zu vermählen, was 1013 vollzogen wurde. Bolesław begleitete seinen hohen Gast auf dem Rückweg, wenn auch zweifelhaft ist, ob er ihm bis nach Aachen folgte.

Der Tod Ottos III. im Januar 1002 im Alter von nur 22 Jahren beendete weitergehende Pläne. Nun traten die üblichen Streitigkeiten um die Nachfolge auf, wenn ein Herrscher kinderlos verstorben war. Neben dem bayrischen Herzog Heinrich, Sohn des »Zänkers«, erhob auch der Markgraf Ekkehard von Meißen Ansprüche auf den Thron und wurde von seinem Schwiegersohn Bolesław unterstützt. Als er ermordet wurde, wechselte Bolesław zu dem Bayern, der als Heinrich II. den deutschen Königsthron bestieg. Der polnische Herzog erhielt den östlichen Teil der Mark Meißen zu Lehen. Bald aber verschlechterte sich das Verhältnis, weil Bolesław Heinrich für einen Überfall verantwortlich machte, wahrscheinlich aber deshalb, weil Bolesław in den Bruderstreit der Přemysliden um die Nachfolge in Prag eingriff und Böhmen selbst gewinnen wollte, ohne jedoch dafür eine Lehnshuldigung zu leisten. Damit begann ein dynastischer Streit um Land und Rang, den Thietmar als Zeitgenosse detailreich beschrieben hat und den spätere Historiker als Beginn eines tausendjährigen deutsch-polnischen Gegensatzes missdeutet haben. Festzuhalten ist, dass der sächsische Adel nur höchst ungern die folgenden Kriegszüge unternahm und König Heinrich dafür getadelt wurde, dass er im Bündnis mit den heidnischen Liutizen den christlichen Polenherzog bekriegte. Nach Jahren des wechselnden Kriegsglücks konnte am 30. Januar 1018 in Bautzen ein Frieden geschlossen werden, der den Status quo ante wiederherstellte: Bolesław leistete den Lehnseid für das östliche Meißener Land und blieb in seinem angestammten Herrschaftsbereich unabhängig. Der polnische Herzog hatte auch im Osten Erfolge vorzuweisen, wo er 1018 in den Thronstreit in Kiev eingriff und seinem Schwiegersohn Svjatopolk kurzzeitig auf den Großfürstenthron brachte; dabei eroberte er im Südosten die červenischen Burgen für Polen. Aus gesicherter Machtposition und als geachteter Fürst griff er nach dem Tode des Kaisers Heinrich selbst nach der Königskrone, die ihm der Papst zugesandt hatte, und wurde am 25. Dezember 1024 gekrönt; nur wenig später, am 17. Juni 1025, starb Bolesław.

Jahre des Niedergangs und die Krise des Piastenstaates (1025–1138)

Die Menschen des Mittelalters achteten sorgsam auf Rangfragen, und eine einseitige Erhöhung war heikel und nur mühsam durchzusetzen. Als Mieszko II. sich mit seiner Gemahlin Richeza ebenfalls krönen ließ, beschwor er eine Gegenaktion aller Nachbarn herauf. Der neue Kaiser Konrad II., der Böhmerherzog Udalrich und selbst Jaroslav von Kiev zogen in mehreren Feldzügen gegen Mieszko, der sich zunächst mühsam behauptete, dann aber 1031 eine vernichtende Niederlage erlitt. Kurzfristig musste er auch seinem älteren Bruder Bezprym die Macht abtreten, unterwarf sich aber dann dem Kaiser und verzichtete auf dem Hoftag in Merseburg auf die Krone und die Meißener Gebiete. Als er 1034 im Alter von nur 44 Jahren starb, stand das Land vor inneren Wirren; Richeza musste mit ihrer Tochter fliehen und fand bei ihrem Bruder Hermann, Erzbischof von Köln von 1036 bis 1056, Aufnahme.

Mieszko II. Lambert ⚭ Richeza von Lotharingien († 1163)
(1025–1034)

Kazimierz »der Erneuerer« ⚭ Maria Dobronega von Kiev († 1087)
(1034–1058)

Bolesław II. »der Kühne«
(1058–1079)

Władysław I. Herman
⚭ 2. Judith von Böhmen († 1085)
⚭ 3. Judith Maria (Tochter Heinrichs III.)
(† um 1100)

Bolesław III. »Schiefmund« (1102–1138)
⚭ 1. Zbyslava von Kiev († um 1108)
⚭ 2. Salomea von Berg († 1144)

Wie immer in Zeiten schwacher Herrscher überlappten sich nun zwei Prozesse: der Machtgewinn des Adels, der aus der Gefolgschaft und aus Bodenbesitz heranzuwachsen begann, und das Eingreifen der Nachbarn und Konkurrenten von außen, das zum Verlust der Randgebiete führte. Die Dänen besetzten Pommern; Herzog Břetislav von Böhmen eroberte Gnesen (1039), zerstörte den Altar in der Kathedrale und entführte die Gebeine des heiligen Adalbert nach Prag; Krakau und andere Städte wurden zerstört. Der Thronerbe Kazimierz wurde von einheimischen Kräften vertrieben, deren Anführer, der Mundschenk Masław, sich in Masowien selbstständig machte. Die inneren Unruhen setzten sich in der Bevölkerung fort, in der sich die Ablehnung der Adelsherrschaft mit einer heidnischen Reaktion verband, die Kirchen und Klöster vernichtete, Geistliche und Bischöfe tötete oder vertrieb. Mit Hilfe des Kaisers Heinrich III. und des Großfürsten Jaroslav von Kiev, dessen Halbschwester Maria Dobronega er 1041 heiratete, konnte Kazimierz 1039 zurückkehren und an den Wiederaufbau gehen, der ihm den Ehrennamen »Erneuerer« (*odnowiciel*) eintragen sollte.

Kazimierz verlegte seine Residenz nach Krakau und konnte mit Hilfe seines Onkels, Erzbischof Hermann von Köln, die Kirchenorganisation erneuern und die Klöster wieder aufbauen. Jaroslav half ihm mit Heeresmacht, Masowien und Pomerellen zurückzugewinnen, und mit Hilfe des ungarischen Königs Andreas I. eroberte er auch Schlesien. Kaiser Heinrich III. hatte ihm ebenfalls geholfen, indem er Břetislav 1041 zu einer schweren Strafe verurteilt hatte. Auf dem Hoftag zu Quedlinburg 1054 sprach er als Schiedsrichter Schlesien dem Polen zu, verpflichtete ihn aber zu Tributzahlungen gegenüber dem Böhmen. Als Kazimierz 1058 starb, hatte er bis auf Westpommern die alten Gebiete zurückgewonnen; im Innern war aber seine Macht geschwächt, weil die Kriege die Wirtschaftskraft zerstört hatten und der Adel eine neue Machtposition gewonnen hatte.

Der neue Herzog Bolesław II. (1058–1079) mit den Beinamen »der Kühne« (*śmiały*) oder »der Freigebige« (*szczodry*) musste seine Herrschaft mit drei Brüdern teilen, gegen die er sich allmählich durchsetzen konnte. Sein außenpolitisches Manövrierfeld war aber größer, da im römischen Reich der minderjährige Heinrich IV. zunächst unter der Obhut konkurrierender Gruppen stand und dann 1076 in den Streit mit dem Papst, in Kirchenbann und Bürgerkrieg geriet. Dies erlaubte Bolesław die Kündigung der Tributabhängigkeit für Schlesien und eine erfolgreiche Kriegführung gegen Vratislav von Böhmen, dem er die Marken Lausitz und Meißen abnahm. Auch in die schwer überschaubaren Machtkämpfe in Kiev griff er ein und verhalf überdies in Ungarn seinem Vetter Ladislaus dem Heiligen zu einer Rückkehr auf den Thron. Die äußere Machtfülle wurde 1076, wenige Tage vor dem Canossagang Heinrichs IV., durch die Krönung zum König besiegelt. Dann aber geschah der jähe Absturz. Aus einer Adelsopposition, die wohl den jüngeren Bruder Władysław Herman auf den Thron bringen wollte, und aus einem Streit, dessen Grund wir nicht kennen, folgte ein brutaler Mord an dem Krakauer Bischof Stanisław am 11. April 1079. Bolesław musste nach Ungarn fliehen und soll 1081/82 in Kärnten gestorben sein.

Der schwache Nachfolger Władysław Herman (1079–1102) war ein Spielball in den Händen seiner adeligen Ratgeber, allen voran der Palatin (*wojewoda*) Sieciech. Dem äußeren Erfolg, als er 1088 die verwitwete Schwester des Kaisers Heinrich IV., Judith Maria, heiratete, widersprach das Chaos in Polen, das sich in Adelsunruhen und im Streit mit seinen Söhnen Zbigniew und Bolesław äußerte. Polen wurde unter den dreien aufgeteilt, wobei dem Vater zwar die Oberhoheit, aber nur die Macht über die Hauptstädte Gnesen und Krakau sowie über Masowien blieb. Schließlich musste er gar seine Absetzung befürchten. Unter diesen Umständen konnte er die außenpolitische Stellung Polens weder gegen Kiev im Südosten noch gegenüber Böhmen halten und musste die Tributzahlungen für Schlesien wieder aufnehmen. Nach seinem Tode 1102 entbrannte zwischen seinen beiden Söhnen der Kampf um die Alleinherrschaft.

Der Adel, der sich allmählich zu einem eigenen Stand ausbildete und an der Macht beteiligt sein wollte, unterstützte Bolesław III. »Schiefmund« (*krzywousty*), der unternehmungslustiger war und mehr Beute auf Kriegszügen versprach. 1107 erreichte man eine Einigung, die Zbigniew auf die Herrschaft in Masowien beschränkte, später aber ins Exil trieb. Der Bruderstreit um die Herrschaft ermöglichte dem Kaiser Heinrich V. wieder ein Machtwort zur Schlichtung, das von Bolesław in seiner ganzen Strenge verworfen wurde. Der nun fällige Kriegszug zur Festigung seiner Autorität konnte Heinrich aber nicht zum Erfolg verhelfen; es kam zu einem Friedensschluss mit dem Kaiser (1111) und zu einer Ehe Bolesławs mit Salomea (1113), Tochter des Grafen Heinrich von Berg, deren Schwester mit dem böhmischen Herzog Vladislav verheiratet war. Zbigniew, der an die Zusicherung einer friedlichen Rückkehr geglaubt hatte, wurde in Polen gefangen gesetzt und geblendet. Die Verwandtschaft auf der Herzogebene verhinderte nicht die Fortsetzung des Streites zwischen Böhmen und Polen um die Herrschaft in Schlesien, das nach vielen wechselvollen Kämpfen auf dem Pfingsttreffen von Glatz 1137 an Polen fiel.

Als Bolesław III. am 20. Oktober 1138 starb, trat zur Vermeidung von Bruderkämpfen eine Nachfolgeordnung in Kraft, die vielleicht der altslavischen Tradition der Herrschaftsteilung, wahrscheinlich aber der Lösung folgte, die Jaroslav der Weise im Kiever Reich eingeführt hatte: das Seniorat. Die vier älteren Söhne Bolesławs – der jüngste, Kazimierz, ging zunächst leer aus – erhielten jeder ein Herzogtum, deren Grenzen etwa den alten Stammesgrenzen entsprachen: Władysław Schlesien mit Breslau, Mieszko Großpolen mit Posen, Bolesław Masowien und Kujawien, Heinrich Kleinpolen mit Sandomir/Sandomierz als Hauptsitz. Der jeweils Älteste einer Generationslinie als *senior* oder *maximus dux* sollte zu seinem Erbgut das westliche Kleinpolen mit dem inzwischen zum Hauptort aufgestiegenen Krakau, die Länder Łęczyca/Lentschütz und Sieradz, die alte Krönungsstadt Gnesen sowie die Oberhoheit über Pommern erhalten. Der Senior sollte die Einheit des Landes nach außen verkörpern und die Herrscherrechte der Münze, des Gerichts- und Heereswesens ausüben. Die Teilgebiete waren nicht als selbstständige Fürstentümer gedacht, sondern galten als Eigentum der Sippe, die der Senior für das ganze Land vertrat. Wie in Kiev zeigte sich indes bald, dass eine solche Regelung nur kurze Zeit funktionieren konnte und bald innere Kämpfe und eine Teilung des Landes folgten, die fast 180 Jahre dauern sollte. Nur die Kirche behielt ihre einheitliche Organisation und bildete die Klammer um die Teilfürstentümer.

Beim Tode Bolesławs III. bestanden in Polen sechs Bistümer, die Gnesen als Erzbistum unterstellt waren: Posen, Krakau, Płock für Masowien, Włocławek/Leslau für Kujawien (an der Stelle des älteren Kruschwitz) und das kleine Bistum Lebus/Lubusz an der Oder. Das Bistum Kolberg war im 11. Jahrhundert während der heidnischen Reaktion verfallen und geriet später unter deutschen Einfluss. Gegenüber den Bischöfen hatte der Herzog seit 1000 ein Ernennungsrecht, auf das erst Bolesław III. formell verzichtete. Er behielt aber zunächst ein Mitspracherecht bei der Bischofswahl; endgültig wurde die freie Wahl des Bischofs durch das Domkapitel erst unter Druck des Papstes Innozenz III. nach 1207 eingeführt. Da die polnischen Bischöfe nicht gleichzeitig weltliche Lehnsträger waren, gab es keine Investitur durch den Herrscher und damit keine Entwicklung der Bischöfe zu Landesherren wie im Römischen Reich. Bischof und Domkapitel waren nur zum Zweck ihrer Versorgung mit Landbesitz ausgestattet, der verstreut lag und sich nicht zu einer Territorialherrschaft ausbauen ließ. Der Herkunft nach waren die polnischen Bischöfe bis zu Bolesław überwiegend Landfremde, darunter Deutsche, Franzosen (Lothringer), Tschechen und Italiener. Erst unter Bolesław III. gab es öfter Polen, wobei sich in manchen Fällen an den Namen die Herkunft nicht erkennen lässt.

Die polnische Kirche hatte lange mit inneren Problemen zu kämpfen, denn die Christianisierung des Hofes hatte den Prozess der Verchristlichung des Landes erst eingeleitet, der keineswegs störungsfrei verlaufen sollte. Bei den zahlreichen Unruhen scheinen auch heidnische Elemente im Spiel gewesen zu sein, weil man annehmen kann, dass der alte Volksglaube bei der geringen Dichte von Geistlichen auf Pfarrstellen noch lange fortlebte. Der Untergang des Christentums bei den Elbslaven ebenso wie die Zerstörungen der Kirchen und Klöster durch die feudalen Auseinandersetzungen des 11. Jahrhunderts haben die Verchristlichung des Landes aufgehalten. Die alten Benediktinerklöster wie Meseritz/Międzyrzecze waren untergegangen und wurden nach der Jahrhundertmitte erneuert und ergänzt durch Klöster, die z. T. aus der Kölner Kirchenprovinz (wie Tyniec bei Krakau) beschickt wurden. Hier entstanden auch die ersten Annalen auf polnischem Boden und zwischen 1112 und 1118 auch die Chronik des Gallus Anonymus, des »unbekannten Lothringers«.

Die Gesellschaftsstruktur des Landes hatte sich seit der Jahrtausendwende durch die Unruhen – vielleicht diese hervorrufend – erheblich geändert. Hatten schon die ersten Piasten ihre Herrschaft nicht ohne Rücksicht auf die *potentes* ausüben können, so hatte sich durch die Landausstattung der herzoglichen *drużyna* neben dem alten Stammesadel eine neue Schicht herausgebildet, die Mitsprache an der Herrschaft einforderte. Seit Mieszko I. sicherten Burgen das Land, die jeweils von einem Kastellan (*comes*) beherrscht wurden. In ihrem Umkreis waren

Siedlungen entstanden, in denen ein differenziertes Handwerk ausgeübt wurde, aber noch keine Entwicklung zu einem Bürgertum sichtbar war. Die Ausweitung der Territorialherrschaft hatte Auswirkungen auf die Bauern, die in Abhängigkeit vom Herzog, von Adeligen oder von der Kirche ihre frühere (vermutete) Freiheit verloren. Im Umkreis des Herzogs waren die Ämter des Hofes ausgebaut worden, sodass neben dem *camerarius* und *cancellarius* auch der Mundschenk und andere dem karolingischen System verwandte Amtsträger zu finden sind, in denen die Oberschicht des Adels vermutet werden kann. Polen folgte hier – wie in vielem anderen – dem westlichen Vorbild, übernahm aber nicht das System des Lehnswesens, das West- und Mitteleuropa prägen sollte.

Zwischen Zentralmacht und Teilfürsten
(1138–1306)

1138–1146	Władysław II. »der Vertriebene«
1146–1173	Bolesław IV. »Kraushaar«
1173–1177	Mieszko III. »der Alte«
1177–1194	Kazimierz II. »der Gerechte«
1194–1202	Mieszko III. »der Alte«
1226	Goldene Bulle von Rimini
1295–1296	Przemysł II. König von Polen
1300–1305	Wenzel/Václav II., König von Böhmen und Polen
1305–1306	Wenzel/Václav III., König von Böhmen und Ungarn

Teilfürstentümer: Schlesien

1201–1238	Heinrich I. »der Bärtige«
1238–1241	Heinrich II. »der Fromme«
1241	Schlacht bei Liegnitz

Wenn Bolesław, die Bischöfe und der Hochadel von der Einführung des Seniorats und der Aufteilung des Staates unter die erbberechtigten Söhne Gerechtigkeit und Stabilität erhofft hatten, so wurden diese Erwartungen bald enttäuscht, da die Fürsten einander im Kampf um die Zentralmacht bekriegten. Dazu traten Tendenzen zu einer Sonderentwicklung der einzelnen Territorien auf, deren Herrscher jeweils im Kontakt mit den Nachbarn eigene Interessen verfolgten. In diese Dauerkonflikte konnten Kaiser und Papst mit jeweils eigenen Zielen eingreifen.

Dieses Grundmuster wurde bereits unter dem ersten Senior Władysław II. (der »Vertriebene«, *wygnaniec*, 1138–1146) sichtbar. Um seine Stellung abzusichern, suchte er – Sohn einer Kiever Fürstin – in Kiev Unterstützung und verheiratete auch seinen Sohn mit einer Rurikidin. Als seine Stiefmutter Salomea 1140 starb, zog er deren Besitz ein und wollte – gestützt auf seinen Anteil Schlesien – die Zentralmacht auf Kosten der Brüder wieder stärken. Die Wende trat ein, als er den protestierenden Breslauer Palatin Piotr Włostowic verhaften und blenden ließ; daraus entwickelte sich ein Aufstand der Brüder, die ihn aus dem Amt und dem Lande vertrieben. Władysław fand Aufnahme beim deutschen König Konrad III., seinem Schwager, und Unterstützung im Kampf um die Rückkehr nach Polen, wofür er die Oberhoheit des Kaisers anerkannte. Der folgende Feldzug Konrads führte jedoch nur bis zur Oder, und Konrad gab sich damit zufrieden, dass der neue Senior Bolesław IV. »Kraushaar« (*kędzierzawy*, 1146–1173) ihm Tribut zahlte und den Kaiser als Schlichter akzeptierte. Jedoch hielt er die Zusage nicht ein, am ersten Italienzug des neuen Königs Friedrich I. »Barbarossa« teilzunehmen, und dies hatte einen Feldzug Friedrichs nach Posen zur Folge. Gegen einen hohen Tribut und den Lehnseid wurde Bolesław anerkannt. Ein weiteres Mal intervenierte der Kaiser in Polen nach dem Tode Władysławs (1159), um dessen drei Söhnen das Erbe

Schlesien zu erhalten; der Senior gab darauf den größten Teil des Landes zurück. Dafür zog er nach dem Tode seines jüngeren Bruders das Erbe Sandomir (1166) ein und vertrieb die Neffen wieder aus Schlesien. Eine erneute Intervention der Kaisers (1173) hatte wieder Erfolg: Der Senior verzichtete auf Schlesien und auf Sandomir, das sein jüngster Bruder Kazimierz erhielt, der seinerzeit bei der Verteilung des Erbes übergangen worden war.

Nach dem Tode Bolesławs folgte ihm nach der Regelung des Seniorats sein jüngerer Bruder Mieszko III. der »Alte« (*stary*, 1173–1177) aus Großpolen, der sich bald einer Opposition des kleinpolnischen Adels und den Ansprüchen seines jüngeren Bruders Kazimierz gegenübersah, der ihn aus der Herrschaft vertrieb. Als Kazimierz II. der »Gerechte« (*sprawiedliwy*, 1177–1194) machte er den ersten Versuch, die Regelung des Seniorats zu ändern und Schritte zur Wiederherstellung der Einheit des Landes einzuleiten. In seinem Besitz befanden sich Kleinpolen und Krakau, große Teile Großpolens um Gnesen; als Regent für seine Neffen beherrschte er Kujawien und Masowien; die schlesische Linie hatte er sich mit der Wiedereinsetzung des vertriebenen Herzogs Bolesław »des Langen« (*wysoki*) von Breslau verpflichtet. Auf einer Versammlung in Łęczyca konnte er 1180 mit Unterstützung der Bischöfe und des Hochadels das Seniorat abschaffen und den Anspruch durchsetzen, dass Krakau und die Würde des Großfürsten in seinem Familienzweig verbleiben sollten. Um die Zustimmung des Papstes zu erhalten, verzichtete er auf das *ius spolii*, das Recht, den persönlichen Besitz eines Bischofs nach dessen Tode einzuziehen, und für die Zustimmung des Kaisers musste er erneut die Oberhoheit des Reiches anerkennen.

Nach seinem Tode gewannen die alten Kräfte noch einmal die Oberhand, als Mieszko »der Alte« ein zweites Mal die Würde des Seniors übernahm (1194–1202); gegen den Widerstand des Adels konnte er jedoch Kleinpolen nicht behaupten und musste sich in sein Gebiet Großpolen zurückziehen. Die Zentralgewalt wurde zur Farce, der Titel des Senior hohl. Obgleich der Gedanke der Einheit der Piasten fortlebte und die Kirche als Institution die gemeinsame Klammer blieb, verselbständigten sich die Teilfürstentümer, sodass sogar der Name »Polonia« in den Hintergrund trat. Die Politik wurde durch kleinräumige Interessen bestimmt, die durch die Rivalität auf der Fürstenebene und zahlreiche Teilungen unter den fürstlichen Nachkommen dem regionalen Adel einen großen Einfluss verschafften und damit den Grund für die spätere Entwicklung legten.

Am weitesten entfernte sich *Schlesien* von den anderen polnischen Territorien. Nur durch die Intervention des Kaisers Friedrich I. waren den drei Söhnen Władysławs II. die schlesischen Gebiete zurückgegeben worden. Bolesław »der Lange« und Mieszko – der jüngste Bruder Konrad wurde Geistlicher – haben das Land anscheinend zunächst gemeinsam regiert, dann aber 1173 eine Teilung beschlossen, die Mieszko benachteiligte. Nach dem Tode Bolesławs vereinbarten sein Sohn und Nachfolger Henryk/Heinrich »der Bärtige« (*brodaty*, 1201–1238) und sein Onkel Mieszko 1202 eine neue Teilung, die Mittel- und Niederschlesien mit dem Hauptort Breslau von Oberschlesien mit dem Hauptort Oppeln/Opole trennte. In den nächsten Generationen spalteten sich die beiden Linien weiter auf, sodass Schlesien zur Landschaft mit der höchsten Dichte an Fürsten in Mitteleuropa wurde. Obgleich Heinrich seine Herrschaft auf weitere Gebiete Polens (Krakau, Posen) ausweiten konnte, waren seine Verdienste nur für Schlesien bleibend. Er öffnete das Land dem deutschen Einfluss, unterstützt von seiner Gemahlin Hedwig von Andechs-Meranien, die als Heilige von Schlesien (1267 kanonisiert) bis heute verehrt wird.

Henryk/Heinrich II. »der Fromme« (*pobożny*, 1238–1241) setzte die Politik seines Vaters in Schlesien, Krakau und Großpolen fort, geriet dann aber in die Katastrophe des Mongolensturms. In der Schlacht bei Liegnitz (9. April 1241) besiegte ein mongolisches Erkundungsheer ein polnisch-deutsches Ritterheer, zog dann aber nach Ungarn und wegen eines Thronwechsels zurück in den Altai. Mit dem Tode Heinrichs schwand die Machtstellung Schlesiens; zahlreiche Konflikte der Fürsten untereinander und im Bündnis mit Auswärtigen spalteten das Land und verstärkten den Einfluss Böhmens, dessen König Otakar II. die Vormundschaft für seinen Neffen Heinrich IV. (1270–1290) bis zu seinem Tode in der Schlacht auf dem Marchfeld bei Dürnkrut gegen Rudolf von Habsburg (1278) ausgeübt hatte. Heinrich huldigte nun dem deutschen König Rudolf und konnte auch hoffen, in Krakau die polnische Krone zu erlangen. Sein früher Tod begünstigte jedoch den böhmischen Einfluss. Über Schlesien strebte König Wenzel/Václav II. von Böhmen nach Krakau und Gnesen, wo er 1300 zum polnischen König gekrönt wurde. Nach seinem Tode im Jahre 1305 und dem Mord an seinem Sohn Wenzel/Václav III. ein Jahr darauf endete die böhmische Episode für Polen, denn der Luxemburger Johann, der 1310 in Prag gekrönt wurde, beschränkte seinen Einfluss auf Schlesien, das nach einer Verzichtserklärung des polnischen Königs Kazimierz 1339 in den Besitz des böhmischen Königs überging und 1348 von Karl IV. als Bestandteil der »Krone Böhmen« inkorporiert wurde. Schlesien war damit aus dem Bestand der polnischen Fürstentümer ausgeschieden.

In *Großpolen* wurde die gesamtpolnische Tradition noch am ehesten gepflegt, war doch der Hauptort Gnesen der Sitz des Erzbischofs, der sich (nach 1207) vom Einfluss der Landesfürsten befreien konnte. 64 Jahre hatte Mieszko III. »der Alte« in seinem Fürstentum das Regiment geführt, nur zeitweise durch eine Entmachtung unterbrochen. Nach seinem Tode (1202) begann mit dem Streit zwischen seinem Sohn und seinem Enkel eine Kette von

Konflikten, in die unter anderen die Fürsten von Schlesien eingriffen, aber auch die Markgrafen von Brandenburg mit Einmischung drohten. Przemysł II. (1279–1296) erreichte vorübergehend durch den Gewinn von Krakau eine dominierende Stellung und ließ sich 1295 durch den Erzbischof Jakób Świnka in Gnesen zum König krönen, wurde jedoch im folgenden Jahr ermordet. Wieder brachen Nachfolgekämpfe aus, in denen der böhmische König Wenzel II. den Thron erringen konnte; nach dessen Tod regierte der schlesische Piast Heinrich III. von Glogau, bis das Teilfürstentum in das neue gesamtpolnische Königreich zurückkehrte (1314 an Władysław Łokietek).

An *Kleinpolen* und seiner Hauptstadt Krakau hing die Würde des Seniors, was die Stadt nicht nur für die Erben von Kazimierz II., sondern auch für andere Fürsten interessant machte, die dort eine Machtbasis für ihren Einfluss auf den Gesamtstaat suchten. Gefährlicher wurde zunächst die Macht im Südosten. Nach dem Tode von Kazimierz hatte sein Schwager Roman als Fürst von Halyč und Wolhynien, kurzzeitig auch *rex Galiciae*, die Vormundschaft über dessen Söhne Leszek »den Weißen« (*biały*, † 1227) und Konrad I. von Masowien ausgeübt, dann aber Gebietsabtretungen in Lublin und Sandomierz verlangt. 1205 wurde er bei Zawichost an der Weichsel geschlagen und getötet, aber die Konflikte im Südosten blieben, denn auch König Andreas II. von Ungarn suchte Territorialgewinne auf Kosten Kleinpolens. Die Kontaktzone zu dem ostslavischen Fürstentum und zu Ungarn blieb unruhig; Herrschaftsansprüche und Kriegszüge beherrschten die Szene bis zu Władysław Łokietek.

In *Masowien* und *Kujawien* war 1199 Konrad I. († 1247) an die Herrschaft gekommen. Auch hier war die Grenze unruhig gegenüber den noch heidnischen Prussen im Norden und dem litauischen Stamm der Jatvjagen im Osten. Auf Bekehrungsversuche und Kreuzzüge (1221–23), in denen das Kulmer Land erobert wurde, antworteten die

Prussen mit Verheerungen in Masowien. Dagegen suchte Konrad die Hilfe von Ritterorden, die sich den Kampf gegen die Heiden zur Aufgabe gemacht hatten. Aber weder der spanische Orden von Calatrava, der 1228 in Tymau an der Weichsel einen Standort erhielt, noch der vom Missionsbischof Christian begründete Orden der »Ritter Christi« (*milites Christi de Prussia*) mit Sitz in Dobrin/Dobrzyń an der Weichsel sollten sich durchsetzen, sondern der ferne »Orden der deutschen Ritter vom Spital der heiligen Maria in Jerusalem«, der 1198 im Feldlager vor Akkon gegründet worden war. Wohl 1225 – so überliefert es die Ordensgeschichte – erreichte den Hochmeister Hermann von Salza die Bitte um Hilfe und das Versprechen, dem Orden das Kulmer Land zu übereignen.

Hermann, als Kanzler des Kaisers Friedrich II. im Zentrum der politischen Macht, ging planvoll vor und berücksichtigte die Erfahrung, die der Orden im Burzenland in Siebenbürgen gemacht hatte, wo ihn der ungarische König Andreas II. nach kurzem Aufenthalt 1222 wegen seiner Selbstständigkeitsbestrebungen des Landes verwiesen hatte. Da »Heidenland« als herrenlos galt und vom Kaiser beansprucht wurde, ließ sich Hermann das Land von Friedrich II. übereignen, der in der Goldenen Bulle von Rimini 1226 die Bedingungen festlegte: Der Hochmeister solle Rechte wie ein Reichsfürst erhalten. Im Vertrag von Kruschwitz übertrug Konrad von Masowien 1230 das Kulmer Land »zu wahrem Eigentum und vollkommener Herrschaft« an den Orden. Als Hochmeister eines geistlichen Ordens benötigte Hermann auch die Zustimmung des Papstes Gregor IX., die er 1234 in Rieti erhielt; der Orden und das von ihm zu erobernde Gebiet wurde dem Papst direkt unterstellt und war von keiner weltlichen Macht abhängig. So abgesichert begann der Orden ab 1231 die Eroberung des Prussenlandes, indem er von Kulm aus das Land mit einem Netz fester Burgen überzog. Die Verbindung von militärischer und geistlicher

Disziplin im Orden wurde ergänzt durch eine Siedlungsinitiative, die das Magdeburger Stadtrecht auf die neuen Gebiete übertrug (Kulmer Handfeste 1233). Konrad hatte eine effektive Hilfe für die Bekämpfung der Prussen erhalten, sich aber auch für Polen ein Problem eingehandelt.

Pommern, das »Land am Meer«, und der östliche Teil *Pommerellen* lag zwischen dem Unterlauf der Oder und der Weichsel; seit der ersten bekannten Zusammenfassung der Macht unter dem Fürsten Zemuizil (Ziemomysl, 1046) schwankte es zwischen Polen und dem deutschen Königreich. Bolesław III. »Schiefmund« hatte in mehreren Kriegen eine Oberherrschaft errungen und auch 1135 König Konrad III. einen Tribut für das Land zugesichert, die Herrschaft aber kaum ausüben können, denn der Herzog Wartislaw I. von Stettin suchte die Nähe zum Reich, um die polnische Oberherrschaft abzuschütteln. Das 1140 begründete Bistum Wollin (später Kammin) wurde weder Gnesen noch Magdeburg zugeordnet, sondern war exempt, also nur dem Papst unterstellt. Die neuen Landesherren, besonders die Askanier in Brandenburg und die Dänen, drängten den polnischen Einfluss zurück. Die neuen Kräfte waren seit dem »Wendenkreuzzug« von 1147 vor allem Siedler aus den westlichen Gebieten. Nur Pommerellen am Unterlauf der Weichsel blieb umstritten; die lokalen Fürsten mussten nach mehreren Feldzügen (1295, 1300) die Oberherrschaft der polnischen Nachbarn anerkennen, gerieten aber immer stärker in das Gravitationsfeld zwischen Brandenburg und dem Deutschen Orden.

Landesausbau und »bewegende Gruppen«

Seit Beginn schriftlicher Überlieferung haben Beobachter von außen über die Völker Mittel- und Ostmitteleuropas berichtet, und es schimmert durch die Berichte hindurch, dass sie an den Orten ihrer Tätigkeit neben den Einheimischen auch Fremde vorfanden, die bereits ansässig waren. Nur durch Kontakte mit Juden vor Ort sind die Berichte des jüdischen Reisenden Ibrāhīm ibn Ja'qūb über den polnischen Herzog »Mešeqqo« erklärbar. Bei der dünnen Besiedlung Europas im frühen Mittelalter waren schon kleine Gruppen von Fremden in der Lage, zwischen sich und den Einheimischen Kulturbeziehungen zu entwickeln, die zu großen Ergebnissen führen konnten. Peter Moraw hat sie »bewegende Gruppen« genannt, die sich selbst bewegten und anderswo etwas in Bewegung setzten. Juden und Kaufleute, was in der Karolingerzeit als Synonym galt, gehören dazu, ebenso wie Geistliche, adelige Ehefrauen und Ritter im Solddienst einheimischer Herzöge. Auf diese Weise wurden Gedanken und technische Neuerungen, Feldfrüchte und Agrartechniken aus dem Mittelmeergebiet über das Frankenreich und Flandern nach Deutschland gebracht und von dort weiter nach Osten getragen. Das Ergebnis der Neuerungen waren ein innerer Landesausbau, eine bessere Versorgung und infolgedessen eine Vermehrung der bäuerlichen Bevölkerung, eine Differenzierung der Gesellschaft und daraus folgend die Gründung und der Ausbau der Städte, die Entwicklung einer eigenen Rechtsstruktur der Stadt (Stadtrecht), eine Siedlungsverdichtung und die Gewinnung von Neuland in bisher nicht genutzten Gebieten (Trockenlegung von Feuchtland). Dieser allgemeine europäische Prozess erreichte in der ersten Hälfte des 12. Jahrhunderts die slavisch-germanische Kontaktzone an der unteren Elbe und verband sich dort mit der planvollen Tätigkeit der »Wirtschaftsförderung« unter dem König Lothar von Supplinburg, einem Kaiser aus sächsischem Haus (1125–1139), sowie den untergeordneten Mächten wie Graf Adolf von Schauenburg, dem Askanier Albrecht der Bär in Brandenburg und insbesondere dem Herzog Heinrich der Löwe von Sachsen-Bayern. Der Chronist Helmold von Bosau († nach 1177) hat als Zeitgenosse erlebt und beschrieben, wie die Slaven aus der Gegend von Lübeck christianisiert oder verdrängt wurden, wie Fachleute aus Westfalen Städte (Lübeck) bauten, den Handel auf der Ostsee organisierten und monopolisierten, wie Niederländer Sümpfe trocken legten und unter den Pflug nahmen. Der Wendenkreuzzug von 1147 zeigte, dass die Landesherren über die alten Stammesgrenzen hinausgriffen, um ihr Territorium zu erweitern; somit erwies sich die angebliche Christianisierung von Heiden als Ziel der Kreuzfahrer dort als fragwürdig, wo diese – wie in Stettin – bereits auf Christen trafen. Herzog Heinrich hat planvoll in die Wirtschaftsstruktur eingegriffen, alte Rechte beseitigt (Neugründung von Lübeck 1159) und neue bleibende Tatsachen geschaffen (Förderung von München anstelle des älteren Freising). Modernisierung der Herrschaft und Hebung der Steuerkraft waren die Ziele dieses Landesausbaus, eine Verschiebung der Sprachgrenze zu Lasten der Slaven eher ein Beiwerk und die Entstehung der Neustämme der Mecklenburger und Pommern das Ergebnis dieses Prozesses.

Diese Bewegung setzte sich im polnischen Sprachgebiet fort, und am frühsten und am stärksten wurde davon Schlesien erfasst. Deutsche Sprache und Kultur hatten am Hofe der Herzöge durch die Ehefrauen und Geistlichen bereits Eingang gefunden. Klöster wurden gegründet und mit landfremden Mönchen besetzt; insbesondere der Orden der Zisterzienser hatte aus Frankreich den Brauch mitgebracht, Orte der Ödnis bewohnbar zu gestalten. Das Kloster Heinrichau (gegründet 1222) verewigte den Namen des Herzogs Heinrichs I. Aber auch fremde Ritter erhielten Landbesitz für ihre Dienste und blieben im Land. Im Auftrag des Herzogs sammelten adelige und bürgerliche Unternehmer (*locatores*) Interessenten für eine bäuerliche Ansiedlung, die mit dem Versprechen von freier Betätigung, Rechtssicherheit und Abgabenfreiheit für eine Übergangszeit ins Land geholt wurden. Sie brachten ihre

Sitten und Gebräuche, ihre Sprache und ihre Arbeitstechniken, ihr Vieh und ihre Rechtsvorstellungen mit und unterschieden sich in all diesen Dingen von den Einheimischen. Fernkaufleute ließen sich in bestehenden Handelsplätzen nieder und erwarben vom Herzog das Recht, sich nach eigenem Brauch zu regieren und bei Streitigkeiten untereinander selbst Recht zu sprechen. So kam das *ius teutonicum* in Gestalt des Magdeburger oder Lübischen Rechtes ins Land. Zu Anfang des 13. Jahrhunderts wurden die ersten Städte vom Herzog mit deutschem Stadtrecht versehen, darunter etwa 1230 die Hauptstadt Breslau/Wrocław. Städte und Siedlungen wurden planvoll angelegt, mit zentralen Plätzen für den Handel und dem Rathaus als Sitz des Rates für das Stadtregiment. Handwerker und Fachleute aller Art wurden angeworben oder kamen freiwillig, weil sie der Konkurrenz oder alten Bedrückungen in ihrer Heimat ausweichen wollten. All dies war kein Phänomen einer Masseneinwanderung, die die einheimische Bevölkerung verdrängt hätte – dies hätte den lokalen Adel aufgebracht –, sondern es waren kleine Gruppen, eher aus den bereits erschlossenen Neulandgebieten als aus dem fernen Mutterland. Immer setzte die Zuwanderung aber die Zustimmung des Landesherrn voraus, der darin eine Chance zum Landesausbau und zur Verbesserung der Einnahmen sah; nationale Kriterien in der Art des 19. und 20. Jahrhunderts spielten darin so gut wie keine Rolle, denn auch einheimische Bauern und Stadtbewohner fanden Interesse an den neuen Rechten und Wirtschaftsmöglichkeiten, sodass sicher ist, dass das *ius teutonicum* auch dort angewendet wurde, wo es keine Deutschen gab. Polen wurde auf diese Weise in die Modernisierung Mitteleuropas einbezogen, jedoch ungleichmäßig, sodass sich die Unterschiede zwischen dem am weitesten entwickelten Schlesien im Westen und dem Ordensland im Norden auf der einen und den zentralpolnischen und ostpolnischen Gebieten auf der anderen Seite vertieften.

Die Konsolidierung der Zentralmacht und die neue Größe Polens (1320–1384/86)

1320–1333	Władysław I. »Ellenlang«, König von Polen
1333–1370	Kazimierz III. »der Große«, König
1348	Frieden von Namslau, Schlesien böhmisch
1370–1382	Ludwig »der Große«, König von Ungarn und Polen
1374	Privileg von Kaschau
1384	Krönung Jadwigas zum *rex Poloniae*

Nur mühsam und in kleinen Schritten konnte die Zentralgewalt in Polen in Auseinandersetzungen mit allen Nachbarn wiederhergestellt werden. Aus dem kleinen zentralpolnischen Herzogtum Sieradz strebte der junge Herzog Władysław »Ellenlang« (*Łokietek*) zur Erweiterung seiner Machtbasis um Krakau, musste sich aber zunächst Wenzel II., dann Przemysł II., der fast ein Jahr lang König war, unterwerfen. Nach dessen Ermordung 1296 konnte Władysław vorübergehend Großpolen besetzen, ehe er 1300 Wenzel II. weichen musste. Er ging nach Rom zum Papst Bonifaz VIII., der 1302 in der Bulle *Unam sanctam* die Ansprüche des Papstes auf das Gericht über Kaiser und Könige verkünden sollte. Bonifaz verurteilte Wenzel II. wegen des Erwerbs der polnischen Königskrone und seinen Sohn Wenzel III. wegen der Übernahme der ungarischen Krone nach dem Aussterben des einheimischen Geschlechts der Arpaden. Aber nicht dieser Spruch des Papstes, der bereits 1303 dem französischen König Philipp IV. unterlag, brachte Władysław Erfolg, sondern der frühe Tod der beiden böhmischen Herrscher. Von Sandomierz aus begann Władysław ein Sammeln der polnischen Fürstentümer, das nach einigen Rückschlägen schließlich glückte. Er erreichte die Zusammenfassung eines Territoriums von rund 120000 km^2 mit einer Million Einwohnern. Nicht eingeschlossen war darin Masowien, das – in kleine Herzogtümer geteilt – bis 1526 weitgehend selbstständig blieb, und Pommerellen, wo es zum Konflikt mit dem Deutschen Orden kam.

Die örtliche Familie der Swenzonen (Święca) in Pommerellen hatte bereits seit längerem zwischen Brandenburg und Polen geschwankt und abwechselnd dieser oder jener Seite gehuldigt. Als Władysław 1307 die polnische Herrschaft durch neue Amtsträger im Lande festigen wollte, griffen Truppen aus Brandenburg ein. Gegen diese Gefahr rief der polnische Herzog den Deutschen Orden zu Hilfe, der auch die Brandenburger vertrieb, dann aber die Stadt Danzig und ganz Pommerellen selbst in Besitz nahm (1308). Der Orden, der einmal zum Heidenkampf gerufen worden war, verhielt sich damit wie ein ›normaler‹ Landesfürst, der sein Gebiet um begehrte Territorien – die Stadt Danzig und den Unterlauf der Weichsel – erweitern wollte. Dies führte zu einem Dauerkonflikt mit Polen, der mit wechselndem Erfolg mal für die eine, mal für die andere Seite jeweils mit großem Propagandaaufwand und viel Bestechungsgeld ablaufen sollte. Die erste Runde ging an den Orden, der die Ansprüche der Brandenburger durch eine hohe Geldzahlung ablöste und diesen Handel vom deutschen König Heinrich VII. bestätigt erhielt.

Der äußeren Sammlung der verbliebenen polnischen Teilfürstentümer folgte die innere Konsolidierung, wobei ein neues Element auftrat. Die deutschen Bürger von Krakau, wo seit 1257 das Magdeburger Stadtrecht galt, lehnten sich gegen Władysław auf und beriefen einen eigenen Kandidaten aus Schlesien, der sich jedoch nicht behaupten konnte. Das folgende Strafgericht von 1311 traf die Stadtbürger hart, und ebenso wurde das Bürgertum in Posen zum Gehorsam gezwungen (1314). Władysław setzte damit auf die Unterstützung des Adels, aus dem er seine Truppen rekrutierte, gegen das Stadtbürgertum, das da-

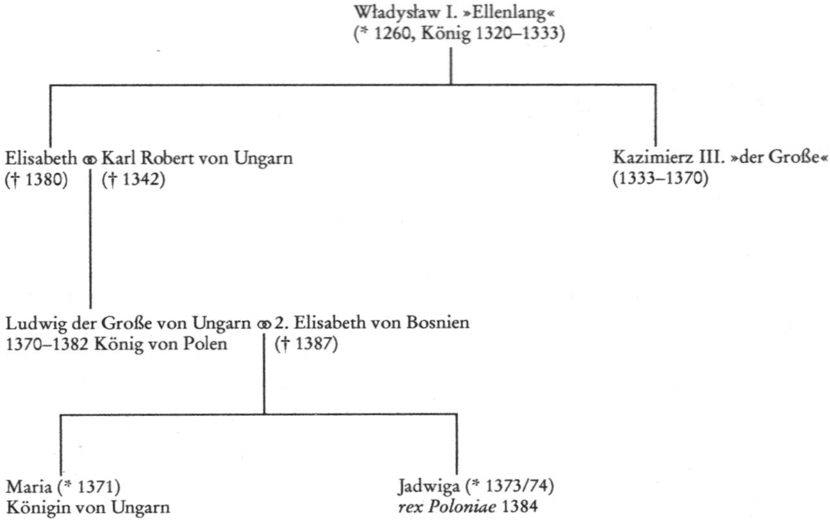
Władysław I. »Ellenlang«
(* 1260, König 1320–1333)
Elisabeth ⚭ Karl Robert von Ungarn
(† 1380)
(† 1342)
Kazimierz III. »der Große«
(1333–1370)
Ludwig der Große von Ungarn ⚭ 2. Elisabeth von Bosnien
1370–1382 König von Polen
(† 1387)
Maria (* 1371)
Königin von Ungarn
Jadwiga (* 1373/74)
rex Poloniae 1384

mals in Deutschland seinen Aufstieg begann. Władysław hatte sein Ziel der Einigung Polens erreicht, als er am 20. Januar 1320 sechzigjährig in der Kathedralkirche auf dem Wawel zum König Władysław I. gekrönt wurde und darin die Anerkennung des Papstes erhielt.

Auch in der Außenpolitik legte Władysław die Grundlagen, auf denen sein Nachfolger aufbauen konnte. Zum Hause Anjou, das mit Karl Robert seit 1308 den König von Ungarn stellte, bestanden gute Beziehungen, die durch die Ehe des Königs mit Władysławs Tochter Elisabeth verstärkt wurden. Im Osten knüpfte er Beziehungen zum litauischen Großfürsten Gedymin, dessen Tochter Aldona/Anna mit dem Thronfolger Kazimierz vermählt wurde. Nur mit König Johann von Böhmen bestanden Probleme, weil dieser Ansprüche auf Teile Polens (Masowien) erhob und die in Kujawien eroberten Gebiete dem Deutschen Orden übertrug. Als Władysław am 28. April 1333 in Krakau starb, hatte er das Reich im Wesentlichen konsolidiert.

Kazimierz III. »der Große« (*wielki*, 1333–1370) setzte die Politik seines Vaters fort und konnte sie in vielen Punkten abrunden. Da es sich gezeigt hatte, dass der Konflikt mit dem Deutschen Orden um Pommerellen weder juristisch (der Papst hatte 1321 für Polen und 1323 gegen Polen entschieden) noch militärisch zu lösen war (der Orden hielt Kujawien und das Dobriner Land als Pfand), entschloss sich Kazimierz zum Nachgeben. Unter Vermittlung des ungarischen Königs wurde ein Kompromiss gefunden, der nach weiteren Verhandlungen und erfolglosen Interventionen des Papstes schließlich 1343 zum Frieden von Kalisz führte. Kazimierz verzichtete auf Pommerellen und erhielt dafür Kujawien und das Dobriner Land an der Weichsel zurück. Der Friede wurde von den Bischöfen und von Vertretern der Städte des Landes bestätigt.

Auch der Konflikt mit Böhmen, dessen König Johann (von Luxemburg) immer noch Ansprüche auf den polnischen Thron erhob und wiederholt in Polen militärisch eingegriffen hatte, wurde schließlich bereinigt. Auf dem Fürstentag von Visegrád in Ungarn im November 1334 erkannten beide die tatsächlichen Besitzverhältnisse an: Kazimierz verzichtete auf Schlesien, Johann auf den Titel eines Königs von Polen. Dieser Verzicht, der 1339 noch einmal bestätigt wurde, schuf zwar noch keine vollständige Ruhe in den beiderseitigen Beziehungen, da weitere militärische und diplomatische Aktionen versucht wurden (Gefangennahme Karls von Mähren, 1345). Als Karl dann aber als König von Böhmen und bald Kaiser Karl IV. die formale Inkorporierung Schlesiens in die Länder der »Krone Böhmen« verkündete, folgte diesem staatsrechtlichen Akt im November 1348 der Friede von Namslau, der die Streitigkeiten endgültig beendete und in der Folge durch wechselseitige Eheverbindungen absicherte.

Neben der Regelung von Problemen der Vergangenheit stellte Kazimierz auch die Weichen für wichtige Zukunftsentwicklungen Polens. Da die Ehe von Kazimierz kinderlos geblieben war, sorgte er sich um die Einheit des Landes, die nach seinem Tode bei Kämpfen zwischen anspruchsberechtigten entfernten Verwandten gefährdet sein würde. 1339 schloss er darum mit seinem Schwager Karl Robert von Ungarn einen Erbvertrag, der den Söhnen des ungarischen Königs auch die Nachfolge in Polen sichern sollte. Der Vertrag wurde 1342 nach dem Tode Karl Roberts auf dessen Sohn Ludwig ausgeweitet, der damit als Thronfolger in Polen feststand. Noch konnte niemand wissen, dass Ludwig ohne männlichen Erben bleiben sollte, und auch seine beiden Töchter erst nach dem Tode von Kazimierz geboren werden sollten.

Erbansprüche waren auch der Anlass dafür, dass sich der Blick nach Südosten richtete. In Halyč-Wolhynien war der Fürst Bolesław 1340 ermordet worden, und damit trat eine Absprache mit Ungarn in Kraft, das neben Polen ebenfalls Ansprüche auf Rotreußen, wie es dann genannt wurde, erhob.[1] Kazimierz ließ seine Truppen einmarschieren, die aber gegen den Widerstand der ostslavisch-orthodoxen Bevölkerung und des Konkurrenten Lubart, eines Sohnes des litauischen Großfürsten Gedymin, nur einen kleinen Teil des Landes besetzen konnten. Erst mit ungarischer Hilfe eroberte Kazimierz 1349 den Großteil des Landes und erreichte 1352 die Abtretung von Przemyśl und Lemberg von Litauen, musste jedoch für dieses Gebiet an den Khan der Krimtataren Tribut zahlen, der die Mongolen in der Oberherrschaft abgelöst hatte. Ein weiterer Feldzug brachte 1366 die volle Oberhoheit über dieses Gebiet, das nach seinem Tode sein ungarischer Neffe Ludwig zusammen mit Polen erhalten sollte.

Im Streit um Rotreußen hatte sich Litauen als der gefährlichste Gegner erwiesen. Litauen war der letzte Staat im östlichen Europa, der von einer nichtchristlichen Oberschicht beherrscht war. Das Siedlungsgebiet des baltischen Volkes der Litauer bestand aus dem nördlichen Schamaiten (Samogitien, Žemaitija, von *žemas* ›niedrig‹), das sich als Keil zwischen die Territorien des Deutschen Ordens und seines livländischen Zweiges, des ehemaligen Schwertbrüderordens, schob, und dem südlichen Aukštaien oder Hochlitauen (von *aukštas* ›hoch‹). Von hier aus hatte ein Fürstenclan weite Gebiete ostslavischer Bevölkerung orthodoxen Glaubens erobert und diese unter dem Großfürsten Gedymin (1315–1341) und seinen Söhnen Olgerd (Algirdas) und Kynstute (Keistutis) nach Osten und Süden (bis Kiev, 1362) ausgedehnt. Im Westen war Schamaiten ständig im Kleinkrieg mit dem Orden umkämpft, und Mittellitauen wurde wiederholt vom Ordensheer und westlichen Rittern – darunter auch Karl von Mähren 1345 – in den »Litauerreisen« bekriegt. Obgleich der herrschende Clan an seiner Stammesreligion festhielt,

1 »Rotreußen« (»Rotrussland«, *Czerwona Ruś*), »Weißrussland«, »Schwarzrussland«: in der mongolisch-turksprachigen Tradition bezeichnen Farben Himmelsrichtungen.

war er den Nachbarn und den christlichen Untertanen gegenüber religiös tolerant und bereit, die Wahl der Religion als politischen Trumpf einzusetzen. Nachdem Kazimierz bereits durch seine litauische Ehefrau Anna und die späteren Landgewinne in engere Beziehungen zu dem östlichen Nachbarn getreten war, sollten sich die Beziehungen unter dem Sohn Olgerds, Jagiełło (Jogaila), der 1377 Großfürst wurde, weiter vertiefen.

Nach dem Tode von Kazimierz eilte der ungarische König Ludwig der Große sofort nach Krakau, um sich dort zum König von Polen krönen zu lassen (1370–1382). Die Statthalterschaft über Polen übertrug er seiner Mutter Elisabeth, der Schwester des verstorbenen Kazimierz; jene Länder, die Kazimierz nur für seine Person gewonnen hatte (Masowien-Płock und Teile Rotreußens) gingen verloren. Ludwig hatte die Absicht, Rotreußen auf Ungarn zu übertragen, und setzte dort einen eigenen Statthalter ein. Ludwig kam in den folgenden Jahren nur sehr selten nach Polen; während seiner Herrschaft und der schwachen Regentschaft seiner Mutter († 1380) traten zwei Entwicklungen auf, die die Geschichte Polens tief prägen sollten: die Stärkung der Macht des Adels und die Lösung des Nachfolgeproblems nach dem Erlöschen der Piasten im Mannesstamm.

Unter Władysław Łokietek war die Macht des Adels spürbar gewachsen, denn ohne die militärische Unterstützung des landbesitzenden Adels waren die Ansprüche auf eine Landschaft oder das Gesamtreich nicht zu realisieren. 1300 hatte der Erzbischof von Gnesen zusammen mit Vertretern des Hochadels König Wenzel gewählt, und nach dem Tode der beiden Böhmen konnte Władysław durch Bündnisse mit lokalen Adeligen die Herrschaft erringen und festigen; Bischöfe, Hochadel und das »Volk« hatten 1318 den Papst in Avignon gebeten, Władysław zum König zu erheben. Kazimierz hatte den Landesausbau konsequent betrieben und in den Wojewodschaften, der Fortsetzung der alten Teilfürstentümer, und den Starosteien Vertrauensleute aus dem ansässigen Landadel (*szlachta*) eingesetzt; am Hofe war der Einfluss der reichen Hochadeligen (Magnaten) gewachsen. Auf allgemeinen Adelsversammlungen (*colloquia, convocationes*) auf der Ebene der Landschaft (*terra, ziemia*) und in Versammlungen von Amtsträgern (*wiece*) hatte Kazimierz den örtlichen Adel zu Beratungen herangezogen. Die Verwurzelung des Adels in seiner Landschaft verband sich auf diese Weise mit dem wachsenden Verantwortungsgefühl für den Gesamtstaat, der in der *corona regni Poloniae* und in dem Kult um den ermordeten Krakauer Bischof Stanisław symbolischen Ausdruck fand. Gerade die Frage der ungesicherten Nachfolge machte die Mitwirkung des Adels notwendig, um den Nachfolger zu legitimieren. Und immer, wenn der König vom Adel die Zustimmung zu einer Frage erbat, musste er dafür etwas von seinen Rechten abtreten, oder anders gesagt, den Adel in die Verantwortung einbinden. Die Vorstellung, dass im ganzen Königreich »ein Fürst, ein Recht, eine Münze« gelten sollten, wurde in den Adelsversammlungen diskutiert, eine Vereinheitlichung der regionalen Unterschiede beschlossen und in Statuten festgelegt (Petrikau/Piotrków 1347). Polen nahm damit an dem europäischen Prozess der Verrechtlichung der Herrschaft und der Abgrenzung von Machtsphären teil, der in Böhmen und im Römischen Reich mit Karl IV. verbunden ist. An die Stelle der personal begründeten Herrschaft des Mittelalters trat allmählich ein Denken in überpersonalen Institutionen und im geregelten Interessenausgleich.

Die Rivalität zwischen den Regionen, insbesondere zwischen Großpolen und Kleinpolen, war schon wiederholt deutlich geworden. Die Anerkennung eines Fürsten in einem Fürstentum hatte die Beteiligung des lokalen Adels vorausgesetzt, wobei ein landfremder Amtsträger das Interessengeflecht störte. Im Jahre 1353 schloss sich der Adel Großpolens zur ersten Konföderation der polnischen Geschichte zusammen; dies war eine durch Eid gebundene Einung, die zur Durchsetzung ihrer Interessen zum Einsatz von Gewalt bereit war. In ähnlicher Weise musste die Nachfolgeregelung abgesichert werden, die die beiden Herrscher aus Polen und Ungarn 1355 in Buda/Ofen getroffen hatten; die hohe Geistlichkeit und die Magnaten beider Königreiche stimmten in getrennten Versammlungen zu.

Ein landfremder König war in besonderer Weise von der Zustimmung des Adels abhängig und auch eher geneigt, auf Rechte zu verzichten. Im Privileg von Kaschau/Košice/Kassa erhielt König Ludwig 1374 die Zustimmung der Vertreter des Adels, dass eine seiner Töchter die Nachfolge antreten dürfe; dafür ermäßigte er die Steuer (Pflugsteuer, *poradlne*) auf ein Sechstel des bisherigen Betrages (auf zwei Groschen pro Hufe). Ämter sollten nur an polnische Adelige und vorrangig aus dem jeweiligen Gebiet vergeben werden, was wegen der Abwesenheit des Königs den Zusammenhalt des lokalen Adels stärkte. Die Städte wurden in dieser Frage nicht berücksichtigt.

Ein weiterer Schritt in Richtung der späteren Adelsrepublik wurde getan, als die Frage der Nachfolge des am 11. September 1382 verstorbenen Ludwig gelöst werden musste. Ursprünglich war vorgesehen, dass die ältere Maria (* 1371) Polen erben sollte, die mit dem Markgrafen von Brandenburg Sigismund, dem jüngsten Sohn Karls IV. und nachmaligen Kaiser, verlobt war. Die jüngere Tochter Jadwiga/Hedwig (* 1373/74) war für den Habsburger Wilhelm und für das ungarische Königreich, erweitert um Rotreußen, vorgesehen. Auf einer Adelsversammlung in Radomsko bei Częstochowa/Tschenstochau nahe der Grenze zwischen Groß- und Kleinpolen beschloss der Adel, nur eine Königin zu akzeptieren, die im Lande bleiben würde. Da aber Maria nach dem Tode ihres Vaters bereits zur Königin von Ungarn gekrönt worden war, entfiel die Absprache von Kaschau, und nur Hedwig stand noch zur Disposition. Eine weitere Adelsversammlung in Wiślica, zu der Teilnehmer aus dem ganzen Königreich erschienen, schloss andere Kandidaturen aus. Eine dritte Versammlung vom März 1383 in Sieradz stimmte der Kandidatur Jadwigas zu, die dann am 15. Oktober 1384 in Krakau zum »König« (*rex Poloniae*) gekrönt wurde.

Polen hatte unter den beiden letzten Piasten nicht nur die staatliche Einheit wiedergefunden und neue Gebiete erworben, sondern auch einen Modernisierungsschub erfahren. Neben der ethnisch polnischen Bevölkerung und den deutschen Siedlern, deren Zahl beträchtlich gestiegen war, hatte Polen im Südosten ostslavische Bevölkerung gewonnen, dazu litauisch beherrschte Gebiete erobert; das Bild der ethnischen Vielfalt, das Polen prägen sollte, wurde durch armenische und jüdische Zuwanderer ergänzt.

Grundlage der königlichen Macht war der Adel, der sich aus den Magnaten und der Masse des Landadels (*szlachta*) zusammensetzte. Aus ihm rekrutierten sich die Amtsträger der Krone (Wojewoden, Starosten, Kastellane als Burggrafen) und die hohe Geistlichkeit (Bischöfe). Der polnische Adel, der sich zunehmend nach unten abschloss, war ein einheitlicher Stand, der in sich keine Rangdifferenzierung (wie Graf, Baron) kannte. Nach außen war die Zugehörigkeit zum Adel an den Geschlechterwappen einer ganzen Sippe (*clenodium, herb*) zu erkennen, ferner an einem gemeinsamen Schlachtruf (*proclama, zawołanie*) und später an den Namen, die eine Herkunftsbezeichnung beinhalteten (z. B. Tarnowski, z *Tarnowa* – aus Tarnów). In den Statuten von Petrikau war das Wergeld festgelegt worden, mit dem der Totschlag gesühnt werden konnte; danach mussten für einen erschlagenen Adeligen 60 *grzywny* (Mark Silber zu um 200 Groschen), für einen Bauern 9 oder 10 gezahlt werden, von denen 3 auf den

Herrn entfielen. Adelsähnliche Stellung besaßen in den Städten die Vögte und auf den Dörfern die Schultheißen, die sich z. T. aus den Lokatoren rekrutierten.

Kazimierz hat durch die Verleihung des deutschen Stadtrechts die Stellung des Bürgertums gestärkt, neue Städte gegründet und auch Dörfern deutsches Recht verliehen. Dies war eine rechtliche und steuerliche (Siedler zu deutschem Recht zahlten Steuern in Geld und nicht in Naturalabgaben), keine ethnisch motivierte Maßnahme. Dagegen hat Kazimierz den Instanzenzug der Rechtsfindung nach Magdeburg unterbrochen und mit der Einrichtung von »Oberhöfen« in Krakau (1356) und Posen (1365) Polen zu einer eigenen Rechtsprovinz gemacht. Dies war Teil einer Rechtsvereinheitlichung im Land, die die alten Stammesrechte und regionalen Unterschiede einebnen sollte. Die Städteförderung folgte dem Wunsch nach Erhöhung der Einnahmen, die aus der sich verbreitenden Geldwirtschaft stammten. Der König zog seine Einkünfte aus dem Königsgut, aus der Salzgewinnung (Bergwerk Wieliczka), aus der Maut auf Brücken und Wegen. Das Geld war nötig, um die Söldner für die zahlreichen Kriegszüge zu bezahlen, und Geld war knapp.

Als Teil städtischer Kultur haben auch die Juden in Polen eine besondere Förderung erfahren. Schon früh müssen auf den Handelsstraßen jüdische Fernhändler nach Polen gekommen sein; in größerer Zahl wanderten sie nach den Unruhen im Rheinland im Gefolge der Kreuzzüge ein (nach 1096), im Verlauf des 13. Jahrhunderts, dann insbesondere nach den Pestjahren 1348–51. Ihre Stellung in einer christlich geprägten Gesellschaft war stets gefährdet und wurde durch königlichen Schutz garantiert, der immer wieder erneuert und teuer bezahlt werden musste. In Polen wurde hierzu das Rechtsmuster übernommen, das von der Erklärung der Juden zu »königlichen Kammerknechten« (*servi camerae regis*) von Kaiser Friedrich II. geprägt und über Österreich und Böhmen vermittelt worden war. Im Privileg von Kalisz hatte Bolesław der Fromme 1264 den Juden Rechte eingeräumt, wobei festzuhalten ist, dass die Juden nur jene Rechte besaßen, die ihnen schriftlich zugesichert waren; es waren dies weniger Rechte als die der christlichen Landesbewohner; insofern ist das heutige Verständnis des Wortes »Privileg« als Vorrecht missverständlich. Kazimierz hat den Königsschutz inhaltlich erweitert und auf ganz Polen übertragen. Juden durften Handel treiben, ihre Gemeinden selbst organisieren und untereinander Recht sprechen. In ihren Beziehungen zur christlichen Umwelt unterstanden sie in den Städten der Aufsicht und dem Schutz eines Judenrichters oder des Wojewoden. Die Juden entwickelten sich in der Folge zu einem gesonderten Segment der Gesellschaft, das über die wirtschaftliche Betätigung und die Steuerzahlung in Beziehung zur christlichen Mehrheitsgesellschaft stand. Besonderer Ausdruck der Wertschätzung durch den König war die Gründung der jüdischen Beistadt »Kazimierz« bei Krakau, die damals ein Nebenarm der Weichsel von der Altstadt trennte.

Die Gesellschaft in den meist kleinen Städten entwickelte sich unter Kazimierz in den mitteleuropäischen Formen und bestand aus drei deutlich voneinander scheidbaren Ebenen. Die Vogtfamilien, die die Vogtei als Stadtregiment meist in Erbfolge weitergaben, waren für die militärische Organisation zuständig, dem Adel vergleichbar und meist wohlhabend. Die Rats- oder Schöffengeschlechter stellten das ökonomische Rückgrat der Stadt und den Kern der Selbstverwaltung und der Rechtsprechung in eigener Verantwortung. Zur Zeit von Kazimierz waren sie zumeist deutschsprachig, was sich an den Ratsprotokollen und Schöffenbüchern in deutscher Sprache ablesen lässt. Obgleich vereinzelt von ethnischen Spannungen berichtet wird, scheint die soziale Scheidung stärker als die sprachliche gewesen zu sein; durch Assimilation – zumeist in den polnischen Adel – hat sich im Laufe der Zeit das deutsche Element verringert. Polnisch war die Mehrheit der übrigen Stadtbewohner, wie Tagelöhner, Gesinde und Geistliche.

Städtisches Leben erforderte auch Bildung. Die Zahl der Schulen stieg stetig an, wobei neben die alten Kathedral- und Klosterschulen Pfarrschulen in Dörfern und Städten traten. Die Anfänge der polnischen Literatur liegen bei den Geistlichen, die kirchliche Texte übersetzten und damit einen Beitrag zur Entwicklung der polnischen Literatursprache leisteten. Die Geschichtswerke dagegen wurden weiter in Latein abgefasst (Wincenty Kadłubek, † 1223; Janko z Czarnkowa), artikulieren aber bereits deutlich polnische Interessen gegenüber den Landfremden. Im Zuge der Zeit lag auch die Gründung der Universität Krakau im Jahre 1364 als Akademie, die dann nach Jahren des Stillstandes im Jahre 1400 praktisch neu begründet wurde und schnell einen guten Ruf erwarb.

Die Lage der großen Zahl der Bauern ist weniger gut dokumentiert. Zwar erlauben die Angaben zum »Peterspfennig« – eine Abgabe an den Papst – einen Einblick in die Bevölkerungsverhältnisse, sie sind aber schwer zu deuten; man schätzt die Einwohnerzahl Polens am Ende der Piastenzeit auf 2,5 bis 3 Millionen Menschen. Die Bauern zu polnischem Recht waren persönlich freie Untertanen des Adels, der Kirche oder des Königs und zinsten mit Naturalabgaben oder Frondienst. Bauern zu deutschem Recht waren frei und zahlten in Geld. Das Land war unterschiedlich dicht besiedelt; allein in Kleinpolen befand sich die Hälfte der Gesamtbevölkerung Polens, während in Masowien weniger als ein Zehntel lebte.

Polen unter der Dynastie der Jagiellonen

(1386–1572)

Epochenüberblick

Durch die Wahl von Władysław/Jagiełło zum König waren Polen und Litauen bis fast zum Ende der Dynastie der Jagiellonen miteinander nur durch die Person des Herrschers verbunden (Personalunion); während Jagiełło in Litauen als Großfürst von eigenem Recht herrschte und die Herrschaft erblich war, wurde der König in Polen gewählt. Staatsrechtlich bestanden beide Staaten nebeneinander, und oft genug sollte es sich zeigen, dass der Hochadel beider Staaten unterschiedliche Interessen verfolgte und sich in der Wahl eines gemeinsamen Herrschers durchaus nicht immer einig war. Während Litauen eine gewaltige Ländermasse aus dem Erbe der Kiever Ruś einbrachte und darüber bald in einen Streit mit dem aufstrebenden Moskau geraten sollte, wurde Polen durch diese Auseinandersetzung selten berührt. Nur im Südosten überschnitten sich polnische und litauische Interessensphären, und hier drang allmählich der Einfluss der polnischen Sprache und Kultur weit in ostlavisches Siedlungsgebiet (heute Ukraine) vor.

Mit der Taufe und der Wahl Jagiełłos zum König in Polen im Jahre 1386 gelangte seine Familie auf die Ebene der europäischen Dynastien, die untereinander durch Ehebündnisse und Erbschaftsverträge verbunden waren. Als Partner und dann Erbe der Luxemburger beherrschte die Dynastie zeitweise den größten Länderblock Europas. Biologische Faktoren – wie Langlebigkeit der Herr-

Das Königreich Polen unter den Jagiellonen

Wolga
Novgorod
)orpat
Pskov
ID
Moskau
Dvina
Oka
Vjazma
Polotsk
Vitebsk
GFSM.
MOSKAU
Neris
Minsk
Dnjepr
Brjansk
;FSM.
TAUEN
Don
Pripjet
Desna
WOLHYNIEN
Kiev
Dnjepr
DOLIEN
amieniec Podolski
Bug
KOSAKEN
Dnjestr
MOLDAU
KRIM-TATAREN
SCHWARZES MEER

scher und Kinderreichtum oder Kindermangel – bestimmten die dynastische Politik, die von der Geschichte Polens zu trennen ist, sie aber immer wieder beeinflusste.

Für Polen brachte die Herrschaft der Jagiellonen insgesamt eine ruhige Zeit; die Jahre der beiden letzten Könige aus diesem Haus gelten gar als »das goldene Zeitalter« (*złoty wiek*). Im Inneren formten sich im Machtkampf zwischen König, Magnaten und dem Landadel (*szlachta*) die Strukturen der späteren Adelsrepublik; nach außen spitzte sich der Streit mit dem Ordensstaat zu und konnte von Polen mit litauischer Hilfe zu seinen Gunsten entschieden werden. Am Ende der Epoche war ein großer Teil des alten Ordensstaates Bestandteil des Königreiches Polens, ein anderer stand in Lehnsabhängigkeit vom polnischen König, wie später auch Kurland und Livland, die staatsrechtlich nicht zu Polen zählten.

Der erste König Polens aus litauischem Geschlecht: Władysław II. Jagiełło (1386–1434)

1386–1434	Władysław II. Jagiełło
1410	15. Juli: Schlacht bei Tannenberg/Grunwald
1411	Erster Thorner Friede
1413	Tagfahrt von Horodło
1430	Privileg von Jedlno
1434–1444	Władysław III.
1444–1492	Kazimierz IV.
1466	Zweiter Thorner Friede
1486–1494	Erster litauisch-moskowitischer Krieg
1492–1501	Jan Olbracht
1493	Erster gesamtpolnischer Reichstag in Piotrków
1501–1506	Aleksander
1505	Konstitution *Nihil novi*
1506–1548	Zygmunt I. »der Alte«

1525	Säkularisierung des Ordensstaates
1548–1572	Zygmunt II. August
1555	Toleranzedikt
1569	Union von Lublin

Nach den Jahren der Abwesenheit des letzten Königs Ludwig schien eine junge Frau als Thronerbin nur in Verbindung mit einem starken Ehemann eine dauerhafte Lösung zu versprechen. Bereits 1384 hatte eine Delegation des kleinpolnischen Adels in Litauen Kontakte zu dem Großfürsten Jagiełło aufgenommen, die nach weiteren Verhandlungen schließlich im Januar 1386 zur Wahl Jagiełłos zum *dominus et rex Poloniae* führten. Jagiełło versprach dafür die Annahme des Christentums und die Heirat der jungen Jadwiga, die Taufe seines Volkes, und er gab die Zusicherung, das Großfürstentum Litauen samt aller Nebengebiete der Krone Polens anzugliedern. Jadwiga hatte sich dem Druck der kleinpolnischen Magnaten und Geistlichen beugen müssen, den zwanzig Jahre älteren Litauerfürsten als Ehemann zu akzeptieren; die Aussicht, dadurch das letzte Heidenvolk Europas zum Christentum bekehrt zu haben, mochte dieses Opfer erleichtert haben. Im Februar 1386 wurde in rascher Abfolge der Ereignisse in Krakau Jagiełło auf den Namen Władysław getauft, mit Jadwiga vermählt und am 4. März zum König gekrönt.

Im folgenden Jahr begann die Missionierung in Litauen, die vor allem vom polnischen Klerus getragen wurde. In Wilna/Vilnius wurde ein Bistum errichtet und Gnesen unterstellt, die Stadt erhielt das Magdeburger Stadtrecht und der litauische Adel in einem großen Privileg weitgehende Rechte, die ihn dem polnischen Adel näherbrachten. Die damit beginnende Eingliederung Litauens in das christliche Europa wurde jedoch nicht von allen begrüßt. Der Deutsche Orden wollte nicht einsehen, dass die

Grundlage des Heidenkampfes nun entfallen war, und dynastische Streitigkeiten in Litauen zeigten, dass die Bindung an den westlichen Nachbarn nicht ohne Alternative war.

Jagiełło hatte im Unionsvertrag von Krewo zwar für seine ganze Sippe und sein Volk gesprochen, aber er war in seinem Herrschaftsclan nicht unumstritten. Sein Vetter Witold (Witowt, Vytautas), Sohn von Kynstute, ließ sich weder beiseite drängen noch einfach einbinden, sondern entwickelte eigene Energien. Im Spannungsfeld zwischen dem Deutschen Orden, mit dem er abwechselnd verhandelte oder kämpfte, auf der einen und den eroberten ostslavischen Fürstentümern von Smolensk im Norden (1395) und Kiev im Süden (1393) auf der anderen Seite wurde er ein fast unabhängiger Herrscher in Litauen, dem Jagiełło als nur nomineller »Oberster Fürst« immer wieder nachgeben musste. Nur im Süden stieß Witold auf die überlegene Kraft der muslimischen Tataren (Schlacht an der Vorskla, 1399). Witold vermählte seine Tochter Sophie mit dem Großfürsten Vasilij I. von Moskau (1390) und wurde später Vormund seines Enkels Vasilij II. Er verkörperte damit im Osten die Alternative zur litauisch-polnischen Union; es kann aber als symbolisch für die nur in seiner Person liegende Kraftanstrengung und die Schaukelpolitik zwischen den Konfessionen (er wechselte viermal zwischen der orthodoxen und der lateinischen Form des Christentums) gesehen werden, dass er sein letztes Lebensziel, die Krönung zum König, nicht erreichte, da er vor Eintreffen der Krone starb (1430).

Eine partielle Interessengleichheit zwischen Polen und Litauen ergab sich in der Frontstellung gegen den Ordensstaat. In Polen war der Streit um Pommerellen nicht vergessen, und mit Litauen gab es einen Dauerstreit um Schamaiten, das den Landweg nach Livland versperrte, während die »Litauerreisen« das Interesse des europäischen Adels am Deutschen Orden wachhielten. Es kann als Zeichen des beginnenden moralischen Verfalls des Ordens gedeutet werden, dass der Hochmeister die Einladung zur Taufe Jagiełłos abgelehnt hatte und sich später beim Papst beschwerte, die Christianisierung Litauens sei nur oberflächlich und weitere Kriege seien gerechtfertigt. Auch mit dem Erwerb der Neumark (1402) und in verschiedenen Feldzügen mal mit den litauischen Truppen, mal gegen sie verhielt sich der Orden wie ein ›normaler‹ weltlicher Territorialherr. Aus solchen eher geringen Streitigkeiten um beanspruchte Gebiete kam es im Sommer 1410 zu dem befürchteten großen Zusammenstoß der Ordenstruppen mit den vereinigten Streitkräften Polens und Litauens sowie deren Hilfstruppen. Dem Ordensheer unter dem Hochmeister Ulrich von Jungingen gehörten neben den Ordensrittern (von denen es selbst in der Hochzeit des Ordens nicht mehr als 900 gab) vor allem Söldner und Hilfstruppen an; auf der anderen Seite standen Verbände aus ganz Osteuropa, Tataren und böhmische Söldner eingeschlossen, die dem Ordensheer um ein Drittel überlegen waren. Nach Gewaltmärschen der Ordenstruppen stießen die beiden Kontrahenten am 15. Juli 1410 bei dem kleinen Dorf Tannenberg (polnisch Grunwald) aufeinander. In einer der größten und letzten Ritterschlachten Europas – unter Einsatz von Artillerie auf beiden Seiten – erlitt der Orden eine vernichtende Niederlage, bei der fast alle Großgebietiger den Tod fanden. Das ganze Ordensland wurde besetzt, und nur die Festung Marienburg konnte der Komtur Heinrich von Plauen halten.

Der nachfolgende Erste Thorner Friede (1. Februar 1411) war für den Orden unerwartet günstig, denn er behielt sein ganzes Gebiet, das er wegen der Uneinigkeit der Gegner bereits zurückerobert hatte, musste aber für die Freilassung der (rund 14000) Gefangenen die gewaltige Summe von 100000 Mark in böhmischen Groschen zahlen. Erst in weiterer Sicht sollte sich der Frieden als eine große Belastung erweisen. Der Nimbus der Unbesiegbarkeit war verloren, was den Zuzug von Adeligen aus Deutschland zum Orden und die Gewinnung von Söldnern erschwerte, und die hohen Kosten machten die Ordensverwaltung von den Steuern der Bürger im Ordensstaat abhängig.

Noch aber war das Kräfteverhältnis ausgeglichen, denn in den folgenden Jahren setzten beide Seiten den Konflikt in einem Kleinkrieg, mit Polemiken auf dem Konstanzer Konzil, mit Appellen an Papst und Kaiser fort. Erst als sich im Ordensstaat die sich formierenden Stände (die Stadtbürger und der Landadel aus den ansässig gewordenen Söldnerführern) einschalteten und in Polen einen Verbündeten fanden, konnte 1435 in Brest/Brześć in Masowien ein Frieden geschlossen werden, der den Orden gegen eine Bestandsgarantie verpflichtete, sich aus litauischen Streitigkeiten fernzuhalten und keine Bündnisse gegen Polen einzugehen.

Konkurrierende Interessen zwischen Polen und Litauen gab es auch im Südosten, wo Polen Rotreußen gegen den ungarischen Anspruch behauptete, während sich der Herrscher (*Hospodar*) der Moldau, Peter, dem polnischen König unterwarf und litauische Angriffe gegen die Tataren für Unruhe sorgten. Als Witold in der Schlacht an der Vorskla (1399) seinen Vormarsch hatte einstellen müssen, verstärkte das Osmanische Reich seinen Einfluss in den Gebieten nördlich des Schwarzen Meeres. Mit dem ungarischen König Sigismund, seit 1410 auch deutscher König (nach 1433 römischer Kaiser), hatte Polen für die südlichen Gebiete einen Ausgleich gefunden; dreizehn Städte der Zips wurden an Polen verpfändet und verblieben dort bis 1772, als ihre Rückholung durch das Haus Habsburg die erste Teilung Polens einleitete.

Der Adel Polens und Litauens besaß gemeinsame Interessen. Jagiełło hatte nach seiner Wahl dem litauischen Adel die persönliche Freiheit, die Vererbbarkeit der Güter und die Übernahme von Dienstgütern garantiert, dafür die Heeresfolge und Dienste für Wege-, Brücken- und Burgenbau eingefordert. Damit war der erste Schritt getan, dem litauischen Adel die Rechte des polnischen einzuräumen. Einen großen Schritt in diese Richtung stellte die gemeinsame »Tagfahrt« (Treffen) des litauischen und polnischen Adels in Horodło am Bug am 2. Oktober 1413 dar. Dort wurde festgelegt, dass die Litauer über ihre Dienstgüter frei verfügen und nach dem Tode Witolds einen Großfürsten ihrer Wahl bestimmen sollten. Gleichzeitig wurden 47 katholische litauische Familien in polnische Wappenverbände aufgenommen, damit von diesen gewissermaßen adoptiert und ihnen gleichgestellt. Einerseits wurde damit der Prozess der allmählichen Polonisierung des katholischen Adels eingeleitet, andererseits ein Gegensatz zu dem litauischen Adel orthodoxen Bekenntnisses geschaffen, der seine spätere Diskriminierung begründete.

Einen weiteren Schritt zur Gewinnung größerer Rechte machte der polnische Adel bei der Regelung der Nachfolge des Königs. Erst die vierte Gemahlin, die litauische Fürstentochter Zofija Hol'šanskaja, hatte ihrem schon siebzigjährigen Mann 1424 den erhofften Sohn geboren, der auf den Namen Władysław getauft wurde und dem 1427 der zweite Sohn Kazimierz folgte. Um seinen Söhnen die Erbfolge in Polen zu sichern – in Litauen galt das Erbrecht –, war Jagiełło den Forderungen des Adels auf der Tagfahrt von Brest 1425 zunächst nachgekommen; danach hätte der junge Prinz alle alten Rechte beschwören und für die Zukunft die Steuerfestsetzung und die Ausübung des Münzrechtes von der Zustimmung des Adels abhängig machen müssen; außerdem sollte zugesichert werden, dass niemand von Adel verhaftet werden dürfe, wenn er nicht zuvor von einem ordentlichen Richter verurteilt worden wäre (Habeas-corpus-Akte). Als Jagiełło diese Bedingungen ablehnte, kam es zu einem Konflikt, in dem die polnische Szlachta, der Landadel, sogar Witold die Nachfolge in Polen antrug. Nach Verhandlungen mit dem Kanzler und späterem Krakauer Bischof Zbigniew Oleśnicki lenkte Jagiełło schließlich ein und erteilte für die Zusage, einen seiner beiden Söhne in Polen zum König zu wählen, 1430 das Privileg von Jedlno. Damit erkannte Jagiełło das Recht des polnischen Adels auf die Königswahl prinzipiell an und sicherte seinem Haus zugleich die Nachfolge. Zudem erließ er das Grundgesetz zur Rechtssicherheit des Adels: *neminem captivabimus nisi iure victum* (»Wir werden niemanden verhaften, wenn er nicht durch das Recht überführt ist«). Auch das Gewohnheitsrecht, dass nur Adelige Bischöfe werden konnten, wurde Gesetz. Der Adel hatte die Notsituation des Königs geschickt ausgenützt und weitere Macht an sich gezogen; diese Rechte wurden nun auch auf die Adeligen aller Gebiete des Königreiches übertragen.

Auf der Ebene der dynastischen Beziehungen brachte Jagiełło das neue Ansehen seines Hauses erfolgreich ein. Die Königin Jadwiga hatte nach dem Tode ihrer Schwester Maria 1395 zwar Ansprüche auf den ungarischen Thron erhoben, sie aber gegen den gekrönten König Sigismund nicht durchsetzen können. Das Verhältnis zu Ungarn hatte sich dann zwei Jahre später wieder entspannt, und mit dem Tode Jadwigas am 17. Juli 1399 waren die Ansprüche erloschen. Sigismund, der als Markgraf von Brandenburg und später als deutscher König auch in den Streit Polens mit dem Deutschen Orden verwickelt war, söhnte sich 1412 in Altlubau in der Zips mit Jagiełło aus, und beide Herrscher vereinbarten eine gegenseitige Unterstützung. Das hinderte Sigismund allerdings nicht daran, auch weiterhin in der Ordensfrage eine undurchsichtige und widerspruchsvolle Rolle zu spielen.

Diese Frage verquickte sich auch mit der Hussitenbewegung in Böhmen. Der Prager Magister und spätere Rektor der Universität Prag, Jan Hus, hatte die Kirchenkritik im Lande, die von den Gedanken John Wicliffs in England beeinflusst war, auf die Spitze getrieben und war auf dem Konzil von Konstanz 1415 als Ketzer verurteilt und verbrannt worden. Seine Anhänger sammelten sich unter der Fahne des Kelches als Symbol für das Abendmahl in beiderlei Gestalt (*sub utraque specie*, daher »Utraquisten«) und zerfielen bald in eine gemäßigte (Prag) und eine radikale Richtung (Tabor) mit einem starken militärischen Element. Nach dem Tode König Wenzels von Böhmen 1419 konnte Sigismund nur mit Mühe die Nachfolge seines Bruders antreten und sich in Prag zum König krönen lassen. In den Folgejahren führte er vier Kreuzzüge nach Böhmen, um seine Herrschaft durchzusetzen. Gegen Sigismund hatte der böhmische utraquistische Adel zunächst Jagiełło, dann Witold die Krone Böhmens angeboten. Diese Fragen wurden schließlich auf einer Zusammenkunft in Käsmark in der Zips 1423 zwischen Jagiełło, Witold, Sigismund und dem Markgrafen Friedrich von Brandenburg geregelt. In der Folge erließ Jagiełło ein scharfes Edikt gegen die Hussiten, das eine Verbreitung der Lehren in Polen verhinderte. 1429 fand in Łuck in Wolhynien ein großes Fürstentreffen statt, an dem auch der Großfürst von Moskau, Vasilij II., ferner Gesandte der Moldau, der Tataren und sogar aus Dänemark und aus Byzanz teilnahmen. Die anstehenden Probleme mit Böhmen und dem Ordensstaat wurden beraten und in diesem Zusammenhang auch Witolds Erhebung zum König in Litauen versprochen, die dann aber wegen seines vorzeitigen Todes nicht stattfand.

Als Władysław II. Jagiełło am 1. Juni 1434 im Alter von 80 Jahren starb, hatte er sein Haus in der europäischen Fürstenfamilie fest verankert und seine Nachfolge in Polen geregelt, denn sein ältester Sohn wurde vom Krakauer Bischof Oleśnicki auf dem Wawel ohne Probleme als Władysław III. zum König gekrönt (1434–1444).

Die zweite Generation der Jagiellonen (1434–1492)

Dem König, der mit zehn Jahren die Herrschaft antrat, war nur ein kurzes Leben beschieden; in den dynastischen Problemen, die nun zu lösen waren, führten Oleśnicki und der Kanzler Jan Koniecpolski die Feder. Zum einen betraf dies die Nachfolge Witolds in Litauen, wo Jagiełło noch den jüngeren Bruder Witolds, Świdrygiełło (Swidrigailas) in die Würde des Großfürsten eingesetzt hatte, was jedoch dessen Bruder Zygmunt zu einem Krieg veranlasst hatte. Als Zygmunt 1440 ermordet wurde, übernahm gemäß Erbrecht Władysław die Würde des Großfürsten und setzte seinen Bruder Kazimierz als Statthalter in Litauen ein. Inzwischen war Kaiser Sigismund 1437 gestorben, und in Ungarn folgte ihm sein Schwiegersohn Albrecht von Habsburg, der sich im Königreich Böhmen einer starken Opposition gegenüber sah. Von dieser wurde zunächst der polnische König Władysław gewählt, dann aber auf Vorschlag des polnischen Adels, der auf eine Anwesenheit des jungen Königs in Polen bestand, dessen Bruder Kazimierz. Unter Einsatz Oleśnickis suchte dieser eine Einigung mit Albrecht, der die Krone Böhmens übernahm, jedoch bereits 1439 starb; erst nach seinem Tode wurde sein Sohn Ladislaus (latinisiert für Władysław, genannt Postumus) geboren, für den seine Mutter die Krone Ungarns beanspruchte. Diese hatte aber inzwischen Władysław übernommen, und er vereinbarte mit der Mutter des Ladislaus, die Krone bis zur Volljährigkeit seines Konkurrenten zu tragen. Dazu kam es jedoch nicht. Im Krieg mit den Osmanen wurde sein Heer am 10. November 1444 bei Varna vernichtend geschlagen und er selbst getötet. Als Władysław »von Varna« (*warneńczyk*) ist er deshalb in die Geschichte Polens eingegangen, für das er in seiner Regierungszeit nichts erreicht hatte: Die Personalunion mit Ungarn hatte nur Verluste gebracht, die Union mit Litauen war praktisch unterbrochen, und im Lande herrschte ein Streit des Adels.

Die Nachricht vom Tode des jungen Königs wollte man in Polen zunächst nicht glauben. Erst mit Verzögerung beschloss der Adel im April 1445 in Sieradz, dem Bruder Kazimierz die Krone Polens anzutragen. Man hoffte, die Union mit Litauen, die durch die Selbsterhebung von Kazimierz zum Großfürsten gefährdet war, im Sinne der Vereinbarungen von Jedlno zu erneuern und vielleicht eine Inkorporation Litauens in das Königreich Polen zu erreichen. Kazimierz zögerte, weil er die Unabhängigkeit Litauens und seine eigene Machtstellung dort nicht gefährden wollte. Nach längeren Verhandlungen kam der Adel 1446 in Brest zu dem Beschluss, die alte Personalunion beider Reiche fortzusetzen; im Streit um die Länder im Südosten einigte man sich auf den Erhalt des Status quo: Podolien blieb bei Polen, Wolhynien bei Litauen. Kazimierz bewilligte dem Adel Litauens im Privileg von Wilna 1447 weitere Rechte, die diesen weitgehend mit dem polnischen Adel gleichstellten: Abgabenfreiheit, Freizügigkeit und die Zusicherung, Ämter nur an Landesbewohner zu vergeben. Nunmehr konnte Kazimierz IV. »der Jagiellone« (*jagiellończyk*) am 25. Juni 1447 in Krakau zum polnischen König gekrönt werden (1447–1492).

Seit dem Frieden von Brest (1435) waren die Beziehungen zwischen Polen und dem Ordensstaat relativ spannungsfrei gewesen. Unter dem Einfluss des polnischen Adels und bedingt durch die Mitspracherechte des polnischen Königs hatte sich die innere Situation im Ordensland gewandelt, wo die Stände selbstbewusst geworden waren, sich gegen die Steuerforderungen des Hochmeisters wandten und eine Beteiligung an Gerichtsfragen forderten. 1440 bildeten Städte und Landadel den »Preußischen Bund« (»Bund vor Gewalt«), der sich damit einem Verbot durch Papst und Kaiser widersetzte. Als der Hochmeister Ludwig von Erlichshausen eine härtere Politik gegen die Stände durchsetzen wollte, kam es zur Empörung; die Stände trugen dem polnischen König Kazimierz die Herrschaft an und erhielten von ihm in einer Inkorporationsurkunde eine Bestätigung ihrer bisherigen Rechte sowie die Freiheiten des polnischen Adels (Steuerfreiheit, eigene Landesverwaltung). Es folgte ein Krieg von dreizehn Jahren Dauer, der mit wechselndem Kriegsglück geführt wurde und in dem sich der polnische Adel in Nieszawa/Nessau 1454 weitere Rechte ertrotzte, der aber letztlich dem Orden eine Niederlage eintrug. Symbolisch dafür war, dass der Orden die Marienburg an Söldner verpfändet hatte, die ihrerseits den ehemaligen Sitz des Hochmeisters – der inzwischen nach Königsberg geflüchtet war – an den polnischen König übergaben (1457). Nach weiteren Kämpfen wurde endlich der Zweite Thorner Friede geschlossen (1466). Der gesamte Unterlauf der Weichsel, einschließlich der Stadt Danzig, fiel an den König von Polen, ebenso das Bistum Ermland; als »Preußen königlichen Anteils« wurde das Gebiet nicht Kronpolen eingegliedert, sondern stand als Nebenland unter dem Regiment des Königs. Der Orden wurde in das östliche Preußen abgedrängt und der Hochmeister zur persönlichen Huldigung gegenüber dem König verpflichtet. Dieser Bedingung kamen jedoch nur vier seiner Nachfolger nach, was zu weiteren Streitigkeiten mit der Krone führte. Der reduzierte Ordensstaat stellte keine Gefahr mehr für Polen dar, und deshalb war es auch gleichgültig, dass eine weitere Bestimmung nicht erfüllt wurde, nämlich polnische Adelige in den Orden aufzunehmen.

Auf der dynastischen Ebene vermochte Kazimierz seinem Haus neuen Glanz zu geben. Die Ehe mit Elisabeth von Habsburg (1454), der Enkelin des Kaisers Sigismund und Schwester von Ladislaus Postumus, bescherte ihm nicht nur reichen Kindersegen (sechs Söhne und sieben Töchter), sondern auch die Ansprüche auf die Throne von

Böhmen und Ungarn, als Ladislaus 1457 starb. Während sich in Ungarn Matthias Corvinus als König durchsetzen konnte, machte Kazimierz in Böhmen Ansprüche für seinen ältesten Sohn Władysław geltend. Dagegen wählte der utraquistische Adel Jiří/Georg von Podiebrad zum böhmischen König. Da dieser wegen seiner Probleme mit dem Papst keine Chance sah, die Krone seinen Söhnen zu vermachen, bestimmte Jiří den jungen polnischen Prinzen zum Nachfolger, der nach seinem Tode 1471 als Vladislav zum König von Böhmen gekrönt wurde. Keinen Erfolg hatte der polnische König, seinen zweiten Sohn Kazimierz (später der »Heilige«) auf den ungarischen Thron zu bringen, denn Matthias behauptete sich bis zu seinem Tode 1490 in Ungarn, in Mähren und Schlesien. Dann aber setzte sich Vladislav gegen Ansprüche seines jüngeren Bruders Jan Olbracht auch in Ungarn durch. Das Haus der Jagiellonen hatte damit den Zenit seines Einflusses in Europa erreicht und vier Throne vereint: Böhmen, Ungarn, Polen und Litauen. Angesichts dieses Glanzes konnte sich niemand vorstellen, dass der Erbschaftsvertrag mit dem Hause Habsburg, nach Aussterben der Linie des Vladislav die Krone in Böhmen zu übernehmen (1491), in absehbarer Zeit realisiert werden sollte.

Größere Probleme zeichneten sich indes im litauischen Fürstentum ab, das Kazimierz nur ungern verlassen hatte. Im Jahre 1449 hatte er mit dem Großfürsten von Moskau, Vasilij II., dem Enkel Witolds, einen Vertrag über den Grenzverlauf der beiden Einflussbereiche abgeschlossen. Damit war aber auch hier der Zenit erreicht, denn bereits zwei Jahre später geriet das ostslavische Tveŕ in Moskauer Fahrwasser. Die litauische Einflussnahme auf die beiden Stadtrepubliken Pskov und Novgorod war bereits beendet, bildete aber den Anlass für Angriffe des Großfürsten Ivan III. in den Jahren 1471 und 1478, die mit der Zerstörung der einzigartigen ostslavischen Sonderentwicklung und der »Wegführung« (*vyvod*) der Bevölkerung Novgorods endeten. Moskau hatte seine »Sammlung der russischen Erde« aus dem Erbe der Kiever Ruś begonnen, die in den folgenden Jahrzehnten die meisten ostslavischen Fürstentümer aus dem litauischen Reich herausbrechen sollte (erster moskowitisch-litauischer Krieg 1486–1494).

Auch im Süden Litauens wuchsen die Probleme, diesmal im Umgang mit den Krimtataren. Wiederholt überfielen tatarische Truppen die südliche Provinz Podolien, z. T. als Folge des Machtkampfes der litauischen Fürsten untereinander. Dahinter aber drängte das Osmanische Reich vor, das 1484 die Schwarzmeerhäfen Kilia und Akkerman erobert hatte. Der polnische Anspruch auf die Moldau – der Hospodar Stefan der Große hatte zeitweise die Oberherrschaft des polnischen Königs anerkannt – war daher kaum durchzusetzen. Nur hier aber war der polnische Adel an einer Unterstützung des Königs interessiert, während die Probleme der litauischen Ostgrenze kaum Beachtung fanden.

Der Weg in die Adelsrepublik (1492–1506)

Als Kazimierz IV. am 7. Juni 1492 starb, stritten sich drei seiner Söhne um das Erbe. Vladislav regierte in Böhmen und Ungarn; in Litauen wurde Aleksander zum Großfürsten ausgerufen, in Polen hingegen wählte der polnische Adel in Piotrków/Petrikau Jan Olbracht (Johann Albrecht), der mit seinen Ansprüchen auf Ungarn gescheitert war, zum König. Diese Doppelwahl verstieß gegen die Abmachungen des polnischen und litauischen Adels und trennte für einige Zeit beide Staaten, förderte aber die innere Entwicklung. Bereits kurz nach seiner Berufung hatte Aleksander die »Herren Räte« in Wilna belohnt, indem er ihnen die Teilnahme an allen Regierungsgeschäften zugesichert hatte. Noch weitergehende Forderungen stellte der polnische Adel seinem neu gewählten König. Im Frühjahr 1493 kamen zu Beratungen über die Frage des Landfriedens in Petrikau, an der Grenze zwischen Großpolen und Kleinpolen gelegen, die Vertreter der Bezirks- und Landtage (*sejmiki*) ganz Polens in einem ersten Reichstag (*sejm*) zusammen; vertreten waren auch die königlichen Räte, die Bischöfe und die Stadt Krakau. Damit war an die Stelle der bisher getrennt tagenden Landtage eine Form der Repräsentation des ganzen Landes getreten: Die in den Landschaften gewählten Abgeordneten des Adels (»Landboten«, *nuntii terrestri*, *posłowie*) tagten in der Landbotenkammer (*izba poselska*), die Amtsträger der Krone und die Bischöfe sollten den Senat (ab 1505) bilden. Auf einem weiteren Reichstag 1496 erhielt der Adel umfangreiche wirtschaftliche Rechte: Allein Adelige durften Land besitzen und über die Bauern verfügen, deren Recht auf Wegzug aus dem Dorf eingeschränkt wurde; der Adel erhielt das Schankrecht, die Zollfreiheit und die freie Schifffahrt auf der Weichsel; der König versprach, bei Feldzügen vorher die *sejmiki* zu befragen und den *sejm* beschließen zu lassen.

Als Jan Olbracht bereits 1501 starb, wählte der Adel Polens Aleksander zum neuen König (1501–1506), der nun eine Vereinbarung der litauischen und polnischen Magnaten von 1499 umsetzte und versprach, Polen und Litauen in Zukunft als »einen unteilbaren Körper« zu halten. Ein weiterer Schritt wurde im gleichen Jahr vollzogen, als der König den Magnaten zusagte, die höheren Ämter im Staate nur an sie zu vergeben und nur mit ihrer Zustimmung über Königsgut zu verfügen; im Falle von Rechtsverstößen seitens des Königs konnten die Magnaten ihm den Gehorsam aufkündigen (*de non praestanda oboedientia*). Allerdings ging der Szlachta diese Bevorzugung des Hochadels zu weit, und sie erreichte in Petrikau 1503 eine Korrektur mit einem Gesetz gegen die Verschwendung von Krongut. Weiter erzwang die Szlachta 1505 in

Die Dynastie der Jagiellonen

Władysław II. Jagiełło (1386–1434)
⚭ 1. Jadwiga (1384–1399)
⚭ 4. Zofija Hol'šanskaja († 1422)

Władysław III. Warneńczyk
(1434–1444)

Kazimierz IV. ⚭ Elisabeth von Habsburg
Jagiellończyk († 1505)
(1447–1492)

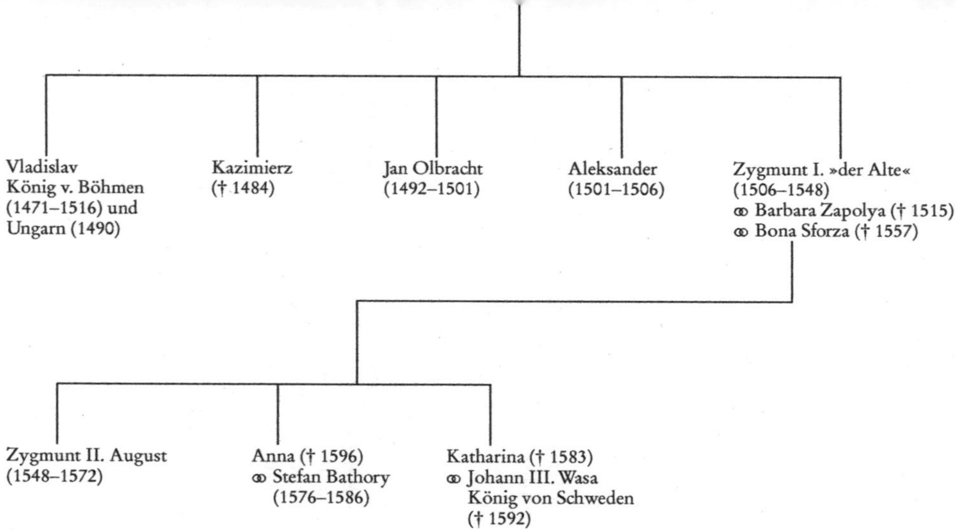
Vladislav
König v. Böhmen
(1471–1516) und
Ungarn (1490)
Kazimierz
(† 1484)
Jan Olbracht
(1492–1501)
Aleksander
(1501–1506)
Zygmunt I. »der Alte«
(1506–1548)
⚭ Barbara Zapolya († 1515)
⚭ Bona Sforza († 1557)
Zygmunt II. August
(1548–1572)
Anna († 1596)
⚭ Stefan Bathory
(1576–1586)
Katharina († 1583)
⚭ Johann III. Wasa
König von Schweden
(† 1592)

Radom die Konstitution *Nihil novi*: Ohne Beteiligung des Adels (im Sejm und Senat) sollten hinfort keine neuen Gesetze erlassen werden. Dies stellte die »Verfassung« der »Adelsrepublik« (*res publica, rzeczpospolita*) dar, die im Wesentlichen bis zum Ende des polnischen Staates Bestand hatte.

Die Zeit nach dem Tode von Kazimierz IV. prägten Kriege zur Verteidigung der Grenze Polens im Südosten, wo das Osmanische Reich die Oberherrschaft über die Moldau erzwungen hatte. Jan Olbracht hatte einen Feldzug gegen die Türken vorbereitet und zu dessen Unterstützung dem Adel wirtschaftliche Privilegien eingeräumt (1496), aber der Feldzug verlief erfolglos; im Gegenzug drangen Türken und Tataren weit in polnisches Gebiet vor, ehe 1503 ein Waffenstillstand die Ruhe wiederherstellte. Das militärische Gewicht hatte sich zu Ungunsten Polens verschoben.

Noch gravierender waren die Verluste Litauens in dieser Zeit. Die Ehe Aleksanders mit der Tochter Ivans III., Elena (1494), hatte keinen Frieden zur Folge, sondern einen verstärkten Druck Moskaus auf die östlichen Gebiete Litauens und auf die litauische Innenpolitik, weil sich Ivan über eine Benachteiligung der orthodoxen Gläubigen beschwerte. In einem zweiten Krieg (1500–1503) verlor Litauen weite Gebiete im Nordosten, Osten und Südosten, wo Moskau seinen Einfluss bis an den Steppengürtel ausdehnte. Ein Waffenstillstand auf sechs Jahre brachte hier schließlich eine Atempause. Als König Aleksander am 19. August 1506 starb, hinterließ er seinem Nachfolger eine Menge ungelöster Probleme.

Das »goldene Zeitalter« unter den beiden letzten Jagiellonen (1506–1572)

Zygmunt I. »der Alte« (*stary*) folgte seinem Bruder in Litauen ohne Probleme als Großfürst und wurde im Dezember 1506 in Petrikau zum polnischen König gewählt (1506–1548). Im Vordergrund stand für Litauen zunächst die Rivalität mit Moskau. Ein dritter Krieg – teils mit, teils ohne tatarische Unterstützung – endete mit dem »Ewigen Frieden« von 1508, der jedoch bald in einen vierten Krieg überging, in dem Moskau 1514 die Festung Smolensk eroberte. Trotz einiger litauischer Erfolge besiegelte 1522 ein Waffenstillstand den Status quo, was für Litauen weitere Landverluste und den Verzicht auf Smolensk bedeutete. Nach dem Tode Vasilijs III. 1534 folgte ein fünfter Krieg, der Moskau weite Gebiete nördlich von Polock einbrachte und mit einem Waffenstillstand endete, der von 1537 (nach Verlängerungen) bis 1562 halten sollte. Als Nachfolger des litauischen Reiches im Besitz der Länder des alten Kiev strebte Moskau nun nach Livland und zur Ostseeküste.

Die Verteidigung im Südosten war Aufgabe des polnischen Königs und des polnischen Adels. Ein Bündnis mit dem Khan der Krimtataren brachte weder im Krieg gegen Moskau noch in der Ausschaltung von Überfällen tatarischer Gruppen Erfolge. Hier sollte erst ein neues Element eine Wende schaffen, die Kosaken. Dies waren ostslavische Bauern, die ihren Gutsherren im Moskauer Russland entflohen waren (»Läuflinge«, *beglye ljudi*) und in der Steppe die Lebensweise und die militärische Organisation der Tataren übernommen hatten. Unter ihrem Schutz drangen die Bauern allmählich in die Steppe nördlich des Schwarzen Meeres vor und machten dadurch den Landbesitz der Magnaten erst wertvoll. Der Herrschaftsanspruch des polnischen Königs auf die Moldau brachte Grenzkriege mit wechselndem Erfolg, bis die Einnahme der Festung

Chocim (1538) eine Ruhepause schuf. Über Podolien und den südöstlichen Teil Polens warf aber bereits das Osmanische Reich seinen Schatten.

Eine unerwartete Lösung fand indes der Dauerkonflikt mit dem Deutschen Orden. Kein Hochmeister hatte dem polnischen König freiwillig den im Zweiten Thorner Frieden geforderten Treueid geleistet; mit der Wahl des Reichsfürsten Herzog Friedrich von Sachsen (1498–1510) zum Hochmeister war diese Bestimmung erst recht nicht mehr durchzusetzen. Als letzter Hochmeister wurde Albrecht von Hohenzollern-Ansbach gewählt (1511–1525/1568), mütterlicherseits ein Neffe des polnischen Königs; es bestand daher durchaus die Möglichkeit, dass er seinem bis dahin kinderlosen Onkel auf dem polnischen Thron nachfolgen könne. Aber die Reformation mit ihrem raschen Vordringen in der deutschsprachigen Bevölkerung veränderte die Lage grundlegend. Martin Luther selbst schlug Albrecht in Gesprächen in Wittenberg vor, den Orden mit seinen nur noch etwa fünfzig Rittern aufzulösen und das Ordensland in ein weltliches Herzogtum unter der Oberherrschaft des polnischen Königs zu überführen. In Verhandlungen mit Zygmunt wurde ein Lehnsvertrag ausgearbeitet, in dem Albrecht zusammen mit seinen drei Brüdern mit dem nunmehr »herzoglichen Preußen« belehnt wurden. Im Falle des Aussterbens der Ansbacher Linie der Hohenzollern sollte das Land an den König fallen, der dann einen Statthalter aus dem lokalen Adel einzusetzen versprach. Mit der feierlichen Huldigung (*hołd pruski*) am 10. April 1525 auf dem Marktplatz in Krakau endete die Geschichte des Ordenslandes mit dem – vorläufigen – völligen Sieg Polens. Niemand konnte damals vorausahnen, dass Preußen in anderer Form zu einem Problem für Polen werden würde.

Fast zur gleichen Zeit gelang die Rückgewinnung Masowiens, das mittlerweile in viele fast selbstständige Fürstentümer unter der Lehnsherrschaft des Königs zerfallen war. 1529 konnte Zygmunt das Gebiet gegen den Widerstand des lokalen Adels einziehen und als Wojewodschaft dem Königreich eingliedern. Damit begann der Aufstieg von Warschau/Warszawa von einer abgelegenen Provinzstadt zur Residenz, weil die Stadt zentral auf dem wichtigsten Verbindungsweg zwischen den Zentren in Polen und Litauen lag und sich deshalb als Ort für die Wahl des Königs (im nahegelegenen Wola), bald auch für die Tagungen des Sejm (erster Sejm 1529) und schließlich als Residenz des Königs anbot.

Die Sicherung der Dynastie erforderte stets persönliche und politische Überlegungen. Erst mit 45 Jahren hatte Zygmunt 1512 Barbara Zapolya geheiratet, die Schwester des Wojewoden von Siebenbürgen, der Ansprüche auf den ungarischen Thron erhob. Dies brachte ihn in Gegensatz zum Hause Habsburg, denn Kaiser Maximilian versuchte, die Krone Ungarns zurückzugewinnen. Bereits 1515 starb die junge Königin, und unter Vermittlung des Kaisers heiratete Zygmunt 1518 Bona Sforza aus Mailand, eine Nichte der zweiten Gemahlin Maximilians und Tochter von Giovanni Galeazzo Sforza, der im Machtkampf in Mailand unterlegen war. Mit der Königin Bona, der einzigen Italienerin auf dem polnischen Thron, verbinden sich zwei bemerkenswerte Entwicklungen in Polen: Zum einen brachte sie ein anderes Politikverständnis aus Italien mit, das gemäß den Schriften von Machiavelli Politik als rationale »Kunst« verstand; im Streit um die Stärkung der Stellung des Königs sollte sie dies im polnischen Adel wenig beliebt machen; zum anderen öffnete sie Polen für den italienischen Einfluss in allen Bereichen der Kultur (Humanismus), was sich im Baustil von Bürgerhäusern und adeligen Residenzen (darunter auch der Wawel in Krakau) bis heute zeigt.

Zur Sicherung der Nachfolge des 1520 geborenen einzigen Sohnes Zygmunt August konnten die »Herren Räte«

von Litauen schon 1522 dafür gewonnen werden, ihn als künftigen Großfürsten anzuerkennen. Als Gegenleistung für eine Kodifikation des geltenden Rechtes wurde er 1529 in Wilna/Vilnius zum Großfürsten ausgerufen und gekrönt. Dies widersprach früheren Abmachungen zwischen dem polnischen und litauischen Adel, und der polnische Adel fühlte sich brüskiert, weil er nicht unterrichtet war. Staatsstreichartig wurde danach dem dazu nicht einberufenen Sejm in Petrikau im Herbst der Antrag vorgelegt, den jungen Prinzen zum König zu wählen, und Ende des Jahres wurde er als Zygmunt II. August in Krakau gekrönt. Damit hatte Bona zwar die Nachfolge zu Lebzeiten des Königs (*vivente rege*) gesichert, sich aber den erbitterten Zorn der Szlachta zugezogen, die in der Folge Gesetze zur Stärkung der eigenen Position gegen das Bürgertum und die Landfremden durchbrachte. Eine Reform der Heeresverfassung scheiterte ebenso wie eine Steuerreform, weil diese Gesetze die Position des Königs gestärkt hätten. Der Adel Polens drängte jetzt immer mehr auf eine Union mit Litauen, um das Recht der freien Königswahl zu bewahren und vor Überrumpelungen in Zukunft geschützt zu sein; ferner forderte man die »Exekution« der Gesetze »von Deckel zu Deckel« (*od deski do deski*), um Eigenmächtigkeiten der Krone auszuschalten und entfremdetes Krongut zurückzufordern.

Wahl und Krönung des Nachfolgers zu Lebzeiten des herrschenden Königs sicherten einen problemlosen Übergang der Macht, als Zygmunt I. am 1. April 1548 starb. Dies bedeutete jedoch nicht, dass der neue König Zygmunt II. August (1548–1572) unumstritten gewesen wäre. Seine erste Ehe mit der Habsburgerin Elisabeth, Tochter des Königs Ferdinand I., hatte nur zwei Jahre gedauert († 1545); während seines Aufenthaltes in Litauen hatte er 1547 eine geheime Ehe mit Barbara Radziwiłł, Schwester des mächtigen Großhetmans Nikolaus Radziwiłł »der

Rote«, Witwe des Wojewoden von Nowogródek Stanisław Gasztold, geschlossen, die der polnische Adel unter dem Vorwurf der mangelnden Ebenbürtigkeit (und fehlender Konsultation) ablehnte. Erst nach Überwindung dieses Widerstandes wurde Barbara 1550 zur Königin gekrönt.

Diese Frage war mit dem Problem der Reformation in Polen eng verknüpft. Die Lehre Luthers hatte in Polen im Wesentlichen nur die deutschsprachige Bevölkerung erfasst und zur Säkularisierung des Ordensstaates geführt, war aber im Lehnsvertrag gar nicht erwähnt worden. In Polen selbst – besonders im Preußen »königlichen Anteils« – war die Reformation nach der Niederschlagung eines Aufstandes in Danzig (1526) toleriert worden, wenn auch einige Edikte des Königs immer wieder die alte Kirche gestützt hatten.

Um 1540 drang die Reformation in Gestalt der Lehre Calvins nach Polen vor und erfasste allmählich große Teile des polnischen Adels; selbst der Beichtvater der Königin Bona trat zum Calvinismus über. Der Widerstand gegen die Königin Barbara entsprang im Wesentlichen der Furcht vor einer gegen die neue Lehre gerichteten Politik des Hofes. Zygmunt II. August selbst hatte wiederholt versprochen, der katholischen Lehre treu zu bleiben, und er hielt dieses Versprechen bis zu seinem Tod, aber zugleich stand er in einem Briefwechsel mit Calvin und Melanchthon und galt als tolerant, besser gesagt, als jemand, der an einer Zuspitzung der Religionsfrage nicht interessiert war. Der polnische Adel stand aus sozialen Gründen dem katholischen Klerus kritisch gegenüber, weil ihn die Privilegien der Geistlichen störten und er nicht den Spruch geistlicher Gerichte in Glaubensfragen zur Konfiskation des Besitzes von Abtrünnigen ausführen wollte. Der katholische Adel unterstützte den protestantischen, der von 1552 bis 1565 auf allen Reichstagen die Mehrheit und den Marschall stellte. Im Sommer 1555 fand man in dieser Frage ein »Interim«, indem die Glaubensfreiheit in Polen garantiert und die Besitzverhältnisse festgeschrieben wurden. Der König entbot einen Spezialgesandten zum Papst, durch den er die wichtigsten Forderungen der Protestanten vertreten ließ. So sollte der Papst in Polen die Messe in polnischer Sprache genehmigen, die Kommunion in beiderlei Gestalt und die Priesterehe zulassen, sowie eine Generalsynode einberufen. Der überraschte Papst stimmte nur im letzten Punkt zu und entsandte den Bischof von Verona, Ludovico Lippomano, als Nuntius nach Polen. Seit 1555 war so in Polen als erstem Land ständig ein apostolischer Nuntius tätig.

Der Protestantismus war jedoch keine einheitliche Bewegung. Neben den Lutheranern und Calvinisten waren nach ihrer Verfolgung in Böhmen die Brüdergemeinden in Polen aufgenommen worden; als besonders radikale Gruppierung traten die Antitrinitarier auf, die die zentrale Glaubensthese von der Dreieinigkeit und damit Göttlichkeit Jesu ablehnten (Unitarier, Sozzinianer). Mit Ausnahme der Letztgenannten schlossen sich die Protestanten 1570 in Sandomierz zu einem lockeren Verband zusammen, um die Glaubensfreiheit zu verteidigen.

Die katholische Seite blieb derweil nicht untätig. Da die Machtmittel zu einem gewaltsamen Vorgehen fehlten und die königlichen Beamten eine Ausführung von kirchlichen Urteilen verweigerten, setzten die Bischöfe auf eine schleichende Rückeroberung des verlorenen Terrains. Besonders der Bischof Stanisław Hosius aus dem Ermland, seit 1561 Kardinal, unterstützte die Gegenreformation durch Streitschriften, die sich mit den Argumenten der Protestanten auseinandersetzten. Als besonderer Trumpf sollte sich die Berufung des Jesuitenordens nach Polen erweisen (1564), weil dieser bald ein vorbildliches Erziehungssystem aufbaute und über die Jugend viele protestantisch gewordene Adelsfamilien wieder zur alten Kirche zurückbrachte.

In der Außenpolitik zog Ivan IV. »der Schreckliche« (*groznyj*) in Moskau die Aufmerksamkeit auf sich. Anfang 1558 überfielen seine Truppen Livland, besetzten die Städte Dorpat und Narva und zerschlugen das Heer des verbliebenen livländischen Ordensstaates. Dieser suchte Unterstützung beim benachbarten Polen-Litauen, und nach weiteren Kämpfen, in die auch Dänemark und Schweden eingriffen, folgte der letzte Landmeister des Ordens, Gotthard Kettler, mit der Säkularisierung des Ordens dem preußischen Vorbild. Als Herzog von Kurland und Semgallen trat er in die Lehnsabhängigkeit zum polnischen König (1561). Der Krieg mit Moskau schleppte sich mit wechselnden Erfolgen bis 1570 dahin, ehe Ivan einem Frieden zustimmte, der den Status quo ante wiederherstellte. Die Gesamtsituation hatte sich indes verändert, denn nunmehr zeichnete sich der Konflikt um die Herrschaft auf der Ostsee ab, in den auch Polen in verhängnisvoller Weise verwickelt werden sollte.

Ein anderes Konfliktfeld, das kein Zeitgenosse in seiner Wirkung abschätzen konnte, tat sich im herzoglichen Preußen auf, wo nach dem Tode von Herzog Albrecht sein geistesschwacher Sohn Albrecht-Friedrich Nachfolger geworden war (1568). Für ihn führte sein Onkel Markgraf Georg Friedrich die Regierung; dann erreichte der Kurfürst von Brandenburg, Joachim II., dass seine Söhne Johann Georg und Sigismund, deren Mutter Hedwig eine Schwester des polnischen Königs war, für das herzogliche Preußen mitbelehnt wurden. Diese Verbindung trug der Brandenburger Linie der Hohenzollern die Anwartschaft auf Preußen ein (1569).

Die Frage der Union des Großfürstentums Litauen und des Königreichs Polen war seit der letzten Königswahl immer wieder diskutiert worden, vornehmlich vom polnischen Adel. Die Kriege mit Moskau ließen auch die litauischen Stimmen für eine Realunion stärker werden, während die Magnaten Litauens dieser Frage eher ablehnend gegenüberstanden. Auf einem »Feldlagerreichstag« vor Minsk (1567) wurde der Druck des litauischen Adels schließlich so stark, dass Zygmunt August einen gemeinsamen Reichstag nach Lublin einberief. In getrennten Beratungen wurden mühsam die Bedingungen für einen engeren Zusammenschluss festgelegt. Der König verzichtete auf sein Erbrecht in Litauen und schlug weite Gebiete in der Ukraine und Weißrussland dem Königreich Polen zu. Das königliche Preußen wurde mit eigenem Landtag Polen inkorporiert. Am 1. Juli 1569 wurde der Unionsvertrag ausgefertigt: beide Länder sollten künftig »ein unteilbares und unzertrennliches Ganzes« bilden. Der König sollte im Königreich Polen gewählt und in Krakau gekrönt werden; der gemeinsame Reichstag sollte jedes dritte Mal in Litauen zusammentreten; die Außenpolitik und das Münzwesen waren einheitlich. Allerdings bewahrten beide Länder ihre Individualität, behielten ihre eigene Verwaltung, ihr Heer und ihr eigenes Recht. Livland sollte von beiden gemeinsam verwaltet werden. Nur das Herzogtum Kurland und das herzogliche Preußen blieben dem König direkt unterstellt und bewahrten ihre Sonderrechte.

Vordergründig war Polen der Gewinner in der Union, da sein Territorium von rund 260000 km^2 auf 815000 km^2 angewachsen war und es nun rund 7,5 Millionen Bewohner umfasste. Polnische Sprache und Kultur drangen weit in ostslavisch und baltisch besiedelte Gebiete vor und erfassten den Adel und große Teile der Stadtbevölkerung. Dem standen aber langfristige Nachteile gegenüber, denn in Hinsicht auf die ethnische Vielfalt suchte das Doppelreich in Europa seinesgleichen. Der Erwerb riesiger Latifundien verschob die Balance in den Besitzverhältnissen im Adel und vertiefte die Spaltung in Magnaten und Szlachta; Polen gewann Anteil am »wilden Feld« (*dzikie pole*) der Steppe mit allen ihren Gefahren; und schließlich war Polen zum direkten Nachbarn des Moskauer Reiches geworden, das sich allmählich vom Rivalen zum Gegner entwickeln sollte.

Als höchstes Recht betrachtete der Adel die freie Königswahl, die bisher zwar theoretisch gegolten hatte, aber nicht praktiziert worden war. Der Ernstfall trat ein, als Zygmunt II. August am 7. Juli 1572 unerwartet starb und das Haus der Jagiellonen im Mannesstamm erlosch. Die neue Freiheit musste sich erst bewähren, da keine Maßnahmen getroffen und keine Verfahren eingeübt worden waren. In den folgenden Interregna entwickelten sich die Grundlagen der Adelsrepublik (*rzeczpopolita szlachecka*) eher spontan und aus Augenblickserfordernissen denn als durchdachter Plan; sie sollten im Wesentlichen bis zum Untergang des Staates Bestand haben.

Verfassung und Gesellschaft Polens im »goldenen Zeitalter«

Der Adel als praktisch abgeschlossener Stand verkörperte die Nation. Etwa 8% der Gesamtbevölkerung (rund 600000 Menschen) gehörten zum Adel, während in den meisten europäischen Ländern der Anteil des Adels zwischen 0,3% (Frankreich) und 1,0% lag. Die Lebensgrundlage war der Landbesitz; bürgerliche Berufe galten als ehrenrührig. In der Rechtsstellung waren alle Adeligen gleich, in ihren Besitzverhältnissen gab es jedoch große Unterschiede. Die Magnaten besaßen riesige Latifundien, auf denen sie wie »Kleinkönige« (*królewięta*) in ihren Residenzen lebten; allerdings war dieser Besitz selten ›aus einem Stück‹, sondern erstreckte sich über mehrere Provinzen und ließ sich deswegen nicht zu einem einheitlichen Territorium umgestalten, an den sich der Name eines Geschlechtes dauerhaft binden konnte. Durch Ämter im Staat konnte der Besitz einer Familie rasch wachsen, durch Erbteilungen wieder schrumpfen. Etwa 300 Familien gehörten zur nächsten Gruppe der Reichen, die über einige Städte und Dutzende Dörfer verfügten. Insgesamt machte die Schicht der Reichen und Superreichen nur etwa 1 % des Adels aus, besaß aber 25 % des Territoriums. Die große Masse des Landadels in den polnischen Kerngebieten besaß einige Dörfer und Gutshöfe. Die Mitglieder dieser Gruppe hatten ein solides Vermögen (*bene natus et possessionatus*), konnten Bildung und Ansehen erwerben; sie übten die Ämter im Bewusstsein des Dienstes für den Staat aus und waren das Rückgrat des Staates. Charakteristisch für den Adel in Polen war aber der große Anteil von armen oder völlig besitzlosen Adeligen, die sich in der Lebensweise nicht von Bauern unterschieden. Ganze Dörfer wurden von solchen armen Szlachcicen bewohnt; in Masowien machten sie etwa 20 %, in Podlachien gar 25 % des Adels aus. Erbteilungen oder Massennobilitierungen hatten zu diesem Phänomen geführt. Die Angehörigen dieses »grauen Adels« (*szlachta szaraczkowa*) suchten ihren Lebensunterhalt im Dienste anderer Adeliger, von denen sie als »Pöbel« (*gołota*) bezeichnet und nur notgedrungen als Gleiche akzeptiert und mit der Anrede »Bruder« (*brat*) gewürdigt wurden. In der Spannweite des Besitzes repräsentierte der Adel die Gesamtbevölkerung des Staates.

Gemeinsam waren allen Adeligen die politischen Rechte, die ökonomischen Vorrechte und das Standesbewusstsein, auch das Bewusstsein der Verantwortung für den Staat (*aequalitas et libertas, równość i wolność*), sodass man – trotz der Vermögensunterschiede – von einer geschlossenen Kulturgemeinschaft sprechen kann. Nur mit Adeligen waren die politischen und die höheren geistlichen Ämter zu besetzen; die Amtsträger wurden mit Krongut dafür entschädigt. Das Nutzungsrecht galt auf Lebenszeit, und wer mehrere Ämter auf sich vereinigen konnte, vermehrte seinen Wohlstand beträchtlich und konnte ihn auch manchmal weitervererben. Gegenüber all den Rechten, die der Adel dem König abgetrotzt hatte, stand nur die Pflicht zur Landesverteidigung im allgemeinen Aufgebot (*pospolite ruszenie*). Dies wurde eng ausgelegt, denn das Heer durfte nicht länger als drei Stunden über die Landesgrenze geführt werden; andernfalls hatte der König die Auslagen zu erstatten.

Der König war der vornehmste Amtsträger der Adelsrepublik (*primus inter pares*) und ihr Repräsentant nach außen; im Prinzip konnte jeder Adelige zum König gewählt werden. Bis zum Interregnum 1572/73 war die Wahl durch die Magnaten oder den Sejm erfolgt, danach setzte sich das Prinzip durch, dass jeder Adelige persönlich an der Wahl teilnehmen durfte (*viritim*). Dies wurde als wichtigstes Recht (*prawo kardinalne*) der Adeligen betrachtet und als »Augäpfel der Freiheit« (*pupillae libertatis, źrenice wolności*) verteidigt. Bei jeder Wahl hatte der König die alten Rechte zu beschwören und eventuell neue Privilegien zu erteilen. Seine eigenen Rechte waren zugleich seine Pflichten: Er berief den Sejm ein, legte die Tagesordnung (Gesetzentwürfe, Steuern, Krieg) fest und verkündete die Ergebnisse. Er vergab die Kronämter und war für die Amtsführung verantwortlich, obwohl er aus eigener Macht niemanden absetzen konnte. Hierzu bedurfte es, ebenso wie in Fragen der Außenpolitik, der Mitwirkung des Senats. Das klassische Instrument der Herrschaft, das Heer, unterstand dem Hetman, der vom Sejm gewählt wurde und diesem verantwortlich war. Nur aus seinem Besitz und dem Ertrag der Nebenländer konnte der König eigene Truppen aufstellen, durfte aber ohne Zustimmung des Sejm keinen Krieg führen. Alle diese Bestimmungen lassen sich auf die Grundfurcht des Adels zurückführen, dass der König sich die Mittel verschaffen könnte, um die bestehenden Rechte und Freiheiten des Adels einzuschränken (*dominium absolutum*). Ihm blieb, neben dem Titel »Majestät«, im Wesentlichen die Auswahl der Personen für die Staatsämter; bei geschickter Politik konnte er damit im Machtgeflecht des Reiches indirekt einen großen Einfluss ausüben.

Dem König zur Seite stand der Senat, der aus einem Beratergremium des Königs zu einem selbstständigen Verfassungsorgan geworden war, dessen Macht die des Königs einschränkte und der die Brücke zur allgemeinen Adelsvertretung, der Landbotenkammer, darstellte. Dem Senat gehörten die Minister an, allen voran der Kronmarschall (*marszałek koronny*), der den Vorsitz innehatte und am jeweiligen Aufenthaltsort des Königs weitgehende Rechte besaß. Für die Hofhaltung verantwortlich war sein Vertreter, der Hofmarschall, was zeigt, dass Kronämter und Staatsämter noch nicht streng getrennt waren. Die Kontrolle der Staatsverwaltung oblag dem Kanzler (*kanclerz*), der auch die Außenpolitik leitete; sein Vertreter war der Unterkanzler (*podkanclerz*); einer der beiden musste ein Geistlicher sein. Für die Finanzen war der Kronschatzmeister (*podskarbi koronny*) zuständig. Geborene Mitglieder waren die geistlichen Würdenträger, allen voran der Primas und Erzbischof von Gnesen, der seit dem Interregnum als Übergangskönig (*interrex*) fungierte. Insgesamt gehörten 17 Bischöfe dem Senat an, davon 13 aus Kronpolen, und nur katholische Bischöfe waren dazu berechtigt. Ihnen folgten 34 Wojewoden (*palatinus*), die in ihren Amtsbezirken das Gerichtswesen, die Finanzen und das Heer kontrollierten sowie für die Juden zuständig waren. Von den insgesamt 87 Kastellanen, deren Sitz eine Stadt oder Burg war, gehörten nur die 35 bedeutendsten dem Senat an. Um 1505 betrug die Zahl der Senatoren 87 Personen und stieg nach der Union von Lublin auf 140. Diese »älteren Herren Brüder« entstammten zumeist den wichtigsten und reichsten Familien des Landes und strebten danach, die Würde (und die Einkünfte) bei ihren Familien zu belassen. Bei den Sejmverhandlungen hatte der Senat einen Vorsprung vor der Landbotenkammer darin, dass seine Mitglieder die Vorlagen begründen und damit als erste Stellung nehmen konnten.

Das wichtigste und oberste Organ der Selbstverwaltung des Adels war die Landbotenkammer. Aus Virilversammlungen der Adeligen einer Landschaft (*ziemia*, *powiaty*) waren im Laufe der Zeit Landtage (*sejmiki*) entstanden, in denen alle lokalen Adeligen an Beratungen von Gesetzentwürfen des Königs teilnehmen konnten. Sie wählten dann ihre Vertreter für die Landbotenkammer (*izba poselska*) und gaben ihnen strikte Anweisungen auf den Weg (imperatives Mandat, allgemein nach 1573). Nach Abschluss des Gesetzgebungsverfahrens im Sejm hatten sie ihren Urwählern Bericht zu erstatten. Der König als Präsident, der Senat und die Landbotenkammer zusammen bildeten den Reichstag (*sejm*), das oberste Organ des Reiches.

Die Formen des polnischen Parlamentarismus und seine Geschäftsordnung waren auf dem Wege der Praxis entwickelt worden, und die einzelnen Kompetenzen wurden nie genau abgegrenzt. Teils Gewohnheitsrecht, teils neue Rechte oder ihre Einschränkung bestimmten das Verfahren, das auch nach den Festlegungen von Lublin und im nachfolgenden Interregnum nicht abgeschlossen war. Der König blieb Gesetzgeber in jenen Bereichen, die nicht direkt von den Interessen des Adels bestimmt waren; hierzu zählten die innere Verfassung der königlichen Städte, die Rechte der Judenschaft, die Regelung des Verhältnisses zu den Nebenländern und die Lage der Bauern auf den königlichen Gütern. Dies unterstreicht den ständischen Charakter des Reichstages, denn nicht um die abstrakten Interessen des Staates (*res publica*) ging es den adeligen Vertretern, sondern um ihre Rechte und Privilegien (*summa rerum privatarum*). Zu Beginn des 16. Jahrhunderts zählte die Landbotenkammer kaum vierzig Abgeordnete, weil die Wojewodschaften und Länder der Krone Polen nur jeweils zwei Vertreter entsandten. Durch die Inkorporationen, durch die Union mit Litauen und wegen des wachsenden Interesses der Landtage, mit möglichst vielen Abgeordneten im Sejm vertreten zu sein, wuchs ihre Zahl zu Ende des Jahrhunderts auf 162 an; dazu kamen der Möglichkeit nach die Vertreter des königlichen Preußen und Livlands, die aber selten erschienen.

Der ordentliche Reichstag trat in der Regel alle zwei Jahre im Herbst nach der Ernte zusammen, und zwar seit der Union von 1569 in Warschau; der König konnte aber in dringenden Fällen in Absprache mit dem Senat außerordentliche Reichstage einberufen. Eine genaue Geschäftsordnung gab es nicht, und schon Zeitgenossen haben sich über den chaotischen Ablauf der Verhandlungen im Sejm und mehr noch in den Sejmiki beklagt. Die Äußerungen politischer Meinung waren abhängig von Wissen und Bildung, und sie wurden kompliziert durch eigene Interessen, Gruppeninteressen und schließlich Korruption, Ämterhandel und Schuldenerlass. Ausländische Beobachter haben immer wieder gestaunt, wie das System von Bestechung, Angabe und aufrichtiger Hingabe an die Sache schließlich doch funktionierte; ausschließlich Korruption als Grundlage des parlamentarischen Systems der Adelsrepublik zu sehen trifft sicher nicht die Sache. In diesem Zusammenhang ist auch das Wort entstanden, das oft zur Abwertung ganz Polens benutzt wurde: »Polen wird durch Unordnung regiert« (*Polonia confusione regitur, Polska nierządem stoi*); für andere Parlamente zu verschiedenen Zeiten kann man dies aber ebenfalls feststellen. Das Ziel der Politik war die herrschaftsfreie Selbstregierung der Staatsbürger, also des Adels (*anarchia*), und die Abwehr jeden Versuchs einer Tyrannei (*dominium absolutum*). In der politischen Praxis bedeutete dies jedoch oft die Einigung auf einen Minimalkonsens oder Stagnation, denn die Beschlüsse des Sejm mussten einmütig gefasst werden und wurden insgesamt verkündet. Das oberste Prinzip der Gleichheit der Staatsbürger war gewiss ehrenhaft und hätte auf einer Insel vielleicht Erfolg gehabt; in der politischen Praxis und angesichts der divergierenden Interessen von Magnaten und Adelscliquen sowie unter dem Einfluss auswärtiger Mächte sollte die Übersteigerung des Prinzips adeliger Freiheit in den Untergang des Staates führen.

Mit einem Anteil von um 80% stellten die Bauern das größte Segment der Bevölkerung, das sich entsprechend dem Rechtsstatus weiter aufgliederte. Neben freien Bauern – meist landfremde Siedler – gab es freie Pächter; die Bauern auf Krongut und auf Kirchenland unterschieden sich von den Bauern auf Adelsland; Letztere machten wohl mehr als die Hälfte der Landbevölkerung aus. Im Statut von Petrikau 1496 hatte der Adel das Privileg auf den alleinigen Landbesitz erhalten; das bedeutete, dass die Bauern nicht Eigentümer des Landes waren, das sie bewirtschafteten. Für die Zuteilung von Land mussten sie Leistungen erbringen, entweder einen Pachtzins in Naturalien oder Geld abliefern oder Fronarbeit auf Herrenland verrichten. Seit den Reichstagen von Bromberg/Bydgoszcz und Thorn/Toruń 1519/20 hatten die Bauern auf Adelsland für eine Hufe Land (16,5 ha) einen Tag Frondienst in der Woche zu leisten; wer aber bereits zu mehr verpflichtet war, blieb darauf festgelegt. Mit der Bestimmung von 1532, dass kein Bauer das Dorf ohne Einwilligung seines Grundherrn verlassen durfte, wurden die Bauern endgültig an Dorf und Scholle gebunden.

Die Bauern unterlagen der uneingeschränkten Gerichtsbarkeit des Grundherrn; der Herr verfügte über Hab und Gut, über Leben, Gewissen und die Religion. Nur das Gewohnheitsrecht und die Angst, die Bauern könnten sich auflehnen oder fliehen, setzten der Willkür Schranken. Die Gründe für die Verschlechterung der Lage der Bauern im 16. Jahrhundert lagen vor allem darin, dass die Landbewirtschaftung umgestellt worden war. Gab es zuvor hauptsächlich das System der Schulzen, die als Beauftragte des Herrn oder als gewählte Vertreter in den Dörfern eine gewisse Aufsicht geführt hatten, so drang im 16. Jahrhundert die Eigenwirtschaft vor (Vorwerk, *folwark*), die zur Fronarbeit zwang. Der Grund lag in dem lohnenden Getreideexport über die Weichsel und die Ostsee, was ein Anreiz zur Abschaffung der Subsistenzwirtschaft und zu mehr Effektivität der Produktion war.

Zur Fron traten andere Belastungen, die je nach Gegend unterschiedlich waren und meist der Versorgung des Herren dienten. Dem Grundherrn stand auch das Brau-, Brenn- und Schankprivileg zu; er besaß das Mühlenmonopol und das Vorkaufsrecht für überschüssige Produkte. Zu gewissen Anlässen, wie Hochzeiten oder Taufen, war der Bauer verpflichtet, bestimmte Mengen an Bier und Branntwein abzunehmen; meist konnte er seine Einkäufe auch nur über die Herrenwirtschaft tätigen. Auf diese Weise schöpften die Herren zusätzlichen Gewinn von ihren Bauern ab. Die härtesten Lasten trugen die Bauern dort, wo Verwalter auf Herrenland (arme Adelige oder Juden) einen schnellen Gewinn anstrebten, weil sie hohe Ablösesummen zu zahlen hatten und nicht wussten, wie lange sie das Amt würden ausüben können. Die Zunahme der Bevölkerung verschärfte die Situation, da Meliorationen ungebräuchlich waren. So wuchs die Gruppe der armen Häusler oder Kätner, der Landarbeiter und Einlieger stetig an und umfasste etwa 40% der Landbevölkerung.

Bauern auf Krongut, auf geistlichen und staatlichen Gütern machten rund 30% aus; ihre Lage war dann schlecht, wenn sie für den Nutzer eines Staatsgutes einen raschen Gewinn erwirtschaften sollten. Etwa ein Sechstel der Bauern galten als Freisassen, die einen anderen Rechtsstatus bewahren konnten. Dazu zählten die muslimischen Tataren und die jüdischen Karaim (Karäer), während die Bauern zu deutschem Recht ihre usprünglichen Freiheiten allmählich eingebüßt hatten. Dagegen waren seit 1547 holländische und niederdeutsche Mennoniten am Weichsellauf ansässig, um das Land zu entwässern und urbar zu machen (Holländereien); sie besaßen das Land zu Eigen und entwickelten sich zu einer begüterten freien Bauernschicht. Im Karpatenvorland lebten Bauern zu walachischem Recht vornehmlich als halbfreie Hirten (*górale*). Zu nennen sind schließlich ostslavische Bauern, die aus religiösen Gründen die Heimat verlassen hatten (Altgläubige, *raskol'niki*) und in Litauen in abgeschiedenen Dörfern lebten.

Obwohl eine zeitgenössische Redewendung Polen als »Hölle für die Bauern« (*Polonia infernus rusticorum*) bezeichnet, war ihre Lage wohl nicht wesentlich schlechter als in anderen Teilen Europas. Eine Degradierung der Bauern zur Ware, die man kaufen und verkaufen konnte, wie später im Zarenreich, ist in Polen nicht zu finden. Der Adel achtete auf den Ertrag des Landes, und dies bedeutete, dass der Grundherr seine Bauern in einem leidlich guten Zustand halten musste.

Im Vergleich mit der deutschen Sozialgeschichte fällt die geringe ökonomische und politische Bedeutung des Städtewesens in Polen besonders auf. Neben die Städte auf Königsgut mit (meist) Magdeburger Recht (*miasta królewskie*) waren Städte auf Adelsgut (*miasta szlacheckie*) getreten, denen ihre Besitzer die Rechte vorschrieben. Zur Zeit der Union von Lublin gab es mehr als tausend Städte in Polen, aber nur acht der kronpolnischen Städte zählten mehr als 10000 Einwohner, die zudem nicht alle Stadtbürger waren; dazu zählten Krakau mit um 28000 Einwohnern, Posen und Warschau mit um 20000, ferner die preußischen Städte, von denen Danzig mit 40000 Bewohnern alle übertraf. Die große Masse der Städte waren indes kaum mehr als Agrarsiedlungen. Die wesentliche Ursache für die Schwächung der Städte lag darin begründet, dass der Adel die ländliche Struktur begünstigt und die Rechte der Städte beschnitten hatte. Die städtische Oberschicht, die noch zu Anfang des 16. Jahrhunderts vielfach deutschsprachig gewesen war, hatte den Anschluss an den polnischen Adel gesucht und war am Ende des Jahrhunderts in hohe Ämter aufgestiegen; Familien wie Firlej, Boner und Morsztyn aus Krakau sind dafür Beispiele. Noch gravierender war, dass der Adel in den Bereich des Handels eingedrungen war. Er hatte den Zuzug fremder Kaufleute und die Einfuhr fremder Waren verboten; er besaß nun das Recht auf die Weichselschifffahrt und konnte Wegesteuern und Brückenmaut erheben. Ganze Handelsstraßen wurden verlegt, um den Gewinn abzuschöpfen. Die Preise für Getreide wurden vom Wojewoden festgelegt und damit dem freien Spiel von Angebot und Nachfrage entzogen. Adeliger und geistlicher Besitz in den Städten unterlag nicht der städtischen Verwaltung und Besteuerung, sodass die Rechtssicherheit verloren ging. Der Landerwerb in den Städten wurde reglementiert, und außerhalb der Stadt war nur dem Adel Landbesitz erlaubt. Entflohene Bauern durften keine Aufnahme finden. Das Interesse der adligen Grundherren, den städtischen Anteil am Getreide-, Vieh- und Holzhandel und die Stapelrechte zu beschneiden und sogar Vorschriften über die Gewinnspanne der Bürger zu machen, engte die im Mittelalter reichen städtischen Privilegien immer mehr ein und führte zu einer Stagnation des Wirtschaftslebens. Die Handwerkstätigkeiten wurden dadurch eingeschränkt, dass der Adel in seinen Dörfern eigene Handwerker beschäftigte. Dagegen wurden den Städtern wie den Bauern immer mehr Steuern auferlegt. Die Städter hatten Waffen und Wagen für den Kriegsdienst zu stellen, galten aber als unwürdig für die Landesverteidigung. Sie hatten jedoch die Verteidigungsanlagen in Stand zu halten, auf Reisen des Königs für dessen Verpflegung und Zugtiere aufzukommen; sie mussten für sein Gefolge wie für die Landboten auf dem Weg zum Sejm Quartier bereitstellen. Die Bürger zahlten Grundsteuer, Rauchfangsteuer, Marktabgaben, Schankabgaben, zeitweise eine Kopfsteuer und hatten für das Winterquartier der Truppen (*hiberna*) zu sorgen. Um den alten Kern der Städte entstanden adelige Vorstädte als Konkurrenten. All dies bewirkte eine allmähliche Verarmung und Provinzialisierung, die am Ende des 16. Jahrhunderts noch keinesfalls abgeschlossen war. Die adelige Vorherrschaft im Staate, die sich in glanzvollen Schlössern darstellte, wurde mit dem Niedergang des Bürgerhauses bezahlt.

Die Städte des königlichen Preußen nahmen eine Sonderstellung ein, allen voran die drei großen Städte Danzig, Elbing und Thorn. Sie besaßen eine eigene starke Vertretung im preußischen Landtag und konnten ihre Vertreter in den Senat schicken, die kleineren ihre in die Landbotenkammer. Die Stadt Danzig hatte das »Gastrecht« bewahrt, d. h. sie konnte den Hafen nach ihrem Gutdünken öffnen oder sperren. Die Stadt unterhielt eine eigene Truppe, die nach innen für Ordnung sorgte, nach außen auch gelegentlich in den Konflikt mit dem König eingriff. In solchen Konflikten setzte sich die mächtige und reiche Stadt meistens gegen den König durch, da dieser den Geldbeträgen Danzigs nur wenig entgegenzusetzen hatte. Die jährlichen Einkünfte der Stadt waren etwa ebenso hoch wie die gesamten Staatseinkünfte Polens. Danzig lebte vom Getreidehandel, und seine deutschsprachigen Bewohner pflegten gute Kontakte zu den polnischen Magnaten, mit denen sie gemeinsame wirtschaftliche Interessen hatten, obgleich sie sich in der Sprache, und nach der Reformation auch im Glauben, unterschieden.

Mit rund 40 % war der Anteil der polnischsprachigen Bevölkerung der größte im Doppelreich, das zusammen mit den Nebenländern um neun Millionen Menschen umfasste. Dazu zählten nicht nur die polnischen Bauern, sondern auch der polonisierte Adel in Litauen und in den ukrainischen Gebieten. Die Landbevölkerung in den Ostgebieten war im Norden litauisch, in Livland lettisch, weiter südlich weißrussisch, im Süden ukrainisch, rumänisch in der nördlichen Moldau und in den Karpaten. Im Nordwesten, in Pommerellen und im Weichselland gab es einen erheblichen Anteil von Deutschen, ebenso in den größeren Städten, wo aber ein Prozess der Polonisierung eingesetzt hatte. Dazu traten die Juden, die gesondert betrachtet werden sollen.

Allerdings muss angesichts der ethnischen Vielfalt betont werden, dass dies in einem dynastischen Staat kein grundsätzliches Problem darstellte, da der Adel die gemeinsame Klammer war. Der litauische Adel sprach am Ende des 16. Jahrhunderts bereits polnisch, eben »auf Herrenart« (*po pańsku*), während die Bauern sich des jeweils lokalen Idioms bedienten (*po chłopsku*) und mit dem Adel in diesem verkehrten. Die Gebildeten verwendeten Latein wie im übrigen Europa.

Wichtiger für die Zeitgenossen war die Religion als Unterscheidungskriterium. Neben den Katholiken und den Protestanten sind noch die orthodoxen Gläubigen in den östlichen Gebieten zu nennen. Nachdem der Metropolit der Ruś seinen Sitz 1326 nach Moskau verlegt hatte, war in Kiev ein neuer Metropolit eingesetzt worden. Ihm unterstanden neun orthodoxe Bischöfe, die jedoch nicht dem Senat angehörten, wie überhaupt die Orthodoxen praktisch von den hohen Staatsämtern ausgenommen waren.

Die größte nichtchristliche Gruppe waren die Juden. Ihre Zahl betrug um 1500 nach Schätzungen in Polen 18 000, in Litauen 6000 (Weinryb) und stieg bis 1578 auf 75 000 Männer für Polen und 25 000 für Litauen an. Jüdisches Leben bezog sich auf die Gemeinde (*kahal*), in der die Ältesten (*rošim*, *parnassim*) für die Verwaltung, die Steuererhebung, den Unterricht, das Gericht und die Überwachung des Kultus zuständig waren. Über die Einzelgemeinden wurde zur Zeit Zygmunts I. eine landesweite Organisation eingerichtet, die Vierländersynode (*va'ad arba arazot*), und seit 1551 gab es einen Generalrabbiner.

Wenn eine zeitgenössische Redewendung Polen als »Paradies der Juden« bezeichnet, so ist dies sicherlich übertrieben. Sie lebten eher neben als mit den Christen und wurden von diesen im 15. Jahrhundert wegen der Konkurrenz zu christlichen Händlern und Handwerkern aus einer Reihe von großen Städten vertrieben (*privilegium de non tolerandis iudaeis*). Sie fanden oft Schutz bei Magnaten in der Verwaltung von Landgütern, als Zollpächter oder in der Pacht der Schänken. Für jede Bestätigung ihrer Rechte mussten sie neben den Steuern jeweils Sonderabgaben leisten. So war die große Mehrheit der Juden arm, ihre Existenz unsicher (»Des Juden Gold ist wie Stroh«), und nur wenigen gelang der Aufstieg durch Geldverleih oder als Ärzte bis an den Königshof. Insgesamt war die Lage der Juden in Polen uneinheitlich, aber besser als in Deutschland. Den Privilegien standen harte Belastungen gegenüber; tatsächliche Rechtlosigkeit in manchen Gebieten korrespondierte mit hohem Rechtsbewusstsein in anderen; in dieser Hinsicht war die Existenz der Juden mit der der übrigen Bevölkerung vergleichbar.

Im Südosten Polens fand sich eine andere kleine Bevölkerungsgruppe, die Armenier, die in Lemberg seit 1367 einen eigenen Bischof besaßen. Auch sie lebten nach eigenem Recht und monopolisierten den Orienthandel, betrieben Kunsthandwerke (Goldschmiede, Teppichknüpfer) und trugen zur Mode des »Orientalisierens« in Polen bei. Interessant ist das Phänomen einer armenischen Kolonie in Polen aus dem Grund, weil hier – wie im Fall der Juden – eine religiöse und ethnische Minderheit lange ihr Eigenleben in einer mehrheitlich anders organisierten Umwelt führen konnte und somit einen weiteren Beweis für die tolerante Einstellung der spätmittelalterlichen polnischen Adelsrepublik darstellt.

Der Begriff »goldenes Jahrhundert« galt auch für die polnische Kultur. Renaissance und Humanismus wurden wie im westlichen Europa aufgenommen, und Polen stand auf der Höhe der Zeit. Italienischer Einfluss war schon vor der Königin Bona spürbar gewesen; mit ihrer Ankunft verstärkte sich der Zustrom von Baumeistern, Künstlern und Gelehrten, die den deutschen Einfluss, z. B. Veit Stoß in Krakau (1447/8–1533), allmählich ablösten. Der Hof und die Universität in Krakau wurden zu Zentren der Kultur, der Baukunst (Wawel, Collegium Maius) und der Bildung, die den begüterten Adel beeinflussten und sich in seinen Residenzen sichtbar erhalten hat. Römischer Einfluss war in der Verbreitung der lateinischen Sprache und im Staatsdenken präsent, wie Andrzej Frycz Modrzewski (1503–1572) in seinen Schriften eindrucksvoll bewies. Reformatorisches Gedankengut und seine Widerlegung im Geiste der Gegenreformation wurden in Polen gedruckt und in Europa verbreitet (der Erzbischof von Gnesen Jan Łaski für die katholische († 1531), sein gleichnamiger Neffe für die protestantische Seite († 1560), später der Fürstbischof von Ermland, Stanislaus Hosius († 1579), und sein Schüler Martin Kromer († 1589). In der Geschichtsschreibung hatte Jan Długosz (1415–1480) mit seinen »Annalen« Maßstäbe gesetzt, und ihm folgten weitere Chronisten im nächsten Jahrhundert: Marcin Bielski (1495–1575) mit einer Weltchronik und Matys Stryjkowski (1547–1582) mit einer Chronik Polens, Litauens und »ganz Russlands« in polnischer Sprache. Während die Gelehrtenwelt Latein schrieb und europaweit kommunizierte, wie Nikolaus Kopernikus (1473–1543) mit seinem Werk über die »Umdrehung der Himmelskörper«, entwickelte sich die Volkssprache zu einer angemessenen Literatursprache. Nach Übersetzungen von Fabeln, erbaulicher und unterhaltender Literatur prägte Mikołaj Rej (1505–1569) die eigenständige polnische Dichtung, die mit Jan Kochanowski (1530–1584) ihren ersten Höhepunkt erreichte. Der Glanz der Jagiellonenzeit fand seinen Ausdruck auch in der Kultur Polens.

Polen als Wahlkönigreich und Adelsrepublik

(1572–1795)

Epochenüberblick

Das Recht auf die freie Königswahl war für den polnischen Adel die Erfüllung der Vorstellung von der eigenen Würde. Im Prinzip konnte jeder »Piast« – so wurde ein einheimischer Kandidat genannt – gewählt werden, in der Realität spielte der dynastische Gedanke dann doch wieder eine große Rolle, sodass einige Wahlen nur formal noch Wahlen waren. In der Erfüllung des alten Anspruchs lag aber bereits der Keim des Untergangs, denn schon die erste freie Wahl war ein Fiasko, und die Berücksichtigung des dynastischen Prinzips bei den folgenden Wahlen sollte Polen in die Katastrophe von dynastisch motivierten Kriegen führen.

Die Wahl eines Königs von Polen wurde zu einem Ereignis des europäischen Hochadels, und sie verlief meist stürmisch und chaotisch. Dabei schwappten die großen europäischen Fehden der Dynastien auch nach Polen, die »Erbfeindschaft« zwischen den Habsburgern und den Bourbonen in Frankreich als direkte Konfrontation der Kandidaten oder als Spiel im Hintergrund. Polen war zeitweise ein Nebenschauplatz dieses Ringens. Außerdem geschah zu dieser Zeit der große Umbruch in Osteuropa, als Moskau nach dem tiefen Fall in der »Zeit der Wirren« (*smuta*) nach dem Tode von Ivan IV. den Nachbarn und Konkurrenten Polen-Litauen allmählich überholte und ihn zum Spielball seiner Politik machte.

Im Innern zeigte sich ein allmähliches Abgleiten aus

Polen-Litauen als Wahlkönigreich

Pskov
Wolga
Moskau
Polotsk
Dvina
Vitebsk
Smolensk
Oka
Andrusovo
Minsk
Dnjepr
RUSSLAND
Pripjet
Desna
Don
Hadziacz
Kiev
Perejaslav
Poltava
Dnjepr
zacz
nieniec Podolski
Bug
KOSAKEN
Chocim
Sič
IOLDAU
SMANISCHES
REICH
KRIM-TATAREN
SCHWARZES MEER

dem Ideal adeliger Freiheit in die Realität tatsächlicher Ungleichheit und schamlos ausgespielter Gruppeninteressen, die durch die Ideale nur getarnt wurden. Der polnische Adel wandte sich von Europa ab, was schon die Mode des »Sarmatismus« und des Orientalisierens bezeugt. Wichtiger war, dass er den Gedanken des Dienstes für den Staat, der im Westen als Kern des aufgeklärten Absolutismus aufkam, für sich verwarf. Der Staat, der schon vorher nur die schwache politische Seite der Adelsgesellschaft darstellte, wurde zum Selbstbedienungsladen von Adelsgruppen und Familien. Ineffektivität und Stagnation wurden als Erfüllung des Freiheitsideals ausgegeben und damit pervertiert. Währenddessen stiegen die Nachbarn zu straff geführten Staaten auf, deren Ideal das genaue Gegenteil des polnischen Adels war, nämlich der dienende Untertan, sei es als Soldat oder als Beamter. Preußen und Polen wurden zu Gegnern, und diesen Kampf konnte Polen als eine nach innen gerichtete Gesellschaft nicht gewinnen.

Es gab wohl Kritik an der Entwicklung der Gesellschaft, am schärfsten aus Polen selbst. Aber auch die tiefe Erniedrigung, in der Zeit des letzten Königs zu einem Protektorat des Zarenreiches degradiert worden zu sein, ermöglichte den Gegenkräften nur Ansätze zur Reform. Erst der Schock der ersten Teilung und scheinbar günstige außenpolitische Konstellationen ermöglichten den Sieg der Reformkräfte in der Verfassung vom 3. Mai 1791, der bezeugte, dass aus der altständischen, mittlerweile korrumpierten Adelsgesellschaft der Weg in den modernen konstitutionellen Staat möglich gewesen wäre, wenn die absolutistischen Nachbarn diese Entwicklung nicht gewaltsam unterbunden hätten. Zu einem Zeitpunkt, als in der europäischen Geschichte die Volkssouveränität entdeckt wurde, als sich in Frankreich der dritte Stand zur eigentlichen Nation erklärte und das Ancien Régime davonjagte, als sich in den amerikanischen Kolonien ein freies Volk von den Bindungen an den dynastischen Staat löste und sich eine Verfassung gab, da wurde im östlichen Europa die alte Kulturnation Polen geteilt und der Staat von der Landkarte getilgt. Aus dem Königreich Polen ging die »polnische Frage« hervor, die die europäische Politik bis in das 20. Jahrhundert hinein belasten sollte.

Die Interregna und ihre Überwindung
(1572–1586)

1572	Erstes Interregnum
1573	Warschauer Konföderation zur Religionstoleranz, Wahl von Henri de Valois (*Articuli Henriciani, Pacta conventa)*
1576–1586	Stefan Báthory

Vor dem überraschenden Tode von Zygmunt II. August am 7. Juli 1572 waren keine Vorkehrungen für die Wahl eines Nachfolgers getroffen worden; so stellten sich zwei wichtige Fragen: das Verfahren der Wahl und die Benennung eines Kandidaten. Beide Fragen waren mit dem Problem der Religion und dem Charakter der handelnden Personen eng verknüpft, die mit ihren Entscheidungen alle zukünftigen Wahlen präjudizierten. Der Erzbischof von Gnesen Jakób Uchański erklärte sich zum *interrex* und drängte den calvinistischen Krongroßmarschall Jan Firlej als Sprecher des protestantischen Adels zurück. Ein Konvokationsreichstag wurde nach Warschau einberufen (Januar 1573), wo der katholische Kleinadel Masowiens ein Übergewicht besaß. Dort setzte der junge Jurist Jan Zamoyski den Beschluss durch, dass alle Adeligen persönlich an der Wahl des Königs in Wola bei Warschau teilnehmen dürften (*viritim*). Die Nachricht von der Bartholomäusnacht in Frankreich (14. August 1572), in der Tausende von Hugenotten ermordet worden waren, führte zu der Warschauer Konföderation, in der dem protestantischen Adel die Glaubensfreiheit und der Schutz von Leben und Besitz zugesichert wurde. Auf dem Wahlreichstag von April 1573 trafen sich etwa 50000 Adelige, die zwischen fünf Kandidaten entscheiden sollten. Die Magnaten unterstützten die Kandidatur des Erzherzogs Ernst, Sohn des Kaisers Maximilian II., die große Masse der Szlachta favorisierte hingegen Henri de Valois, Bruder des französischen Königs Karl IX., der auch gewählt wurde. Um den landfremden König an das geltende Recht und die Bewahrung der Privilegien zu binden, verabschiedete der Reichstag die *Articuli Henriciani,* die alle Rechte des Adels festschrieben. Damit hatte sich die Adelsrepublik de facto eine geschriebene Verfassung gegeben. Ein weiteres Dokument, die *pacta conventa,* enthielt alle konkreten Forderungen, die der König während seiner Amtszeit erfüllen sollte. Bei Verstoß gegen diese Bestimmungen galt das Widerstandsrecht des Adels. Jeder Kandidat musste in Zukunft diese Dokumente beschwören. Nach dem Eid in Paris wurde Henri im Februar 1574 in Krakau zum König gekrönt.

Bald stellten sich die ersten Schwierigkeiten ein, denn Henri stand unter dem Einfluss der Bischöfe und des päpstlichen Nuntius, die darauf drängten, nur Katholiken in hohe Staatsämter zu bringen. Zudem war der junge König nicht der Kriegsheld, als den ihn sein Gesandter geschildert hatte, sondern weich und modisch und gar nicht daran interessiert, die um fast dreißig Jahre ältere Schwester des letzten Königs zu heiraten. Ansätze, die königlichen Rechte gegen die Szlachta zu stärken, und ein Gerichtsurteil gegen bestehendes Gesetz weckten den Argwohn des Adels, ebenso die Tatsache, dass Henri die

Dokumente nur generell beschwor, aber die Einzelbestimmungen nicht noch einmal nannte. Unerhört war aber dann die Flucht aus dem Lande, als sein Bruder in Paris gestorben war und er sich die Nachfolge dort sichern wollte (18./19. Juni 1574). Polen war konsterniert, und Erzbischof Uchański weigerte sich zunächst, den Thron für vakant zu erklären, musste aber dann einen Konvokationsreichstag einberufen, der Henri eine Frist setzte, nach deren Verstreichen seine Absetzung erklärt wurde. Das zweite Interregnum begann.

Erneut drehte sich das Kandidatenkarussell, in dem diesmal die Habsburger, von denen gleich drei auftraten, die besten Plätze zu belegen schienen. Noch während die Vorgespräche liefen, richtete ein Überfall der Tataren schwere Schäden an und beschleunigte damit das Verfahren der Königswahl. Am 7. November 1575 sammelten sich 10000 Adelige auf dem Wola-Feld. Die Magnaten befürworteten die Wahl des Erzherzogs Ernst, gewählt wurde unter dem Einfluss der Bischöfe der Kaiser Maximilian, den der Erzbischof zum König ausrief. Dagegen machte die Szlachta mobil, als deren Anführer Zamoyski auf einer Versammlung von 20000 Adeligen im Dezember die Königsschwester Anna als Königin ausrief; zu ihrem Gatten und künftigen König wurde der Siebenbürger Stefan Báthory bestimmt, für den sprach, dass er als Gegner der Habsburger galt und im Kampf gegen die Türken bereits Kriegsruhm erlangt hatte. Das Rennen der zwei Kandidaten um die Krone konnte Stefan für sich entscheiden, weil er schneller in Krakau eintraf. Am 1. Mai 1576 wurde er mit Anna vermählt und zum König gekrönt. Das zweite Interregnum war damit beendet.

Stefan Báthory setzte sich rasch durch, weil er seine Gegner sanft behandelte und Ämter und Würden klug verteilte. Nur die Stadt Danzig verweigerte den Treueid aus Angst vor dem Verlust ihrer Privilegien. Der Streit eskalierte zum Krieg, in dem Danzig zwar eine Schlacht verlor, den sie aber letztlich für sich entscheiden konnte. Danzig blieb bei Polen, zahlte eine Entschädigungssumme und erhielt in den folgenden Jahren die alten Privilegien zurück, die seit 1570 eingeschränkt worden waren.

Nun hatte König Stefan die Hand frei, um gegen einen gefährlicheren Gegner vorzugehen. Während des Kampfes um Danzig hatte nämlich Ivan IV. »der Schreckliche« (*groznyj*) Livland überfallen und – mit Ausnahme der Städte Riga und Reval – besetzt und verwüstet. Stefan ging mit Energie vor; seine Gesandten forderten in Moskau den Abzug der Russen, wurden aber abgewiesen. Stefan verlangte vom Sejm eine nachdrückliche Unterstützung und die Bewilligung von Hilfsgeldern. Gleichzeitig führte er eine Heeresreform durch, indem er Bauern auf Königsgut zu Fußsoldaten (pro zwanzig Hufen Land wurde einer ausgewählt) verpflichtete, die seine Söldner unterstützen sollten. Im Sommer 1579 konnte er seinen Kriegsplan in die Tat umsetzen und gegen die russische Übermacht Erfolge erzielen. Durch die Eroberung der Stadt Polock an der Düna wurde die Armee in Livland abgeschnitten und mit Hilfe schwedischer Truppen schließlich aus Livland vertrieben. Weitere Vorstöße tief in Moskauer Gebiet machten Ivan friedensbereit. Unter Einsatz des Papstes vermittelte dessen Gesandter Antonio Possevino, der auf eine Kirchenunion mit den Orthodoxen hoffte, schließlich einen zehnjährigen Waffenstillstand, der Livland und weite Teile des nördlichen Russland bei Polen beließ. So hatte Stefan Báthory nicht nur die Verluste den Russen gegenüber wettgemacht, sondern dem Moskauer Staat für eine ganze Weile den Zugang zur Ostsee versperrt. Livland wurde nun verwaltungstechnisch enger an Polen angeschlossen (*Constitutiones Livoniae*, 1582), und der Stadt Riga wurden die alten Rechte bestätigt. Da aber zugleich ein katholisches Bistum eingerichtet worden war, befürchteten die livländischen Stände eine Rekatholisierung und Überfremdung, weshalb sie ihre Blicke auf das protestantische Schweden richteten, das Estland behauptet hatte. Eine neue Konfliktzone zeichnete sich an der Südküste der nördlichen Ostsee ab.

In der Innenpolitik unterstützte Stefan die Beschlüsse des Konzils von Trient, war aber nicht bereit, gegen die Bestimmungen der Warschauer Konföderation zu verstoßen. Dennoch bereitete er im Stillen die Gegenreformation vor, indem er die Jesuiten im Unterhalt der Schulen unterstützte. Die Rechtssicherheit im Lande wollte er mit der Gründung von obersten Hofgerichten je für Polen und Litauen erhöhen, denn für die Zeit eines Interregnums ruhte bisher die Rechtsprechung im Lande. Auf diesem Gebiet geriet er aber in einen Konflikt mit der Magnatenfamilie der Zborowski, gegen deren Widerstand der König Jan Zamoyski zum Kanzler (1578), zum Starosten von Krakau und zum Großhetman (1581) erhoben hatte. Als der Konflikt eskalierte und die Szlachta hineinzog, ließ Stefan das Haupt der Familie Zborowski verbannen und deren Güter einziehen. Der König hatte damit gezeigt, dass er auch unpopuläre Maßnahmen zu treffen bereit war; damit gewann er zwar nicht an Beliebtheit, aber an Achtung seitens seiner Zeitgenossen und der folgenden Generationen. Seine außenpolitischen Pläne eines Kampfes gegen das Osmanische Reich konnte er nicht mehr umsetzen, weil er am 12. Dezember 1586 unerwartet verstarb.

Kriegerische Zeiten unter dem ersten Wasa-König Zygmunt III. (1587–1632)

1587–1632	Zygmunt III. Wasa
1596	Kirchenunion von Brest
1605–1613	»Zeit der Wirren« in Russland (*smuta*)
1606/07	*Rokosz* des Zebrzydowski

Obwohl das dritte Interregnum nur ein Jahr dauerte, bescherte es Polen Unruhe und tiefgehende persönliche Streitereien der Magnaten. Sieben Kandidaten bewarben sich um den polnischen Thron, darunter auch der russische Großfürst Fedor. Die meisten Chancen hatte der schwedische Kronprinz Sigismund Wasa, der in der protestantischen Umgebung in Schweden seinen katholischen Glauben bewahrt hatte und dem seine Tante, die polnische Königin Anna, bei der Werbung nach Kräften half. Die Wahl fand in einer ungewöhnlich gespannten Atmosphäre statt, da die Adelsfraktion der Familie Zborowski mit einem bewaffneten Gefolge erschienen war, um die Wahl eines Habsburgers durchzusetzen. Ihnen gegenüber stand der Kanzler Zamoyski mit einer eigenen Armee, der den Schweden wegen seiner polnischen Mutter bevorzugte. Wieder traf man eine Doppelwahl, aber der Erzherzog Maximilian konnte die Stadt Krakau nicht erobern. Nachdem Sigismund in Danzig gelandet war, eilte er nach Krakau, wo er als Zygmunt III. am 28. Dezember 1587 gekrönt wurde (1587–1632). Der 21-jährige war zunächst begeistert begrüßt worden, aber bald brach sich Enttäuschung Bahn: seine deutsche Erziehung, sein zurückhaltendes und grüblerisches Wesen, sein Misstrauen kontrastierten zu der jovialen und lebensfrohen Umgangsart des polnischen Adels. Wichtiger waren indes zwei andere Dinge: Sein Vater, Johann III. Wasa, hätte seinen Sohn lieber auf dem schwedischen Thron gesehen und suchte eine Verbindung zu den Habsburgern. Der junge König fand keinen Draht zu seinem Kanzler Zamoyski, der ihm den Thron verschafft und seinen Kontrahenten gefangen gesetzt hatte. Nach Beilegung dieses Streits kam es zu einer Umkehrung der innenpolitischen Fronten, denn Zygmunt suchte nun den Kontakt zum Hause Habsburg, indem er gegen den Wunsch des Kanzlers Anna, die Schwester des späteren Kaisers Ferdinand II., heiratete. Zamoyski unterstützte nun die Protestanten, die sich zu Recht über eine Benachteiligung und über mangelnde Unterstützung gegen Willküräkte beschwerten. Als herauskam, dass Zygmunt sogar die polnische Krone zugunsten eines Habsburgers niederlegen und sich nach Schweden zurückziehen wollte, mobilisierte Zamoyski den Adel und rief Zygmunt 1592 vor einen »Inquisitionsreichstag«. Der König musste sich rechtfertigen und seinen Plänen abschwören; für die Zukunft versprach er, die Rechte des Reichstages zu respektieren. Zygmunt zog die Konsequenz aus seiner Niederlage und versöhnte sich mit dem alten Kanzler, der nun ein Jahrzehnt als loyaler, aber mächtiger Vertrauter die Geschicke Polens lenkte.

Mit der Wahl des schwedischen Kandidaten hatte sich der polnische Adel ein Problem eingehandelt, das bald zu unerwarteten Belastungen führen sollte, denn Zygmunt strebte auch weiterhin die Krone in Schweden an, als sein Vater 1592 starb. Mit Zustimmung des Sejm ging er für ein Jahr nach Schweden, wurde dort gekrönt (1594) und in einen Streit mit seinem Onkel Karl von Södermanland verwickelt, der nicht nur sein Statthalter bleiben, sondern selbst König werden wollte (er wurde 1605 gekrönt). Dazu trat das Problem, dass Zygmunt vor seiner Wahl versprochen hatte, Estland an Polen abzutreten; als er dies schließlich nach langem Zögern im März 1600 vollzog, brachte dies das Königreich Polen in einen langen Konflikt mit Schweden und Moskau, die ihrerseits die baltischen Provinzen begehrten.

In der Innenpolitik Polens hatte der Streit um die Religion an Schärfe zugenommen, denn Zygmunt unterstützte die Rekatholisierungsbestrebungen und war nicht bereit, gegen offene Rechtsverletzungen durch Katholiken vorzugehen. Als der König in Schweden weilte, konnte Zamoyski 1593 auf einem Reichstag eine Beruhigung dahingehend erreichen, dass die königlichen Amtsträger (Starosten) bei Unruhen in den Städten eingreifen und bestehende Rechte schützen sollten. Dieser Beschluss wurde jedoch zwei Jahre später widerrufen, als der König die harte Linie der Bischöfe gegen die Protestanten durchsetzte. Obwohl die Protestanten in der Folge auf einigen Reichstagen ihre Anliegen vortrugen und kleine Erfolge erreichten, nützte ihnen dies in der Praxis wenig. In den kleineren westpreußischen Städten wurden immer mehr Kirchen von den Katholiken zurückerobert. Tumulte in Posen und Krakau 1596 zeigten, wie wenig papierne Proteste halfen, wenn der Wille des Königs zur Durchsetzung des Rechts fehlte. Seit 1601 betrieben die Bischöfe offen die Rücknahme der Warschauer Konföderation von 1573, die die rechtliche Gleichstellung der Bekenntnisse und staatliche Toleranz bedeutet hatte.

Bezüglich der Ungleichbehandlung der orthodoxen Gläubigen suchte die katholische Kirche eine andere Lösung. Zur Abwehr von Ansprüchen Moskaus, wo der Metropolit 1589 zum Patriarchen »von Moskau und der ganzen Ruś« proklamiert worden war, unterstützte der Papst Einigungsgespräche unter Beteiligung des Jesuiten Piotr Skarga, die 1595 zu der päpstlichen Bulle *Magnus Dominus* führten. Für die Anerkennung des Papstes als Oberhirten sollten die Gläubigen der nunmehr »unierten Kirche« die slavische Liturgie, die Priesterehe und die eigene Verwaltung behalten. In Brest wurde diese Union 1596 beraten und von der Mehrheit der orthodoxen Bischöfe beschlossen. Da aber nicht alle Bischöfe zugestimmt hatten, stand die unierte Kirche nun neben der orthodoxen; diese Kirchenspaltung besteht bis zum heutigen Tag. Bald mussten die Mitglieder der unierten Kirche auch erkennen, dass sie keineswegs die vollen Rechte der Katholiken besaßen und weiterhin diskriminiert blieben.

Um das Jahr 1600 erreichte Polen seine größte Ausdehnung, als nach Streitigkeiten der Siebenbürger Fürsten untereinander Zamoyski mit einem eigenen Heer dort eingriff, um in den Fürstentümern Moldau und Walachei abhängige Hospodare einzusetzen. Nominell reichte Polen für kurze Zeit bis an die Donau, wo es an das Osmanische Reich grenzte. Der polnische Adel hatte diese Aktion nicht unterstützt; er blieb auch zurückhaltend, als Zygmunt aus dynastischen Interessen eine Orientierung nach Norden erzwang und damit einen Krieg mit Schweden einleitete, der insgesamt sechzig Jahre dauern und das Land verwüsten sollte.

Der Streit zwischen Zygmunt und König Karl von Schweden fand zunächst im Baltikum statt, wo die Schweden Livland erobert hatten. Der erste schwedische Krieg 1601–1602 sah Polen als Sieger. Karl hätte für seine Anerkennung Zygmunt das ganze Baltikum zugesprochen, aber dieser wollte Schweden als sein Erbe erhalten und seine Pläne zu dessen Rekatholisierung nicht aufgeben. Ein Reichstag von 1603 sah den König wieder auf der Anklagebank, denn nach dem Tode Annas wollte er deren Schwester Konstanze heiraten. Der Adel vermutete, dass seine Bevorzugung der Deutschen, seine Verachtung für die Orthodoxen und die Versuche, seinen Sohn Władysław schon zu Lebzeiten zum König ausrufen zu lassen, Teile eines Plans zur Entmachtung des Sejms und der Szlachta waren. Dafür schien zu sprechen, dass Zygmunt im Jahre 1605 gar keinen Reichstag einberief. Mit der Übertragung der Regentschaftsrechte in Preußen an den Kurfürsten von Brandenburg (für den schwachsinnigen Herzog Albrecht) wollte er außerdem einen Verbündeten im Kampf um Schweden gewinnen.

In dieser Zeit zunehmender Spannungen zwischen dem König und dem Adel starb der Kanzler Zamoyski im Sommer 1605. Damit fehlte der Opposition der führende Kopf, der bei allem Widerstand gegen gewisse Vorstellungen des Königs doch ein ausgleichendes und verbindendes Element gewesen war. Die Vermutung, der König wolle in Polen seinen Sohn einsetzen und sich nach Schweden zurückziehen, verstärkte die Opposition gegen alle Reformversuche, in denen der Adel nur Anzeichen für eine

Stärkung der Macht des Königs sah. Diese Opposition verband sich einmal mehr mit den Beschwerden der Protestanten und führte schließlich zu einem offenen Aufstand (*rokosz*) unter Führung des Katholiken und Wojewoden von Krakau, des Krongroßmarschalls Nikolaus Zebrzydowski (1606/07). Obwohl die Aufständischen in der einzigen Schlacht unterlagen und die Differenzen auf dem Reichstag von 1609 durch eine Generalamnestie beigelegt wurden, gab der König nun alle Hoffnungen auf innere Reformen auf. In den Auseinandersetzungen war die Macht des Adels gestärkt, jene des Königs hingegen geschwächt worden. Ihm blieben seine dynastischen Interessen, die sich nur zum Teil mit jenen des Staates deckten, ihnen meist zuwiderliefen und dem Land schwer schaden sollten.

In der Zwischenzeit war es im Großfürstentum Moskau zu einer schweren Krise gekommen. Ivan IV. hatte ein schlimmes Erbe hinterlassen: Der innenpolitische Terror der *opričnina* – eine Erweiterung der großfürstlichen Besitzungen bis zur Hälfte des Landes –, die Verfolgung und Ermordung vieler Fürsten und Bojaren, und die Niederlagen gegen Polen hatten das Land bereits erschöpft. Weil Ivan aber seinen ältesten Sohn 1582 selbst getötet und nur den schwachsinnigen Fedor als Thronfolger hinterlassen hatte, brachte sein Tod im Jahre 1584 dem Land einen Streit der führenden Familien um die Regentschaft ein. Zunächst konnte Boris Godunov die Regentschaft für seinen Schwager Fedor übernehmen, dem er nach dessen Tod als Letzter aus der Dynastie der Rurikiden 1598 sogar nachfolgte; er sah sich aber einer Reihe mächtiger Familien gegenüber. In diesem Konflikt spielte ein bis heute rätselhaftes Ereignis eine große Rolle, nämlich das Auftreten des angeblichen jüngsten Sohnes von Ivan IV., Dmitrij, der beim Tode des Vaters erst ein Jahr alt gewesen und 1591 in der Verbannung in Uglič verstorben war. Es war wohl ein entlaufener Mönch, der 1603 auftrat und behauptete, auf wundersame Weise der Ermordung durch den Thronusurpator Godunov entkommen zu sein. Er fand großen Widerhall bei der russischen Bevölkerung, die in ihm den Retter aus der alltäglichen Not und den Wiederhersteller der alten bäuerlichen Rechte sah. Dieser angebliche Dmitrij ging nach Polen, trat zum katholischen Glauben über und fand die Unterstützung zahlreicher Adeliger, darunter des Kastellans von Sandomierz, Mniszech, dessen Tochter Maryna er heiratete. Wenn Zygmunt ihn auch nicht unterstützte, so ließ er ihn doch gewähren. Der Prätendent sammelte eine Armee von Kosaken, polnischen Söldnern und Abenteurern und zog nach Russland.

In dieser Situation starb Boris Godunov 1605, was die Zeitgenossen als Gottesurteil und Schuldspruch verstanden. Unter Zulauf von Volk und Adel zog der *Lžedmitrij* (»falsche Demetrius«) in Moskau ein und bestieg 1605 den Zarenthron. Als seine Frau im folgenden Jahr nach Moskau kam und ebenfalls gekrönt wurde, war dem polnischen Einfluss Tür und Tor geöffnet. Besonders die katholische Kirche und die Jesuiten machten sich Hoffnungen, die Union von Brest dadurch zu vollenden, dass die gesamte orthodoxe Kirche in Russland der Jurisdiktion von Rom unterstellt werden könnte. Diese Rechnung ging jedoch nicht auf, denn bei wachsendem Widerstand des Hochadels und der Bevölkerung wurde der Usurpator 1606 ermordet und die Polen und Katholiken hart verfolgt. An der Spitze des Aufruhrs hatte sich Vasilij Šujskij gestellt, der zuvor sowohl den Tod des jungen Dmitrij wie sein Weiterleben mit feierlichen Eiden beschworen hatte. Šujskij wurde nun selbst zum Zaren proklamiert, konnte aber im Lande wegen der Unruhen, Missernten und wegen des Gerüchtes, der *Lžedmitrij* sei nach Litauen entkommen, nicht Fuß fassen. Unter zahlreichen Prätendenten, die als selbsternannte Zarensöhne auftauchten (*samozvancy*), befand sich ein zweiter falscher Dmitrij, der wieder in Polen Unterstützung suchte. Mit etwa 18000 Polen aus der Gefolgschaft des Zebrzydowski kehrte er 1608 nach Russland zurück und bezog ein Lager in Tušino (daher die Bezeichnung *vor*, »Räuber von Tušino«). Immer mehr Russen fielen zu ihm ab, als die Witwe Maryna in ihm ihren angeblichen Mann erkannt zu haben erklärte.

Nun wandte sich der Zar Šujskij an die Könige in Polen und Schweden, um seinen Thron zu retten. Nicht Sympathie für den *vor* und dessen polnische Truppen, sondern das Bündnis Šujskijs mit seinem Onkel und erbitterten Gegner Karl IX. von Schweden, der dem Neffen ein Söldnerheer zur Verfügung gestellt hatte, brachte auch Zygmunt ins Spiel. Bei wachsender Unruhe im Lande und beginnendem Zweifel am falschen Zaren erhob Zygmunt 1609 selbst Anspruch auf den Zarenthron und rüstete ein Heer aus. Er glaubte die Gelegenheit günstig, die Landverluste in den Kriegen gegen Ivan rückgängig machen und den Einfluss seiner Dynastie durch einen katholischen Kreuzzug steigern zu können. Entgegen dem Rat seines Hetmans Żółkiewski stieß seine Truppe aber nicht gegen Moskau vor, sondern gegen das stark befestigte Smolensk, das er als alten litauischen Besitz zurückerobern wollte. Da dies im ersten Anlauf misslang, folgte eine zweijährige Belagerung.

Während dieser Zeit kam es zu Verhandlungen zwischen Zygmunt und der Romanov-Gruppe im Lager des *vor*, die 1610 zu einem Vertrag führten. Danach sollte Władysław, der Sohn Zygmunts, zum Zaren gewählt werden. Die Rechte der orthodoxen Kirche sollten bestätigt, ein Militärbündnis mit Polen abgeschlossen werden; dem russischen Adel versprach er die gleichen Rechte zu gewähren, wie sie der polnische besaß. Nach einem Sieg über das russisch-schwedische Heer stand Zygmunt der Weg nach Moskau offen, wo der Zar Šujskij gestürzt und zum Mönch geschoren worden war. Unter Bedingungen, die der polnischen Königswahl ähnlich waren, hatten die Bojaren inzwischen Władysław zum Zaren gewählt und in einer Wahlkapitulation ihre Privilegien festgeschrieben. Als sich eine große russische Gesandtschaft unter Führung Filarets, des zum Mönch geschorenen Führers der Familie Romanov, zu Zygmunt vor Smolensk begab, erlebte sie jedoch eine Überraschung, denn nun beanspruchte Zygmunt die Krone für sich selbst. Das war aber etwas anderes, als zuvor mit Żółkiewski abgesprochen, denn ein katholischer König konnte Moskau nicht regieren, und ein Übertritt zur orthodoxen Kirche war bei ihm ausgeschlossen. Für diese neue Situation waren die Gesandten nicht bevollmächtigt und wurden in Haft genommen. Polnische Truppen errichteten in Moskau eine rücksichtslose Militärdiktatur, die im Lande bald bitteren Hass gegen sie hervorrief. Als der *Lžedmitrij* im Dezember 1610 ermordet worden war, erwuchs aus den folgenden Unruhen ein allgemeiner Aufstand, der die Polen zum Rückzug in den Kreml zwang. Während Zygmunt mit der Eroberung von Smolensk endlich im Norden einen Erfolg erzielte und fast alle Gebiete zurückgewann, die Polen-Litauen im vergangenen Jahrhundert an Moskau verloren hatte, hatte er in Moskau die Möglichkeit einer Machterweiterung seiner Familie verspielt.

Zunächst kehrte er als Sieger nach Polen zurück und erhielt auch vom Sejm die Bewilligung weiterer Gelder zur Fortsetzung des Krieges in Russland. Mit Schweden kam Zygmunt im Oktober 1611 zu einem Waffenstillstand; als sein Widersacher Karl nur 14 Tage darauf verstarb, glaubte er sich auch dort am Ziel. Polnischen Truppen gelang es aber nicht, in Moskau die polnische Garnison zu befreien, die im Herbst 1612 halb verhungert kapitulierte. Nunmehr hatte sich die Lage für Zygmunt entscheidend verändert. Der Griff nach Moskau war so eindeutig misslungen, dass er dafür im eigenen Lande hart kritisiert wurde, wo sich Unruhen durch marodierende Soldaten ausbreiteten.

Dagegen endete in Moskau die »Zeit der Wirren«, als Anfang 1613 eine allgemeine Landesversammlung (*zemskij sobor*) den jungen Michail Fedorovič Romanov, Sohn des Filaret in polnischer Gefangenschaft, zum Zaren wählte. Moskau ging nun zum Gegenangriff über, konnte aber zunächst keine Erfolge erzielen. Zunächst zog das Osmanische Reich die Aufmerksamkeit der Polen auf sich, denn aus Plünderungszügen von Kosaken und eigenmächtigen Aktionen polnischer Magnaten drohte sich ein Krieg zu entwickeln, den Żółkiewicz gerade noch durch ein Abkommen (Bussa) verhindern konnte, durch das Polen auf allen Einfluss in der Moldau und der Walachei verzichtete. Der junge Władysław zog 1617 mit polnischen und kosakischen Truppen erneut gegen Moskau, um dort den Thron zu besteigen. Was aber als Triumphzug geplant war, wurde ein mühsamer Feldzug, der vor Moskau endete. Ein Waffenstillstand auf vierzehneinhalb Jahre wurde in Deulino geschlossen, der den Polen die Eroberungen und die Verfügung über Smolensk und Severien beließ. Dafür wurden die Gefangenen ausgetauscht und Filaret 1619 freigelassen. Władysław hielt seinen Anspruch auf den Zarenthron aufrecht, aber angesichts der Erschöpfung beider Seiten war eine Durchsetzung unmöglich. Immerhin lässt sich feststellen, dass Polen in dem großen Ringen mit dem führerlosen Moskau einen Erfolg hatte erzielen können, aber dieser Erfolg war mehr durch die Schwäche der anderen Seite als durch eigene Leistung bedingt; die Verhältnisse sollten sich bald ändern.

Das Abkommen mit dem Osmanischen Reich wurde durch Übergriffe plündernder Kosaken bald wieder in Frage gestellt. Nachdem in Russland wegen der »großen Wüstungsperiode« um 1580 viele Bauernhöfe aufgegeben worden waren und in den »Verbotsjahren« (seit 1572) ein Wechsel der Bauern zu einem anderen Herrn praktisch unmöglich gemacht und damit die Leibeigenschaft eingeführt worden war, hatte der Zulauf zu den Kosaken zugenommen. Vergeblich versuchte Polen durch eine Verdreifachung der Zahl der »Registerkosaken«, die im Dienst der polnischen Krone die Grenze bewachten, und durch eine Vervierfachung von Subsidienzahlungen die Kosaken zu beruhigen und die Grenze zu stabilisieren. Die türkische Reaktion ließ nicht lange auf sich warten, denn ein Heer drang in die Moldau ein und schlug ein kleines polnisches Heer im Herbst 1620 bei Cecora. Der verdiente Żółkiewski wurde enthauptet und sein Kopf nach Istanbul gebracht. Nunmehr bewilligte der Sejm die beantragten Gelder für ein allgemeines Aufgebot von 35 000 Mann, zu denen noch 40 000 Kosaken stießen; gegen die vorrückenden Türken und Tataren mit einem doppelt so starken Heer konnten die Polen sich in der Stadt Chocim verschanzen und einen günstigen Frieden erreichen (1621), der den Status quo ante sicherte.

Dagegen kam es im Norden zu einem erneuten Krieg mit Schweden, wo Gustaf II. Adolf seinem Vater Karl 1611 auf dem Thron gefolgt war. Während des Moskaufeldzuges der Polen fiel er in Livland ein und eroberte die Küstenstädte und das Land bis zur Düna. Dies war der Beginn eines Konfliktes, der – von Waffenstillständen unterbrochen – bis 1629, ja in seinen Auswirkungen bis 1660 dauern sollte. Das Problem verquickte sich mit der Nachfolgefrage in Preußen, wo der Kurfürst Georg Wilhelm von Brandenburg nach dem Tode Albrechts (1618) das Erbe seines Vaters († 1619) als Regent antreten wollte. Georg Wilhelm verband sich mit seinem Schwager Gustaf Adolf und erreichte gegen eine Subsidienzahlung an Polen die Belehnung mit dem herzoglichen Preußen (1621). Erneute Kämpfe, für die der Sejm zur Abwehr der Schweden Mittel bereitgestellt hatte, brachten den Schweden für kurze Zeit ganz Preußen mit Ausnahme Danzigs ein, ehe sie der Feldherr Koniecpolski zurückdrängen konnte. Im

Waffenstillstand von Altmark (1629) behauptete Schweden den Besitz der Küstenstädte und damit seinen Herrschaftsanspruch über die Ostsee, was Garnisonen in den meisten Küstenstädten demonstrierten.

Nach dem Vertrag von Altmark war Zygmunt III. ein gebrochener Mann. Die Träume, als Verteidiger des katholischen Glaubens und der Ansprüche seiner Familie auf Schweden in die Geschichte einzugehen, waren zerstoben. Seine Regierungszeit war innen- und außenpolitisch turbulent gewesen, ohne dass er auch nur die alten Positionen hätte halten können. Mit Ausnahme der Rückeroberung von Smolensk und weiterer Gebiete im Norden Russlands hatte er an allen Fronten Einbußen hinnehmen müssen, und im Ergebnis war der Einfluss des Königs und des Königreiches zurückgegangen. In seinen letzten Lebensjahren versuchte er noch, die religiösen Streitigkeiten in der Ukraine durch Synoden zwischen den Unierten und den Orthodoxen zu vermindern. Währenddessen erreichte Koniecpolski eine Befriedung der Kosaken, die eine Verminderung der Registerkosaken auf 8000 Mann hinzunehmen gezwungen waren. Was den König aber am meisten beschäftigte, war die Regelung seiner Nachfolge. Hier stand er vor der paradoxen Situation, dass er auf dem Reichstag von 1631 feierlich alle Bestrebungen auf eine erbliche Monarchie abschwor und das Recht der Szlachta auf eine freie Königswahl bestätigte, dass er aber zugleich mit diesem Schritt die Szlachta dazu bringen wollte, seinen Sohn Władysław zum Nachfolger zu wählen. Eine feste Zusage konnte er selbstverständlich nicht erreichen. Im Juli 1631 starb seine Frau, und als ein im Wesentlichen gescheiterter und vergrämter Mann starb Zygmunt am 30. April 1632.

Glanz und Elend unter den beiden letzten Wasa-Königen (1632–1668)

1632–1648	Władysław IV. Wasa
1648–1668	Jan II. Kazimierz
1648/55–1657	Kriege der »Sintflut«
1652	Erstes *liberum veto*
1654	Vertrag von Perejaslav
1660	Friede von Oliva
1667	Friede von Andrusovo/Andruszów

Die Wahl des Nachfolgers verlief glatt und problemlos, denn der 37-jährige Władysław war anerkannt und fähig; seine Ansprüche auf den Thron wurden dadurch erleichtert, dass die europäischen Herrscherhäuser keinen Gegenkandidaten nominiert hatten. Eine kurze Wahlperiode, in der die Protestanten sich wieder in der Öffentlichkeit gemeldet hatten, und eine rasche Wahl waren ein Zeichen für die Stabilität des Systems. Am 6. Februar 1633 wurde er in Krakau als Władysław IV. (1632–1648) zum König gekrönt. Er war in vielen Dingen genau das Gegenteil seines Vaters. Obwohl er in den strengen religiösen Regeln des Hofes erzogen war, hielt er nicht viel von religiösem Eifererturn; er liebte die Geselligkeit, hatte eine lebensnahe Einstellung zu Fragen des Glaubens und der Moral und unterhielt auch gute persönliche Beziehungen zu Protestanten. Dazu war er in Staatsdingen gut bewandert und hatte eine bemerkenswerte Begabung für strategische und außenpolitische Fragen. Die Verbindung zu den Habsburgern hielt er aufrecht, ebenso seinen Anspruch auf den Thron in Schweden. In der polnischen Innenpolitik achtete er die bestehenden Strukturen und fand darin die Zustimmung der Magnaten, deren Einfluss gewachsen war.

Der König übernahm das Amt zu einer Zeit, als eine

mächtige russische Armee die Grenze überquert und die Stadt Smolensk eingeschlossen hatte. Moskau wollte die unsichere innenpolitische Lage in Polen ausnutzen, um die verlorenen Gebiete zurückzuholen und Władysław dazu zu bewegen, seine Ansprüche auf den Zarenthron aufzugeben. Nach russischen Anfangserfolgen konnte der König selbst im Herbst 1633 die belagerte Stadt Smolensk entsetzen und das russische Heer zur Kapitulation zwingen. Im folgenden Friedensschluss behielt Polen allen vorherigen Landbesitz gegen das Versprechen des Königs, auf seine Ansprüche in Moskau zu verzichten. Als auch die drohende Gefahr im Südosten abgewendet worden war, indem der Sultan einen geplanten Kriegszug gegen Polen aufgegeben hatte, waren zwei Krisenherde beseitigt.

Im Unterschied zu seinem Vater wurde Władysław nicht zum König in Schweden gewählt. Der 1632 verstorbene Gustaf II. Adolf hatte nur eine minderjährige Tochter Christine zurückgelassen, die als Königin anerkannt worden war. Da ein direkter Krieg gegen Schweden vom polnischen Adel abgelehnt wurde, blieb Władysław nur der Versuch, durch Beziehungen zu den europäischen Höfen eine für ihn günstige Situation zu erreichen; dies bedeutete jedoch eine zumindest indirekte Einbeziehung in den Dreißigjährigen Krieg im Reich. Im Januar 1635 begannen Verhandlungen, die im Mai zum Vertrag von Stuhmsdorf führten. Hier spielte nun die ganze komplizierte europäische Lage dieser Jahre hinein: Władysław wollte einen Krieg gegen Schweden, um wenigstens einen Teil der beanspruchten Gebiete, etwa die baltischen Provinzen, zu gewinnen; hier widersprachen indes die polnischen Magnaten; die Brandenburger ahnten, dass ein neuer polnisch-schwedischer Konflikt auch auf ihrem Territorium ausgetragen würde, und waren deshalb für Frieden; die Niederlande wollten endlich Ruhe für ihren Handel auf der Ostsee und die Ablösung der schwedischen Herrschaft, die zu hohen Getreidezöllen geführt hatte; Frankreich befürwortete die Anwesenheit schwedischer Truppen in Deutschland, um dem Kaiser weiter Schwierigkeiten zu bereiten; umgekehrt sah der Kaiser in einem schwedisch-polnischen Konflikt eine Entlastung im Reich. Aus diesem Interessengeflecht folgte, dass Władysław zwar mit seinem großen Plan scheiterte, aber doch Gewinn aus der Situation ziehen konnte. Schweden willigte in die Verlängerung eines Waffenstillstandes mit Polen auf 25 Jahre ein und gab einen Großteil der eroberten Gebiete zurück: die Flussmündungen an der Ostsee, das gesamte königliche Preußen, nicht jedoch Livland nördlich der Düna. Władysław durfte sich »König von Schweden« nennen, ohne dass damit ein realer Anspruch verbunden war. Er fühlte sich daher von Frankreich getäuscht und schloss sich den Habsburgern an, was er 1637 durch seine Heirat mit der Schwester Ferdinands III., Cäcilia Renata, untermauerte.

Damit endete die erste Phase der Regierungszeit des Königs, in der er eine mehr oder weniger unabhängige Politik hatte betreiben können. Die Ergebnisse seiner außenpolitischen Offensive waren jedoch gering, zumal die Bindung an Österreich seinen Spielraum einengte, wie andererseits innenpolitisch der Adel seinen Einfluss beschränkte. Das Verhältnis zur Szlachta und den Magnaten war zunächst gut gewesen, obwohl diese alle Versuche abgeblockt hatten, für die Pläne des Königs in Schweden Mittel bereitzustellen. Die normalen Staatseinnahmen reichten gerade für die Verwaltung in Friedenszeiten und für die königliche Hofhaltung. Wollte der König ein Heer aufstellen, so war er zur Kreditaufnahme gezwungen und musste sich dann vom Sejm die Gelder bewilligen lassen, um die Schulden zu bezahlen. Ein Versuch, durch den Bau von Schiffen Geld als Unternehmer zu verdienen, scheiterte kläglich. Die Hafenstädte protestierten auch gegen Zollerhöhungen zu Gunsten der königlichen Kasse. Solche Fehlschläge ließen den König resignieren, bescherten dem Land jedoch die letzten Jahre einer ausbalancierten Macht im Staat und der inneren Ruhe. In der Religionsfrage herrschte Toleranz gegenüber den Protestanten und ein Entgegenkommen gegenüber den Orthodoxen. Die prominenten Protestanten wurden allmählich alt und starben; ihre Nachkommen kehrten oft ohne großes Aufsehen zur katholischen Kirche zurück. Der König leitete sogar ein Religionsgespräch in Thorn in die Wege, auf dem Katholiken, Lutheraner und Calvinisten eine gemeinsame Basis suchen sollten (1645). Zwar blieb dies ohne Erfolg, erregte jedoch europäisches Aufsehen. Wegen Geldknappheit war der Hof des Königs nur klein und bescheiden, häufte aber dennoch erhebliche Schulden an, deren Tilgung der Sejm 1643 in einer Sondersteuer bewilligte. Während der Lebenszeit seiner Frau Cäcilia war am Hof viel Deutsch zu hören; als er 1645 Ludovica Maria aus dem französischen Zweig des Hauses Gonzaga heiratete, nahm das Französische die Stelle der ersten Fremdsprache bei Hofe ein.

Da seine Politik gegenüber Schweden keine Zustimmung beim Adel fand, suchte Władysław durch einen Krieg gegen das Osmanische Reich seine Stellung zu stärken, um für seinen Sohn (* 1640) die Nachfolge zu gewährleisten. Galt es doch, die fruchtbaren Böden in der Ukraine im Besitz der Magnaten zu sichern, die lästigen Tatarenüberfälle zu beenden und ganz nebenbei die unruhigen Kosaken zu zähmen. Seit 1645 ließ der König den Krieg vorbereiten und suchte dafür internationale Unterstützung. Der Versuch, ein Heer ohne Zustimmung des Sejm einzuberufen, scheiterte kläglich. Polnische Magnaten unternahmen mit ihren Privatarmeen bereits Vorstöße in die Steppe, um die Tataren zum Angriff zu reizen. Als die Kosaken die Hoffnung auf große Zahlungen von Polen aufgeben mussten, verbündeten sie sich unter dem Einfluss von Bogdan Chmielnicki (Bohdan Chmel'nyc'kyj) mit den Tataren gegen die polnischen Herren. Damit war die kriegerische Situation erreicht, die Władysław provoziert hatte, aber es kam anders, als er es sich vorgestellt hatte, denn der König starb am 20. Mai 1648.

Als Kandidaten für die Nachfolge standen zwei Brüder des Verstorbenen bereit: Jan Kazimierz – nach einem abenteuerlichen Leben als kaiserlicher Offizier und spanischer Admiral war er Jesuit und 1647 sogar Kardinal geworden – und Karol Ferdynand, Bischof von Breslau und Płock; dem Sohn des Fürsten von Siebenbürgen Rákóczy wurden nur geringe Chancen eingeräumt. Als die Kosaken einen Sieg über die polnische Armee errangen, setzte der Kanzler Jerzy Ossoliński die Wahl des kriegserfahrenen Jan Kazimierz durch, der die Witwe seines Bruders heiraten sollte. Zu beiden Beschlüssen war ein Dispens des Papstes erforderlich; im Januar 1649 wurde Jan II. Kazimierz gekrönt (1648–1668/1672) und im Mai mit Ludovica Maria vermählt.

Dringlich war nun der Kampf gegen die aufständischen Kosaken. Dort war ein Konflikt zwischen den freien Kosaken einerseits und den in polnischem Sold stehenden »Registerkosaken« andererseits entstanden, der durch die Aktionen polnischer Magnaten, die südlichen Gebiete durch Bauern aufzusiedeln und nach Möglichkeit die Kosaken zu ihren Untertanen zu machen, noch verstärkt wurde. Soziale und religiöse Motive verbanden sich mit ethnischen und persönlichen, weil Chmielnicki durch den Hetman Koniecpolski um seine Güter gebracht worden war. Während der Königswahl hatte Chmielnicki in blutigen Kämpfen weite Gebiete im Südosten erobert, und nach wechselnden Erfolgen fanden beide Seiten im Vertrag von Zborów (15. August 1649) einen Kompromiss, der die Wojewodschaften Kiev, Bracław und Černigov den Kosaken überließ. Der König verkündete eine Generalamnestie und nahm 40000 Kosaken in die Register auf, die in ihren Rechten dem polnischen Adel gleichgestellt werden sollten. Da er auch noch die Kirchenunion von Brest aufzuheben versprach, enthielten die Bestimmungen viel Konfliktpotential auf beiden Seiten, und der Sejm verweigerte seine Zustimmung. Chmielnicki hatte sein Hauptziel, die Schaffung eines eigenen freien Staates, nicht erreicht; eine Befriedung der Kosaken war misslungen, weil er für die Bevorzugung der Registerkosaken die Bauern geopfert hatte. In den Konflikt schalteten sich die Krimtataren und Türken, schließlich auch noch der Fürst von Siebenbürgen ein, die jedoch von den Polen geschlagen werden konnten. In Biała Cerkiew (Bila Cerkva / Weißkirchen) wurde im September 1651 ein Frieden geschlossen, der den Kosaken weniger Land und eine geringere Zahl an Registerkosaken eintrug. Wieder war ein Abschluss erreicht, der keine Seite zufrieden stellte.

In dieser Situation kam es in Warschau zum ersten Beispiel eines *liberum veto*, mit dem der Abschluss der Verhandlungen durch Einspruch eines einzigen Landboten verhindert wurde. Der König hatte angesichts der vielen unerledigten Probleme darum gebeten, die Sitzung des Sejm über die gesetzlich vorgeschriebene Frist von sechs Wochen hinaus auszudehnen. Dagegen erhob der Landbote Władysław Siciński, ein Anhänger der Magnatenfamilie Radziwiłł, Einspruch und verließ den Saal (März 1652). Auch früher hatte es Beispiele gegeben, dass einzelne Landboten Widerspruch angemeldet hatten, aber durch Überredung oder Gewalt, manchmal durch Abwesenheit bei der Abstimmung war die Einstimmigkeit gewahrt worden. Da diesmal der Protest nicht aufgehoben werden konnte, galt der ganze Reichstag als »zerrissen« und alles Verhandelte als unerledigt. Der Präzedenzfall hatte eine Verfassungsklausel geschaffen, die bald zur Stagnation des politischen Lebens in Polen führen sollte, denn bis 1788 wurden 53 Reichstage auf diese Weise »zerrissen«. Erklärbar war dieses Verhalten aus dem Selbstgefühl des Adels, der sich als eigentliche Nation sah und sich vom König und den anderen Ständen abgrenzte. Der Adel verstand sich als eine Abstammungsgemeinschaft, in der der Begriff »Pole« mit dem Begriff »Republikaner« zusammenfiel. In Rückgriff auf die antike Tradition pflegte der Adel eine hermetische Kultur des »Sarmatismus«, die sich in orientalischer Tracht und martialischem Kopfschmuck äußerte. Die oft beschworene »goldene Freiheit« und die angebliche Gleichheit des Adels standen damit für eine Abkehr vom Westen Europas, für Immobilität und wachsenden Provinzialismus.

Aus den Unruhen in der Ukraine und dem Scheitern seiner Bemühungen um die Einrichtung einer Dynastie in einem eigenen Staat zog Chmielnicki den Schluss, eine Annäherung an Moskau zu suchen. Nach Verhandlungen in Moskau, der Zustimmung einer Landesversammlung (*zemskij sobor*) und Entsendung einer Delegation wurde der Vertrag von Perejaslav geschlossen, den Chmielnicki am 18. Januar 1654 feierlich beschwor. Dies war eine Absage an den polnischen König und ein Treueid auf den Zaren Aleksej Michailovič, unter dem Vorbehalt, dass alle Rechte der Kosaken bewahrt bleiben sollten. Nach Moskauer Auffassung war dies ein Akt der Unterwerfung, der die »Wiedervereinigung« der Ukraine mit Russland bedeutete. Der Abgesandte des Zaren lehnte es ab, für den Zaren die Abmachungen zu beschwören; für ihn stand der Zar über dem Gesetz und war durch einen Eid nicht zu binden. So stand zu Anfang des neuen Verhältnisses der Kosaken zum Zarenreich ein folgenschweres Missverständnis. Zwar erhielten die Kosaken im Jahr darauf eine Zusicherung ihrer Rechte, eine eigene Verwaltung unter einem gewählten Hetman, den der Zar bestätigen musste, und auch den Bauern blieb die Leibeigenschaft zunächst erspart, aber die Rechte wurden vom Zaren gegeben und konnten daher auch wieder genommen werden.

Die Unterwerfung der Kosaken war ein offener Bruch des Vertrages von 1634 mit Polen und eine Kriegserklärung. Moskau ging nach Jahren der Zurückhaltung in die Offensive. Die russischen Truppen stießen im Norden gegen Polen vor, eroberten Smolensk und andere Städte, darunter auch Wilna (1655), das geplündert und zerstört wurde. Die russische Armee war kein zusammengewürfelter Haufen mehr, den die polnische Kavallerie rasch besiegen konnte, sondern nach einer Heeresreform und der Einführung der »Truppen neuer Ordnung« nach westlichem Vorbild war sie gut gerüstet und geführt und den Polen nicht nur zahlenmäßig überlegen. Damit stand Polen vor einer kritischen Situation: Im Nordosten herrschten die Russen, im Südosten war ein zweifelhafter Machtausgleich mit Moskau erreicht, der die Kosaken jedoch nicht von weiteren blutigen Raubzügen nach Polen abhielt, aber die Katastrophe kam aus dem Norden.

In Schweden hatte Christine abgedankt und dem energischen Karl X. Gustaf Platz gemacht, der an alte Pläne einer Beherrschung der Ostsee anknüpfte. Ende Juli 1655 rückten schwedische Truppen in Westpolen ein. Hier zeigte sich die Schwäche der polnischen Heeresverfassung, denn die rasch aufgebotenen Adelssoldaten dachten eher an die Ernte als an die Landesverteidigung, und so kapitulierten die Truppen vor den Schweden, fast ohne einen Schuss abgegeben zu haben. Westpolen erkannte den schwedischen König als Landesherrn an, der dafür die Rechte des Adels auf seinen Gütern garantierte und den Katholiken freie Religionsausübung zusicherte. Auch der Hetman von Litauen, Janusz Radziwiłł, hatte keine große Lust zu einem Waffengang mit den Schweden, nachdem er gerade im Kampf mit den Russen unterlegen war. Obgleich die schwedische Heeresmacht mit etwa 17000 Soldaten nicht gerade furchterregend war, zog es Radziwiłł mit seinen Anhängern vor, den schwedischen König als Oberherrn anzuerkennen und den Grundstein für eine litauisch-schwedische Union zu legen. Eine neue starke schwedische Armee eroberte dann Warschau ohne Kampf, schließlich fiel auch Krakau im Oktober in schwedische Hand. Nicht nur die Niederlage Polens war erstaunlich und beschämend, sondern die Art, wie sie erfolgte, denn Karl wurde mit Ergebenheitsadressen überhäuft. Widerstand gab es nur noch in Danzig und Lemberg, nachdem auch der Kurfürst Friedrich Wilhelm von Brandenburg und Preußen den Schweden anerkannt hatte und dafür mit dem Ermland belohnt worden war. Jan Kazimierz hatte sich nach Schlesien geflüchtet.

Angesichts des triumphalen schwedischen Erfolges zeigte es sich wieder einmal, dass die Eroberung eines Landes die eine, die dauerhafte Beherrschung dagegen eine andere Sache ist. Während Karl den polnischen Adel mit ausgesuchter Höflichkeit behandelte, betrachteten seine Truppen das Land als Beute und benahmen sich entsprechend. Requisitionen, Plünderungen und Massaker waren an der Tagesordnung und schürten den Hass der Bevölkerung. Die Angst, dass Karl die Katholiken ähnlich verfolgen würde wie Cromwell in England, weckte den religiösen Antagonismus. Die Unruhe im Land entlud sich bald in lokalen Aufständen und im Partisanenkrieg. In dieser Situation erhielt Ende des Jahres 1655 die erfolgreiche Verteidigung des Klosters Jasna Góra bei Częstochowa/Tschenstochau symbolische Bedeutung für den polnischen Widerstand: Nationale und religiöse Motive flossen zusammen und machten aus einer eher unwichtigen militärischen Aktion »das Wunder von Tschenstochau«, das zum Fanal für das Nationalgefühl der Polen und den Selbstbehauptungswillen der katholischen Kirche wurde. Noch heute ist das Kloster von einer besonderen Gloriole umgeben.

Jan Kazimierz kehrte nach Polen zurück, um den Widerstand zu organisieren, und fand Unterstützung in der Konföderation von Tyszowice. Ein Abkommen mit den Krimtataren und ein Waffenstillstand im Krieg mit Moskau halfen ihm, alle Kräfte zu mobilisieren. Zur psychologischen Kriegsführung gehörte auch die Ausrufung der Gottesmutter Maria »zur Königin der Krone Polens«, die am 1. Mai 1656 in Lemberg erfolgte. Während die Schweden allmählich in Bedrängnis gerieten, suchten beide Seiten auswärtige Hilfe. Karl konnte den Kurfürsten von Brandenburg gewinnen, indem er ihm Teile von Großpolen übertrug; dies wurde ergänzt durch den Vertrag von Labiau (20. November 1656), in dem Karl die Souveränität des Brandenburgers über das herzogliche Preußen anerkannte. Im Süden fiel Rákóczy aus Siebenbürgen in Polen ein und gewann Krakau. Dagegen erhielt Jan Kazimierz Subsidien vom Kaiser und von Dänemark, und Moskau entlastete ihn, als es das schwedische Livland angriff. Nach vielen wechselvollen Gefechten, in denen z. B. Warschau mehrfach den Besitzer wechselte, neigte sich das Kriegsglück allmählich der polnischen Seite zu. Rákóczy konnte zurückgeschlagen werden; ein dänischer Angriff bedrohte Südschweden und zwang Karl zur Heimkehr. Unter österreichischer Vermittlung löste der Kurfürst von Brandenburg sein Bündnis mit Schweden und konnte im Vertrag von Wehlau (19. September 1657) die Anerkennung seiner Souveränität in Preußen durch Polen erreichen, wofür er dem polnischen König Heeresfolge versprach. Beide Seiten waren nun erschöpft, und als Karl im Februar 1660 starb, wurden die Verhandlungen beschleunigt, die am 3. Mai 1660 zum Friedensvertrag von Oliva bei Danzig führten. Jan Kazimierz behielt für sich den Titel eines Königs von Schweden, verzichtete aber auf alle Rechte. Polen gab den größten Teil Livlands auf und behielt nur einen kleinen Zipfel im Südosten mit der Stadt Dünaburg. Die Unabhängigkeit des herzoglichen Preußen wurde bestätigt; der Große Kurfürst von Brandenburg musste nur auf Elbing verzichten, das auf Wunsch der Stände an Polen zurückfiel. Der Angreifer Schweden hatte nichts gewonnen, aber mit den »Kriegen der Sintflut« viel Leid über Polen gebracht.

Noch war aber der Krieg im Südosten nicht beigelegt, wo die Kosaken begriffen hatten, dass Moskau unter Autonomie etwas anderes verstanden hatte als sie. Nach dem Tode von Bogdan Chmielnicki (1657) hatte sich ein polenfreundlicher Flügel um ein Abkommen mit Polen bemüht, das ein Fürstentum der Kosaken unter der Krone Polens bedeutet hätte. Dagegen protestierten besonders die armen Kosaken, denen keine Aufnahme in den polnischen Adel versprochen worden war. Russische Truppen rückten vor, trafen aber auf polnische Verbände, die nach dem Frieden von Oliva frei geworden waren. Im Norden konnten die Polen Wilna befreien und weite Teile des Landes zurückerobern, im Süden unterlag die russische Armee einer Koalition von Polen und Tataren. In der Ukraine herrschte Chaos, und es zeichnete sich allmählich eine Spaltung entlang des Dnepr ab. Auch hier brachte die beiderseitige Erschöpfung endlich die Bereitschaft zu einem Frieden, der nach langen Verhandlungen am 31. Januar 1667 in Andruszów/Andrusovo geschlossen werden konnte. Obwohl Russland zu diesem Zeitpunkt in einer ziemlich schwachen Position war, erhielt es günstige Bedingungen, denn der polnische König hatte im Innern mit neuen Unruhen zu kämpfen. Polen trat alle Gebiete ab, die Zygmunt III. annektiert hatte: Smolensk, Seversk und Černigov, es verzichtete ferner auf die linksufrige Ukraine und de facto auf die Stadt Kiev. Mit diesen Bestimmungen, die trotz zeitlicher Befristung von Dauer sein sollten, verlor Polen-Litauen 233 000 km^2 und rund 1,6 Millionen Menschen orthodoxer Religion und ostslavischer Sprache.

Nicht allein außenpolitische und militärische Ereignisse bestimmten die Regierungszeit von Jan Kazimierz; ein Gutteil der Komplikationen verursachte die Entwicklung im Innern. König und Minister hatten nur wenig Autorität, und der Sejm war wegen der Zunahme der Einsprüche und der daraus folgenden »Zerreißungen« – in der zweiten Dekade der Amtszeit fünf Mal – oftmals handlungsunfähig. Die Folge war, dass die Steuern nicht beschlossen und eingetrieben wurden, dass die Soldaten wegen ausbleibender Soldzahlungen rebellierten. Besonders die Königin französischer Herkunft versuchte eine Stärkung der königlichen Macht mit der Wahl eines Nachfolgers zu Lebzeiten zu erreichen, und da sie selbst keine Kinder hatte, warb sie für einen französischen Kandidaten, womit sie aber keinen Erfolg hatte. Diese konstitutionelle Frage verband sich mit der Unzufriedenheit der Soldaten unter dem Feldhetman Jerzy Lubomirski, der einen Aufstand (*rokosz*) organisierte. Unter Einschaltung von Habsburg und Brandenburg organisierte er ein Heer, das die Truppen des Königs am 13. Juli 1666 bei Mątwy vernichtend schlug. Zu den Kriegen mit fast allen Nachbarn war noch ein Bürgerkrieg getreten, der dem Lande weiteren Schaden zufügte. Mit auswärtiger Vermittlung wurde eine Übereinkunft gefunden, in der der König allen Plänen einer Verfassungsreform abschwor; Lubomirski wurde amnestiert, musste aber ins Exil gehen, wo er bald verstarb. Bald danach starb auch die Königin, und damit endeten alle Reformversuche. Jan Kazimierz resignierte und dankte am 16. August 1668 ab; er blieb noch ein Jahr in Polen, um die Wahl eines Nachfolgers abzuwarten. Als er auch hierin nicht den gewünschten Erfolg hatte, ging er nach Frankreich, wo er am 16. Dezember 1672 in Nevers in einem Kloster starb.

Das Haus Wasa hatte in Verfolgung seiner dynastischen Interessen dem Land den größten Schaden gebracht und Polen ruiniert. In diesem ersten Nordischen Krieg verlor Polen mehr als die Hälfte seiner Bevölkerung – es büßte in fünf Jahren prozentual so viele Menschen ein wie Deutschland im Dreißigjährigen Krieg. Die Hauptlast trugen dabei die Städte, die zwischen 1655 und 1657 von brandenburgischen und schwedischen Truppen planmäßig und methodisch zerstört worden waren; sie verloren mehr als zwei Drittel ihrer Bürger, drei Viertel ihrer Handwerker, ganz abgesehen von den ungeheueren Verlusten an Bauten, technischen Einrichtungen, Kunstwerken, Bibliotheken und barem Geld. Schlimm war auch, dass alle Ansätze zu einem Wiederaufbau in den folgenden Kriegen immer wieder zunichte gemacht wurden. Dass Polen ein Agrarland blieb und dass sich ein Stadtleben in der Adelsrepublik nicht entfalten konnte, lag zum großen Teil in dieser Katastrophe begründet. Erst 1848 hatten die Städte wieder ungefähr das Niveau von 1655 erreicht. Besonders betroffen waren die Juden, deren Zahl von 450000 auf 180000 zurückging. Hunderttausende waren brutal niedergemetzelt worden (Chronik des Nathan Hanover), zahllose wurden als Sklaven verkauft, einige wenige flohen in den Westen, viele zogen weiter in den Osten. Das hohe Bildungsniveau und die Gemeindestruktur (*kahal*) waren zerstört und konnten nie wieder auf den vorherigen Stand gebracht werden. Die tiefe Verunsicherung im Judentum zeigte sich im Erfolg der messianistischen Ideen des Sabbatianismus (Sabataj Zwi, 1626–1676). Ohne Rücksicht auf die Religion hatten zusätzlich Pest und Hungersnöte die Zahl der Menschen dezimiert; Ackerbau und Handel waren ruiniert, das Land verwüstet und verarmt.

Polen unter den »Piastenkönigen« (1669–1696)

1669–1673	Michał Korybut Wiśniowiecki
1674–1696	Jan III. Sobieski
1683	Sieg über die Türken vor Wien

Im Interregnum von 1668/69 prallten die Interessen der Magnaten und der Szlachta aufeinander. Unter Führung des Erzbischofs von Gnesen und *interrex* Prażmowski befürworteten die Magnaten einen französischen Kandidaten, der viel Bestechungsgeld einsetzte, während die

Szlachta einen einheimischen Kandidaten bevorzugte. Eine reiche Propagandaliteratur, in der auch der deutsche Philosoph Leibniz gegen einen »Piast« votierte, weil dessen Wahl den Neid der Unterlegenen und inneren Streit hervorrufen würde, heizte die Stimmung an. Nach geheimen Kontakten mit den Habsburgern wurde am 19. Juni 1669 der Fürst Michał Korybut Wiśniowiecki (1669–1673) in einer tumultuösen Versammlung von mehr als 80000 Adeligen zum König gewählt; für ihn sprach vor allem, dass sein Vater Jarema in den »Kriegen der Sintflut« mit eigenen Truppen im Südosten Erfolge gegen die Kosaken erzielt hatte. König Michał war kein unwürdiger Kandidat, denn er konnte seine Herkunft väterlicherseits auf die Gedyminiden, mütterlicherseits auf die Piasten zurückverfolgen; er war weitgereist, gut gebildet, sprach acht Sprachen, was seine Kritiker in der Magnatenfront zu dem Bonmot veranlassten, er habe jedoch in keiner etwas zu sagen. Die Verbindung zu den Habsburgern festigte er durch eine Ehe mit Eleonora, der Schwester des Kaisers Leopold I., wodurch seine Gegner französischer Orientierung in ihrer Feindschaft bestärkt wurden.

Die Führung der Politik lag in den Händen des Vizekanzlers Bischof Olszowski und die militärische Führung beim Kronhetman Jan Sobieski. Dieser hatte schon zuvor mit aufständischen Kosaken, die unter Führung des Hetmans Petr Dorošenko inzwischen die ganze Ukraine erobert hatten, Konflikte an der Grenze ausgetragen. Als sich 1672 das Osmanische Reich einschaltete und die Festung Kamieniec eroberte, sah sich Jan Sobieski ohne politische Unterstützung, denn der Sejm wurde wegen der innenpolitischen Streitigkeiten wieder einmal zerrissen. Im Frieden von Buczacz (1672) musste Polen auf die Ukraine verzichten und ganz Podolien an das Osmanische Reich abtreten sowie Tribut zahlen. Dieser schmachvolle Frieden verstärkte die Streitigkeiten im Adel noch weiter, bis endlich im März 1673 ein Ausgleich gefunden wurde. Die Position des Hetmans Sobieski wurde gestärkt, und so konnte er im Herbst die Türken bei Chocim schlagen. Aber am Vortage der Schlacht war der unglückliche König Michał gestorben, sodass in den sich daraus entwickelnden Wirren die Erfolge wieder zunichte wurden. König Michał war stark genug gewesen, die Krone zu behaupten, aber nicht stark genug, gegen die Front seiner innenpolitischen Gegner wirkliche Macht auszuüben. Angesichts der Persönlichkeit des Königs hatte Leibniz mit seiner Warnung vor der Erhöhung eines polnischen Adeligen über die Standesgenossen Recht behalten: Neid und Missgunst, Privatinteresse und Privatstreit waren stärker gewesen als das Solidaritätsgefühl des Adels, das die Adelsrepublik noch ein Jahrhundert zuvor ausgezeichnet hatte.

Der siegreiche Feldherr Jan Sobieski war ein ernster Kandidat für die bevorstehende Königswahl, aber er war nicht der einzige. Wien und Versailles zogen im Hintergrund die Fäden, Magnaten und Szlachta lagen im Streit, und zwei Frauen versuchten ihren Einfluss geltend zu machen: Die Königinwitwe Eleonora unterstützte den Habsburger Kandidaten Karl von Lothringen, die ehrgeizige Maria Kazimira de la Grange d'Arquien, seit 1665 mit Jan Sobieski vermählt (»Marysieńka«), suchte französische Hilfe für ihren Mann. Am 21. Mai 1674 wurde Jan III. Sobieski zum König gewählt (1674–1696).

Auf zwei Feldern suchte der neue König Erfolge: im Krieg gegen die Türken und im Erwerb eines Thrones für seinen Sohn. Das Erstere war leichter zu erreichen, denn nach weiteren Siegen über das osmanische Heer verzichtete der Sultan auf die Tributzahlung und gab Polen zwei Drittel der Ukraine zurück. Weitergehende Pläne eines großen Türkenkrieges brachten Jan in das Spannungsfeld zwischen Ludwig XIV. und Habsburg. Zunächst versuchte er mit französischer Unterstützung das herzogliche

Preußen für seinen Sohn zu gewinnen, indem er dies dem Großen Kurfürst Friedrich Wilhelm von Brandenburg abnehmen wollte. Der brandenburgische Sieg über die Schweden bei Fehrbellin (1675) machte diesen Plan indes zunichte. Als Ludwig XIV. 1679 ein Bündnis mit den Türken abschloss, wechselte Jan in das Habsburger Lager über und schloss 1683 einen Vertrag mit dem Kaiser, der gegenseitige Hilfe bei einem türkischen Angriff vorsah. Diesmal stimmte der Sejm den angeforderten Mitteln für einen Krieg gegen die Türken zu, weil kein Landbote gegen die herrschende Stimmung ein Veto wagte. Der Bündnisfall trat schon wenige Wochen später ein, als die Türken gegen Wien zogen. Jan eilte mit seinem Heer zur Entlastung herbei, übernahm von Karl von Lothringen den Oberbefehl über die vereinigten Truppen und schlug am 12. September 1683 die Türken in der Schlacht am Kahlenberg bei Wien. Während die Türken flohen, fielen den Siegern der gesamte Tross und darin unermessliche Reichtümer in die Hände; das Zelt des Großwesirs, Waffen und Fahnen sind heute noch im Wawel in Krakau zu besichtigen. Missgunst hat später dem polnischen König den Ruhm streitig gemacht, woran die »drei Eleonoren« am Kaiserhof ihren Anteil hatten (die Mutter, die Frau und die Schwester des Kaisers Leopold, Letztere inzwischen vermählt mit Karl von Lothringen). Weitere Erfolge in Oberungarn (Slowakei) führten zum Zurückdrängen der Türken aus ganz Ungarn, aus Siebenbürgen und Teilen Serbiens und begründeten die Machtstellung der Habsburger, die bis zum Ende des Ersten Weltkrieges dauern sollte.

In der dynastischen Frage war Jan Sobieski weniger erfolgreich. Eine Heirat seines Sohnes Jakub Ludwik mit einer Habsburgerin scheiterte ebenso wie eine Werbung in Versailles. Ein militärischer Vorstoß gegen die Moldau (1686), wo er seinem Sohn ein eigenes Fürstentum erobern wollte, wurde ein Misserfolg und hatte türkische Gegenangriffe zur Folge, bis schließlich unter seinem Nachfolger im Frieden von Karlowitz (1699) die alte Grenze von 1668 bestätigt wurde, die Podolien und weite Gebiete der Ukraine bei Polen beließ. Eine direkte Konsequenz der Türkenkriege war der »Ewige Friede«, den Jan im Dezember 1686 mit Moskau beschwören musste. Darin gab der König die Pläne auf, das Abkommen von Andrusovo zu verbessern. Die damals festgelegten Grenzen wurden nun bestätigt; Polen verzichtete endgültig auf die nördlichen Gebiete um Smolensk und die südlichen um Kiev. Es musste die Oberherrschaft des Zaren über die Kosaken anerkennen und die Garantie der Religionsfreiheit für die Orthodoxen durch den Zaren hinnehmen. Hilfsgelder für den Kampf gegen die Türken füllten die Kriegskasse, während die zugesagte Waffenhilfe ausblieb. Jan Sobieski hat dieses Abkommen keineswegs als einen Erfolg gewertet, da es die bestehenden Verhältnisse sicherte und ihm einen Riegel vor weitere Unternehmungen schob. Für den Staat selbst war es indes von Vorteil, da an der langen Ostgrenze Ruhe einkehrte.

Diese Ruhe vermisste man jedoch in der Innenpolitik. Die Kräfte des alternden Königs begannen nachzulassen, und die Frage der Heiratspolitik und der Nachfolge nahm einen immer größeren Raum ein. Verschiedene Projekte, den Einfluss des Königs zu stärken und die Nachfolge für seinen Sohn zu sichern, scheiterten kläglich. Als Gemahlin konnte schließlich Hedwig, die Tochter des Pfalzgrafen Karl Philipp von Neuburg, gewonnen werden, womit Jakub zwar zum Schwager des Kaisers avancierte, aber eine Gleichrangigkeit in der »Familie der Könige« erreichte der tüchtige polnische König aus niederem Adel nicht. Persönlich traf ihn auch die Flucht seines Sohnes nach Wien (1695), weil dieser die Gängelei seiner herrschsüchtigen Mutter nicht länger ertragen konnte. Jan war in den letzten Regentschaftsjahren politisch inaktiv, militärisch erfolglos und oft krank. Abgesehen davon hatte er kein übles Regiment geführt, denn im Rahmen der verfassungsmäßigen Möglichkeiten hatte er manches erreicht. Das Leben war während seiner Regierungszeit angenehm gewesen, obwohl die vielen Kriege die Steuerlast vermehrt hatten. Türken und Tataren waren für immer aus Polen verdrängt und damit das Land sicher gemacht worden. Steigender Wohlstand und Erholung nach den »Kriegen der Sintflut« und den Bürgerkriegen ließen die Menschen aufatmen. Persönlich hat Jan Sobieski die Literatur gefördert, sei es Wacław Potocki, Wespazjan Kochowski oder Andrzej Morsztyn; er versammelte Historiker an seinen Hof; Maler aus ganz Europa kamen nach Polen. Unter seiner Herrschaft war französischer Einfluss in Polen tief verankert worden. Die Architektur von Wilanów bei Warschau bezeugt seine Tätigkeit, und dort ist er auch am 17. Juni 1696 verstorben. Auf religiösem Gebiet hatte er Toleranz gegenüber Protestanten, Orthodoxen und Juden geübt. Selbst für die Muslime hatte er Verständnis gezeigt, das durch seine Reise nach Istanbul und durch einen Aufenthalt am Hofe des Krimkhans gewachsen war. So wäre er, der die Mentalität seiner Gegner im Südosten so gut kannte wie ihre Sprachen, eigentlich zu einem Ausgleich mit ihnen prädisponiert gewesen. Der innenpolitische Streit hat seinen Nachruhm im Lande verdunkelt, im Ausland jedoch wachsen lassen; in Polen zeugten zahllose Anekdoten von seiner Popularität. Dies mag seinen Grund auch darin haben, dass Polen nach seinem Tode wieder zum Spielball ausländischer Mächte wurde und eine fremde Dynastie die beiden unglücklichen »Piastenkönige« ablöste.

Die »Sachsenzeit« in Polen (1697–1763)

1697–1706, 1709–1733	August II. »der Starke«
1700–1721	Großer (zweiter) Nordischer Krieg
1701	Friedrich I. König in Preußen
1704–1709, 1733–1736	Stanisław I. Leszczyński
1736–1763	August III.

Die Wahl des neuen Königs war mit zehn Kandidaten und 100000 Wählern ein großes Spektakel und im Ergebnis für Polen verheerend. Der Spanische Erbfolgekrieg mit der Gegnerschaft zwischen Habsburg und Frankreich überschattete die Wahl, von deren Ausgang sich jede Seite Vorteile erhoffte. Die wenigsten Chancen hatte Jakub Sobieski, dem die Hilfe seiner Mutter im polnischen Adel nur schadete. Mit ungeheuren Bestechungsgeldern versuchten die Gesandten der Kandidaten die Magnaten und die Vertreter der Provinzen zu beeinflussen, wobei die Franzosen unschlagbar waren. So überraschte es zunächst nicht, dass der Prinz François Louis de Conti am 26. Juni 1697 vier Fünftel der Wählerstimmen auf sich vereinen konnte; dagegen war es eine Überraschung, dass nur einen Tag später der Kurfürst von Sachsen, der Wettiner Friedrich August, mit neuen Geldmitteln die Stimmung kippen konnte und mit der Hälfte der Stimmen ebenfalls gewählt wurde. Entscheidend für ihn war, dass er, der die protestantischen Reichsstände angeführt hatte, nur drei Wochen zuvor heimlich zum Katholizismus übergetreten war. Auch der Nuntius, der die Konversion bestätigte, und der junge Zar Peter warben für den Wettiner, der sich mit sächsischen Truppen als dem stärksten Argument durchsetzte und am 15. September in Krakau als August II. zum König krönen ließ (1697–1706, 1709–1733). Der französische Kandidat war nur bis Danzig gekommen, wo er wegen der Erfolglosigkeit seiner Pläne resignierte. Auf einem Reichstag der »Reconciliation« fand man im Frühjahr 1698 einen Ausgleich der Adelsfraktionen. Damit begann in Polen die »Sachsenzeit«, die von der polnischen Historiographie fast durchweg negativ bewertet wird.

Grundsätzlich musste die dynastische Verbindung zwischen dem agrarischen Polen mit seinen zwölf Millionen Einwohnern und dem protestantischen Sachsen mit zwei Millionen Menschen, die in der industriellen Entwicklung weiter waren, nicht schlecht sein. In der Person des Königs lag der Hauptgrund dafür, dass die Regierungszeit der Wettiner als »dunkel« bezeichnet wird: August »der Starke« war ein Athlet, der sich bald mit dem jungen Peter in körperlicher Kraft messen sollte, er war ein »Don Juan« mit einer großen Zahl illegitimer Nachkommen, und er war ein gewaltiger Trinker, der in Peter nur knapp seinen Meister fand; vor allem aber war er ein König, der seinem Reich keinen Geschmack abgewinnen konnte, der die Polen in ihrem Freiheitswillen nie verstand und nie ernst nahm. Er umgab sich mit deutschen Beratern, verstand nichts von dem komplizierten Geflecht der polnischen Innenpolitik und verließ sich in Konfliktsituationen auf seine sächsischen Truppen und auf ausländische Hilfe. Mit seinen Versuchen, den Einfluss der Dynastie zu stärken, hat er den Widerstand des Adels immer wieder herausgefordert und Polen mit außenpolitischen Aktionen am meisten geschadet. Unter seinem Regiment degenerierte die Adelsrepublik zu einer Karikatur, in der die Magnaten und Adelsgruppen das Chaos und die Anarchie zur Durchsetzung privater Interessen nutzten. Nun fand der Satz, dass Polen durch »Unordnung« regiert werde, seine Berechtigung (*Polonia confusione regitur, Polska nierządem stoi*), und die Nachbarn taten alles, dass sich daran nichts ändere, um ihre eigenen Interessen zu verfolgen.

Obgleich der König durch die *pacta conventa* verpflichtet war, die Rechte der Republik zu bewahren und verlorenes Gebiet zurückzugewinnen, bot August im Juni 1698 dem Kurfürsten Friedrich III. von Brandenburg die Stadt Elbing an, die dieser auch besetzte. Erst energischer Einspruch des Senats betonte wieder die polnischen Rechte. Die Schwäche der Republik nutzte der Brandenburger dann aber, indem er sich am 18. Januar 1701 zum König in Preußen krönte, jedoch die Rechte Polens zu wahren versprach. Die unklare Rechtslage führte zu energischen Einsprüchen des Sejm, der die Rangerhöhung ablehnte, obgleich August zugestimmt hatte. Mehr Erfolg hatte August im Südosten, wo ein polnisches Heer zwar militärisch nicht viel erreichte, er aber im Frieden von Karlowitz (1699) die Politik seines Vorgängers mit der Rückgewinnung Podoliens und großer Teile der Ukraine abschließen konnte.

Ein anderes Ziel war die Rückgewinnung Livlands, das August den Schweden abnehmen und zu einem erblichen Herzogtum in seinem Haus umgestalten wollte. In diesen Plänen fand er die Unterstützung des zwei Jahre jüngeren Zaren Peter (* 1672), als beide sich in heftigen Gelagen im Herbst 1698 auf einen Plan geeinigt hatten, dem zufolge beide die schwedischen Besitzungen diesseits der Ostsee erobern und unter sich aufteilen wollten, während Dänemark als Dritter im Bunde Holstein und Gebiete jenseits des Sund erhalten sollte. Die Vertragspartner glaubten, mit dem neuen schwedischen König Karl XII., der 1697 im Alter von fünfzehn Jahren den Thron bestiegen hatte, ein leichtes Spiel zu haben. Vergeblich wiesen polnische Senatoren darauf hin, dass Kiev für Polen wichtiger sei als Riga und Russland derjenige Nachbar sei, dessen Macht der polnischen Republik am meisten schaden könne. So glitt Polen wieder einmal in einen dynastisch begründeten Konflikt, der in den zweiten Nordischen Krieg ausmündete und dem Königreich erneut unermesslichen Schaden zufügte.

Im Jahre 1700 ließ August sächsische Truppen gegen Riga marschieren, denen aber die Eroberung der Stadt misslang. Während Karl noch mit der Niederwerfung Dänemarks beschäftigt war, das vergebens auf eine Unterstützung durch die Verbündeten gewartet hatte, gelang den Sachsen eine teilweise Erorberung Livlands. Dann aber wandte sich das Blatt, als Karl am anderen Ende der Ostsee erschien und bei Narva die russische Armee bezwang (20. November 1700). Ohne sich weiter um die Russen zu kümmern, wandte sich Karl nun gegen Polen und Sachsen. Im Sommer 1701 wurden deren Truppen an der Düna/Dvina geschlagen und Kurland besetzt. Der König von Schweden erließ dann ein Ultimatum an die Republik Polen, entweder den Friedensbrecher August abzusetzen oder einen Krieg zu riskieren. Ehe der Senat auf diese ungewöhnliche Forderung hatte reagieren können, waren die Städte Wilna und Warschau erobert, August selbst besiegt und sogar Krakau besetzt. Polen schien damit aus dem Krieg ausgeschieden.

Für die Adelsnation war die Forderung der Absetzung des Königs eine unerhörte Zumutung, war er doch als Repräsentant der Adelsnation von dieser selbst gewählt. Die Wahl begründete ein gegenseitiges Vertrauensverhältnis, man hatte zu ihr der Ehre folgend zu stehen. Und wenn eine Absetzung erwogen wurde, dann musste man bestimmte Verfahren einhalten, die in der Praxis noch nicht erprobt waren. Mochten die Magnaten auch mit ihrem König unzufrieden sein, so schloss doch diese Forderung durch einen Ausländer ihre Reihen und weckte den Nationalstolz. August berief den Senat und eine Konföderation (Sandomierz, August 1702); im folgenden Jahr erlitten die Gegner des Königs, an der Spitze der Primas Kardinal Radziejowski auf dem Sejm in Lublin eine Niederlage, denn der Sejm genehmigte Mittel für eine Truppe von 48000 Mann. Die Nähe der schwedischen Truppen ermutigte die Königsgegner zu einer eigenen Konföderation in Großpolen, in deren Namen der Primas die Absetzung verkündete und zur Wahl eines neuen Königs einlud.

Allerdings hatte August den möglichen Gegenkandidaten, Jakub Sobieski, inzwischen in Gewahrsam nehmen lassen. So schlug der Primas den jungen Wojewoden von Posen, Stanisław Leszczyński, als Kandidaten vor, dessen berühmter Vater Raffael ein erbitterter Feind Russlands war. Angesichts der Schwedenherrschaft im Lande und in der Hoffnung, durch Entgegenkommen einen weiteren Krieg mit seinen Zerstörungen zu vermeiden, wählten am 12. Juli 1704 rund 800 Adelige Stanisław I. zum neuen König (1704–1709, 1733–1736, † 1766).

Polen hatte nun zwei Könige, die jeweils einen Teil des Adels hinter sich hatten und mit fremden Mächten verbündet waren. Gegen die Ausplünderung des Landes durch die Schweden wehrten sich die Anhänger des Königs August in einem Guerillakrieg; mit dem Zaren Peter wurde ein Vertrag geschlossen, der ihm die Manövrierfreiheit in Litauen garantierte, wofür er Geldzahlungen und die Herrschaft in Livland versprach. Karl seinerseits zwang seine Anhänger dazu, den Schweden alle Vorteile auf der Ostsee einzuräumen, und er unterstützte offen die Protestanten. Im Wesentlichen kämpften russische, schwedische und sächsische Truppen im Lande; im Süden fielen die Kosaken unter ihrem Hetman Mazepa ins Land ein. Polen war wieder einmal Kriegsschauplatz und wurde von allen Seiten von Truppen durchzogen und verheert. Nicht eine einzige Stadt blieb von Plünderungen verschont, und diesmal half dem Lande kein Marienwunder. Schließlich konnten schwedische Truppen die Sachsen schlagen und den Frieden von Altranstädt erzwingen (24. September 1706): August musste auf den polnischen Thron verzichten, den König Stanisław anerkennen und sein Bündnis mit Peter lösen.

Stanisław war nun allein König von Polen, aber er war ein König von fremden Gnaden, dem sein Schutzherr Karl keine Möglichkeit ließ, eine eigenständige Politik zu machen. Auf der anderen Seite blieben die Gegner Stanisławs zusammen und handelten ihrerseits ein Abkommen mit Peter aus, das den Weg zu einer eigenen neuen Königswahl freimachen sollte.

Eine Wende im Krieg und Bürgerkrieg bahnte sich erst an, als sich Karl XII. gegen Russland wandte, um seinen Hauptgegner in diesem nordeuropäischen Konflikt zu treffen. Karl führte im Herbst 1707 eine Offensive gegen Minsk und hoffte im Süden auf die Hilfe Mazepas. Diesmal erwies sich jedoch der Kampf gegen die Russen nicht mehr als so leichtes Spiel wie vor Narva, denn Peter hatte die damaligen Erfahrungen gut genutzt und ein wohlgerüstetes und diszipliniertes Heer zur Verfügung. Die Schweden folgten ihm nach Süden in die Ukraine, wo sie bald Probleme mit dem Nachschub aus Schweden und Polen bekamen. Der extrem kalte Winter schwächte die Schweden weiter, bis sie im Sommer 1709 bei Poltava auf Peters Hauptheer stießen und eine vernichtende Niederlage erlitten. Karl wurde verwundet und floh zu den Türken; sein Traum einer schwedischen Großmacht beiderseits der Ostsee war beendet, Stanisławs Chancen als König begraben und die Zugehörigkeit der Ukraine zu Russland besiegelt.

Nun war das Feld wieder frei für August den Starken, der mit sächsischen Truppen im Lande erschien und seinen Thronverzicht widerrief. Die schwedischen Truppen verschwanden aus Polen, und Stanisław ging mit seinen Anhängern ins Exil. In Thorn trafen August und Peter zusammen, nun aber mit veränderten Rollen. Am 20. Oktober 1709 erneuerten sie ihre Allianz, August musste jedoch sein Königreich gewissermaßen aus den Händen Peters entgegennehmen, der sich zum Beschützer der polnischen Freiheiten aufgeschwungen hatte. August musste auf alle Pläne verzichten, in Polen ein absolutistisches Regime einzurichten, eventuell Teile abzutreten oder die Freiheiten des Adels einzuschränken. Peter wollte ein schwaches Polen als Nachbarn, das in steter Abhängigkeit und offen für seine Truppen bleiben sollte. Im Vergleich zum Jahre 1610, als polnische Truppen die politischen Bedingungen in Moskau gestellt hatten, waren die Verhältnisse ins Gegenteil verkehrt. Polen war infolge seiner inneren Schwäche und der dynastischen Pläne seiner Könige nur noch ein Schatten seiner selbst und ein Objekt auswärtiger Machtpolitik. Die Bewahrung der Freiheiten des Adels wurde zum Schlagwort für innenpolitische Immobilität, um die Einflussmöglichkeiten von außen zu sichern. Solange nur der Nachbar Russland eine solche Macht ausübte, war Polen dessen Satellit; als dann im Westen in Preußen ein zweiter mächtiger Nachbar heranwuchs, drohte Polen von beiden zerrieben und geteilt zu werden.

Während im Westen, Norden und Osten Polens nun Ruhe herrschte, ging der Krieg im Südosten weiter, wo Karl XII. mit seinen Anhängern die Türken zu einem Angriff auf Peter drängte. Dieser konnte am 23. Juli 1711 am Prut mit Mühe eine Niederlage vermeiden, indem er mit den Türken einen für ihn vorteilhaften Frieden schloss. Gegen die Rückgabe der Festung Azov, die Peter 1696 erobert hatte, konnte er seine Eroberungen – und die neue Stadt St. Petersburg – im Wesentlichen behalten und musste nur versprechen, sich nicht mehr in die Angelegenheiten Polens und der Ukraine einzumischen, Versprechungen, die er bald wieder vergaß. Polen profitierte in den folgenden Jahren von der Schwäche seiner Nachbarn, und wie immer in solchen außenpolitisch ruhigen Zeiten konnte sich der Adel ungestört den inneren Streitigkeiten zuwenden, die wie immer nach außenpolitischen Stürmen besonders heftig waren.

Die polnischen Magnaten lehnten sich gegen die Anwesenheit sächsischer Truppen im Lande auf, die dem König ein unkontrollierbares Machtinstrument in die Hand gaben. Als Pläne des Königs ruchbar wurden, gegen die Abtretung des königlichen Preußen und Kurlands an den

Brandenburger auch preußische Truppen zu erhalten, entstand in Tarnogród eine Konföderation, die bald 50 000 Mann organisierte. Zar Peter, der im Frühjahr 1716 in Danzig weilte, wurde um Vermittlung gebeten und diktierte die Bedingungen für einen Ausgleich, die am 1. Februar 1717 auf dem »stummen Reichstag« von Grodno, d. h. ohne Diskussion, angenommen werden mussten. Angesichts der verheerenden Kriege seit 1648 wurde damit das alte politische System Polens wiederhergestellt, das einmal auf dem ausbalancierten Machtverhältnis zwischen König, Senat und Szlachta beruht hatte. Nur einige kluge Köpfe, wie Stanisław Karwicki in seiner Schrift *De ordinanda republica*, bemerkten, dass eine reine Rekonstruktion der Verfassung unter veränderten Bedingungen eine unsichere Sache wäre. Er schlug demgegenüber die Institution eines permanent tagenden Sejm vor, der die Gesetzgebung vornehmen, die Regierung kontrollieren und den König vor allzu ungehemmter Korruption bewahren sollte. Stattdessen blieb alles mehr oder weniger beim Alten, denn der König konnte weiterhin Männer seiner Wahl mit Ämtern betrauen, was der Korruption weiter die Tore offen hielt. In Zukunft sollten aber Konföderationen verboten sein, und den Sejmiki wurde das Recht der Steuerfestsetzung – mit Ausnahme der Schanksteuer – genommen. Das *liberum veto* blieb in Geltung, und die Armee wurde auf 16 000 Mann in Polen und 8000 Mann in Litauen beschränkt, aber diese Zahlen wurden bei der Finanznot des Staates kaum erreicht.

Peter ließ sich die Vermittlung bezahlen, indem er Livland für sich behielt und Kurland, dessen Herzog Friedrich Wilhelm Kettler mit seiner Kusine Anna verheiratet war, nach dessen Tod (1710) als deren Wittum beanspruchte und durch russische Berater regieren ließ. Zar Peter, dessen Truppen nun fast ständig im Lande blieben, schloss im Februar 1720 mit dem preußischen König Friedrich Wilhelm einen Vertrag zur Wahrung der Verfassung der Adelsrepublik, mit der Reformen verhindert werden sollten. Russland konnte hinfort der Republik seinen Willen aufzwingen, hielt es gewissermaßen als sein Protektorat, auch wenn dieser Begriff damals noch unbekannt war. Im Frieden von Nystad (10./11. November 1721), mit dem der Nordische Krieg beendet und die Großmachtstellung Russlands besiegelt wurde, fand Polen gar keine Erwähnung.

Aus dynastischen Interessen der Könige, denen allein in der Außenpolitik ein gewisser Spielraum für ihren Ehrgeiz von der Verfassung eingeräumt worden war, hatte Polen seit 1648 seine Freiheit und seine Stellung in Europa verloren. Kriegszüge und Verwüstungen hatten die Wirtschaft ruiniert, das Handwerk ausgelöscht und die Städte zerstört. Nicht nur schwedischer Terror, russischer Verrat, sächsische oder französische Intrigen, sondern auch Eigensucht der Magnaten und der Könige, mangelnde Einsicht der Szlachta in politische Zusammenhänge und ausländische Interventionen gemeinsam hatten die Moral der Staatsbürger gebrochen. Die hehren Ziele der Verfassung waren zur Farce geworden, zum ideologischen Rauchvorhang, hinter dem sich schrankenloser Eigennutz austobte. Im politischen Leben herrschten Skeptizismus, Apathie und Quietismus; vergessen war der nationale Auftrag, gemeinsam für die Republik einzustehen. Auf den Reichstagen wurde von den »goldenen Freiheiten« geredet, aber die konkrete Umsetzung in Politik, das persönliche Opfer zugunsten des Gemeinwesens waren verloren gegangen und wurden, wenn sie sich zaghaft regten, verlacht.

Dies ging mit einem allgemeinen Verfall des kulturellen Lebens in Polen einher. August hatte in den *pacta conventa* die Gründung von Akademien versprochen, aber keine kam zustande. Die Jesuitenschulen, einstmals ein Fortschritt und zugleich ein Werkzeug der Rekatholisierung, boten ein trostloses Bild des Formalismus und der Stagnation. Die Literatur entartete zur bombastischen Panegyrik, die politischen Denkschriften zu phrasenreicher Propaganda. Die Pfarrschulen sanken unter das Niveau, das sie im Mittelalter besessen hatten. Im privaten Leben waren Moral und soziales Verhalten untergegangen, wobei der König selbst ein schlechtes Vorbild war. Gewiss gab es auch in anderen Staaten Bestechung, Korruption, ausländische Geldzuwendungen für hohe Würdenträger, zahllose Mätressen und faule Könige, aber in Polen kontrastierte dies besonders deutlich mit dem Staatsideal, dem der König August so gar nicht entsprach, und es verband sich mit der politischen Ausweglosigkeit angesichts ausländischer Einmischungen. All dies bewirkte, dass die Periode von 1717 bis 1733, die zweite Phase der Regierungstätigkeit des Königs August II., als dunkle Zeit in die polnischen Annalen eingegangen ist.

In dieser Zeit ging auch die religiöse Toleranz zu Grunde. Die schwedische Herrschaft hatte die Abneigung gegen die Protestanten verstärkt, während die Vertreibung der Hugenotten aus Frankreich deren Hass gegen die Katholiken geschürt hatte. In Polen führte dies zu neuen Konflikten, denn die Katholiken suchten die Rechte der Dissidenten (Nicht-Katholiken) zu mindern, entfernten mit Gewalt Protestanten aus dem Sejm, dem Senat und aus öffentlichen Ämtern. Umgekehrt setzten sich Preußen und Russland für die jeweiligen Glaubensgenossen ein und warteten nur auf die Gelegenheit zum Eingreifen in die inneren Verhältnisse Polens. Wie sehr sich religiöser Fanatismus mit politischer Propaganda verband, zeigte sich 1724 am Beispiel der Thorner Ereignisse. In der überwiegend deutschen und protestantischen Stadt war es zu einem Streit unter Schülern gekommen, der zu einer Störung einer Prozession und einem Sturm auf die Jesuitenschule eskaliert war. Nach heftigen Debatten im Senat war eine Kommission eingesetzt worden, die den Vorfall untersuchte und gegen den Bürgermeister und mutmaßliche neun Rädelsführer die Todesstrafe verhängte. Deren Ausführung erregte als »Thorner Blutgericht« europaweites Aufsehen und trug durch eine reiche Propagandaliteratur weiter zur Minderung des Ansehens der Republik bei.

Auch August II. suchte die Krone Polens seinem Sohn Friedrich August, der 1696 geboren war, weiterzugeben. Zu diesem Zweck brauchte er die Unterstützung der polnischen Magnaten und der ausländischen Mächte. Der junge Prinz war zunächst ein frommer Lutheraner gewesen und dann zwangsweise katholisch getauft worden. Irgendwie hatte er diesen Bruch innerlich nie verkraftet; bei aller äußerlichen Liebenswürdigkeit war er apathisch, uninteressiert an politischen Dingen und in seiner Persönlichkeit unterentwickelt. Trotz aller Ermahnungen zeigte er weder für Polen noch für die polnische Sprache das geringste Interesse. 1725 zeichnete sich eine mögliche Komplikation für seine Kandidatur ab, als der französische König Ludwig XV. die Tochter des exilierten Stanisław Leszczyński heiratete und so für seinen Schwiegervater oder für sich selbst Ansprüche anmelden konnte. Auch international fand August für seine Bestrebungen wenig Unterstützung, am ehesten noch in Berlin, wo er Anschluss an den Kreis um König Friedrich Wilhelm gefunden hatte.

Am wichtigsten war jedoch die Gewinnung der Magnaten, die in zwei große Parteien gespalten waren. Der größte Teil der Magnaten zählte zum Anhang der Familie Potocki, die mit dem Primas und Erzbischof von Gnesen Theodor Potocki an der Spitze großen Reichtum angehäuft hatte und aus den Gütern doppelt so viele Einkünfte zogen, wie die Armee zur Verfügung hatte. Diese Richtung der »Patrioten« lehnte die Wettiner und den deutschen Einfluss entschieden ab und verteidigte die alten Privilegien. Auf der anderen Seite stand der Clan der Czartoryski, kurz »die Familie« genannt, die in den letzten zehn Jahren bei Hofe durch Ämterhäufung an Einfluss gewonnen hatte und ebenfalls durch Heirat und Erbschaft zu ungeheurem Reichtum gekommen war. Die »Familie« hielt zusammen und bildete eine disziplinierte und zielbewusste kleine Republik im Gesamtstaat, die eine Erneuerung und Reformierung des politischen Systems im Sinne des angelsächsischen Parlamentarismus anstrebte. In mehreren Sejmsitzungen hatten sich die Traditionalisten und Reformer gegenseitig blockiert, ehe sich das Pendel im Adel langsam den Reformern zuneigte. Unter dem Einfluss einer Streitschrift von Stanisław Konarski gegen das *liberum veto* und den russischen Einfluss schien Anfang 1733 die Mehrheit der Landboten für Reformen gewonnen, als der König am 1. Februar in Dresden an den Folgen exzessiven Alkoholgenusses unerwartet verstarb. August II. hatte seine Begabung den Privatinteressen geopfert, die auch für den Adel während seiner Regentschaft das vorrangige Lebensziel geworden waren. Nicht dieser Sittenverfall allein war das unglückselige Erbe, das er seinen Nachfolgern hinterließ, sondern die Einladung ausländischer Mächte, in der polnischen Innenpolitik mitzumischen und als ungerufene Garanten der »goldenen Freiheit« aufzutreten.

Das beste Beispiel dafür war wieder die Wahl des neuen Königs. Schon im Jahr zuvor hatten Österreich, Russland und Preußen im »Traktat der drei schwarzen Adler« einen portugiesischen Prinzen als Kandidaten vorgesehen; dieser Plan scheiterte, denn Ludwig XV. setzte die Wahl seines Schwiegervaters Stanisław durch, der am 12. September 1733 einstimmig gewählt wurde. Einen knappen Monat später stimmten indessen tausend meist litauische Adelige unter russischem Druck für den Kurfürsten Friedrich August von Sachsen, der sich im Januar in Krakau krönen lassen konnte. Stanisław kam nach Danzig, wo ihn seine Anhänger zwar mit einer Konföderation erwarteten, aber einer russisch-sächsisch-polnischen Übermacht weichen mussten. Stanisław floh nach Königsberg, gab dann auf

(1736) und wurde mit dem Herzogtum Lothringen abgefunden. Ein Präliminarfrieden in Wien sollte die verfeindeten Adelslager versöhnen, aber der »Pazifikationsreichstag« im November 1735 wurde von den Anhängern Stanisławs »zerrissen«, August III. (1736–1763) jedoch als König anerkannt. Bis zu seinem Tode sollte nun jeder Sejm gesprengt werden.

Für Polen begann eine Periode der inneren Ruhe und der Stagnation, die durch die Untätigkeit des Königs geprägt war. Er war am Regieren nicht interessiert und überließ dies seinen Ministern, zunächst dem Fürsten Aleksander Sułkowski, dann dem Grafen Heinrich Brühl. Politik bedeutete nun in Polen Günstlingswirtschaft und fast unbeschränkte Herrschaft der Magnaten. August ließ die Residenz Warschau ausbauen (Königsschloss) und wurde damit Vorbild für die Magnaten, die auf ihren Besitzungen wie »Kleinkönige« (*królewięta*) Hof hielten. Im Lande war bald ein Aufschwung der Wirtschaft spürbar, allerdings ging er auf Kosten der Bauern in Abhängigkeit vom Adel und der Städte, denen es nicht gelang, ein Gegengewicht gegen die Adelsherrschaft zu bilden. Die Unzufriedenheit mit dem System war der Anlass zu einer reichen politischen Literatur, in der das Hauptübel, das *liberum veto*, angeprangert wurde. Aber wie sollte man Reformen einführen, ohne dass der Adel selbst seine Privilegien abzuschaffen bereit war? Es blieb dabei, dass Polen durch »Unordnung« regiert, besser gesagt, nicht regiert wurde. Ohne ordentliche Sejmsitzungen gab es keine Gesetzgebung und keine Rechenschaftslegung der Kronbeamten. Polen war ein nach innen gerichteter Staat, dessen politische Energien die Adelscliquen im Streit vergeudeten.

Umso größer waren die Möglichkeiten auswärtiger Mächte, ihre eigenen Interessen in Polen zu verfolgen, d. h. Reformen zu verhindern. Während Preußen als Militärmacht eine gezielte Wirtschaftsförderung betrieb und Friedrich II. durch den Überfall auf Schlesien (1740) sein

Gebiet beträchtlich erweiterte, wuchs im Osten Russland unter der Zarin Elisabeth zu einem mächtigen Nachbarn heran, der Polen als Einflussgebiet kontrollierte. Der aufgeklärt absolutistische preußische und der autokratisch regierte russische Staat wurden zu Gegenbildern der polnischen Adelsanarchie; gezielter staatlicher Politik unter dem Stichwort der »Staatsräson« dort entsprach in Polen die Phrase von der »goldenen Freiheit«, die nur Hilflosigkeit und Ineffektivität überdeckte. Die Neutralität des Staates schützte nicht davor, dennoch in alle Konflikte verwickelt zu werden, da fremde Truppen Polen als Aufmarschgebiet behandelten. Die Schlesischen Kriege (bis zum Frieden von Dresden 1745), dann der Siebenjährige Krieg (1756–1763) betrafen stets auch Polen. Gerade Friedrich II., den die Polen nicht »den Großen« nennen, benützte die Ressourcen Polens zur Finanzierung seiner Truppen. Der Weichselhandel wurde durch Zölle belastet, die guten polnischen Münzen durch minderwertige Nachprägungen (»Ephraimiten«) ersetzt. Als der Tod der Zarin Elisabeth die Wende einleitete und Preußen rettete, wurde auch Polen im Frieden von Hubertusburg (15. Februar 1763) von einer Last befreit; dasselbe konnte man sagen, als am 5. Oktober der König August III. starb.

Der letzte König und das Ende des Staates (1764–1795)

1764–1795	Stanisław II. August Poniatowski
1772	Erste Teilung Polens
1791	3. Mai: Erste schriftliche Verfassung in Europa
1793	Zweite Teilung Polens
1795	Dritte Teilung Polens

Die letzte Königswahl erfüllte formal die bisherigen Bedingungen, denn Stanisław II. August Poniatowski wurde am 7. September 1764 gewählt und am 25. November in Warschau gekrönt (1795 abgedankt; † 1798 in St. Petersburg). Der ungewöhnliche Krönungsort war aber nicht die einzige Abweichung von der Regel. Den Kandidaten, der mit der »Familie« der Czartoryski verwandt war, hatten Preußen und Russland ausgesucht, und es war kein Geheimnis, dass Stanisław als Gesandter in Petersburg auch der Geliebte der jungen Zarin Katharina gewesen war. Russische Truppen sicherten die Wahl, und russische Bestechungsgelder halfen im Hintergrund. Der König war ein begabter und gebildeter Mann, der sich auf den großen Anhang der »Familie« stützen konnte und glaubte, der Zustimmung der Zarin für die Einführung von Reformen sicher zu sein. Die ersten Schritte waren auch erfolgreich: Eine Kommission des Sejm sollte die Finanzen des Staates regeln, eine andere das Heerwesen reformieren; schließlich erklärte sich der Reichstag zu einer permanenten Generalkonföderation, in der das *liberum veto* hinfort nicht mehr angewendet wurde.

Dies war aber bereits mehr an Reformeifer, als Katharina zu gestatten bereit war. Sie benutzte die Frage der religiösen Dissidenten, um Widerstand gegen den König zu schüren, der sich in der Konföderation von Radom organisierte (1767). Kritiker, darunter auch der Bischof von Krakau, wurden vom russischen Botschafter Fürst Repnin in Warschau gefangen gesetzt und nach Russland verschleppt. Eine Kommission arbeitete nun die Grundlagen für einen polnisch-russischen Vertrag aus, der in einer »stummen Sitzung« (ohne Diskussion) am 5. März 1768 angenommen werden musste; die »Kardinalrechte« des polnischen Adels, darunter das *liberum veto* und das Recht der freien Königswahl, wurden darin festgeschrieben und die Tolerierung der Dissidenten zugesichert. Dafür garantierte die Zarin den Bestand des Staates und die

Verfassung. Die Machtlosigkeit Polens geht schon aus der Tatsache hervor, das ein »Toleranztraktat« von Russland und Preußen, aber auch von England, Dänemark und Schweden garantiert wurde.

Angesichts des brutalen Vorgehens der russischen Schutzmacht formierte sich adeliger Widerstand in der Konföderation von Bar, deren Truppen rasch Podolien und Teile Wolhyniens besetzten und Unterstützung durch die Türken erhielt. Zugleich brach im Südosten ein Aufstand der orthodoxen Bauern gegen die polnischen Grundherren und deren jüdische Helfer (als Gutsverwalter oder Schankwirte) aus (»Hajdamaken-Aufstand«), dem in wenigen Wochen etwa 100000 Menschen zum Opfer fielen. Auf russische Gegenmaßnahmen folgte eine Kriegserklärung des Osmanischen Reiches gegen Russland. Wieder einmal herrschte in Polen ein Bürgerkrieg, in den auch französische und österreichische Truppen eingriffen, bis – nach Erfolgen über die Türken – der junge russische General Suvorov im Sommer 1772 die Konföderierten endlich besiegen konnte.

Inzwischen hatte die Politik der Nachbarn Polens eine neue Wendung genommen. Schon früher hatte es verschiedentlich Beratungen über eine mögliche Aufteilung des Landes gegeben, aber nun wurden sie konkret. Den Anfang machte Österreich, das im Dezember 1770 die 1412 verpfändete Zips annektierte. Der preußische König Friedrich II. hatte das größte Interesse daran, eine Landbrücke von Brandenburg nach Preußen und den Unterlauf der Weichsel zu erhalten. Sein Bruder Heinrich konnte im Oktober 1770 die Zarin zu einer »Pazifikation« Polens und zu einer Annexion von Gebieten überreden, obgleich die russischen Interessen bisher in ganz Polen durchgesetzt worden waren. Dem russisch-preußischen Teilungsvertrag vom 17. Februar 1771 folgte am 5. August 1772 der Vertrag zwischen Russland und Österreich, nachdem bereits Truppen der Vertragspartner die von ihnen beanspruchten Gebiete besetzt hatten. In dieser ersten Teilung Polens annektierte Russland den polnischen Teil Livlands und die östlichen Gebiete mit 84 000 km^2 und 1,25 Millionen Bewohnern; Österreich verleibte sich unter dem angeblich historischen Titel eines »Königreiches Galizien und Lodomerien« Kleinpolen südlich der Weichsel (ohne Krakau) und die Südostgebiete (Wolhynien, Podolien, Rotrussland) mit um 84 000 km^2 und 2,67 Millionen Menschen ein; Preußen nahm sich das »königliche Preußen« (ohne Danzig und Thorn), das Ermland und das nördliche Großpolen mit nur knapp 35 000 km^2 und etwa 356 000 Einwohnern und hatte damit den zwar kleinsten, strategisch für das Land aber wichtigsten Anteil errungen. Unter dem Druck der Teilungsmächte musste ein »stummer Reichstag« die Ergebnisse anerkennen (30. September 1773), und das bedeutete auch, dass in einem separaten preußisch-polnischen Vertrag nunmehr alle polnischen Rechte am früher »herzoglichen Preußen« aufgehoben wurden (18. November 1773). Vom Standpunkt des Völkerrechtes erhielt erst damit Preußen seine volle Souveränität – ein Beweis dafür, dass das Recht der Wirklichkeit nachhinkte –, und Friedrich ließ sich nun »König von Preußen« nennen.

Der Schock in Polen, das mit 527 000 km^2 noch immer so groß war wie Frankreich und mit etwa sieben Millionen so viele Einwohner besaß wie England, ging tief und weckte ungeahnte Reformkräfte und endlich eine neue Solidarität im Adel. Das Verbot des Jesuitenordens durch den Papst (21. Juli 1773) stellte die ungeheueren Mittel des Ordens bereit, um das Erziehungswesen in Polen zu reformieren; Polen erhielt in der »Kommission für das nationale Edukationswesen« das erste moderne weltliche Erziehungsministerium Europas, das Lehrpläne und Schulbücher im Geiste der Aufklärung einführte. Im April 1775 wurde ein »ständiger Rat« als Regierungskollegium eingerichtet; fünf Departements (Ministerien) wurden geschaffen, das Steuerwesen reformiert, eine Stadtverfassung zum Schutz vor adeliger Willkür erlassen, die Lage der Bauern verbessert. Als Russland neuerlich in einem Krieg mit dem Osmanischen Reich beschäftigt war, wurde im Oktober 1788 der »große« oder »vierjährige Reichstag« einberufen, der – sich der preußischen Unterstützung sicher wähnend – eine neue Verfassung erarbeitete, die am 3. Mai 1791 vom König verkündet wurde.

In dieser ersten geschrieben Verfassung des modernen Europas – die französische Verfassung folgte erst vier Monate später – flossen die Ideen der französischen Aufklärung und die innerpolnischen Diskussionen zusammen. Von Rousseau übernahm man die Idee der Volkssouveränität, die in der Landbotenkammer verkörpert war (mit adeligen und erstmals begüterten bürgerlichen Abgeordneten), von Montesquieu stammte die Gewaltenteilung in Legislative, Exekutive und Judikative. Aus der Erfahrung der Königswahlen zog man den Schluss, durch Einführung der Erbfolge im Hause der Wettiner die gefährlichen Interregna zu beseitigen; im Reichstag sollte per Mehrheit entschieden und das *liberum veto* auf wenige Fälle beschränkt werden. Die Bauern erhielten erstmals Rechtsschutz vor ihren Herren. Polen hatte damit den Beweis erbracht, dass aus dem Ständestaat spätmittelalterlicher Prägung ein Übergang in den modernen parlamentarischen Verfassungsstaat möglich war, wie sich dies auch am Beispiel Englands gezeigt hat. Nur war Polen keine Insel und sollte bald die Macht der Nachbarn zu spüren bekommen.

Katharina verstand die Reformen als »französische Pest an der Weichsel« und hetzte Magnaten und Reformgegner auf, sich in der Konföderation von Targowica zusammenzuschließen. Eine russische Armee von 100000 Mann erschien in Polen und erstickte den Widerstand. Der König selbst musste der Konföderation beitreten und bald alle Hoffnungen begraben, wesentliche Teile der Reformen retten zu können. Die Nachbarn einigten sich unterdessen auf eine neuerliche Teilung des Landes (23. Januar 1793), indem an Russland alle weißrussischen und ukrainischen Gebiete sowie der größte Teil Litauens und Kurland fielen (228 000 km² und 3,06 Millionen Einwohner), an Preußen die Städte Danzig und Thorn sowie große Teile Großpolens und Masowiens (58 400 km² mit 1,14 Millionen Bewohnern) übergehen sollten.

Ein letztes Mal flammte im März 1794 der Widerstand der Polen auf, die in Tadeusz Kościuszko einen fähigen General mit Erfahrungen aus dem amerikanischen Unabhängigkeitskrieg gefunden hatten. Neu war, dass sich nun auch die Bauern an dem Krieg beteiligten. Im Oktober mussten sich die Polen dennoch geschlagen geben; Kościuszko geriet in Gefangenschaft. Russland und Österreich handelten einen dritten Teilungsvertrag aus (3. Januar 1795), dem Preußen im Oktober beitrat. Russland annektierte alle weißrussischen und litauischen Gebiete östlich von Njemen und Bug mit 146 000 km² und 1,34 Millionen Einwohnern, Österreich das Gebiet um Krakau und das restliche Kleinpolen mit 51 000 km² und 1,1 Millionen Menschen, an Preußen fielen die restlichen Teile Masowiens und alles Gebiet westlich von Bug und Memel mit 43 000 km² und 1,04 Millionen Bewohnern. Der König Stanisław II. August hatte sein Königreich verloren und dankte am 25. November ab; der einst mächtige Doppelstaat Polen-Litauen war von der Landkarte Europas verschwunden und hatte der »polnischen Frage« Platz gemacht.

Nirgendwo ist der Verfall der Republik und ihrer Institutionen so schonungslos analysiert worden wie in Polen selbst in den letzten Jahrzehnten seiner staatlichen Existenz. Die theoretische Diskussion war auf der Höhe der Zeit, wie sie sich in der Verfassung niedergeschlagen hat, und das Idealbild der Republik fand auch außerhalb Bewunderung (J.-J. Rousseau, *Considérations sur le gouver-*

nement de Pologne et sur sa réformation projettée, 1771, veröffentlicht 1782). Der exilierte König Stanisław Leszczyński und der Piarist Stanisław Konarski haben mit ihren Schriften die Diskussion über die Verfallserscheinungen gefördert und das schlimme Erbe des *liberum veto* kritisiert, Letzterer hat mit einer Sammlung der Reichstagsbeschlüsse den Zeitgenossen und den Historikern zugearbeitet (*Volumina legum*, 1732–36) und mit einem vierbändigen Werk »von wirksamer Art der Beratungen« (*O skutecznym rad sposobie*, 1760–63) die Reformen nachhaltig beeinflusst. Zu nennen sind hier auch die Priester Hugo Kołłątaj und Stanisław Staszic, die an der Verfassungsdiskussion beteiligt waren. Die Adelskultur hatte nach dem Abgleiten in die selbstgewählte Isolation des »Sarmatismus« in den letzten Jahrzehnten vor den Teilungen nach Europa zurückgefunden. In den Residenzen der Magnaten waren Schaustücke europäischer Architektur entstanden, und auf den Höfen fanden Theater und die Oper Aufnahme. Umfangreiche Bibliotheken zeugten von der Bildung des Adels, und ihr Verschwinden nach Schweden und Russland von ihrem Wert und der Gier der Nachbarn. Die Arbeit der Erziehungskommission hatte einen »geistigen Umbruch« zur Folge, der sich in der Reform der Hochschulen und Gymnasien niederschlug und das Bildungsniveau im Adel und Bürgertum nachhaltig förderte. Die Literatur war auf der Höhe der Zeit, und die Zeitschriften schufen eine neue Öffentlichkeit.

Auch im Judentum, das an Zahl wieder angestiegen war, hatten sich Veränderungen vollzogen. Dem starren Formalismus und Rigorismus der traditionellen rabbinischen Lehre hatte Israel ben Elieser (um 1700–1760, *Bešt*) eine mystische, nach innen gewandte Frömmigkeit entgegengestellt, die besonders im Süden eine große Zahl von Anhängern gewann (*Chassidim*). Von Berlin aus drangen die Gedanken der Aufklärung zu den Juden (*Haskala*) und öffneten (neben der traditionellen Bildung in hebräischer

Sprache) den Zugang zu weltlicher Bildung in den Landessprachen, zu Ideen des Naturrechts und der bürgerlichen Emanzipation. Die bis dahin geschlossene jüdische Kultur löste sich dadurch allmählich in konkurrierende Strömungen auf, was den Prozess der Assimilation an die jeweilige Mehrheitsbevölkerung einleitete.

Die Polen in der Zeit der Teilung des Staates
(1795–1918)

Epochenüberblick

Die Teilung Polens dauerte 123 Jahre; in dieser Zeit war die Geschichte Polens eine Geschichte der Polen in Europa, die auf mehreren Ebenen betrachtet werden muss. Vordergründig waren die Polen Bewohner der Teilungsstaaten und gehören zu deren innerer Geschichte, wobei in den Teilungsgebieten jeweils unterschiedliche Zäsuren zu beachten sind. Wie bei keiner anderen europäischen Gesellschaft gehört aber die Emigration zur Geschichte der Polen, die *Polonia*; dabei reicht die Tradition von den Legionen in der französischen Revolution und den Kriegen Napoleons über die »Sturmvögel« der Revolutionen während des ganzen 19. Jahrhunderts bis hin zu den Legionären des Ersten Weltkrieges. Dieser Bestandteil der Geschichte Polens ist in der Nationalhymne verkörpert, deren Kernsatz »Noch ist Polen nicht verloren« meist um den zweiten Satzteil verkürzt wird: »solange wir leben«, wobei das »Wir« die Polen in Italien meint, denn der Refrain verdeutlicht den Auftrag der Emigration: »Marsch, marsch Dąbrowski, aus Italien nach Polen«. Mit der Emigration zieht sich die »polnische Frage« wie ein roter Faden durch die europäische Politik, ob sie – wie auf dem Wiener Kongress 1815 – direkt oder indirekt behandelt wurde, bis in die Formulierung der Kriegsziele der Alliierten, die Woodrow Wilson in den 14 Punkten im Januar 1918 verkündet hat.

Weniger beachtet wird meist die Auswirkung der »pol-

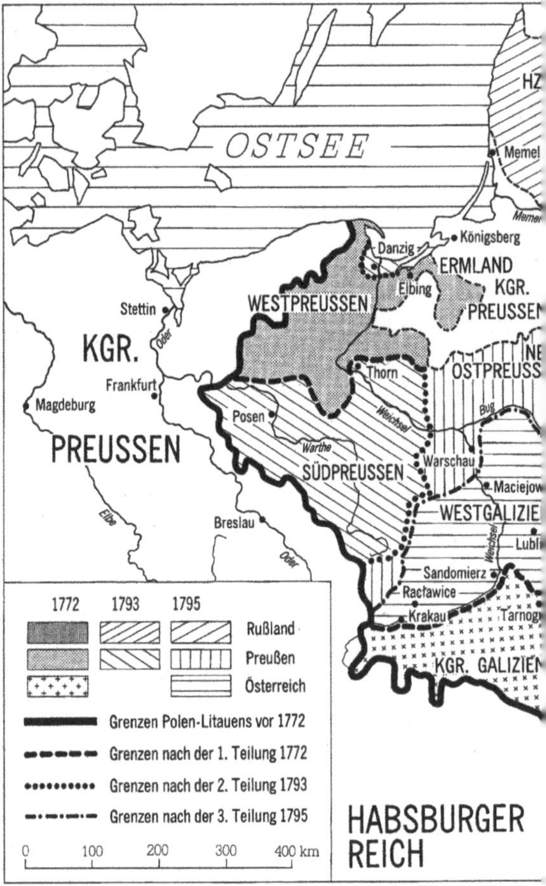

Die Teilungen Polens

Riga
Dvina
LAND
Dvina
Smolensk
Neris
Wilna
Mohilew
Minsk
Memel
LITAUEN
Dnjepr
KAISERREICH
RUSSLAND
Pripjet
Desna
WOLHYNIEN
Kiev
Dnjepr
berg
PODOLIEN
ODOMERIEN
Bar
Targowica
Kamieniec Podolski
Bug
OSMANISCHES
REICH
GR. UNGARN

nischen Frage« auf die Entwicklung in den Teilungsmächten. Russland, das mit »Kongresspolen« 82% der polnischen Beute vereinnahmt hatte, erwarb damit einen unverdaulichen Komplex einer selbstbewussten Adelsgesellschaft, die mit ihrer Rechtstradition eine Herausforderung für die russische Intelligenz darstellte und eher zu einer Vertiefung des Gegensatzes zwischen Russland und Europa denn zu deren Überbrückung beigetragen hat (Danilevskij, Dostoevskij). Dazu tritt das Problem der jüdischen Bevölkerung, die durch die erste Teilung in das Zarenreich gekommen war und nach unterschiedlicher Entwicklung am Ende des Jahrhunderts eine neue Verfolgung erlebte, die das russische Wort *pogrom* in die europäischen Sprachen brachte. Preußen war nach 1795 für einige Jahre ein Staat mit um 40% polnischer Bevölkerung, nach 1815 noch mit etwa einem Drittel. Polen stand um 1830 geradezu als Synonym für die Emanzipationsbestrebung des deutschen Bürgertums, wie dies sich in der Formel »Für unsere und euere Freiheit« und in den Polenliedern niedergeschlagen hat. Ein deutsch-polnischer Gegensatz entstand erst als Ergebnis eines ethnischen und konfessionellen Streites in Preußen. Er beeinflusste massiv die Herausbildung eines deutschen Nationalismus und Chauvinismus und trug letztlich den Keim des Unterganges Preußens in sich. Demgegenüber hat Österreich die »polnische Beute« am besten assimiliert, aber um den Preis der Verarmung der Provinz Galizien und der Zuspitzung der nationalen und religiösen Gegensätze zwischen Polen und Ukrainern.

Zu beachten bleibt auch die Entwicklung der polnischen Gesellschaft insgesamt, also über die trennenden Staatsgrenzen hinweg. Hier fand allmählich eine innere Nationwerdung statt, die die Bauern in die Adelsgesellschaft aufnahm: Als 1848 die Oper *Halka* von Stanisław Moniuszko in Wilna uraufgeführt wurde, war die Darstellung der Liebe zwischen einem jungen Adeligen und einem Bauernmädchen noch ein Skandal; nach der Aufführung 1858 in Warschau wurde die Oper überschwänglich gefeiert. Andererseits hat die polnische Gesellschaft eine ›Veradelung‹ erfahren, die bis heute im Handkuss und der Anrede *pan* und *pani* lebendig geblieben ist.

Die Teilungszeit hatte auch tiefe Auswirkungen auf das Verhältnis der Polen zu ihren östlichen Nachbarn. Seit der Jagiellonenzeit hatte sich der Adel der Nachbarn assimiliert und der polnischen Kultur den Weg nach Osten geöffnet; der Ausspruch des großen polnischen Dichters Adam Mickiewicz in seinem Epos *Pan Tadeusz*: *»natione polonus, gente lithuanus«* bringt die große Kulturleistung auf die knappste Formel. In der Teilungszeit fand zunächst eine Entfremdung zwischen Polen und Ukrainern statt (1846), später zwischen Polen und Litauern und Weißrussen; dieser Prozess ist nach einer Zuspitzung in der Zwischenkriegszeit unter maßgeblicher Einwirkung Deutschlands und der Sowjetunion im Zweiten Weltkrieg zum Abschluss gekommen.

Die Polen hatten im 19. Jahrhundert einerseits Anteil an der europäischen Entwicklung zur modernen Gesellschaft, sichtbar an der Industrialisierung und der Entstehung der Arbeiterbewegung im russischen Teilungsgebiet, andererseits lagen sie quer zur Herausbildung der modernen Nationalstaaten. Der Aufstand von 1863 wurde in Europa mit weniger Aufmerksamkeit betrachtet als jener von 1830; der österreichisch-ungarische Ausgleich von 1867 hatte für Galizien die Konsequenz einer De-facto-Autonomie, die Reichsgründung 1871 polarisierte das deutsch-polnische Verhältnis. Am Ende des »langen Jahrhunderts« war die »polnische Frage« zwar aus den Schlagzeilen verschwunden, aber trotz Leugnung noch immer präsent.

Das Zwischenspiel bis zum Wiener Kongress (1795–1815)

1795	In Paris entstehen die Emigrantenorganisationen »Agentur« und »Polnische Deputation«
1802/03	Ein Teil der polnischen Legionäre wird in Haiti eingesetzt, wo die meisten umkommen
1804–06	Fürst Adam Czartoryski russischer Außenminister
1805	Russische Niederlage bei Austerlitz
1806	Preußische Niederlage bei Jena und Auerstädt, Napoleon in Warschau
1807	Ausrufung des »Herzogtums Warschau«, Herzog wird König (seit Dezember 1806) Friedrich August von Sachsen
1812	Napoleons Zug nach Moskau
1813	»Völkerschlacht« bei Leipzig
1814–15	Wiener Kongress, »vierte« Teilung Polens

Seit der ersten Teilung 1772 versuchten die Teilungsmächte die neu gewonnenen Gebiete zu integrieren. Die Polen wurden dabei mit einer fremden Bürokratie konfrontiert, der die Tradition der alten Wahlämter fremd war. Der polnische Adel, soweit er reich oder begütert war, konnte seine herausragende Stellung in der Gesellschaft weitgehend bewahren. Die Lage der Bauern im Kaiserreich Österreich und im Königreich Preußen verbesserte sich, im Zarenreich hingegen verschlechterte sie sich. Über die Teilungsgrenzen hinweg versuchten die Polen die alten Verbindungen aufrechtzuerhalten, aber 1797 mussten sie sich für eine Staatsangehörigkeit entscheiden und sollten ihren Landbesitz außerhalb des jeweiligen Staates verkaufen. Die Stimmung in der adeligen und bürgerlichen Gesellschaft schwankte zwischen Resignation und Erbitterung auf der einen sowie Lebenslust und Verlust an Moral auf der anderen Seite.

Die Habsburger Monarchie hatte etwa 18 % des Territoriums der alten Adelsrepublik und 32 % ihrer Bevölkerung erhalten, die wegen angeblicher historischer Ansprüche des Königreichs Ungarn als »Königreich Galizien und Lodomerien« organisiert wurden; die erst 1795 gewonnenen Gebiete nannte man »Westgalizien« oder »Neugalizien«. Das Land war mit dreidreiviertel Millionen Menschen relativ dicht bevölkert. Der Norden und Westen war weitgehend ethnisch polnisch, der Osten zum größten Teil ukrainisch, mit einem großen Anteil an Juden (etwa 250000). Die wirtschaftlichen Voraussetzungen waren zunächst nicht schlecht, da die Gebiete von den Verwüstungen der Aufstände verschont geblieben waren. Das agrarische Land hätte ein guter Markt für die Industrieerzeugnisse Böhmens sein können, aber die österreichische Bürokratie befolgte die guten Vorsätze nur einige Zeit, um dann in Korruption und Nachlässigkeit zu verfallen. Die Provinzen wurden durch hohe Steuern und Rekrutierungen belastet und ausgebeutet; Monopole sorgten mehr für den Fiskus als für die Menschen; die geringe Industrie im Lande verkam. Das Ergebnis war ein langsamer Niedergang der peripheren Provinz, die im Laufe der Zeit zum Armenhaus Europas wurde. Im politischen Bereich ersetzte die Bürokratie die alten Selbstverwaltungskörperschaften. Der polnische Adel konnte dort durchaus Karriere machen, aber eben als Teil einer fremden Behörde. Der Grundsatz der Gleichheit im Adel wurde aufgehoben, weil den Magnaten und geistlichen Würdenträgern im neuen Landtag in Lemberg (Lwow, L'viv) ein Übergewicht eingeräumt wurde. Alle Macht ging nun vom Kaiser und König in Wien aus, dem man nur Petitionen unterbreiten konnte. Symbolisch kam die Herabstufung der Polen darin zum Ausdruck, dass das alte Königsschloss Wawel in Krakau in eine Kaserne verwandelt wurde. Die Szlachta verlor ihre politische Bedeutung und musste Steuern zahlen, blieb aber vom Militärdienst befreit.

Den Bauern brachte die österreichische Herrschaft gewisse Vorteile. Schon 1782 wurde die persönliche Bindung der Bauern an die Grundherren durch eine gemäßigte Form der Untertänigkeit ersetzt. Der Bauer konnte frei heiraten, seinen Beruf wechseln und sogar seinen Herrn vor Gericht bringen. Die Unterscheidung zwischen Domänenland der Herren und dem Bauernland brachte ihm erstmals Rechtssicherheit im privaten Besitz, wenn dies auch in der Realität nicht überall durchzusetzen war. Dafür musste er nun höhere Steuern zahlen und Militärdienst leisten, zunächst lebenslang, dann auf zwanzig Jahre verkürzt. Die Verpflichtung der Grundherren zur Steuereintreibung vertiefte die Kluft zwischen Bauern und Adel, weil dieser für alle Unbill verantwortlich gemacht wurde. Erhöhte Steuern mussten auch die Stadtbevölkerung und die Juden zahlen, die nun zur Führung deutscher Familiennamen gezwungen wurden. Die Einführung weltlicher Schulen und der Militärdienst sollten den Weg zu einer Germanisierung ebnen, obgleich den Juden eine gewisse Sonderstellung verblieb. Die Einführung einer Pressezensur und einer starken Polizeiorganisation vervollständigten das Bild der österreichischen Herrschaft, die insgesamt dem Land wenig inneren Fortschritt brachte.

Das Königreich Preußen hatte von Polen zwar mehr Land als Österreich (20 % der Adelsrepublik), aber weniger Menschen (23 %) erhalten. Über die erstrebte Abrundung seines Territoriums an der Weichsel hinaus hatte es mit Warschau und Teilen Zentralpolens so viele ethnische Polen aufgenommen, dass diese nun um 35 % der Bevölkerung der auf das Doppelte gestiegenen Fläche Preußens ausmachten. Das vergleichsweise kleine und arme Preußen verfügte nicht über die Mittel für eine Assimilierung der polnischen Bevölkerung und beließ daher zunächst im Wesentlichen die alten Zustände, verbesserte aber schrittweise die Rechtssicherheit, bis diese 1794–97 durch die

Einführung des Allgemeinen Landrechtes gefestigt wurde. Demgegenüber etablierte der Staat schneller die Bürokratie in Westpreußen, »Südpreußen« und »Neuostpreußen«, wobei die preußischen Beamten vom polnischen Adel misstrauisch betrachtet wurden, während diese sich andererseits dem polnischen Adel überlegen dünkten.

Für Preußen bedeuteten die neuen Gebiete vorrangig einen ökonomischen Gewinn. Der Staat hatte die königlichen Güter und die Besitzungen von Aufständischen konfisziert und an preußische Adelige und Banken verkauft. Im Westen förderte er die Zuwanderung deutscher Siedler. Besitz an Ackerland war nur dem Adel vorbehalten, sodass die Städter dieses Recht aus der Verfassung vom 3. Mai 1791 wieder verloren. Während die Stadt Posen deutsche Bürger anzog und langsam aufblühte, verlor Warschau die Hälfte seiner Bevölkerung (von 120000 auf 64000). Das Problem der Juden sah der »aufgeklärte« Staat zunächst durch die fiskalische Brille, denn die armen Juden sollten ausgewiesen, die übrigen nach Besitz in »geschützte« und »geduldete« Juden eingeteilt werden. Das »Judenreglement« von 1797 sollte die Gemanisierung der Juden fördern und ihre Selbstverwaltung abschaffen. Die Polen sahen dagegen in diesen Maßnahmen eine Bevorzugung der Juden, was eine zunehmende Animosität ihnen gegenüber zur Folge hatte.

Die Lage der Bauern besserte sich durch die Einführung der modernen Fruchtfolge und die Förderung des Kartoffelanbaus. Kredite sollten die Wirtschaftskraft heben, führten aber bald zur Überschuldung der Grundherren. Die rechtliche Stellung der Bauern auf Adelsgut wurde verbessert, indem ihnen jetzt der Weg vor das Gericht offen stand, auch wenn das Verbot des Bauernlegens nicht überall durchgesetzt werden konnte. Bauern auf ehemaligem Königsland wurden rechtlich frei und zu zinszahlenden Pächtern. Preußen setzte in der Bildungspolitik manche der von den Polen selbst eingeleiteten Reformen fort, aber die Polen beklagten Schulschließungen und eine Tendenz zur Germanisierung; Universitätsbildung konnte nur außerhalb der neuen Gebiete erworben werden und hatte die Kenntnis der deutschen Sprache zur Voraussetzung. Insgesamt war die preußische Herrschaft durchaus unpopulär, obwohl Einzelpersonen, wie der Justizbeamte und Schriftsteller E. T. A. Hoffmann, in Warschau persönlich einen guten Eindruck hinterlassen haben.

Das Zarenreich hatte mit 62% des Territoriums und 45% der Menschen der Adelsrepublik den Löwenanteil erhalten. Diese Teile des ehemaligen Großfürstentums Litauen hatte Katharina II. wahrheitswidrig als »wiedergewonnene Gebiete« bezeichnet und in drei Gouvernements gegliedert. Während der Adel durchweg polnisch (polonisiert) war, war die übrige Bevölkerung ethnisch und konfessionell sehr unterschiedlich: Neben katholischen Polen und Litauern fanden sich unierte, orthodoxe und altgläubige Ostslaven, dazwischen mit um 10% der Bevölkerung die Juden, mit denen das Zarenreich nun erstmals in Berührung kam. In der Binnenstruktur änderte die Zarin zunächst wenig, obgleich sie die Kompetenzen der Landtage und der Amtsträger beschnitt. Die polnische Sprache galt weiter in der Verwaltung und im Gerichtswesen, allerdings wurden die Steuern spürbar erhöht. Den Magnaten und dem wohlhabenden Adel verblieb grundsätzlich ihr Einfluss, und der Weizenexport über die Schwarzmeerhäfen vermehrte ihren Reichtum. Dagegen ging die Bedeutung des Kleinadels generell zurück, denn Vergleichbares war im Zarenreich unbekannt. Besitzlosen Adeligen wurde sogar ihr Status aberkannt, und viele wurden in die Steppengebiete deportiert.

Am härtesten traf die staatliche Neuordnung die Bauern. Auch wenn das russische System der Leibeigenschaft nicht offiziell eingeführt wurde, so übernahmen es doch manche polnische Grundherren und sowieso jene russischen Adeligen, denen Katharina die Krongüter und die von den Aufständischen konfiszierten Güter geschenkt hatte. Die Bauern unterlagen auch dem Militärdienst, der damals 25 Jahre dauerte. In den Städten wurden die russischen Gesetze eingeführt, die Bevölkerung entsprechend dem Besitz in »Stände« eingeteilt und allmählich von der Bekleidung öffentlicher Ämter ausgeschlossen. Infolge der Teilungen hatte Russland um eine Million Juden übernommen, die in Städten und verstreut auf dem Lande wohnten. Katharina bestimmte, dass sie nur in den bisherigen Siedlungsgebieten leben (»Ansiedlungsrayon«), also nicht ins eigentliche Russland ziehen durften. Sie wurden in Steuerkategorien eingeteilt und zum Leben in den Städten aufgefordet, was den als Mittlern zwischen Grundherren und Bauern tätigen Landjuden den Lebensunterhalt nahm. Stark betroffen waren auch die Kirchen; die katholische Kirche geriet unter staatliche Aufsicht und konnte den Kontakt mit dem Papst nur unter Zensur aufrechterhalten; die unierte Kirche galt der orthodoxen als abtrünnig und sollte durch Enteignungen und Behinderungen zu einer Wiedereingliederung in die Orthodoxie bereit gemacht werden.

Eigenständige polnische Politik konnte nach den Teilungen nur außerhalb Polens versucht werden. Allgemein gesehen stellten sich für die Polen zwei Möglichkeiten für die Wiederherstellung des Staates: Sie konnten versuchen, entweder einen der Monarchen der Teilungsmächte zu bewegen, gegen die beiden anderen zu ziehen, oder sie konnten mit einer auswärtigen Macht – das konnte nach Lage der Dinge nur das revolutionäre Frankreich sein – gegen alle drei Teilungsmächte kämpfen. Beide Wege sind nach 1795 versucht worden; denn in Wien und Berlin, besonders aber in St. Petersburg, haben polnische Adelige versucht, die jeweiligen Monarchen zu einer Förderung der Sache Polens zu motivieren. Sie konnten aber die Solidarität der Teilungsmächte in ihrer Angst voreinander und vor revolutionären Änderungen nicht beseitigen. In einem Vertrag vom 26. Januar 1797 wurde sogar die Bezeichnung »Polen« untersagt; lokale Unruhen in Südpolen hatten dafür die Begründung geliefert.

Ein Zusammengehen der Polen mit Frankreich hatte eine diplomatische und eine militärische Komponente. Das revolutionäre Frankreich war von Polen begeistert gewesen und hatte den General Kościuszko nach seiner Entlassung aus russischer Haft sogar zum Ehrenbürger erhoben. Unter dem Direktorium war die staatliche Gewalt konservativer geworden, und die Polen wurden als Jacobiner verdächtigt. Dazu kam, dass sich die Polen in der französischen Emigration infolge ihrer Zersplitterung selbst hemmten. Um Franciszek Barss (1760–1812), einen Vertrauten von Kościuszko, sammelten sich gemäßigte Bürgerliche und Adelige in der »Agentur« (*agencja*), der auch der Schriftsteller und Politiker Józef Wybicki (1747–1822) angehörte; im Sommer 1795 entstand die revolutionäre Gegengruppe der »Deputation« (*deputacja*) unter dem Priester Franciszek Dmochowski (1762–1808). Beide beanspruchten, für das ganze Polen zu sprechen, und bekämpften einander; beide hielten Verbindungen nach Polen, die »Agentur« zu einflussreichen Magnaten, die »Deputation« zu radikalen Gruppen, die auf der Basis der Verfassung vom 3. Mai auch die Bauern in das Konzept der polnischen Nation einbezogen.

Spektakulärer, aber ebenso erfolglos waren die Legionen, die seit 1796 mit der Zustimmung von Napoleon Bonaparte unter dem General Jan Henryk Dąbrowski (1755–1818) in Italien aufgestellt wurden. Die spätere Nationalhymne der Polen entstand in diesem Umfeld. Gegen vage Versprechungen Napoleons nahmen die Legionäre, die eine Gesamtstärke von um 30000 erreichten, an verschiedenen Feldzügen teil und brachten ein hohes Blutopfer in der Hoffnung, dass Napoleon Polen helfen werde. Nach großen Verlusten wurde indes 1802 der Rest der Truppen in Haiti eingesetzt, wo der größte Teil den Aufständischen und dem Klima erlag. So sehr der verzweifelte Kampf der Legionen von der aufgeklärten Welt respektiert und bewundert wurde, so wenig konnte dieser letztlich zur Wiederherstellung Polens beitragen.

Die polnische Frage war in den wechselnden Koalitionen und Kämpfen mit und gegen Napoleon zwar ständig präsent, wurde aber nicht offen diskutiert und dem jeweils eigenen Machtkalkül untergeordnet. Den größten Erfolg versprach eine Zeitlang die Zusammenarbeit mit Russland, wo der junge Fürst Jerzy Adam Czartoryski (1770–1861) von einer Geisel am Zarenhof zum Freund und schließlich Außenminister des Zaren Alexander I. aufgestiegen war (1804). Als Kurator des Schulwesens reformierte er die Universität Wilna und bemühte sich um die kulturelle Hebung des polnischen Adels, der eine Brückenfunktion zwischen Polen und Russland übernehmen sollte. Seine Hoffnung, den Zaren zu einer Aktion gegen Preußen zu bewegen und in Polen eine Sekundogenitur der Romanovs einzurichten, scheiterten jedoch an der Loyalität Alexanders gegenüber dem preußischen Königspaar. Die Niederlage der russischen Armee gegen die Truppen Napoleons bei Austerlitz (2. Dezember 1805) und der Rücktritt Czartoryskis im Sommer 1806 schufen im Gegenteil die Grundlage für eine russisch-preußische Militärallianz. Napoleon spielte nun seinerseits offen die polnische Karte aus, indem er nach der Niederlage Preußens bei Jena und Auerstädt (14. Oktober 1806) einen Aufstand gegen Preußen anzetteln ließ, polnische Truppen aufstellte (die »Nordische Legion«) und nach Warschau zog. Auch diesmal war Napoleon nicht bereit, die Wünsche der Polen nach einer Wiederherstellung des Staates zu erfüllen, weil er sie als Trumpf gegen Russland benützen wollte. Die zynische Bemerkung, dass die Polen erst beweisen müssten, »wert zu sein, eine Nation zu bilden«, bezeugt die Instrumentalisierung der polnischen Frage in seinen weitergehenden Plänen.

Da Kościuszko nicht bereit war, sich Napoleon für diese Funktion zur Verfügung zu stellen, fehlte den Polen eine überzeugende Führungspersönlichkeit. In Zusammenarbeit mit dem Hochadel richtete Napoleon Anfang 1807 eine »regierende Kommission« ein, die als eine Zivilregierung fungierte, von den Franzosen abhängig war und eine polnische Armee aufstellen sollte. Der Streit um Posten und die Rückkehr zu überlebten Verhaltensformen in der Armee – die Prügelstrafe wurde von den Legionären vehement abgelehnt – schufen jedoch weitere Unzufriedenheit unter den Betroffenen. So war auch neben diesen wachsenden Spannungen die Liebesaffäre Napoleons mit Maria Walewska nur eine Marginalie. Inzwischen waren die polnischen Truppen auf um 40000 Mann angewachsen und wurden auch in der entscheidenden Schlacht von Friedland am 14. Juni 1807 eingesetzt, in der Preußen ausgeschaltet wurde. Der Zar und der korsische Kaiser trafen sich auf einem Floß auf dem Fluss Njemen, um die Welt zu teilen, wie eine Karikatur festhielt. Im Frieden von Tilsit (7. Juli 1807) bewahrte der Zar Preußen vor der Vernichtung und handelte für Polen nur eine Minimallösung aus, das Herzogtum Warschau.

Das Herzogtum Warschau umfasste knapp 103000 km^2 und fast 2,6 Millionen Einwohner. Es bestand zunächst aus den an Preußen gefallenen Gebieten der dritten Teilung und aus einigen der ersten; nach der Niederlage Österreichs von 1809 kamen im Frieden von Schönbrunn (14. Oktober 1809) weitere um 50000 km^2 hinzu, und die Einwohnerzahl stieg auf 4,3 Millionen; davon waren 79% Polen, 7% Juden, 6% Deutsche und je 4% Litauer und Ukrainer. Als Kompensation hatte Russland das Gebiet von Białystok im Osten annektiert. Danzig und das Umland wurde unter gemeinsame Verwaltung von Preußen und Sachsen gestellt, jedoch de facto vom französischen

Militär verwaltet. Als Erbfürst war der König von Sachsen Friedrich August eingesetzt worden, dem Preußen einen ungehinderten Verbindungsweg durch Schlesien zusichern musste. Zwar hatte man den Namen »Polen« für diese Staatskonstruktion vermieden, aber polnisch war die Amtssprache, die polnischen Traditionen lebten wieder auf, und wer aus den anderen Teilungsgebieten in den Militärdienst des Herzogtums trat, erwarb automatisch dessen Staatsangehörigkeit. Mit den alten polnischen Städten Warschau, Krakau und Posen konnte das Herzogtum als Kern für einen zukünftigen polnischen Staat gelten. Über die Verfassung entbrannte bald ein Streit der Polen, in dem die einen ein modifiziertes Konzept der Verfassung vom 3. Mai 1791 vorschlugen, die Radikalen aber eine Beteiligung weiterer Bevölkerungsschichten forderten. Diesen Streit beendete Napoleon mit seinem Verfassungsentwurf »Statut constitutionnel du duché de Varsovie«, den er am 22. Juli 1807 unterzeichnete.

Die Verfassung gab dem Monarchen die volle exekutive Gewalt und die Gesetzesinitiative. Es waren aber auch einige polnische Eigenheiten aufgenommen worden, so die Verfahren im Parlament, die Unterscheidung von Adel und Nichtadel und die Wahl der Staatsvertreter auf niederer Ebene. Dem König verantwortlich waren fünf Minister, die die Ressorts für Justiz, Inneres und Religionsangelegenheiten, Krieg, Finanzen und Polizei leiteten. Zur Führung der Geschäfte konnte ein Vizekönig bestimmt werden, und die Abwesenheit des Königs, der überhaupt nur viermal in Warschau erschien, gab der Regierung faktisch ein größeres Gewicht. Die Legislative lag beim Sejm, der aus zwei Kammern bestand; diese waren der Senat mit ernannten Würdenträgern und die Abgeordnetenkammer mit indirekt gewählten Vertretern der Sejmiki und der Stadtversammlungen. Da die Kammer nur alle zwei Jahre für zwei Wochen zusammentreten sollte und kein Beschlussrecht für das Budget hatte, war ihr Einfluss von vornherein begrenzt. Das ganze Land wurde nach französischem Vorbild in Departements eingeteilt und von ernannten Beamten verwaltet, deren Zahl 1809 auf 9000 anstieg. Unabhängige, auf Lebenszeit gewählte Richter waren die Säulen des Rechtssystems, das seit 1808 auf dem *Code Napoléon* beruhte.

Die Verfassung war eine Mischung von liberalen und autoritären Elementen und in vielem nicht zu Ende gedacht. So wurden die Bauern zwar aus der Abhängigkeit befreit, aber sie erhielten kein Land, sodass viele in den Städten oder in der Armee ihren Unterhalt verdienen mussten. Die Vorstellung, dass die Bauern mit den Grundherren freie Verträge aushandeln sollten oder ihr Land kaufen könnten, ging an der Wirklichkeit vorbei. Eine andere Gruppe, der Rechte vorenthalten wurden, waren die Juden. Ein Übertritt zum Christentum stellte diese den Polen gleich, sonst wurde ihnen eine Frist von zehn Jahren eingeräumt, innerhalb deren sie sich assimilieren sollten. Nur wer reich genug war, konnte die Bestimmungen umgehen, Land erwerben und dann sogar das Wahlrecht ausüben. Die Rechte der Szlachta blieben gewahrt, auch wenn das wohlhabende Bürgertum das Wahlrecht erworben hatte; Adelige waren überproportional in den Ämtern und im Sejm vertreten.

Die Einführung des *Code Napoléon* verstärkte die laizistischen Elemente zu Lasten der katholischen Kirche, die zwar als Staatskirche anerkannt war, aber die Zivilehe und die Erlaubnis zur Scheidung hinnehmen musste. Die Armee hatte eine dominante Stellung im Herzogtum, da dieser Staat aus dem Krieg entstanden war und die Polen durch einen weiteren Krieg eine Wiederherstellung des polnischen Staates erhofften. Frankreich trug für einige Regimenter die Kosten und setzte sie auch außerhalb Polens ein. Insgesamt sind in den sechs Jahren der Existenz des Herzogtums 180000 bis 200000 Mann beim Militär gewesen und haben unter dem Kommando von Offizieren aus der Legion gedient. Die Armee war eine schwere finanzielle Bürde, die fast zwei Drittel des Staatshaushalts verschlang. Dazu kam die Rückzahlung von Anleihen und Krediten, die Frankreich von Preußen übernommen hatte (*sumy bajonskie*). Die Einnahmen des Staates aus dem Salzbergwerk Wieliczka, aus den Kronländereien, aus Monopolen und Steuern reichten gerade aus, um 1811 einen ausgeglichenen Haushalt vorzulegen. Als aber im folgenden Jahr die Grande Armée versorgt werden musste, geriet der Staat an den Rand des Bankrotts. Hart traf das Land auch die politisch motivierte Kontinentalsperre, die den Export polnischen Getreides erheblich behinderte. Zölle belasteten den Handel mit Russland; die Steuern waren hoch; der Handel mit Preußen war infolge der politischen Gegebenheiten unmöglich. Aufgrund der ungelösten sozialen und politischen Probleme standen nur die Armee, die Verwaltung, der Kleinadel und die wohlhabenden Stadtbewohner hinter dem neuen Staat, während der größte Teil der Bevölkerung ihm seine Zustimmung versagte. Der konservative Hochadel beneidete die Standesgenossen in Russland um ihre ungekürzten Privilegien; die aufgeklärten Reformer fanden zu wenig von ihren Ideen verwirklicht. Die Kluft zwischen Staat und Gesellschaft spiegelt sich in der Pamphletliteratur jener Tage wider, in der ein Satiriker schrieb, das Herzogtum werde von »einem deutschen König, dem polnischen Soldaten, vom preußischen Geld und französischer Regierung, französischem Recht und Gesetz« beherrscht.

Die Hoffnungen der Polen, das Herzogtum Warschau zu vergrößern und dadurch Polen wieder erstehen zu lassen, schienen sich mit dem Krieg zwischen Frankreich und Österreich 1809 zunächst zu erfüllen. Zuvor hatte Napoleon vergeblich versucht, den Zaren zur Übernahme des ganzen Herzogtums zu bewegen. Auch der Krieg mit Österreich lockte den Zaren nicht aus seiner Reserve. Als österreichische Truppen Warschau eroberten und die polnische Armee unter Józef Poniatowski und Dąbrowski im Gegenzug tief nach Galizien eindrangen, rückten auch russische Truppen dort vor, setzten aber die österreichischen Behörden wieder ein. Die Niederlage Österreichs bei Wagram ergab das enttäuschende Resultat, dass die Polen trotz ihres Anteils am Sieg Napoleons ihre Wünsche gegen Napoleon nicht durchsetzen konnten. Dieser erklärte dem Zaren, dass er nicht an eine Wiederherstellung des polnischen Staates denke. Als Kompromiss wurde im Frieden von Schönbrunn festgelegt, dass nur die 1795 an Österreich gefallenen Gebiete Neu- und Westgaliziens dem Herzogtum Warschau angeschlossen würden.

Der Krieg von 1809 hatte auch Auswirkungen auf die innere Lage im Herzogtum. Die Idee der nationalen Befreiung hatte breite Schichten der Bevölkerung ergriffen, was die Magnaten zu Recht als Ruck nach links werteten. Die radikale Opposition gewann an Boden, war aber enttäuscht darüber, dass Napoleon mit Rücksicht auf die Interessen Russlands nicht den großen Wurf einer Wiederherstellung des polnischen Staates wagte und nur unklare Versprechungen abgab. In dieser Situation versuchte Czartoryski erneut (1811), den Zaren zu einer Übernahme ganz Polens unter seinem Regiment zu bewegen und ihm eine halbautonome Stellung wie Finnland im Zarenreich zu gewähren. Währenddessen wurde in Warschau eine kontroverse Diskussion über die Zukunft des Landes geführt, und es gibt einige Hinweise darauf, dass für 1811 Pläne für einen Aufstand diskutiert wurden, die jedoch die Kriegsvorbereitungen hinfällig machten.

Napoleon hat 1812 Russland nicht leichtfertig angegriffen, aber er ist wohl in seinem Handeln über die ursprünglichen Pläne hinausgegangen. Im Juni 1812 zog er eine Armee von über einer halben Million Mann in Polen zusammen, in der sich Soldaten aus ganz Europa befanden, darunter über 70000 Polen. Es war aber kein gutes Omen für die Polen, dass ihre Truppen auf verschiedene Einheiten verteilt wurden und nicht als ein Korps unter eigener Flagge kämpfen durften. Angesichts der Last, die das Land mit der Versorgung der Truppen und dem Verhalten der Soldateska zu tragen hatte, waren die Versprechungen für die Zukunft des Landes unzureichend. Während die Grande Armée auf Moskau vorrückte und die russische Armee in die Tiefe des Landes zurückwich, wurde in den eroberten Gebieten eine neue Ordnung eingerichtet, die vor allem neue Rekrutierungen zur Folge hatte.

Die Hinhaltetaktik der Russen und der Brand Moskaus verursachten den Untergang der Armee Napoleons (November 1812), die auf der Flucht schließlich fast völlig aufgerieben wurde. Obwohl nur wenige Polen zurückkehrten, konnte Poniatowski im Frühjahr 1813 erneut 16 000 Mann aufbieten, die in der Völkerschlacht bei Leipzig gemeinsam mit ihrem General untergingen (18. Oktober 1813). Währenddessen hatten die Russen Warschau eingenommen und sich gegen den Wunsch Preußens dort festgesetzt. Der Zar machte den Polen Versprechungen, das Land unter seinem Zepter zu einigen. Das französische Recht blieb in Geltung, die bürokratischen Strukturen bis hin zu den Selbstverwaltungskörperschaften und den Gerichten wurden gewahrt. Im März 1813 richtete der Zar unter dem Russen V. S. Lanskoj eine provisorische Regierung ein, in der Russisch die Verhandlungssprache war. Auch Fürst Czartoryski tauchte wieder auf und versuchte zwischen den Polen und dem Zaren zu vermitteln, ohne jedoch seinem Ziel näher zu kommen.

Die eigentliche Regelung der polnischen Frage sollte auf dem Wiener Kongress erfolgen, der im September 1814 zusammentrat. Der Zar Alexander bemühte sich nun, das ganze Gebiet des Herzogtums Warschau zu behalten und mit den anderen polnischen Territorien zu einem neuen Königreich umzugestalten. Preußen wäre darauf eingegangen, wenn ihm Sachsen zugesprochen worden wäre; dagegen opponierte jedoch Österreich ganz entschieden, weil Preußen damit ein Übergewicht in Deutschland erhalten hätte. England befürchtete vor allem einen Machtzuwachs Russlands. So gerieten die Verhandlungen bis an den Rand eines Krieges, als Dąbrowski im Oktober 1814 mit seinen Truppen in österreichisches Gebiet einmarschierte. Schließlich musste der Zar in einen Kompromiss einwilligen: Russland behielt den größten Teil des Herzogtums Warschau, Preußen bekam die westpolnischen Gebiete und trotz aller Proteste auch Danzig, Krakau wurde zu einer freien Stadt erklärt unter dem gemeinsamen Protektorat der Teilungsmächte.

Trotzdem wurde ein gemeinsames Band zwischen den neuerlichen Teilungsgebieten gewahrt. Der Artikel 14 der Schlussakte garantierte den freien inneren Verkehr von Menschen und Waren über die innerpolnischen Grenzen hinweg. Die Polen sollten an der Regierung der jeweiligen Teilungsmacht beteiligt werden. Die Westgrenzen des neuen Königreiches Polen wurden zwar genau bezeichnet, aber die Ostgrenze konnte der Zar nach eigenem Gutdünken bestimmen.

Die Polen hatten auf dem Wiener Kongress zugleich einen Sieg und eine Niederlage erlitten: Zwar war ein neues Königreich entstanden, erkauft durch den Tod vieler Soldaten, die das polnische Problem aus dem erzwungenen Vergessen gerissen hatten, aber der Umfang und die Art der Eingliederung in den russischen Herrschaftsbereich verursachte zugleich eine tiefe Enttäuschung. Auch auf Seiten der Teilungsmächte herrschte keine eitle Freude. Deren arroganter Versuch, zusammen mit dem Staat auch den Namen »Polen« auszulöschen, war gescheitert; als »Kongresspolen« (*kongresówka*) war es wieder erstanden. Insoweit war die achtjährige Existenz des Herzogtums nicht ohne Folge geblieben. Der Zar war gekränkt, dass sein Angebot einer Rekonstruktion des polnischen Staates unter seiner Krone nur sehr mäßige Zustimmung bei den

Polen fand, und die Möglichkeit eines Krieges hatte ihn tief getroffen. Österreich hatte zwar Preußens Ambitionen abwehren können, sah sich nun aber einem noch mächtigeren Russland als unmittelbarem Nachbarn gegenüber.

Auch in der Innenpolitik hatte die kurze Periode des Herzogtums Spuren hinterlassen. Eine Modernisierung von oben war in der Politik und im Sozialgefüge eingeleitet worden, die noch unvollendet und widersprüchlich war. Der Beseitigung der bäuerlichen Abhängigkeit korrespondierte nicht die tatsächliche Macht der Szlachta und der Magnaten, die die alten Zustände bewahren wollten. Der *Code Napoléon* schützte Bürgerfreiheit und ökonomische Aktivitäten, aber diese bremste die konservative Politik des Adels und der Regierung. Es waren vor allem Anstöße erfolgt; eine Mobilisierung der Bevölkerung hatte begonnen; der nationale Gedanke hatte die Menschen aus der Lethargie gerissen. All dies war nicht einfach zurückzunehmen, sondern sollte sich auf verschiedene Weise fortentwickeln. So traten nun die Stadtbewohner allmählich in den Vordergrund, vermischten sich mit der armen Szlachta, der sie Erwerbssinn mitteilten, von der sie andererseits die Verhaltensformen übernahmen. Städter nahmen an der Verwaltung, an Vertretungskörperschaften, in der Armee, in den Freimaurerlogen teil, sie wurden in den Sejmkommissionen beteiligt, errangen bessere Bildungsmöglichkeiten. Zwar blieb der Adel der führende Stand, aber die anderen Stände hatten an Boden gewonnen und sich als nützliche Verbündete erwiesen. Das Herzogtum Warschau ging als Schöpfung Napoleons mit dessen Sturz zugrunde, es lebte aber nicht nur als Legende im polnischen Volk weiter. Die grundlegenden Reformen im politischen und militärischen Bereich blieben bis 1831 in Geltung, im administrativen Bereich bis 1863 bzw. 1867, in der Justiz bis 1876; wesentliche Teile des Zivilrechtes wurden bis zum Ende des Zweiten Weltkrieges bewahrt.

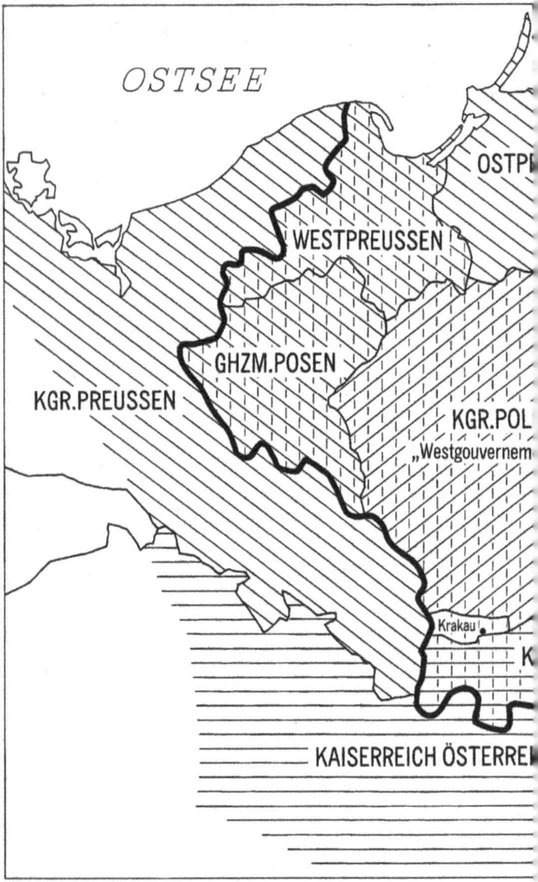

Das geteilte Polen

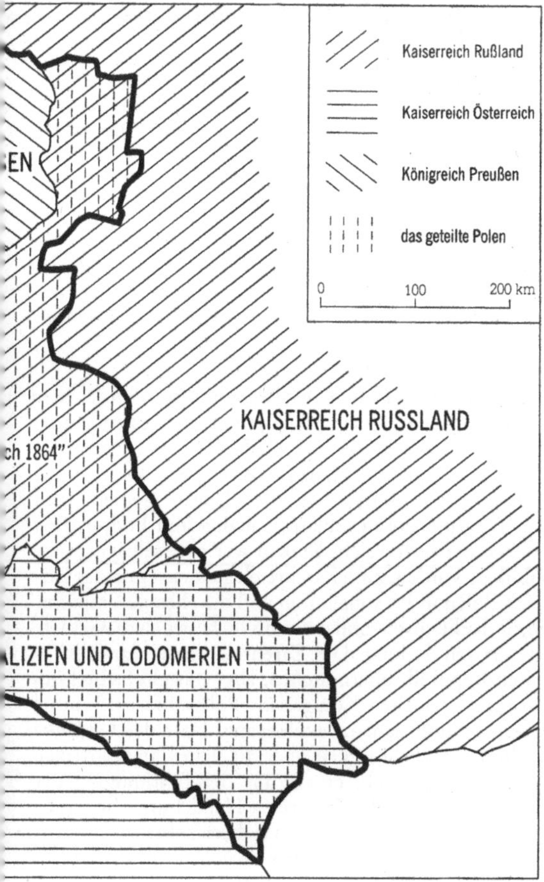

Kaiserreich Rußland
Kaiserreich Österreich
Königreich Preußen
das geteilte Polen
0
100
200 km
EN
KAISERREICH RUSSLAND
ch 1864"
LIZIEN UND LODOMERIEN

Die Polen nach dem Wiener Kongress (1815–1846)

1815	Proklamation des »Königreichs Polen« durch den Zaren Alexander I. als König (1815–1825)
1823	Befreiung der Bauern im Großherzogtum Posen
1825–1855	Zar Nikolaus I.
1830	Novemberaufstand
1830–1840	Oberpräsident von Flottwell in Posen
1832	»Organisches Statut« als Verfassung des Königreichs Polen

Das Territorium der alten Adelsrepublik war im Wiener Kongress auf sechs verschiedene politische Einheiten aufgeteilt worden; es war die vierte Teilung Polens. Westpreußen, das Ermland und Danzig wurden von Preußen als neue Provinzen inkorporiert, die übrigen Gebiete zum Großherzogtum Posen erklärt. Galizien und Lodomerien verblieben bei Österreich; Krakau war eine selbstständige Republik geworden; zum Zarenreich gehörten nun das Königreich Polen in Personalunion und die ehemals ostpolnischen, d. h. litauisch und ukrainisch besiedelten Gebiete aus der ersten Teilung. Das Zarenreich hatte damit 82 % der alten Republik übernommen, aber nur ein Siebtel des Territoriums des alten Königreichs Polen und ein Fünftel der ethnisch polnischen Bevölkerung. Dass der Gedanke einer Zusammengehörigkeit über die neuen Staatsgrenzen hinweg lebendig blieb, erhellt aus der Bestimmung der Wiener Schlussakte, die den freien Handel und die Kommunikation zwischen den Teilen sichern sollte.

Im neuen »Königreich Polen« schienen die besten Bedingungen für ein echtes politisches Leben der Polen gegeben zu sein. Diese hofften auch, die litauischen und ukrainischen Gebiete dem Kernland wieder hinzufügen zu können; die darauf gerichteten Aktivitäten reichten von einer Zusammenarbeit mit dem Zaren auf der Basis der versprochenen Autonomie einerseits bis hin zur Opposition oder zu verschiedenen Verschwörungen gegen Russland andererseits. In Preußen hofften die Polen für das Großherzogtum eine Autonomie zu erhalten; in Österreich dagegen war unter der konservativen Politik von Metternich kein Platz für eine Veränderung der politischen Verhältnisse. Von einer Wiederherstellung der Einheit Polens konnte unter diesen Bedingungen ein Realist nur träumen.

Die wirtschaftliche Entwicklung verlief trotz der Bestimmungen der Wiener Schlussakte in den Teilungsgebieten unterschiedlich. Krakau, das als fast freie Republik einen Sonderstatus genoss, konnte sich zu einem Handels- und Bildungszentrum entwickeln. Die preußischen und österreichischen Gebiete wurden in die Verhältnisse der vorherrschenden Staaten eingebunden; nur im Königreich Polen konnte von einer polnisch bestimmten Wirtschaft die Rede sein. Fallende Getreidepreise auf dem Weltmarkt ließen die Erlöse der Landbesitzer zurückgehen und verschärften die Diskussion über die Lage der Bauern, deren Situation in den einzelnen Gebieten sehr unterschiedlich war. Im Königreich Polen waren die Bauern persönlich frei, aber ohne Land; in den ostpolnischen Gebieten waren die Bauern auf den Stand der russischen Leibeigenen herabgedrückt worden; in den österreichischen Gebieten waren sie halbfrei und zur Fronarbeit verpflichtet; in Preußen wiederum waren sie frei mit beschränktem Landbesitz. Über die ökonomische Seite hinaus besaß die Bauernfrage auch eine politische Dimension, denn sie entschied, ob die Bauern zu loyalen Untertanen ihrer jeweiligen Monarchen oder zu bewussten Mitgliedern der polnischen Nation über die Teilungsgrenzen hinweg werden würden.

Trotz der staatlichen Teilung blieb die Macht des polnischen Adels ungebrochen. Das Bürgertum hatte im Königreich und besonders in Preußen gute Entwicklungsmöglichkeiten, stieß sich aber an einwandernden Deutschen als Konkurrenten. Die Lage der Juden änderte sich im Großen und Ganzen nur wenig. Gegenüber der katholischen Kirche versuchten alle drei Teilungsmächte die übergeordnete Organisation zu verändern, indem die alten Diözesangrenzen den neuen Verhältnissen angepasst wurden. Neben Gnesen-Posen entstand auch in Warschau und Lemberg je ein Erzbistum, sodass die Funktion des Primas entfiel. Trotz solcher divergierender Tendenzen blieben Kontakte über die Grenzen hinweg möglich; die Teilungsmächte konnten die Gebiete nicht voneinander abschotten und isolieren, sodass die Ereignisse in einem Teilungsgebiet immer auch Auswirkungen auf die beiden anderen hatten.

In Preußen wurde Westpreußen als neue Provinz in das Verwaltungssystem eingeschmolzen; das Großherzogtum Posen mit um 30000 km² und rund 800000 Einwohnern, davon um 520000 Polen, erhielt mit dem Fürsten Anton Radziwiłł einen polnischen Statthalter und mit Josef von Zerboni di Sposetti einen deutschen Oberpräsidenten; beide waren liberale und preußentreue Männer. Die polnische Sprache wurde neben der deutschen als offizielle Sprache in Behörden, im Gerichtswesen und in der Bildung zugelassen. Polen konnten in den zivilen oder militärischen Staatsdienst treten, aber nur wenige machten davon Gebrauch.

Im Großherzogtum wurde ein Provinzlandtag eingerichtet, in dem die drei Stände – Adel, Stadtbevölkerung und Bauern – vertreten waren. Bei indirekter Wahl und der Bindung des Wahlrechts an Besitz konnte der polnische Adel seine Mehrheit in den folgenden Jahren behaupten. Allerdings besaß der Landtag, der vom König berufen und entlassen wurde, nur das Recht der Beratung und der Weitergabe von Petitionen. Ab 1828 durften die Stadtbürger die Verwaltung leiten, und 1829 wurden Kreistage genehmigt, an denen der Adel und die wohlhabenden Bauern teilnehmen konnten. Die Juden erhielten aber nicht die versprochene Gleichstellung. Die preußische Verwaltung bevorzugte den polnischen Adel, ohne ihn an der Macht teilhaben zu lassen. Höhere Bildung war an die Kenntnis der deutschen Sprache gebunden, denn eine eigene polnische Universität in Posen hatte die Regierung verweigert; von einer offiziellen Germanisierungspolitik konnte jedoch noch keine Rede sein, obgleich 1824 eine Tendenz zur Förderung der deutschen Sprache in den Schulen deutlich wurde. Anders waren die Verhältnisse in Westpreußen, wo die Polen etwa die Hälfte der Bevölkerung ausmachten und keine besonderen Rechte erhielten. Hier war die Germanisierung und die Zuwanderung von deutschen Siedlern staatliches Programm, und die administrative Zusammenlegung mit Ostpreußen 1824 machte die Polen zu einer Minderheit.

Die Befreiung der Bauern in Preußen begann 1807 im Zuge der Stein-Hardenberg'schen Reformen zunächst für die Bauern auf Kronland, in späteren Erlassen auch für die Bauern auf Gutsherrenland. 1821 wurden die Bauern in Westpreußen, 1823 im Großherzogtum persönlich frei. Sie erhielten das Land, das sie bearbeiteten, zu Eigen, mussten den Gutsherren aber entweder einen Teil abtreten oder über einen längeren Zeitraum einen Pachtzins entrichten. Damit wurde ein Wandel in der Struktur der Landwirtschaft eingeleitet, denn die Grundherren konnten über eine Kreditanstalt (die »Landschaft«) Mittel erwerben und größere Flächen mit Lohnarbeitern bestellen lassen. Während arme Bauern so zu Landarbeitern herabgestuft wurden und der polnische Adel in der Kreditvergabe eine Benachteiligung erfuhr, verbreitete sich das preußische System der adeligen Grundbesitzer (Junker). Da keine Industrie vorhanden war, um die überschüssige Landbevölkerung zu versorgen, da Danzig und Posen nur einen Teil von ihnen aufnehmen konnten, blieb verarmten Bauern als Ausweg nur die Emigration oder die Abwanderung in die westlichen Provinzen.

Österreich hatte die Besitzungen in den Grenzen von 1809 und das Gebiet von Tarnopol zurückerhalten. Sein Gebiet umfasste 77000 km² mit einer Bevölkerung von dreieinhalb Millionen, davon 47,5 % Polen, 45,5 % Ukrainer, 6 % Juden und 1 % Deutsche. Die Bevölkerungsdichte wuchs in den folgenden Jahren weiter, ohne dass eine Industrie hätte Arbeitsplätze bieten können. Kleinlandwirtschaft, Kleinhandel und einfache Handwerkskunst bestimmten das Bild, während der Staat hohe Steuern forderte, die aber nicht im Lande investiert wurden. Nur ein Sechstel des Steueraufkommens wurde 1817 für die Belange der Provinz ausgegeben, davon ein Großteil für die Besoldung der Beamten. Als Folge blieben die Straßen schlecht, die Lebensbedingungen der Menschen miserabel. Der Volksmund verdrehte die neuen Namen in »Gołycja« (*goły* ›nackt‹) und »Głódomerja« (*głód* ›Hunger‹).

Der Staat stützte sich auf den Adel und die Kirche, in der katholischen wie in der unierten Form, die in Lemberg einen eigenen Metropoliten erhielt. Da die Katholiken meist Polen, die Unierten dagegen Ukrainer waren, wuchsen die inneren Spannungen. In Lemberg war eine Ständeversammlung eingerichtet worden, in der vier Stände – Klerus, Magnaten, Kleinadel und Städter – nur ein Forum der Repräsentation ohne wirkliche Kompetenzen besaßen. Insgesamt galt das österreichische System im Vergleich mit dem repressiven System der anderen Teilungsmächte als tolerant, in Wirklichkeit war es ineffektiv. Wien hatte die Magnaten auf seine Seite gezogen, der Kleinadel war ohne politische Bedeutung, und die kleine Intelligenzschicht sah eher in den Ukrainern einen Gegner als in Österreich. Auf diese Weise stagnierte das politische Leben in Galizien und erlaubte den Herrschaften in Wien einen ruhigen Schlaf.

Krakau hatte eine politische Sonderstellung als Republik erhalten, weil man sich auf dem Wiener Kongress nicht auf eine eindeutige Zuordnung hatte einigen können. Mit einem Territorium von 1200 km^2 und einer Bevölkerung von 88000, die bis 1827 auf 120000 anwuchs, war das Kunstprodukt jedoch auf Dauer nicht lebensfähig. Neben der Stadt Krakau gehörten weitere drei Städte und etwa 120 Dörfer zur Republik, deren Verfassung vom Fürsten Adam Czartoryski entworfen worden war. Die politische Vertretung baute sich in mehreren Stufen von unten auf und war wegen einer Mischung von Wahl und Delegation, in der das Wahlrecht durch Besitz, Bildung und Lebensalter weiter qualifiziert wurde, kaum demokratisch zu nennen. Während die Juden ausgeschlossen blieben, konnten reiche Bauern an Wahlen teilnehmen und die Politik indirekt mitbestimmen.

Der *Code Napoléon* galt weiter, und die Rechtssicherheit aller Bürger wurde beachtet. Die Oberaufsicht über die Republik übten indes die dort residierenden Vertreter der Teilungsmächte aus. Für die Bauern, die die große Masse der Bevölkerung stellten, erarbeitete eine Kommission eine Reform, in der alle Abgaben und Dienstpflichten in Pachtzahlungen umgewandelt wurden. Die ökonomische und rechtliche Befreiung der Bauern orientierte sich am preußischen Vorbild, das auf diese Weise über die Grenzen hinweg die einzige genuin polnische Bauerngesetzgebung im 19. Jahrhundert beeinflusste. Krakau war zu einer Freihandelszone erklärt worden, in die Güter aus den anderen Territorien zollfrei importiert werden konnten, während man für den Export Zoll zahlen musste. Dies brachte einen Niedergang der örtlichen Industrie, aber einen Aufschwung des Handels, besonders des

Schmuggels mit sich. Soziologisch war Krakau eine einzigartige Stadt, weil sie eine große Gruppe der Intelligenz beherbergte; Universitätsprofessoren, Anwälte, Vertreter des Handels und der freien Berufe bildeten eine Art Oligarchie. Ihr gegenüber standen die zahlreichen Studenten (in damaliger Sicht) als eine revolutionär gesinnte Unterschicht, die auch die Kleinbauern und Handwerker beeinflusste. Die Universität strahlte weit über die Grenzen der Stadt hinaus, indem sie Studenten aus den anderen Teilungsgebieten aufnahm und den Einheitsgedanken förderte. Dies war jedoch nicht im Sinne der Teilungsmächte, die daher 1821 die Autonomie der Universität aufhoben. Als 1826 der Russe Novosil'cev zum Kurator der Universität ernannt wurde, war dies ein böses Omen für den Fortbestand einer – obschon kontrollierten – Freiheit in einem Restland des alten Polen.

Das Königreich Polen unter der Herrschaft des Zaren war vom Umfang her etwas kleiner als das vormalige Herzogtum Warschau (120000 km^2), denn einige Gebiete waren unter preußische Herrschaft zurückgekehrt. Die Bevölkerung zählte 1815 etwa 3,3 Millionen und stieg bis 1827 auf über vier Millionen an, neben der überwältigenden Mehrheit der ethnischen Polen fanden sich darunter auch Juden (10%) und Deutsche (7,5%). Die beherrschende Stadt in dem agrarisch bestimmten Land mit 80% Bauern war Warschau, das als Hauptstadt von ihrer einzigartigen Position profitierte: 1827 zählte sie 120000 Einwohner, die nächstgrößere Stadt Lublin dagegen nur 13000.

Die Proklamation des Königreiches erfolgte am 20. Juli 1815; die endgültige Verfassung wurde vom Zaren erst am 27. November 1815 verkündet. Sie sah die Vereinigung mit dem Zarenreich vor, räumte dem Königreich aber eigene Grenzen, eine eigene Staatsbürgerschaft und eigene Institutionen ein. Bedenklich war jedoch, dass der Zar die Verfassung als Ausfluss seiner Gnade verstand und sie seinem

Eid zum Trotz nur als auf Zeit bindend ansah. Die Sprache der Verwaltung war polnisch, und nur Polen sollten darin Ämter übernehmen können. Die Außenpolitik fiel in die Kompetenz des Zaren; die besondere Stellung der katholischen Kirche wurde hervorgehoben und der Einsatz der Armee auf europäische Gebiete beschränkt, um ihre Verwendung im Kaukasus und in Mittelasien auszuschließen. Wie im Herzogtum Warschau standen fünf Minister an der Spitze von entsprechenden Kommissionen oder Ministerien und bildeten gemeinsam den »Verwaltungsrat«, die Regierung. In der Landbotenkammer des Sejm sollten die Vertreter des Adels und der wohlhabenden Stadtbürger zusammentreten; als zweite Kammer amtierte der Senat, dessen 53 Mitglieder der König aus dem Magnatenstand und aus der Zarenfamilie berufen konnte. Beide Kammern wirkten an der Gesetzgebung mit, wobei der Senat zusätzlich als oberstes Gericht fungierte. Der Sejm bildete Kommissionen, in denen die Abgeordneten mitreden durften, vorausgesetzt sie sprachen frei und ohne Manuskript.

Das Kollegialprinzip der Regierung fand seine Fortsetzung in den acht Provinzen, die je von einem Präsidenten geleitet wurden, den der König einsetzte. Die Städte bekamen 1816 Stadträte; die Landgemeinden wurden von ernannten Schulzen (*wójt*) geleitet. Die Verfassung hob auch die bürgerlichen Freiheiten hervor, also die Freiheit der Meinung, der Religion, den Schutz des Eigentums, die Gleichheit vor dem Gesetz, sowie den Schutz vor willkürlicher Verhaftung. Aber während in der Adelsrepublik die Habeas-corpus-Akte der Formulierung nach *neminem captivabimus* (»niemanden werden wir verhaften«) gelautet hatte, änderte dies der Zar in *neminem captivari permettimus* (»niemanden zu verhaften versprechen wir«). Ein Versprechen aber konnte er bei entsprechendem Anlass zurückziehen, und so wird deutlich, dass der Zar über der Verfassung stand. Die Zeitgenossen, denen diese Einschränkung der Rechtssicherheit nicht entgangen war, hofften auf ihre Verbesserung; der Zar hingegen war der Meinung, den Polen im Vergleich zu seinen russischen Untertanen schon übergenug an Privilegien gewährt zu haben. Außerdem war er auch nicht bereit, die 1772 gewonnenen ostpolnischen Gebiete dem Königreich anzugliedern. Misstrauen und Missverständnisse standen also am Anfang des neuen Königreiches Polen.

Der Zar Alexander I. war eine Persönlichkeit voller Widersprüche, die die Zeitgenossen fasziniert hat; zunächst war seine Neigung für die Polen unübersehbar, denn er kam jährlich einmal nach Warschau und ließ sich feiern, sodass die Russen argwöhnten, er ziehe ihnen die Polen vor. Die tatsächliche Kontrolle im Lande aber hatte er seinem jüngeren Bruder Konstantin übertragen, der in vielen Charakterzügen sein Gegenteil war: herrisch, sprunghaft und bei Gelegenheit grausam. Als Oberbefehlshaber einer Armee von 35000 Mann war seine Stellung de facto stärker als die des Statthalters, zu dem der Zar zum Ärger der Magnaten den alten General der Legionäre Józef Zajączek gemacht hatte; Fürst Adam Jerzy Czartoryski war dabei übergangen worden. Den russischen Einfluss verstärkte noch der Sonderbeauftragte des Zaren Nikolaj Novosil'cev, der als böser Geist im Hintergrund viel dazu beigetragen hat, dass sich das Verhältnis der Polen zum Zaren und zu den Russen überhaupt laufend verschlechterte. Dies war etwa im Bereich der Armee zu sehen, deren Hauptaufgabe die Parade und der Drill schien und in fast allem der polnischen Tradition widersprach.

Reibereien gab es auch unter den Polen selbst. Der Vorsitzende der Erziehungskommission, Stanisław Kostka Potocki (1755–1821) war ein Reformer und Freimaurer, der viel für die allgemeine Schulbildung erreichte; nach seinem Tode übernahm der reaktionäre Stanisław Grabowski (1780–1845) das Amt, mit der Folge, dass das Erziehungswesen in Verfall geriet. Auch im Justizministerium folgte auf einen liberalen Mann ein reaktionärer; nur im Finanzministerium war ein umgekehrter Vorgang zu verzeichnen, als 1821 Fürst Franciszek Ksawery Drucki-Lubecki das Amt antrat.

Die Wirtschaft im Königreich Polen war ein großes Sorgenkind. Gegenüber Polen und Österreich waren Schulden abzutragen, die Handelsbilanz war passiv, der Ackerbau wenig ertragreich. Die niedrigen Getreidepreise erschwerten die Modernisierung; Kredite waren rar und viele Güter hoch verschuldet. Die Bauern, von denen 30% auf die Stufe landloser Tagelöhner abgesunken waren, mussten über direkte und indirekte Steuern die Zeche bezahlen. Der Staat war mit 20% des anbaufähigen Landes und einem großen Anteil der Wälder der größte Grundbesitzer. Auf Kronland wurden auch die Anfänge einer Industrie geschaffen, als 1816 ein Direktorium für den Bergbau begründet wurde. Der Kohleabbau in Dąbrowa an der Grenze zu Oberschlesien wurde gefördert, und der Minister für Industrie und Handel Stanisław Staszic entwickelte bereits ein Sozialsystem für die Bergarbeiter. 1821 übernahm der neue Finanzminister Drucki-Lubecki die Verantwortung und legte Pläne für eine umfangreiche Reform der Wirtschaft vor, die zu diesem Zeitpunkt in einer Depression steckte. Gestützt auf den Zaren konnte er den Haushalt ausgleichen, indem er die Steuern erhöhte und neue Steuern auf Salz und Tabak einführte. Ferner konnte er 1822 eine eigene Zollpolitik für das Königreich einführen, die den Import billiger Waren erschwerte und damit die schwache heimische Industrie schützte. Im Stile des Merkantilismus, der für Polen neu war, gab der Staat Kredite für den Ausbau der Industrie, für die Landwirtschaft und den Straßenbau. Ein besonderes Beispiel für diese Industrieförderung war die Stadt Lodsch/Łódź. Noch 1821 war sie ein Dorf auf Kronland mit 800 Einwohnern, in neun Jahren wuchs sie auf 9000 Einwohner. Hier entstand eine Textilindustrie auf der Basis von Wolle und Baumwolle, die Stoffe für die Armee herstellte und auch ausländische Fachkräfte (etwa aus der Eifel) anlockte. Auch die Stadt Warschau machte große Fortschritte, indem sie zum Zentrum der Textilfabrikation, der Eisenverarbeitung und der Bildung aufstieg (Gründung der Universität Warschau 1816). Neue und verbesserte Straßen verbanden die Hauptstadt mit den Provinzen.

Selbst die Landwirtschaft erlebte in dieser Zeit einen Aufschwung. Die Gründung einer Landeskreditanstalt 1825 verschaffte den Gutsbesitzern die Mittel zur Abtragung der Schulden und zu Investitionen. Eine neue Schafrasse (Merino) steigerte den Ertrag an Wolle für die Tuchherstellung. Die Kartoffel verwies bald den traditionellen Getreideanbau auf den zweiten Platz und lieferte auf den kleinen Flächen der Bauern bessere Erträge. Wegen des Verbots der freien Destillation für die Bauern kamen die Erträge aus der Wodkaherstellung den Grundherren zu Gute. Die Einführung der Zuckerrübe zog 1826 die erste Zuckerraffinerie nach sich. Alle diese Maßnahmen bedeuteten den Anfang einer Industrialisierung, die zwar hinter jener anderer Länder zurücklag, für das Königreich aber einen beträchtlichen Fortschritt brachte. Dieser war jedoch durch eine hohe Steuerlast erkauft, was eine Polarisierung der öffentlichen Meinung zur Folge hatte, die wiederum den Fortschritt bremste.

Die politische Lage im Königreich war zu Beginn seiner Existenz durchaus positiv, was am Auftreten des Zaren bei der Eröffnung des ersten Sejm im Jahre 1818 abzulesen ist. Die Polen glaubten dem Zaren die guten Absichten, sie trauten ihm zu, die Verfassung und die polnische Eigenständigkeit zu achten. Der Zar war aber verärgert, wenn manche staatliche Maßnahme an der Verfassung gemessen und abgelehnt wurde. Unter der Hand bereitete sich allmählich eine Wende zum Konservativen vor, als Zajączek 1819 gegen die öffentliche Kritik die Pressezensur einführte. Die Kirche erhöhte ihren Einfluss in der Bildungspolitik, wo sie Freimaurer und Reformer bekämpfte. So war die Sejmsitzung von 1820 weniger ruhig, weil eine Oppositionsgruppe aus Kalisz auftrat und die Regierung kritisierte. Obwohl man den Zaren von der Kritik ausnahm, erlebte dieser zum ersten Mal das Spiel von Meinung und Gegenmeinung und missverstand dies als Angriff auf seine Person. Für die nächsten Jahre sollte kein neuer Sejm einberufen werden. Auch in der Familie hatte der Zar Alexander Probleme, denn sein Bruder Konstantin hatte eine nicht standesgemäße Polin geheiratet und dafür selbst auf das Recht der Thronfolge in Russland verzichtet, was aber der Öffentlichkeit nicht mitgeteilt wurde. Nach außen hin verstärkte sich seine Position sogar noch, weil er zum Oberkommandierenden der litauischen Armee ernannt wurde und nach dem Tode von Zajączek (1826) de facto zum Statthalter avancierte.

In einer Zeit ohne politische Parteien übernahmen oft geheime Gesellschaften diese Rolle. Die Freimaurer waren damals in Polen ebenso weit verbreitet wie im übrigen Europa. Auch unter Studenten und Offizieren existierten solche Geheimgesellschaften, die allgemeine humanitäre Ideen mit sozialen Reformvorstellungen und nationalliberalen Gedanken verbanden. Besonders an der Universität Wilna fanden diese Vorstellungen weite Verbreitung und Unterstützung im Lehrkörper. Der Zar war über diese Entwicklung überrascht und reagierte hart. Der Begründer einer »Nationalpatriotischen Gesellschaft« (1821), Major Walerian Łukasiński, wurde in der Festung Schlüsselburg eingesperrt und blieb dort bis zu seinem Tode (1868); in Wilna wurden nach einem Prozess (1824) zwanzig Personen, darunter der Historiker Joachim Lelewel und der Dichter Adam Mickiewicz, auf Zeit nach Russland verbannt. Trotz dieser Repressionen gegen die Geheimgesellschaften entstanden immer wieder neue, knüpften Verbindungen über die Teilungsgrenzen hinweg, etwa nach Breslau, und hielten so die Zukunftsvision einer Überwindung der Teilung aufrecht.

Der letzte Sejm, an dem Alexander im Jahre 1825 teilnahm, verlief in ruhiger Atmosphäre, weil Opponenten der Zugang versperrt war. Öffentliche Diskussionen waren verboten und oppositionelle Stimmen nicht mehr zu hören. Ob aus dieser Resignation heraus ein neues Verhältnis zum König hätte erwachsen können, bleibt offen, denn der Zar verstarb am 1. Dezember 1825 unerwartet in Taganrog.

Der neue Zar Nikolaus I. (1825–1855), der des Thronverzichts seines Bruders Konstantin wegen an die Regierung kam, war in erster Linie Soldat, der an Paraden und korrekten Uniformen Gefallen fand; Disziplin ging ihm über alles, und Schwankungen im Urteil waren dem fleißigen Aktenleser fremd. In seinem ersten Manifest erklärte er den Polen, dass er die Verfassung bewahren und die Politik seines Vorgängers fortsetzen wolle; allerdings machte er auch deutlich, dass er die alten Ostgebiete der Adelsrepublik als unveräußerlichen Teil des russischen Reiches ansah, weshalb er dort die Russifizierung verstärkte: Die litauische Armee erhielt russische Offiziere, die Universität Wilna wurde auf die russische Linie gebracht, das katholische Bistum in Łuck aufgelöst und Druck auf die unierte Kirche ausgeübt, in die Arme der Orthodoxie zurückzukehren.

Das erste Problem, mit dem der neue Zar konfrontiert wurde, war der Dekabristenaufstand am Tage der Vereidigung der Truppen in St. Petersburg. Obwohl in der Hauptstadt nur wenig passierte und nur in der Provinz militärische Zusammenstöße zu verzeichnen waren, erschütterte das Ereignis, an dem auch höchster russischer Adel beteiligt war, Nikolaus tief in seinem Selbstverständnis. Da Verbindungslinien nach Polen aufgezeigt werden konnten, sollten auch dort Verdächtige vor das höchste Gericht, den Senat, gestellt werden. Dieser musste nun darüber entscheiden, ob das Eintreten für die Wiederherstellung des alten polnischen Territoriums als Hochverrat zu werten sei. Dies lehnte der Senat ab und sprach nur milde Strafen wegen Geheimbündelei aus (1828). Nikolaus war empört, schloss sich aber nach einem Jahr dem Urteil an. Die Öffentlichkeit in Polen musste den Konflikt in der Weise verstehen, dass ein Eintreten für eine Wiedervereinigung vom Zaren eben nicht als Hochverrat angesehen werde, was die Tätigkeit der Geheimgesellschaften zu rechtfertigen schien. Spannungen zwischen Konstantin und Novosil'cev über die Sonderstellung der Polen, ökonomische Probleme mit Preisanstieg und Missernten sowie allgemeine Klagen über Verfassungsverstöße der Russen und der Regierung verstärkten die Unzufriedenheit im Königreich. Als Nikolaus 1830 zur Krönung nach Warschau kam, hörte er von allen Seiten Klagen über Willkür und Rechtsverletzungen. Auch im Sejm, den Nikolaus eröffnete, wurden Reformen in der Bauernfrage, in der Judenproblematik, die Abschaffung der Zensur und eine liberale Bildungspolitik gefordert. Durch ein Entgegenkommen hätte der Zar die Situation zu seinen Gunsten wenden können, aber ehe er die Konfrontation suchen konnte, enthoben ihn andere Ereignisse dieser Entscheidung.

In der Nacht des 29. November 1830 drang eine kleine Gruppe Zivilisten in den Belvedere-Palast, den Sitz des Statthalters Konstantin in Warschau, ein. Gleichzeitig zogen polnische Offiziersschüler durch die Straßen Warschaus, griffen russische Soldaten an und töteten einige polnische Offiziere, die sich ihnen nicht anschließen wollten. In der Stadt herrschte Aufregung und Ratlosigkeit, und Planlosigkeit bestimmte auch das Vorgehen der Aufständischen. Der Aufstand war keineswegs spontan ausgebrochen, aber er war schlecht vorbereitet, sodass wesentliche Teile der Planung misslangen: Konstantin konnte sich der Verhaftung entziehen und zog sich mit seinen Truppen aus der Stadt zurück. Die Aufständischen brachten nach geringfügigen Kämpfen die Stadt in ihre Gewalt.

Wie war es zu diesem Aufstand gekommen? Die allgemeine Atmosphäre in Europa war in diesem Jahr 1830 sowohl durch die Julirevolution in Paris, die die Bourbonen-Dynastie ein zweites Mal davonjagte, geprägt, als auch durch die Revolte der südlichen Landesteile der Vereinigten Niederlande (seit 1815) gegen den protestantischen Norden, die dann 1831 zur Gründung des Staates Belgien führen sollte; im Jahr zuvor (1829) hatten die Griechen im Frieden von Adrianopel/Edirne die Befreiung von der osmanischen Herrschaft erstritten. Konkret sind die Einflüsse dieser Ereignisse auf jene im Königreich schwer zu belegen, aber unzweifelhaft wirkten sie elektrisierend, zumal die Geheimgesellschaft der Carbonari, die in Italien für eine nationale Einheit eintrat, auch Verbindungen nach Polen hatte. Als Zar Nikolaus in Polen am 19. November Teile seiner Truppen mobilisierte, machte das Gerücht die Runde, diese Truppen sollten im Westen Europas zur Wiederherstellung der alten Ordnung eingesetzt werden. In dieser Situation schlugen einige Mitglieder von Geheimgesellschaften los, ohne über das weitere Vorgehen klare Vorstellungen zu besitzen. Man wollte den Großfürsten Konstantin töten, die russischen Truppen entwaffnen, die Waffen aus den Arsenalen verteilen und die Brücken sichern; der Sejm sollte dann die politische Führung übernehmen. Insgesamt gab es wohl eine Erregung in der Bevölkerung, aber keine nationale Aufbruchstimmung; es gab revolutionäre Führer, aber keine herausragende Persönlichkeit; es gab gewisse Vorstellungen über den Ablauf der Ereignisse, aber kein weitertragendes Programm. Aus einer solchen Summe von Halbheiten konnte nichts Neues entstehen.

Konstantin konnte sich nicht zu einem harten Einsatz seiner überlegenen Truppen entschließen, denn er war in den vielen Jahren in Warschau dem Charme der polnischen Kultur erlegen. Er übertrug die Verhandlungen Czartoryski und dem Finanzminister Drucki-Lubecki, und die Regierung verurteilte zunächst die »traurigen Ereignisse«. Mittlerweile hatte sich jedoch die Stimmung radikalisiert; ein »Patriotischer Club« war entstanden, der eine Umbildung der Regierung forderte, bald aber wieder in inneren Streitigkeiten zerfiel. Eine neue Wendung nahmen die Dinge, als sich Anfang Dezember der General Józef Chłopicki, der von der Regierung als Oberbefehlshaber eingesetzt worden war, in Anlehnung an den Kościuszko-Aufstand zum Diktator erklärte. Sein Programm war keineswegs revolutionär, denn er versprach die Wiederherstellung der Ruhe im Lande gegen die Abtretung der Ostgebiete und die Respektierung der Verfassung. Als Soldat wusste er, dass ein Kampf gegen Russland aussichtslos war und nur in Verhandlungen etwas gewonnen werden konnte. Nikolaus sah die Ereignisse jedoch aus der Perspektive des Soldaten und forderte die bedingungslose Unterwerfung und die Bestrafung der Aufrührer.

Eine Verschärfung trat ein, als der am 18. Dezember einberufene Sejm die Ereignisse als »nationalen Akt« bezeichnete und damit rechtfertigte. Chłopicki arbeitete zunächst mit dem »Nationalen Rat« zusammen, der vom Sejm unter Führung von Czartoryski an die Stelle der Regierung gesetzt worden war, resignierte jedoch angesichts der Planlosigkeit und der inneren Zerstrittenheit der Politiker am 18. Februar 1831. Endgültig eine Wendung zum Radikalen hatten die Dinge genommen, als ein Manifest des Generals Diebitsch Ende Januar in Warschau bekannt geworden war. Am 25. Januar erklärte der Sejm den König für abgesetzt und brach damit alle Brücken und Verhandlungsmöglichkeiten ab. Der Kampf war nun unvermeidlich geworden; zugleich erschien die Stellung der Polen im internationalen Maßstab geschwächt: Was zuvor ein lokales Ereignis gewesen war, galt jetzt als Versuch, das System des Wiener Kongresses zu zerbrechen, und forderte unweigerlich die Solidarität der anderen Teilungsmächte heraus.

Angesichts der Tragweite der Ereignisse war die Zerfahrenheit der polnischen Entscheidungsträger verantwortungslos. Der Sejm hatte eine Regierung von fünf Personen gewählt, die die Stimmung in der Bevölkerung repräsentierten: Zwei zählten zur aristokratischen Richtung, die Russland gegenüber neutral oder wohlwollend eingestellt war, zwei zur liberalen, die Rechtssicherheit einforderte, und als fünfter Vertreter galt der Historiker Lelewel zu Unrecht als Radikaler, weil er soziale Reformen befürwortete. Nur durch eine Verbesserung ihrer Lage wären die Bauern zu einer Teilnahme zu gewinnen gewesen, was den Aufstand zu einer nationalen Erhebung hätte werden lassen. Da der Adel und das Bürgertum dazu nicht bereit waren, blieben die Erfolgschancen gering. Das Heer von etwa 38000 Mann wurde zwar durch Rekrutierungen auf um 85000 verstärkt, es verfügte aber nur über wenig Waffen und Munition, die Ausbildung war schlecht, und mehrere Generäle wurden nacheinander ein- und wieder abgesetzt. Am gefährlichsten war die Passivität auf polnischer Seite, deren militärische Führung sich nicht entschließen konnte, den unvermeidlichen Kampf über die Grenzen zu tragen.

Der Kampf begann nach dem Vormarsch von General Diebitsch mit einem Heer von 115000 Mann, das nach einigen kleineren Gefechten am 25. Februar 1831 die Polen vor den Toren Warschaus in einer blutigen Schlacht besiegte. Wegen eigener hoher Verluste konnten die Russen Warschau jedoch nicht einnehmen. Ein Bauernaufstand in Litauen und Unruhen in der Ukraine kamen den Polen zu Hilfe, die nun in mehreren Gefechten bis in den Sommer hinein kleine Erfolge verbuchen konnten, den größten Verbündeten aber im Ausbruch der Cholera fanden, der neben dem Großfürsten Konstantin und dem General Diebitsch im Juni viele Soldaten zum Opfer fielen. Erst dem neuen General Ivan F. Paskevič gelang es schließlich, Warschau zu umgehen und von Westen her anzugreifen, sodass die Stadt, in der mittlerweile soziale Unruhen ausgebrochen waren, Anfang September 1831 fast kampflos kapitulierte. Die Masse der Soldaten floh auf preußisches Gebiet und wurde dort entwaffnet. Der Aufstand hatte trotz der hohen Opfer weder eine politische noch eine soziale Änderung gebracht; positiv kann nur vermerkt werden, dass die Anstrengungen des Kampfes und die nationalen Losungen die Entstehung eines modernen Nationalbewusstseins förderten. Von einer realistischen Einschätzung der politischen Möglichkeiten waren die Polen zwar noch weit entfernt, aber die Richtung stimmte und das Problem war erkannt.

Dem Zusammenbruch des Aufstandes folgte die »große Emigration« der Polen. Etwa 9000 Menschen – Minister, Abgeordnete, Offiziere, Soldaten und andere – zogen durch Deutschland, wo sie z. T. begeistert gefeiert wurden, nach Frankreich. Zwei Drittel der Emigranten waren adelig, ein Drittel Kleinbürger und Bauern. Paris wurde durch ihre Ankunft zu einem Zentrum der polnischen Kultur, der Meinungsfreiheit, der kulturellen Höchstleistung, aber auch der Übersteigerung von Forderungen, die nur in der künstlichen Atmosphäre des Exils gedeihen konnten. Weil dort, wo die Tat unmöglich ist, schon das Wort als Leistung erscheint, errang der Dichter mit seinen Versen voll Trauer, Heimweh und Empörung eine besondere Stellung; der Barde (*wieszcz*) mit politischer Neigung wurde zur Führungsfigur. Das Volk (*lud*) erschien als ein Objekt der Verehrung und Anbetung. Lelewels Vorstellungen von einer slavischen Urdemokratie bildeten den Hintergrund für eine Idealisierung der polnischen Bauern, denen die Privilegien des Adels geopfert werden müssten. Die Emigration galt als Pilgerfahrt, als Reinigung für die hehre Sache der Revolution, die als ein metaphysischer Auftrag verstanden und in religiösen Begriffen ausgelegt wurde. So hat der Dichter Adam Mickiewicz Polen gar zum Leib Christi stilisiert, dessen Opfer ganz Europa befreien werde. In Deutschland fand der Slogan »Für unsere und eure Freiheit« großen Widerhall; polnische Fahnen und die »Polenlieder« dominierten in studentischen Kreisen und auf dem Hambacher Fest 1832. Die Emigration wurde zu einem Gärkessel der verschiedenen sozialen und revolutionären Ideen, die in den Kaffeehäusern diskutiert wurden.

Das Exil repräsentierten zwei Hauptströmungen: Das konstitutionell-monarchische Lager des Adels vertrat Adam Jerzy Czartoryski, dem das Lager der republikanisch-revolutionären Linken gegenüberstand. Diese warf dem Adel vor, die Zusammenführung von nationaler und sozialer Revolution verhindert zu haben, denn ihrer Meinung nach hätte nur eine Befreiung der Bauern die polnische Nation entstehen lassen, die dann ihre Unabhängigkeit hätte erkämpfen können. Schon 1831 wurde ein Polnisches Nationalkomitee gegründet, von dem sich 1832 die »Demokratische Gesellschaft« abspaltete; sie sprach sogar von einer »Heiligen Allianz der Völker« als Gegenpol zur Heiligen Allianz der konservativen Regierungen. Der Befreiung der Nation von der Fremdherrschaft müsse die Schließung der Kluft innerhalb der Nation und die Abschaffung adeliger Privilegien vorausgehen, forderte 1836 das Manifest von Poitiers, das Polen eine Vorreiterrolle für die politische Freiheit in Europa zusprach. Während der intellektuelle Kopf dieser Richtung, Joachim Lelewel, aus Frankreich ausgewiesen wurde und seit 1833 in Brüssel in großer Armut lebte, versuchten seine Gesinnungsgenossen durch Partisanenaktionen von Krakau aus Unruhe zu stiften, was jedoch jedesmal tragisch endete. 1840 wurde in Versailles die »Centralizacja« gegründet, die derartige Widerstandsaktionen koordinieren sollte. Dort wurden zwei konkurrierende Konzepte erarbeitet: Henryk Kamieński (1813–1863) entwickelte die Idee des Partisanenkrieges und der Terrormaßnahmen; Ludwik

Mierosławski (1814–1878) sah die Guerillataktik nur als Anfang eines allgemeinen Volkskrieges, der gegen die Teilungsmächte ausgerufen werden sollte.

Ganz anders ging die Adelsgruppe, für die Czartoryski als Sprecher auftrat, an die Probleme heran. Er sah die Niederlage der Polen hauptsächlich in der internationalen Isolierung und in den Führungsstreitigkeiten der Polen begründet. Von seinem Wohnsitz, dem Hotel Lambert in Paris, versuchte er Russland auf diplomatischem Feld Paroli zu bieten, indem er sich anderen Regierungen als Ratgeber empfahl. Ein ganzes Netz von Agenten versorgte Czartoryski mit Informationen, die es ihm erlaubten, gewissermaßen als Ein-Mann-Großmacht die politischen Ziele Russlands auf dem Balkan zu durchkreuzen. Den großrussischen Aspirationen setzte er die Forderung der Gleichberechtigung der slavischen Völker entgegen, deren Rechte nicht durch deren Größe bestimmt sein sollten. Im Collège de France wurde der erste Lehrstuhl für slavische Literatur eingerichtet und mit dem Dichter Adam Mickiewicz besetzt, der das Heimweh und die adelige Grundstimmung 1834 in dem Nationalepos *Pan Tadeusz* verewigte. Czartoryski hatte das Konzept einer revolutionären Erhebung verworfen; 1833 verkündete er die Vereinigung von konstitutionellen, katholischen und nationalen Elementen in einem Programm, in dem die Gleichheit vor dem Gesetz, die religiöse und persönliche Freiheit, die freie Presse, die Bewahrung der Eigentumsrechte und die gerechte Landzuteilung an die Bauern gefordert wurden. Eine solche Politik, die in Polen später unter der Bezeichnung »organische Arbeit« aufgegriffen wurde, sollte die Nation entwickeln und auf einen möglichen Aufstand vorbereiten. Die »Demokratische Gesellschaft«, der er vorstand, suchte Kontakte zu den Eliten der Weißrussen, Litauer und Ukrainer und verstand sich als nationales Sammelbecken der Polen, ohne dass es ihr jedoch gelang, die Ansprüche der Revolutionäre einzuschmelzen.

Für das Königreich Polen waren die Folgen des Aufstandes gravierend. Der Zar Nikolaus hob die Verfassung von 1815 auf und schaffte den Sejm und die eigene polnische Armee ab. Viele einfache polnische Soldaten mussten in der russischen Armee einen 25-jährigen Dienst ableisten und im Kaukasus kämpfen. Noch härter traf es die Offiziere und den Adel; etwa 3000 Gutsherren, denen eine Beteiligung am Aufstand nachgewiesen werden konnte, verloren ihren Besitz, der meist an russische Offiziere vergeben wurde. 1832 setzte der Zar das »Organische Statut« als neues Verfassungsgesetz ein, das aber bald missachtet wurde. Von 1833 bis 1856 herrschte der Ausnahmezustand. Der siegreiche Feldherr Paskevič war als »Fürst von Warschau« zum Vizekönig ernannt worden; er leitete den Staatsrat, bis 1841 diese Funktion an den russischen Senat abgetreten wurde. Die Regierung, der »Verwaltungsrat«, bestand noch aus drei Ministern, die dem Ministerium des Innern mit der Kompetenz für Religion und Kultur, dem Justizministerium und dem Ministerium für Finanzen vorstanden. Schwere Eingriffe waren auch im Erziehungswesen zu verzeichnen; die Universitäten in Warschau und Wilna wurden geschlossen, die »Gesellschaft der Freunde der Wissenschaft« verboten, Büchereien und Kunstsammlungen nach Russland verschleppt. Zahlreiche höhere Schulen wurden aufgehoben und insbesondere der Zugang von Kindern Nichtadeliger, deren Gesinnung man grundsätzlich misstraute, zu höherer Bildung erschwert. 1839 übertrug der Zar das ganze Bildungswesen dem russischen Erziehungsministerium. Der zunehmende russische Druck betraf auch die katholische Kirche, deren Rechte beschnitten wurden – so verlor der Erzbischof von Warschau den Titel eines Primas –, während die orthodoxe Kirche bevorzugt wurde.

Die Eingliederung der polnischen Gebiete in das russische System zeigte sich auch in der Umgestaltung auf der Ebene der Landesverwaltung. Aus den alten Wojewodschaften wurden zunächst zehn Gouvernements, dann fünf gebildet. Die polnische Sprache blieb in der Verwaltung zwar in Geltung, aber der Zustrom von Russen in die höheren Stellen und die Einführung des russischen Strafrechts im Jahre 1847 verstärkten den Russifizierungseffekt. Nikolaus machte durch den Bau der Zitadelle in Warschau und weiterer Festungen im Lande deutlich, dass er in Zukunft keine polnische Sonderstellung dulden würde. Alle Reformversuche waren zum Stillstand gekommen. Der Einfluss von außen wurde eingeschränkt, Geheimgesellschaften und Studentenverbindungen zerschlagen. Dagegen wurde nun die »organische Arbeit« gepriesen, d. h. der langsame Prozess eines ökonomischen und sozialen Fortschritts im Lande, um die Gesellschaft des Königreichs Polen zu stabilisieren.

In der Wirtschaft verstärkte der Staat seinen Einfluss in jeder Hinsicht. Einschneidend war die Errichtung einer Zollgrenze zwischen Kongresspolen und Russland im Jahre 1831, weil diese die Ausfuhr von Textilien stark behinderte. Die Abschaffung der polnischen Armee hatte der Industrie den größten Abnehmer genommen. So verlagerten manche Betriebe ihren Sitz nach Białystok, um weiterhin für die russische Armee produzieren zu können, was der ostpolnischen Stadt einen Aufschwung bescherte. Dagegen konnte sich in der Stadt Lodsch die Baumwollverarbeitung halten, weil der Einsatz neuer Maschinen die Kosten reduzierte. Die Stadt wuchs bis 1841 auf 20000 Einwohner. Eine Konzentration fand auch in der Schwerindustrie statt, wo der Staat die Kohleförderung ausbaute und die private Eisenverarbeitung in einer »Bankenhütte« (*Huta Bankowa*), eine der größten Eisenhütten Europas, zusammenfasste, die aber bald wegen Überdimensionierung in eine Krise geriet. 1845 wurde die erste Eisenbahn zwischen Warschau und Wien, zunächst als Privatinvestition eröffnet, die später dann der Staat übernahm.

In der Landwirtschaft ging der langsame Aufschwung weiter, indem verbesserte Anbaumethoden und die Einführung der Fruchtfolge anstelle der Dreifelderwirtschaft größere Erträge brachten. Allerdings stellte der Status der Bauern das Haupthindernis für eine nachhaltige Verbesserung der Landwirtschaft dar. Die Fronwirtschaft wurde allmählich durch das Pachtsystem abgelöst, zuerst auf Kronland, dann auch auf dem Land polnischer Magnaten. Wenn ein Bauer aber mit der Pacht in Verzug geriet, musste er mit dem Verlust des Landes rechnen; dieser Prozess vergrößerte den Anteil des Domänenlandes und beschleunigte die Modernisierung, vermehrte aber zugleich das Heer der landlosen Bauern.

Ungleich härter griffen die Behörden in den westrussischen Gouvernements durch, wo die Amnestie nicht galt und die Teilnehmer am Aufstand streng bestraft wurden. 1840 hob der Zar das Litauische Statut auf, das noch Reste der ehemaligen Selbstverwaltung der Städte und der gewählten Funktionsträger enthalten hatte. Posten in der Verwaltung und im Justizwesen blieben nun Russen vorbehalten, wodurch die polnische Sprache zurückgedrängt wurde. Die Bezeichnung des Gebietes als Litauen-Weißrussland wurde durch die Formulierung »Nordwestland« (*severo-zapadnyj kraj*) ersetzt. Polnische Kulturzentren und die unierte Kirche gerieten in die Schusslinie, denn die Universität Wilna wurde ebenso wie viele Schulen geschlossen, und der unierte Metropolit Semašo musste sich 1839 der Jurisdiktion der Moskauer Kirche unterstellen. Aufstände der Bauern gegen diese Russifizierungsmaßnahmen unterdrückte die Armee blutig. Überhaupt waren die Bauern kein Objekt besonderer Fürsorge. Die Regierung wagte es nicht, die nichtpolnischen Bauern gegen die polnischen Grundherren aufzuwiegeln, weil sie nicht wissen konnte, wo ein Aufruhr dann enden würde. Wie sehr die Lage der Bauern jener der rechtlosen Leibeigenen auf Gutsherrenland in Russland glich, machte das Gesetz von

1841 deutlich, das zwar den Verkauf von Bauern ohne Land verbot, aber wenig Beachtung fand.

Konsequenter ging die russische Administration gegen den Adel in den westrussischen Gebieten vor. Gutsherren, denen eine Beteiligung am Aufstand nachgewiesen werden konnte, wurden enteignet. 1836 erging ein Gesetz, das die Anerkennung des Adelsstatus an einen Nachweis band. Viele Kleinadelige, die die stärkste Bindung an Polen besaßen, wurden aus dem Adelsregister ausgesondert und zu Bauern degradiert. Über 50000 wurden zwischen 1832 und 1849 ins Innere Russlands umgesiedelt. Trotz aller Maßnahmen blieb aber ein konspiratives Netz und die Verbindungen mit Polen in Litauen erhalten.

Eine Verschlechterung ihrer Lage verzeichneten auch die Juden. Während die wohlhabenden Juden einer langsamen Assimilierung und Russifizierung unterlagen, bewahrten die ärmeren Schichten ihre alte Lebensweise. In den kleinen Städten wurden sie in besondere Stadtteile gezwungen, wo ihre wirtschaftlichen Möglichkeiten und ihre Mobilität eingeschränkt waren. Nur wenigen erlaubten die Behörden eine Niederlassung in den großen russischen Städten außerhalb des Ansiedlungsrayons. Langfristig bewirkte diese Politik, dass sich die Bindung der Juden an ihre Glaubensgenossen in Polen lockerte.

Der Aufstand hatte auch Rückwirkungen auf die anderen Teilungsgebiete. In Galizien wurde die Apathie im Lande für einige Zeit unterbrochen. Tausende von Freiwilligen hatten gegen die Russen gekämpft, zahlreiche Flüchtlinge aus dem Königreich siedelten sich im österreichischen Teilungsgebiet an. Dieser Zufluss an neuen Menschen bewirkte einen Aufschwung der patriotischen Ideen und zugleich eine Zunahme konspirativer Verbindungen im Lande und über die Landesgrenzen hinaus. Zwischen 1831 und 1835 stieg die Zahl geheimer Gesellschaften enorm an. Allerdings waren solche Aktivitäten vor dem Hintergrund wachsender

Spannungen zwischen Bauern und Grundherren zu sehen. Die Landwirtschaft stagnierte in ihrer Produktion und verharrte in alten Methoden. Die Aufteilung von Bauernland unter mehrere Erben schuf eine Vielzahl von Kümmerbetrieben, auf denen man zwar Unzufriedenheit äußerte, aber keinen Ausweg fand. Galizien blieb auf diese Weise ein rückständiges Land: Obwohl seine Bevölkerung 30% des nichtungarischen Teils der Habsburger Monarchie ausmachte, fanden sich dort nur 10% der Industrie.

Der Unterschied zwischen den unierten und den katholischen Gläubigen gewann allmählich eine zusätzliche Dimension, denn er verquickte sich mit der sozialen und der nationalen Frage. Der arme ukrainische Bauer unierter Konfession stand gegen den polnischen und katholischen Gutsherrn. Wenn dies für die Bauern zunächst noch nicht entscheidend war, so wurde es für die aufstrebende ukrainische Intelligenz immer wichtiger. Die ukrainischen Seminarzöglinge waren sich mit den polnischen zwar in der Ablehnung der österreichischen Herrschaft einig und benutzten das gleiche konspirative Gehabe, ihre Ziele richteten sich aber gegeneinander. Als die Behörden 1840 einige oppositionelle Organisationen aushoben und die Anführer verhafteten, war die Welle aktivistischer Konspiration gebrochen.

Auch die Republik Krakau war in das Umfeld des Novemberaufstandes geraten. Von hier waren Freiwillige gekommen, und hierhin flüchteten viele der geschlagenen Truppe. Wegen der konspirativen Elemente war 1832 die Republik besetzt worden, und 1833 beschlossen die Teilungsmächte, die Souveränität der Republik aufzuheben, sollte sich der Senat zur Führung der Geschäfte als unfähig erweisen. Unter Ausnutzung eines Vorwandes besetzten österreichische Truppen das Gebiet 1836 erneut, lösten die Miliz auf und führten die Zensur ein. Ökonomisch war von Vorteil, dass 1844 der Bau der Eisenbahnlinie nach Schlesien in Angriff genommen wurde.

Das preußische Teilungsgebiet war durch den Aufstand ebenfalls berührt worden, und die russischen Repressionen waren Anlass dafür, die preußische Herrschaft deutlicher zu machen. Viele Freiwillige, die sich an den Kämpfen beteiligt hatten, wurden zu hohen Geldstrafen verurteilt. Der König schaffte das Amt des Statthalters ab, und der Landadel verlor das Recht, die Landräte aus den eigenen Reihen zu wählen. Unter dem neuen Oberpräsidenten Eduard von Flottwell wurde Deutsch zur offiziellen Sprache der Provinz. Ziel der Politik wurde nunmehr eine Aushöhlung der Sonderstellung Posens, um es den anderen Provinzen Preußens anzugleichen. Die »Ära Flottwell« (1830–1840) gilt daher in polnischer Sicht als eine Zeit unbeugsamer Germanisierung und einer antipolnischen illiberalen Politik.

Zu diesem Zeitpunkt hatte Preußen unzweifelhaft Erfolge in wirtschaftlicher und administrativer Hinsicht zu verzeichnen. Um 1840 war Posen schon zur Hälfte eine deutsche Stadt; zwei Drittel des Handels, des Handwerks und des Bodens lagen in den Händen von Deutschen oder Juden, die den Deutschen zugerechnet wurden. Diesem Abstieg in die Zweitrangigkeit setzten die Polen ihr Konzept der »organischen Arbeit« (*praca organiczna*) entgegen, das über eine Hebung von Wohlstand und Bildung dem polnischen Element eine Besserstellung erstreiten sollte. Zwar bedienten sich beide Seiten gleicher Methoden der gesellschaftlichen Organisation, die Ziele waren aber eineinander entgegengesetzt. Die Möglichkeit, die Mittel des Rechtsstaates gegen eine Benachteiligung der Polen einzusetzen, verstärkte sich 1840 mit der Thronbesteigung des Königs Friedrich Wilhelm IV. Die preußische Politik geriet in eine Zwickmühle: Was immer der preußische Staat auch tat, um die Lage der Polen zu verbessern, so machte er sie nicht zufriedener, sondern reichte ihnen die Waffen, die deutsche Herrschaft umso entschiedener und effektiver zu bekämpfen. Die Polen besaßen einen erheblichen Spielraum zur Selbstgestaltung ihrer Teilgesellschaft, die insbesondere durch eine Hebung der landwirtschaftlichen Produktivität ökonomisch erstarkte. Als nach dem Ausscheiden Flottwells in der Sprachpolitik gewisse Zugeständnisse gemacht wurden, gründete der Arzt Dr. Karol Marcinkowski (1800–1846) eine »Gesellschaft zur wissenschaftlichen Hilfe« (*Towarzystwo Naukowej Pomocy*, 1841), die armen polnischen Studenten Stipendien gewährte. Im Posener *Bazar* entstand ein Zentrum für den polnischen Handel, ein Hotel und ein Treffpunkt für die polnische Mittelklasse, um den Deutschen etwas Gleichwertiges entgegenzusetzen. Keinen Erfolg hatte er dagegen mit dem Versuch, ein polnisches Nationaltheater oder eine Landwirtschaftsschule zu gründen. Der Konflikt mit der katholischen Kirche verstärkte sich, als der Erzbischof Dunin-Sulgustowski 1837 die Erziehung von Kindern aus konfessionell gemischten Ehen gemäß der katholischen Lehre forderte. Ein Prozess und die Amtsenthebung waren die Antwort der preußischen Behörden, und als er sich an Auflagen nicht hielt, wurde der Erzbischof sogar für zehn Monate in Haft genommen, ehe er 1840 wieder in Amt und Würden zurückkehren konnte. Die enge Verbindung von Polentum und Katholizismus wurde dadurch betont. Eine vergleichsweise freie polnische Presse, ein anspruchsvolles intellektuelles Leben und auch die Rückkehr von Emigranten, die gleichwohl ihre Verbindungen mit Paris aufrechterhielten, ließen das Großherzogtum Posen allmählich zum führenden Teil Polens werden, das damit an die Stelle des Königreichs Polen vor dem Novemberaufstand trat.

Unruhige Jahre zwischen Hoffen und Revolutionen (1846–1863)

1846	Aufstand in Krakau; Krakauer Manifest
1848	Revolution in Österreich und Preußen; Befreiung der Bauern in Galizien
1854–1856	Krimkrieg
1855–1881	Zar Alexander II.
1863	Januaraufstand

In der Mitte der vierziger Jahre wuchs die revolutionäre Stimmung wieder an. Die Emigrantenorganisation »Centralizacja« hatte seit 1840 ein dichtes Agentennetz geknüpft, und einige Emigranten waren unerkannt in den Teilungsgebieten umhergereist und hatten konkrete Erfahrungen gesammelt. In Warschau und Posen waren Komitees der »Demokratischen Gesellschaft« entstanden, die sich keineswegs am Gängelband der Emigration fühlten. In Posen gründete der Buchhändler Walenty Stefański einen »Plebeischen Bund« (*Związek plebejuszy*), der schon im Namen die Beteiligung der unteren Volksschichten hervorhob; er wirkte auch nach Pommern und Westpreußen hinein, wo die deutsche Bevölkerung in der Mehrheit war. Die Radikalisierung der Stimmung kommt am besten in der Schrift *Demokratischer Katechismus* von Henryk Kamieński zum Ausdruck, die unter Pseudonym im Westen veröffentlicht worden war. Die Verbindung der sozialen Auseinandersetzung auf dem Lande mit dem nationalen Befreiungskampf erregte aber das Misstrauen der besitzenden Adeligen, für die der Dichter Zygmunt Krasiński eintrat. Ihm widersprach der andere große Dichter der Emigration, Juliusz Słowacki (1809–1848), der die Hauptkraft der Nation im Volk (*lud*) und nicht im Adel sah.

Im Frühjahr 1845 beschloss das Posener Zentralkomitee die Vorbereitung eines Aufstandes, weil es befürchtete, dass die Reformen in den Teilungsgebieten den nationalen Gedanken verdrängen könnten. In Posen und Galizien wollte man die schwachen Garnisonen überfallen, im russischen Teilungsgebiet einen Aufstand entfachen und dann zu einem allgemeinen Krieg übergehen, in dem die befreiten Bauern die Hauptlast zu tragen hätten. Im Januar 1846 wurde in Krakau die Bildung einer Nationalen Regierung beschlossen, an deren Spitze der Philosoph Karol Libelt (1807–1875) treten sollte. Zu einer Ausführung der Pläne, die mit der Emigration abgestimmt waren, kam es jedoch nicht, weil die preußische Polizei informiert worden war und die Führer verhaftete. Während eine österreichische Einheit die Stadt Krakau besetzte, machte der preußische Staat den Aufrührern in Berlin den Prozess. Die dabei ausgesprochenen acht Todesurteile wurden jedoch nicht vollstreckt.

In Krakau waren die Aufständischen vorübergehend erfolgreicher, nachdem sie die österreichischen Beamten verjagt hatten. Eine polnische Nationalregierung fand die Unterstützung der unteren Schichten, des Bürgertums und der Emigration, denn selbst Czartoryski stellte sich in ihren Dienst. Das Krakauer Manifest vom 22. Februar 1846 versprach den Bauern die Befreiung und Land, den Armen soziale Hilfe und den Juden die volle Gleichberechtigung. Eine kleine Truppe wurde aufgestellt und die Bauern zum Aufruhr ermutigt. Hierin traf man sich mit den österreichischen Plänen, aber mit entgegengesetzten Zielen, weil die österreichischen Beamten die ukrainischen Bauern gegen ihre polnischen Gutsherren aufstachelten. So gerieten die Krakauer Auständischen zwischen die Stühle: Ihre Truppe wurde von den Österreichern geschlagen und die Flüchtigen anschließend von den galizischen Bauern verfolgt. Während österreichische und russische Truppen Krakau besetzten, das im November 1846 Österreich zugewiesen wurde, weiteten sich die Unruhen in Westgalizien rasch zu einem Flächenbrand aus. Im Bereich Tarnów wurden 90% der Gutshäuser zerstört und etwa 2000 Personen ermordet. Schließlich unterdrückten österreichische Truppen den Aufruhr. Während die Bauern bestraft und in die alte Abhängigkeit zurückgezwungen wurden, erhielt einer der Anführer, Jakub Szela, eine Medaille und einen Bauernhof in der Bukowina. Wien hatte auf eine geschickte – oder perfide – Weise die soziale Unzufriedenheit und den Hass der ukrainischen Bauern auf die polnischen Gutsbesitzer ausgenützt, um der nationalen Erhebung der Adeligen und des Bürgertums in den Rücken zu fallen. Diese Politik des *divide et impera* hatte zur Folge, dass der Einfluss der Emigration zurückging und bei den Ukrainern in Galizien die ersten Anzeichen eines eigenen Nationalbewusstseins sichtbar wurden. Für die Entstehung der modernen polnischen Nation war das Krakauer Manifest von besonderer Bedeutung, da in ihm erstmals die nationale und die soziale Frage zusammengeführt und öffentlich verkündet worden waren.

Die Unruhen des Revolutionsjahres 1848 erfassten auch Preußen und Österreich. In Berlin wurden zu Beginn der revolutionären Ereignisse am 20. März die Gefangenen der Polen-Prozesse befreit; gleichzeitig bildete sich in Posen ein polnisches Nationalkomitee, das eine Autonomie der Provinz und die Aufstellung polnischer bewaffneter Verbände forderte. Der König versprach in einer Kabinettsorder eine Reorganisation der Provinz, die durch eine gemischte polnisch-deutsche Kommission vorbereitet werden sollte. Dabei zeigte sich rasch, dass die Ansprüche beider Seiten nicht miteinander vereinbar waren. Die Polen drängten auf die Einrichtung polnischer Institutionen, die Deutschen dagegen auf eine Trennung der Provinz, um nicht der polnischen Mehrheit unterworfen zu werden. Über die Fragen, ob aus Posen Abgeordnete zum Frankfurter Parlament entsandt werden sollten und ob Posen dem Deutschen Bund angeschlossen werden dürfe, kam es zu einer Verschärfung der Situation und zu Kampfhandlungen, die von der preußischen Armee blutig niedergeschlagen wurden. Wie sehr die preußisch-polnische Problematik zu einem deutsch-polnischen Antagonismus herangewachsen war, zeigte sich in der Debatte in der Paulskirche vom 23. bis 25. Juli 1848, als der Abgeordnete Wilhelm Jordan einen Katalog antipolnischer Stereotypen vortrug und mit dem »Recht des Stärkeren« die Provinz für Deutschland forderte. Auch im preußischen Landtag hatte sich die Stimmung verschlechtert, wo der junge Abgeordnete Otto von Bismarck vor einer Nachgiebigkeit gegenüber den Polen gewarnt hatte, weil eine Wiederherstellung Polens »Preußens beste Sehnen« durchschneiden würde. Unter solchen Äußerungen des beginnenden Nationalitätenkampfes unterblieb jede Reorganisation. Die preußische Verfassung vom 8. November 1849 sah keine Sonderrechte für Posen mehr vor, das nunmehr als preußische Provinz regiert wurde. Die deutsche Sprache wurde alleinige Gerichtssprache (1852) und verdrängte die polnische Sprache aus den weiterführenden Schulen, in denen seit 1854 nur die Anfangsklassen und das Fach Religion in Polnisch unterrichtet werden durften.

In Wien war am 13. März 1848 das System Metternich hinweggefegt worden (die freiheitlichen Bestrebungen der vorangegangenen Jahre haben daher die Bezeichnung »Vormärz« erhalten). Die Polen in Galizien wurden durch diese Ereignisse nur indirekt berührt, da die Unruhen von 1846 und die Folgen noch in frischer Erinnerung waren. Auf dem Slavenkongress in Prag, der am 2. Juni 1848 unter dem Vorsitz von František Palacký zusammentrat, waren zwar auch Polen vertreten, wollten aber wegen ihrer Erfahrung mit Russland nicht in den Chor begeisterter Slavenfreunde einstimmen. Die Militäraktion des Fürsten Windischgrätz sprengte dann am 16. Juni den Kongress.

Komplizierter war die Lage in Galizien, wo Czartoryski hoffte, die Situation zu einer Zusammenarbeit polnischer Patrioten mit Österreich gegen Russland ausnützen zu können. In Lemberg wurde am 18. März eine Petition an den Kaiser verfasst, die eine gewisse polnische Eigenständigkeit forderte und die in kurzer Zeit 12000 Menschen (Polen, Ukrainer und Juden) unterschrieben. Der Gouverneur Graf Stadion griff auf eigene Verantwortung einen Teil der Forderungen auf, um die revolutionäre Welle zu steuern: Er hob die Zensur auf, entließ politische Gefangene aus den Gefängnissen und billigte die Aufstellung einer Nationalgarde. Auch in Wien schien die Stimmung für Polen günstig, denn selbst der Kaiser hatte sich gegen die Teilung Polens ausgesprochen. Aber St. Petersburg signalisierte rasch, dass der Zar eine Freigabe Galiziens als eine Herausforderung Russlands ansähe. War die große Lösung des polnischen Problems also unmöglich, so erhielten wenigstens die Bauern durch ein Dekret vom 22. April mit der Aufhebung der Herrendienste eine Erleichterung: Graf Stadion war einer Aktion der Emigranten zuvorgekommen, die die Gutsbesitzer selbst zu einer Reform hatten bewegen wollen, um die Kluft zwischen Adel und Bauern zu schließen. Weitere Aktionen der Emigranten in Krakau beendete eine Beschießung der Stadt, und die Behörden reglementierten in der Folge den Aufenthalt von Emigranten.

In Lemberg unterstützte Graf Stadion die ukrainischen Bauern gegen den polnischen Adel, der bisher für die ganze Provinz allein gesprochen hatte. Anfang Mai trat in der unierten St.-Georgs-Kathedrale in Lemberg unter Leitung des Bischofs Hryhorij Jačymovyč (1792–1863) ein Ruthenischer Rat zusammen, um gegen den starken polnischen Einfluss zu protestieren; nach dem Versammlungsort wurden sie bald *svetojurcy* genannt. Die Polen waren über diese Schachzüge des Gouverneurs empört und beschuldigten ihn, die »ruthenische Frage« erfunden zu haben;

für eigene nationale Wünsche der Ukrainer, die sich bisher nur über die Religion und ein lokales Bewusstsein definiert hatten, besaßen die meisten Polen kein Verständnis.

Die Spaltung des Landes in ukrainische Bauern und polnischen Adel spiegelte sich auch in der Wahl der Abgeordneten für den Reichsrat wider, der am 10. Juli in Wien zusammentrat, um über eine Verfassung für die Monarchie zu beraten. Zum ersten Mal betraten polnische und ukrainische Bauern die parlamentarische Bühne, um sich dort als getreue Gefolgsleute der Regierung zu erweisen, während der polnische Adel und die Intelligenz gegen die Regierung auftraten. So blieben die Vertreter Galiziens auch an der sozialen Linie gespalten, wie bereits an der nationalen und religiösen.

Eine Verschärfung der Situation trat im Oktober 1848 ein, als sich die Ungarn für die Bewahrung adeliger Freiheiten erhoben. Die Polen erklärten sich in diesem Konflikt zwar neutral, aber zahlreiche polnische Emigranten, mit dem General Bem an der Spitze, unterstützten die Ungarn. Gegen ein mögliches Übergreifen des Aufstandes nach Galizien schritten die österreichischen Behörden ein und ließen im November 1848 Lemberg beschießen und zur Kapitulation zwingen. Im ganzen Lande wurde die österreichische Verwaltung wieder eingeführt und die Gesellschaft erneut fest kontrolliert. Auch der Reichsrat, mittlerweile nach Kremsier verlegt, verlor an Bedeutung und konnte eben keine eigene Verfassung erreichen.

Während also die Polen in Preußen und in Galizien in den jeweiligen Teilungsmächten Verbündete gegen Russland suchten und darin erfolglos blieben, waren sie außerhalb Polens als »Sturmvögel der Revolution« in fast jedem revolutionären Ereignis zu finden. Polnische Soldaten fochten in Italien, in Deutschland und in Ungarn. Durch Hilfe für andere unterdrückte Nationen hoffte Czartoryski Unterstützung für die polnische Sache zu finden. Aber selbst die Ungarn, deren Truppen General Bem befehligte, waren in ihren Äußerungen zu Polen vorsichtig, um nicht den Zorn des Zarenreiches auf sich zu ziehen. Ohnehin verfolgte man dort misstrauisch die Aktivitäten der Emigranten und deckte eine Reihe von konspirativen Beziehungen auf, die aber wegen des raschen Zugriffs der Polizei zu keiner Aktion heranreifen konnten.

Überschaut man die Ereignisse des Jahres 1848 insgesamt, so kann man vier bemerkenswerte Erscheinungen feststellen. Zum Ersten blieb zwar der Gedanke der nationalen Einheit lebendig, aber die Träume der Emigration wurden in den Teilungsgebieten selbst nüchterner und realistischer eingeschätzt, sodass die Loyalität zu der jeweiligen Teilungsmacht Vorrang erhielt. *Die* polnische Frage wurde zu *den* polnischen Fragen, weil das Arrangement und die Tagesinteressen wichtiger als das Streben nach nationaler Einheit wurden. Neu war zweitens das Nachdenken darüber, wie ein neues Polen eigentlich aussehen sollte. Neben der Forderung nach einer Rückkehr zu den Grenzen von 1772 gab es weitergehende Überlegungen, wie dies im Manifest der Demokratischen Gesellschaft zum Ausdruck gekommen war. Dies musste die polnischen Ansprüche aber in Gegensatz zu den nationalen Ambitionen der anderen Völker im Osten Europas bringen. Während konservative Kräfte auf eine Föderation setzten und verschiedensprachige Bevölkerung durch lokale Institutionen und einen schwachen Staat organisieren wollten, verfolgten die Linken die Idee eines zentralistischen polnischen Staates, dem die Freiheit der anderen unterzuordnen sei. Waren die Polen im Zusammenprall konkurrierender Ansprüche im Westen den Deutschen unterlegen, so hofften sie, im Osten die stärkere Macht zu besitzen. Noch bei der Staatsgründung 1918 sollte sich dieses Konzept als eine schwere Last erweisen. Eine dritte Erfahrung war auch, dass ein Nationalismus bei jenen Polen spürbar wurde, die außerhalb der Grenzen von 1772 gelebt hatten. In Pommern, in Masuren und in Schlesien machten ansässige Polen deutlich, dass das Konzept des Sprachnationalismus über die Grenzen der alten Adelsrepublik hinausging. Nahmen die Polen aber diesen Gedanken auf, dann stellte sich mit aller Schärfe die Frage, wie sie es im Osten mit Ukrainern, Weißrussen und Litauern halten wollten. Staatskonzeption und Volkstumsverständnis traten als konkurrierende Faktoren auf, die jeweils eine Ausweitung oder einen Verzicht zur Folge haben mussten, je nachdem, welche Vorstellung obsiegte. Die gesamte Problematik ging dem polnischen Vertreter auf dem Slavenkongress, Karol Libelt, am deutlichsten auf, und er zog daraus die Konsequenz, dass Polen nur als eine Föderation von Ländern wiedererstehen könne, in denen auch die verschiedenen anderen Völker ihre Heimat finden müssten. Die vierte Erfahrung betraf den sozialen Bereich, dass nämlich die Emanzipation der Bauern in Posen diese in den Rahmen der Nation eingefügt hatte. Eine Bauernrevolte war ausgeblieben, und der Weg der inneren Nationswerdung war auch für die anderen Teilungsgebiete vorgezeichnet. Die Befreiung der galizischen Bauern im April 1848 war die einzige bleibende Errungenschaft dieses Jahres. Nur die Bauern im Königreich und im Zarenreich Russland mussten noch in der Leibeigenschaft verharren, was angesichts der neuen Freiheit jenseits der Grenzen ein erhebliches Potential an sozialem Sprengstoff darstellte.

Polen als Ganzes lebte in der Kultur fort. Das Ende der Adelsrepublik hatte den Königshof als Zentrum kultureller Betätigung beseitigt, und die Magnaten waren auf ihre Güter gezogen. Führend war geraume Zeit der Sitz der Fürstin Izabella Czartoryska (1746–1835) in Puławy; sie regte durch ihr Vorbild an, dass auch andere Magnaten Zeugnisse polnischer Kultur zu sammeln begannen. In Warschau war während der preußischen Herrschaft die »Gesellschaft der Wissenschaftsfreunde« (*Towarzystwo Przyjaciół Nauk*) gegründet worden, in der sich berühmte

Männer der Literatur, der Kunst und der Wissenschaft getroffen hatten. Hier wurde auch das Bürgertum allmählich in die Kulturtätigkeit einbezogen. Unter der langjährigen Leitung des Sozialphilosophen Stanisław Staszic (1755–1826) etablierte sich die Gesellschaft als führende Gruppe des polnischen Geistes, die über Warschau hinaus ausstrahlte und eine Fülle von Werken herausgab. Dem Interesse an der Sprache folgend, die über die Teilungsgrenzen hinweg auch eine politische Dimension besaß, entstand das erste monumentale Wörterbuch der polnischen Sprache, 1806–1814 von Samuel Bogumil Linde (1771–1847) herausgegeben, durch das die moderne wissenschaftliche Terminologie des Polnischen in den verschiedenen Disziplinen entwickelt wurde. Die Höhepunkte der polnischen Geschichte beschrieb Julian Ursyn Niemcewicz (1757–1841) in Versen, die vertont wurden und 1816 als »Historische Lieder« (*Śpiewy historyczne*) erschienen und trotz ihres Verbotes eine weite Verbreitung fanden.

Unter den Magnaten tat sich besonders Jósef Maksymilian Ossoliński (1748–1826) hervor, der alte Manuskripte und Dokumente sammelte und sie ab 1817 in einem eigenen Museum unterbrachte, das als »Ossolineum« bis in die Gegenwart reicht. Überall wurden regionale Bibliotheken und Archive begründet, in denen sich das Interesse an der Geschichte, die sich damals zur Wissenschaft entwickelte, niederschlug. Ihr erster wichtiger Verteter war Joachim Lelewel (1786–1861), der nach Vorarbeiten zur wissenschaftlichen Methodik 1829 eine populäre Synthese der polnischen Geschichte herausgab. In der Emigration ließ er dann wichtige Werke zur Numismatik und zur historischen Geographie folgen. In seiner Deutung war die polnische Geschichte im Sinne Herders ein Kampf zwischen der slavischen Demokratie und den fremden Kräften der Monarchie, der Kirche und des Feudalismus, und politisch wirkte er im Sinne einer Aufwertung des Volkes (*lud*) gegen die Macht des Adels.

Der Verbreitung der Bildung dienten die Schulen, deren Zahl im Bereich der Elementarbildung im preußischen Teilungsgebiet erheblich erweitert, während die Zahl der Gymnasien halbiert worden war; hier zeigte sich am ehesten die Tendenz zur Germanisierung. Im österreichischen Teilungsgebiet stagnierte der gesamte Bereich der Bildung und Erziehung. Die Universität Krakau wurde allmählich germanisiert, ehe sie dann in der Zeit des Herzogtums Warschau als »Hauptschule« (*Szkoła główna*) wieder belebt wurde. Erst nach 1815 konnte die Jagiellonische Universität einen neuen Aufschwung nehmen und auf die Teilungsgebiete ausstrahlen, ehe der neue Kurator Novosil'cev ihr 1826 Zügel anlegte. 1817 erweiterten die österreichischen Behörden ein Gymnasium in Lemberg zur Hochschule, in der Latein und Deutsch die Bildungssprachen waren; allerdings wurde hier 1826 der erste Lehrstuhl für polnische Sprache und Literatur eingerichtet. Im russischen Teilungsgebiet war Wilna unter der Kuratur von Czartoryski zu höchster Bedeutung aufgestiegen, die weit nach Westen reichte. In Krzemieniec hatte Tadeusz Czacki (1765–1813) eine Schule (1804/5) begründet, die einen hervorragenden Ruf gewann. Im Königreich Polen gab es 430 Schulen mit 1000 Lehrern für 21000 Schüler; polnisch war Unterrichtssprache, aber auch die anderen Sprachen wurden berücksichtigt. Die Universität Wilna wurde indes nach 1823 durch den neuen Kurator Novosil'cev in ihrer Wirksamkeit entscheidend beschnitten und 1830 schließlich geschlossen; das Gymnasium Krzemieniec erlitt zwei Jahre später dasselbe Schicksal.

Im Herzogtum hatte die Stadt Warschau zwar keine Universität, aber verschiedene andere Bildungseinrichtungen erhalten. Ein reiches Schulwesen mit über 50000 Schülern überlebte den Untergang des napoleonischen Systems bis 1820, ehe es durch reaktionäre Kräfte an Zahl und Qualität gedrückt wurde. Jedoch hatte Warschau 1816 eine Universität erhalten, in die verschiedene andere

Lehranstalten integriert wurden; als 1821 auch ein Musikkonservatorium enstand, avancierte Warschau zum polnischen Bildungszentrum. Das Interesse einer aufgeklärten Öffentlichkeit förderte auch die Entstehung der Presse, die aber in allen Teilungsgebieten unter der staatlichen Zensur litt, die den Journalen oft nur eine kurze Erscheinungszeit erlaubte.

In anderen Bereichen der Kultur – der Malerei, der Architektur, der Musik – herrschte zunächst die Stilrichtung des Klassizismus. Frédéric Chopin (1810–1849) hatte schon vor dem Aufstand von 1830 die Öffentlichkeit beeindruckt; in der Emigration verbreitete er den Ruf Polens in der ganzen Welt, wirkte aber nur wenig auf Polen zurück. In Galizien wurde Aleksander Fredro (1783–1876) der Vater der polnischen Komödie, deren satirische Überzeichnung der Verhältnisse in Galizien auch auf den Bühnen in Warschau Erfolge erzielte. Dem klassizistischen Vorbild Frankreich folgte in der Mitte der dreißiger Jahre der Einfluss der Romantik aus Deutschland, aber auch die Entdeckung der Engländer (Walter Scott und William Shakespeare, Lord Byron) und des Philosophen Jean-Jacques Rousseau. Die romantische Strömung mit ihrer Betonung von Heimat und Tradition, ihrer Verklärung von Patriotismus und Folklore entsprach dem Lebensgefühl der Jugend, dem Adam Mickiewicz schon 1822 in seinen *Balladen und Romanzen* (*Ballady i romanse*) Ausdruck verliehen hatte. Er stammte aus einer armen polnischen Adelsfamilie aus Nowogródek, einem weißrussischen Distrikt in Litauen, hatte in Wilna studiert und in patriotischen Vereinen mitgearbeitet, was ihm die Verbannung nach Russland eingetragen hatte (1823–1829). In seinen Werken *Die Vorfahren* (*Dziady*) und *Grażyna* griff er auf mittelalterliche Motive zurück und betonte die Selbstaufopferung im Sinne der gemeinsamen nationalen Sache, in der die vielen Sprachen und Kulturen der Adelsrepublik fortlebten. Dies wird besonders im *Pan Tadeusz* deutlich, der in der Emigration entstand und die alte Welt der polnischen Kultur in Litauen verherrlichte. Neben seiner Tätigkeit als Professor für slavische Philologie blieb er auch politisch engagiert; 1855 starb er in Istanbul an der Cholera, als er eine polnische Legion gegen Russland aufstellen wollte. Sein größter Rivale war Juliusz Słowacki (1809–1849), der zum Meister des polnischen Dramas wurde. Politisch war er ein Radikaler und sah in den polnischen Bauern die Chance zur Erneuerung der Nation. Mit einigem Abstand ist Zygmunt Krasiński (1812–1859) zu nennen, der seinen Ruhm mit zwei Dramen begründete, in denen er die kommenden sozialen Veränderungen vorwegnahm. Jeder der drei großen Poeten sah einen eigenen Weg des polnischen Volkes zu seiner Rettung: Mickiewicz in der moralischen Vervollkommnung, Słowacki in der Hinwendung zum Volk und damit zur Überwindung der Adelsvergangenheit, Krasiński in der Rückkehr zu den traditionellen Werten des Christentums. Neben den litauischen Zügen bei Mickiewicz sei noch erwähnt, dass auch ukrainische Elemente durch lokale Schriftsteller in die polnische Literatur gebracht wurden, die erst nach dem Ende des Adelsstaates die ganze Vielfalt der alten sarmatischen Kultur widerspiegeln konnte.

Der Blüte der polnischen Kultur in der Emigration stand ihr Niedergang in den Teilungsgebieten gegenüber. 1831 waren viele Kulturschätze der polnischen Bibliotheken nach Russland verschleppt und die höheren Schulen in Krzemieniec und Warschau geschlossen worden. Die Universität Krakau wurde zwischen 1847 und 1860 germanisiert; die Universität und die Bibliothek in Lemberg verbrannten im Jahre 1848. An die Stelle der Hochschulen traten vorübergehend private Einrichtungen, wie in Posen die Schule für Schöne Künste, in Warschau das Landwirtschaftskolleg und die medizinische Akademie. Die Bibliothek und die Sammlungen aus Krzemieniec wurden nach Kiev verbracht und legten dort den Grundstein für die

Vladimir-Universität, die 1834 gegründet wurde. In dieser Situation gewannen gelehrte Gesellschaften der Emigration eine besondere Bedeutung: die Gesellschaft der Bildungsfreunde, die Historisch-literarische Gesellschaft und die Bibliothèque polonaise; die beiden Letzteren haben bis heute überlebt. Die entsprechenden Gesellschaften in Warschau wurden nach 25 Jahren geschlossen, während 1850 in Posen und Krakau ähnliche Einrichtungen entstanden.

Die Folgen des Jahres 1848 waren in den einzelnen Teilungsgebieten unterschiedlich. In Österreich begann die Phase des Neoabsolutismus, die auch die »Ära Bach« genannt wird. In Galizien blieb das Kriegsrecht bis 1854 in Geltung, und eine Zusammenarbeit mit Wien schien auch den konservativen Kreisen unmöglich. Graf Adam Potocki, ehemals einer der führenden Polen, kam ins Gefängnis; Fürst Leon Sapieha widmete sich ganz wirtschaftlichen Fragen und förderte den Bau einer Eisenbahnlinie von Krakau nach Lemberg, die 1861 eröffnet wurde. Die Innenpolitik in Galizien wurde durch zwei Probleme beherrscht: die Ausführungsbestimmungen der Bauernbefreiung und die ruthenische Frage. In der Bauernfrage war die Ablösung der bäuerlichen Rechte auf die Wälder der Gutsherren ein offenes Problem, ebenso die Ablösesumme der Bauern gegenüber ihren früheren Herren. Die Zuteilung von Land an die Bauern schuf Unzufriedenheit wegen der kleinen Landstreifen, die viele Bauern an den Rand des Existenzminimums brachten. Die Ablösesummen, die die Bauern aufbringen sollten, stellte der Staat als Kredite zur Verfügung, sodass das ganze Land finanziell abhängig wurde; ab 1857 erhielten die Gutsbesitzer Abfindungen in Form von Rentenpapieren zugeteilt, deren Zinsen eine zusätzliche Steuer einbrachte.

Die Ruthenenfrage war für die österreichische Verwaltung ein Mittel, auf die Polen Druck auszuüben. Zwar löste sich 1851 der Ruthenische Rat auf, aber die Forderung nach einer Teilung des Landes hing weiter in der Luft. Die Behörden machten den Ukrainern Zugeständnisse in der Unterrichtssprache, was diese mit dem Einverständnis zur deutschen Sprache der Verwaltung honorierten. Als aber slavophile und russophile Strömungen auftauchten, wurden die Behörden misstrauisch.

An der Spitze der Provinz stand seit Januar 1849 Graf Agenor Gołuchowski (1812–1875) als Statthalter, der von Wien an langem Zügel geführt wurde und eine eigene Politik verfolgte. Obwohl seine Standesgenossen ihn wegen seiner Loyalität zum Kaiser Franz Joseph misstrauisch betrachteten, konnte er für die Provinz doch vieles tun. Er ermunterte junge Polen, in den Staatsdienst zu treten, und schuf auf diese Weise den Kern einer polnischen Verwaltung. Er übertrug die Polizeigewalt auf dem Lande den Behörden, sodass die adeligen Gutsherren von einer lästigen und Hass erzeugenden Pflicht befreit wurden. Die Ruthenen ermunterte er zum Gebrauch des lateinischen Alphabets, um den Abstand zu den Russen zu betonen. Seiner Vorstellung nach sollte Galizien eine Einheit bleiben, in der Polen und Ukrainer miteinander ihr Auskommen finden sollten, was jedoch nicht alle Ukrainer unterstützten. Erst im weiteren Verlauf des 19. Jahrhunderts sollte sich die Richtigkeit der Politik Gołuchowskis erweisen, der während seiner Amtszeit immer wieder bittere Vorwürfe wegen seiner angeblichen Servilität gegenüber dem Kaiser hatte ertragen müssen.

In Preußen endete als Konsequenz des Jahres 1848 die Sonderstellung des Großherzogtums Posen, das nun als normale Provinz in Preußen aufging. Allerdings wurde der Plan einer Aufteilung nach Sprachen nicht ausgeführt, denn politische und ökonomische Gründe sprachen dagegen. Obgleich die Regierung eine Amnestie wegen politischer Vergehen verkündet hatte, mussten zahlreiche polnische Offiziere, Lehrer und Priester ihre Posten verlassen. Aus ökonomischen Gründen suchten sie im Handel und im Handwerk ihr Auskommen, was langfristig der Wirtschaft zugute kam, denn es entsprach dem Konzept der »organischen Arbeit« zur Hebung der politischen Kraft der Polen. Auf Initiative des Philosophen und Ökonomen August Cieszkowski (1814–1894) war im Sommer 1848 eine »Polnische Liga« (*Liga Polska*) gegründet worden, die im Rahmen der Gesetze offen für die Stärkung der moralischen und ökonomischen Kräfte der Polen eintrat. Die Liga erreichte bald einen Mitgliederstand von 40000 und reichte über die Landesgrenze nach Pommern hinein. Sie umschloss Menschen aller politischen Richtungen und Stände, also auch Bauern, obgleich ihre Führung eher konservativ war. Dennoch war sie in den Augen der Behörden verdächtig, sodass diese 1850 deren leitende Organe auflösten, jedoch die lokalen Abteilungen nicht vollständig zerstören konnten.

Die neue preußische Verfassung mit dem Dreiklassenwahlrecht war für die Polen extrem ungünstig, obwohl auch Polen im Landtag vertreten waren und dort einen »Polenzirkel« (*koło polskie*) gründeten, der über Posen hinaus Bedeutung gewann. Administrative Maßnahmen drückten die Zahl der polnischen Abgeordneten zwar von 16 auf 6, konnten aber den Zusammenhalt der Polen und die Leitfunktion des Zirkels nicht aufheben. In ihm waren neben Adeligen auch Städter und Bauern vertreten, sodass dieser Kreis sich als Symbol des zusammenwachsenden polnischen Sozialkörpers in Preußen darstellte. 1850 wurde auch die Emanzipation der Juden gefördert, indem sie die bürgerlichen Rechte erhielten. Dies war für viele Juden der erste Schritt, sich dem Deutschtum zu assimilieren, was die Polen weniger gern sahen. Weil die Bauern ihren ökonomischen und sozialen Aufstieg fortsetzen konnten, vertiefte sich die Kluft zu den leibeigenen Bauern in Kongresspolen weiter.

Der Ausbruch des Krimkrieges im Jahre 1854 schuf jene Situation, auf die Czartoryski so lange gewartet hatte:

England und Frankreich standen gemeinsam gegen Russland. Wenn Österreich sich am Kriege beteiligte und Preußen mindestens neutral bliebe, so hoffte der achtzigjährige Czartoryski, dann könne für Polen eine vorteilhafte Regelung gefunden werden. Aber zu einem großen Revirement auf der Landkarte waren die Großmächte nicht bereit, obgleich die polnischen Agenten auf dem Balkan ihnen wertvolle Informationen zuleiteten. Der Krimkrieg blieb eine lokale Auseinandersetzung um die Festung Sevastopol auf der Krim, wo sich zwar die russische Schwäche offenbarte, das Land aber nicht entscheidend besiegt werden konnte. Außerdem war die polnische Emigration in sich tief gespalten, denn die Linken beugten sich nicht der Autorität Czartoryskis, im Osmanischen Reich war eine eigenständige Emigration entstanden, und die Polen in Posen wollten die Getreideausfuhren nach Russland nicht gefährden. Schließlich dauerte der Krieg nur so kurze Zeit, dass die Pläne einer Bewaffnung der Polen und ihres Einsatzes als Hilfstruppen gegen Russland keine Chance hatten. Der Tod von Adam Mickiewicz in Istanbul 1855 und die Unterzeichnung des Friedensvertrages in Paris 1856 beendeten die Hoffnungen der Großen Emigration von 1830 und de facto ihre Existenz. Das Jahrzehnt von 1846 bis 1856 war sehr stürmisch gewesen; es hatte Hoffnungen und Enttäuschungen gebracht, aber die polnische Frage keiner Lösung zugeführt; bald sollte sie dort virulent werden, wo es während dieser Zeit am ruhigsten gewesen war, in Kongresspolen.

Der Wunsch nach Reformen im Land, mit denen der neue Zar Alexander II. auf die Niederlage im Krimkrieg antworten wollte, betraf auch Kongresspolen. Der Tod von General Paskevič 1856 bedeutete das Ende einer Ära, und sein Nachfolger als Generalgouverneur Fürst Michail Gorčakov führte einen anderen Herrschaftsstil ein. Zwar warnte der Zar bei seinem ersten Besuch in Warschau die

Polen vor »Träumereien«, aber kleinere Konzessionen, wie eine Amnestie für politische Gefangene und die Aufnahme von Polen in den Verwaltungsdienst, weckten Hoffnungen. 1857 entstand eine chirurgisch-medizinische Akademie in Warschau, die bald zum Zentrum der intellektuellen Jugend wurde, die dort als »Rote« revolutionäre Anschauungen oder als »Weiße« gemäßigte Ideen vertrat. Einen größeren Einfluss erlangte die im folgenden Jahr gegründete Agrargesellschaft (*Towarzystwo Rolnicze*); mit mehr als 4000 Mitgliedern, einer Organisation in 77 Distrikten und einem Vermögen aus Mitgliedsbeiträgen konnte sie als ein Ersatzparlament und ihr Vorsitzender, der konservative Magnat Graf Andrzej Zamoyski (1800–1874), als ein inoffizieller Sprecher der Polen gelten. Als der Zar 1859 auch den polnischen Adel um Vorschläge zu einer Reform der Agrarverfassung und zur Befreiung der Bauern aufforderte, erstand Zamoyski jedoch in Marquis Aleksander Wielopolski (1803–1877) ein Gegenspieler, der aus politischer Einsicht einen Ausgleich mit Russland befürwortete.

Kongresspolen hatte um das Jahr 1860 über 4,8 Millionen Einwohner, und die Stadt Warschau war mit 230000 Einwohnern die größte des Landes, mit dreimal mehr Menschen als Wilna und Lemberg, sechsmal mehr als Krakau und Posen. Die Wirtschaft war in einer Aufstiegsphase des Frühkapitalismus begriffen, denn die Aufhebung der Zollgrenze zu Russland im Jahre 1851 hatte zu einer Wiederbelebung der Exporte geführt. Die Bahn Warschau – St. Petersburg warf reichen Gewinn ab; die Kohle- und Eisenproduktion nahm ebenso zu wie die Agrarindustrie, die nach Einführung von Neuerungen in der Landwirtschaft mehr produzierte. Obwohl es objektiv keine revolutionäre Situation gab, hatten die Beratungen über eine Landreform zu einer Sensibilisierung der Gesellschaft in Warschau geführt, in der rivalisierende Studentengruppen in einer Mischung aus romantischer Schwärmerei und politischem Nationalismus eine führende Rolle einnahmen. Die Diskussionen in der Agrargesellschaft über die Form der Ablösung der bäuerlichen Pflichten und die Zuteilung von Land verquickten sich mit politischen Forderungen nach einer Autonomie, auf die Straßendemonstrationen verschärfend wirkten, weil in Zusammenstößen mit der Polizei am 27. Februar 1861 fünf Menschen ihr Leben verloren. Der Zar, der mit der Bauernreform in Russland beschäftigt war, wollte die Situation beruhigen und ernannte Wielopolski zum Leiter eines neu geschaffenen Departements für Unterricht und Kultus, während er die Agrargesellschaft durch Ukaz aufhob. Zwar erreichte Wielopolski eine Menge Verbesserungen – so wurde die Universität Warschau unter der Bezeichnung »Hauptschule« (*Szkoła główna*) wieder eröffnet, mit einem »Staatsrat« ein polnisches Zentralorgan eingesetzt, ferner polnische Selbstverwaltungskörper genehmigt –, aber er bezahlte seine Nachgiebigkeit dem Zaren gegenüber mit dem Bruch mit Zamoyski und der erregten Öffentlichkeit. Die Unruhen hatten inzwischen den Charakter einer »moralischen Revolution« erlangt, in der über soziale und religiöse Differenzen hinweg – auch Juden hatten sich für ein Zusammengehen mit den Polen ausgesprochen – eine Stimmung für eine nationale Einheit entstanden war. Eine neue Demonstration wurde am 8. April 1861 gewaltsam beendet, die über hundert Menschenleben gefordert hatte; Wielopolski hatte nur knapp ein noch größeres Massaker verhindert. Als der Vizekönig Gorčakov kurz darauf starb, setzte sein Nachfolger Graf Karl Lambert verstärkt auf das russische Militär, was die Stellung Wielopolskis weiter aushöhlte. Die Bevölkerung wich in die Kirchen aus, wo sie mit nationalen Liedern ihren Protest gegen die russische Herrschaft fortsetzte. Unruhen im Zusammenhang mit der Beisetzung des Erzbischofs Antoni Fijałkowski führten am 10. Oktober zu einer weiteren Zuspitzung, auf die der Vizekönig mit einer Verhängung des Kriegsrechtes reagierte. Russisches Militär drang in die Kirchen ein und verhaftete Tausende von Menschen. Nach Protesten Wielopolskis war seine Stellung auch bei den Russen erschüttert, und der Zar ließ ihn unter Bewachung zum Bericht vorladen. Mit seiner Abreise im Dezember war die Kluft zwischen Russen und Polen weiter vertieft worden; polnische Historiker haben später darüber diskutiert, ob unter diesen Umständen, da Russland mit den Folgen der Bauernemanzipation beschäftigt war, eine nationale Erhebung der Polen einen Erfolg versprochen hätte.

Während der mehrmonatigen Abwesenheit Wielopolskis radikalisierte sich die Stimmung in Warschau weiter, wo die Gemäßigten um Zamoyski und die Radikalen jeweils Organisationen im Untergrund schufen, die von einem Aktionskomitee (*Komitet ruchu*) geleitet wurden und Kontakte zur Emigration unterhielten. Von der Organisationsseite wuchs hier ein revolutionäres Potential heran. Noch einmal konnte jedoch Wielopolski seinen Einfluss geltend machen, nachdem er den Zaren von der Notwendigkeit von Reformen überzeugt hatte. Dem neuen Vizekönig, dem Zarenbruder Konstantin, diente er praktisch als polnischer Verwaltungschef. Eine Reihe von Zugeständnissen sollte die Lage beruhigen: Der Zar bewilligte eine separate polnische Verwaltung, die »Hauptschule« erhielt naturwissenschaftliche und geisteswissenschaftliche Fächer zugeteilt, die Gleichstellung der Juden und eine Landreform wurden verkündet. Der Konflikt mit der katholischen Kirche konnte mit der Berufung eines neuen Erzbischofs von Warschau, Zygmunt Szczyzny Feliński (1822–1895), beigelegt werden. Wielopolski machte sich jedoch durch seine herrische Art bald jene zu Feinden, die er eigentlich hatte gewinnen wollen. Gespräche des Vizekönigs mit Zamoyski zeigten, dass dieser mittlerweile ebenfalls radikale Ansichten vertrat, derentwegen er nach einem Gespräch mit dem Zaren das Land verlassen musste. Damit war die mäßigende Zentralfigur ausgefallen, und die radikalen »Roten«, nun auch unterstützt von vielen »Weißen«, wandelten im Sommer 1862 das »Aktionskomitee« in ein »Nationales Zentralkomitee« (*Komitet centralny narodowy*) um, das sich als Regierung einer Untergrundverwaltung der Polen verstand und ab November mit der Erhebung einer geheimen Steuer einen Aufstand vorzubereiten begann.

Die entscheidende Schwäche der Organisation war jedoch, dass man bei aller Diskussion über einen Aufstand die militärische Seite völlig vernachlässigte. Versuche, in Frankreich Waffen zu kaufen, scheiterten und wurden der zaristischen Polizei verraten. Auch in der Wahl des Zeitpunktes für ein Losschlagen verloren die Verschwörer die Initiative. Wielopolski, der inzwischen die polnische Verwaltung kontrollierte, ordnete für Januar 1863 eine Militärkonskription an, um mögliche Aufständische aussondern zu können. Vergebens warnten gemäßigte Männer, dass der Januar ein denkbar schlechter Termin für einen Aufstand und die Vorbereitungen unzureichend seien. Studenten und Hitzköpfe behielten die Oberhand und führten die Sache schließlich ins Verderben.

Am 16. Januar 1863, einen Tag nach Beginn der Aushebungen, beschloss das Nationalkomitee für den 22. Januar den nationalen Aufstand. Es verkündete ein Manifest, das die Völker der alten Ruś (Polen, Litauer und Ukrainer) zu den Waffen rief. Die Bauern sollten Eigentümer des von ihnen bebauten Landes werden und landlose Bauern Land aus Staatsbesitz erhalten; ein besonderes Manifest wandte sich an die »Brüder-Polen mosaischen Glaubens«, denen man »Gleichberechtigung und Liebe« zusicherte. Die Druckerpresse war indes schneller als die Organisation gewesen, denn Tausende von Bauern überfielen bereits russische Garnisonen, ehe die zu örtlichen Befehlshabern ernannten Personen ihren Bestimmungsort erreicht hatten. Eine zentrale Führung fehlte völlig, da der vorgesehene Oberkommandierende General Mierosławski von preußischen Truppen abgefangen worden war. Der wichtigste Fehler war wohl, dass die Aufständischen die Stadt Warschau nicht in ihren Besitz gebracht hatten. Während die »Nationale Regierung« im Lande umherirrte, kleinere Partisanentrupps in heroischen Aktionen den Russen empfindliche Verluste zufügen konnten, blieb der Durchbruch zu einer nationalen Erhebung aus.

Auf internationaler Ebene hatten die Polen höchstens verbale Unterstützung aus Großbritannien, Frankreich und Österreich zu erwarten, deren Regierungen im April vom Zaren die Wiederherstellung der Verfassung des Königreiches Polen von 1815 forderten. Dies wies der Zar zurück; die Intervention hatte aber im Lande die Folge, dass sich auch gemäßigte Weiße dem Aufstand anschlossen. Wichtiger war die Haltung Preußens, dessen Ministerpräsident Bismarck (seit 1862) als ehemaliger Gesandter in St. Petersburg die Gelegenheit zu einer Verständigung mit Russland suchte. In der »Alvensleben'schen Konvention«, die der General Gustav von Alvensleben (1803–1881) am 8. Februar unterzeichnete, wurde festgelegt, dass die Truppen beider Seiten bei Verfolgung von polnischen Aufständischen vorübergehend die Grenzen des jeweils anderen Staates überschreiten durften. Wenn dies in der Praxis auch kaum wirksam wurde, so hielt es die anderen europäischen Mächte von einer militärischen Aktion zu Gunsten der Polen ab.

Ohne überzeugende militärische oder politische Führung, nur auf vage Zusagen ausländischer Hilfe gestützt, hielten sich die schwachen polnischen Verbände fünfzehn Monate tapfer gegen ein russisches Heer von über 300000 Mann. Ein gewisser politischer Erfolg bestand darin, dass die Regierung in Warschau, wo es von russischen Soldaten nur so wimmelte, einen Untergrundstaat errichten konnte, der über eigene Post- und Eisenbahnverbindungen und eine eigene Polizei verfügte. Die eigentlichen militärischen Aktionen entsprachen der Guerilla-Taktik; nach anfänglich hohen Verlusten erzielten die Polen in kleinen Gefechten Erfolge, ohne dass sie die russische Armee jemals ernsthaft gefährden konnten.

Angesichts dieser eher chaotischen Situation überrascht die große geographische Ausdehnung der Aufstandsaktionen; sie erfasste über das Königreich Polen hinaus Teile der Ukraine, Weißrusslands und Litauens. Auch aus Posen und Galizien kamen Hilfstruppen, Geld- und Sachspenden. Selbst russische Freiwillige kämpften auf polnischer Seite mit, aber letztlich hatte aller Heroismus gegen die russischen Truppen keine Chance. Dazu kam die harte Reaktion der russischen Militärverwaltung. Im Sommer 1863 hatten Konstantin und Wielopolski das Land verlassen; General Friedrich von Berg führte als neuer Statthalter in Warschau im Sommer 1863 harte Repressalien ein, die zu Todesurteilen, Güterkonfiskationen und Verbannung nach Sibirien führten. In Litauen erwarb sich der Generalgouverneur Murav'ev durch rigorose Säuberungen den Beinamen »der Henker«. Ein letztes Aufbäumen der Aufständischen ist mit dem Namen Romuald Traugutt (1826–1864) verbunden, der als ehemaliger zaristischer Offizier über militärische Erfahrung verfügte und die versprengten Einheiten im Winter 1863/64 noch einmal sammelte sowie als Diktator die Regierung übernahm. Mit seiner Verhaftung im April 1864 war der Aufstand beendet, auch wenn einzelne Aktionen eines Bauernregimentes in Podlachien andauerten.

Die Frage der Bauern stand so am Anfang und am Ende des Januaraufstandes. Niemand hatte den Bauern so weitgehende Freiheiten versprochen wie die Anführer des Aufstandes im Manifest vom 22. Januar 1863. Wenn auch nie mehr als 20000 bis 30000 Polen im Feld gestanden hatten, so waren über die ganze Zeit mehr als 200000 Mann in direkte Kampfhandlungen verwickelt gewesen. Die Bedeutung der Bauernfrage war auch der Gegenseite bekannt, wie noch zu behandeln ist.

Es ist ein alter Streit unter polnischen Historikern, ob der Januaraufstand sinnvoll war oder nicht. Mit den Zusagen an Wielopolski hatte Polen eigentlich ein hohes Maß an innerer Autonomie erreicht, obgleich diese nicht durch eine Verfassung abgesichert waren. In Verfolgung dieser Linie wäre die Bildung gestiegen, Recht und Ordnung hätten das Leben bestimmt, und die Polen hätten sich vielleicht mit ihrer Existenz als eines unter vielen Völkern des Zarenreiches abgefunden. Bei dieser Überlegung bleibt indes unbeachtet, dass Wielopolskis Konzept konservativ war und auf der Fortsetzung der alten Scheidung zwischen grundbesitzendem Adel und der übrigen Bevölkerung beruhte. Der Aufstand versetzte diesem Konzept den Todesstoß; denn Polen war nach dem Aufstand keine durch den Adel allein zu repräsentierende Nation, weil sich die Bauern auf dem Schlachtfeld ihre Zugehörigkeit zur Nation erstritten hatten, wie 1830/31 das Bürgertum. So war die Revolution von 1863 eine Wasserscheide: bis dahin war alles im Lande durch die Fortläufer der alten Adelsgesellschaft bestimmt worden, auch wenn neue Elemente dazugetreten waren; danach war alles auf die Herausbildung einer modernen Nation ausgerichtet, auch wenn alte Strukturen noch fortbestanden.

Das Zeitalter der »organischen Arbeit« und der Massenbewegungen (1867–1914)

1867	Österreichisch-ungarischer Ausgleich
1871	Gründung des Deutschen Reiches
1872–1885	»Kulturkampf«
1881–1894	Zar Alexander III.
1890–1918	Kaiser Wilhelm II.
1892	Gründung der Polnischen Sozialistischen Partei

1894–1917	Zar Nikolaus II.
1894	Gründung des »Ostmarkenvereins«
1895	Gründung der Polnischen Volkspartei
1897	Gründung der Nationaldemokratischen Partei
1904–05	Russisch-Japanischer Krieg

Der Aufstand von 1863 bedeutete eine Zäsur für die Entwicklung im russischen Teilungsgebiet, aber auch die anderen Teile Polens waren in diesen Jahren von tiefgehenden Änderungen betroffen: Der preußisch-österreichische Krieg von 1866 hatte 1867 den Ausgleich Österreichs mit Ungarn zur Folge, durch den die Stellung Galiziens aufgewertet wurde; die Gründung des Norddeutschen Bundes durch Preußen 1867 und die Gründung des Deutschen Reiches 1871 ließen aus der regionalen Rivalität in Posen den deutsch-polnischen Gegensatz entstehen. Für die internationale Stellung der Polen war klar geworden, dass eine wirksame Hilfe von außen nicht zu erwarten war; denn Frankreich war geschlagen und die Teilungsmächte sollten – trotz Interessenunterschieden an anderen Stellen – ihren Zusammenhalt in der Bismarck'schen Bündnispolitik noch verstärken.

Über die Teilungsgrenzen hinweg führten die Diskussionen über die Konsequenzen des Aufstandes und die gesellschaftliche Entwicklung zu ähnlichen Erscheinungen, die in den entstehenden Massenbewegungen ihren Ausdruck fanden und das Bewusstsein einer einheitlichen polnischen Nation stärkten; zugleich entwickelten sich die Teilungsgebiete ökonomisch und politisch weiter auseinander. Die Krise ging tief ins Bewusstsein der Öffentlichkeit. Der romantische Heroismus war in der Niederlage der Aufständischen untergegangen. Nunmehr gewannen jene besonnenen Stimmen an Einfluss, die die politische Lage realistisch sahen, dass sich nämlich die Polen in den

Teilungsstaaten auf unabsehbare Zeit einrichten mussten. Dies bedeutete aber keine Aufgabe der Hoffnung auf Wiederherstellung Polens als Staat, sondern die Anerkennung der Tatsache, dass die staatliche Einheit nur der letzte Schritt einer »organischen Arbeit« sein konnte, in der die Lage der Menschen durch ökonomischen Fortschritt und Bildung verbessert werden sollte. Ein neuer Realismus sollte die Nation als Ganzes stärken und modernisieren. Zugleich war damit die Aufgabe verbunden, die »Nation« neu zu definieren: An die Stelle der alten Adelsrepublik mit ihrem überethnischen Selbstverständnis sollte eine ethnisch verstandene Nation treten, die aber – als Ergebnis der historischen Entwicklung – im Osten unweigerlich in Konflikt mit den aufstrebenden konkurrierenden Nationen geraten musste, wie im Westen in einen Konflikt mit den Deutschen.

Im russischen Teilungsgebiet bekamen die Polen die Folgen des Aufstandes erst nach und nach zu spüren, abgesehen von den unmittelbaren Strafaktionen und der Hinrichtung der Führer. Generell herrschte in Russland eine tiefgehende antipolnische Stimmung: Der Zar Alexander II. schäumte gegen die undankbaren Polen, die mit den großzügig gewährten Freiheiten nicht zufrieden gewesen waren; die Liberalen in Russland waren wütend, dass die Rebellion der Polen ihre eigenen Erfolge bedroht hatte; die großrussischen Nationalisten, deren Zahl stetig wuchs, vergaßen den Polen nicht, dass sie so ›unslavische‹ Ideale wie die katholische Religion und westliche Freiheitsideen verfolgten. Während andere kleine slavische Völker im Zarenreich einen Helfer gegen die Unterdrückung sahen, blieben die Polen ein lebendiger Beweis für eine Unterdrückung durch den russischen Staat. Diese wurde dadurch gerechtfertigt, dass die Polen zu einer unabhängigen Existenz nicht fähig und vor einer Germanisierung zu bewahren seien. In der Behandlung der Polen ging die russische Regierung von einer Annahme aus, die durch den Verlauf des Aufstandes bereits widerlegt war: Sie wollte nämlich die angeblich treuen Bauern von den Russland feindselig gesinnten Geistlichen und Adeligen trennen; dies hatte sich in der Bauerngesetzgebung niedergeschlagen, als der Zar im März 1864 den polnischen Bauern das von ihnen genutzte Land zu eigen gegeben und sie von allen anderen Pflichten befreit hatte.

Die unmittelbaren Aktionen Russlands waren hart. Ungefähr 400 Personen wurden nach Gerichtsverfahren hingerichtet; ungeklärt ist die Zahl derer, die nach unvollkommenen Verfahren oder nach dem Standrecht gehenkt oder erschossen wurden. Tausende fanden sich in der Verbannung in Sibirien, andere als Zwangsarbeiter oder Kolonisten im Kaukasus wieder. Der Zar ließ in Kongresspolen mehr als 1600 Güter, in den »westlichen Gebieten« mehr als 1800 Güter beschlagnahmen und an russische Beamte vergeben. Das Land musste eine Sonderkontribution aufbringen. Der Name »Königreich Polen« verschwand und wurde inoffiziell durch die Bezeichnung »Weichselland« (*privislinskij kraj*) ersetzt. Nach dem Tode des Generals Berg (1874) erlosch der Titel des »Vizekönigs«; seine Nachfolger waren nur noch Generalgouverneure von Warschau, besaßen jedoch große Vollmachten. So konnten sie Straf- und Verwaltungsverfahren selbstständig entscheiden, Zivilisten vor ein Militärgericht bringen (nach 1879) oder ohne Verfahren in die Verbannung schicken. Alle polnischen Verwaltungsinstanzen wurden aufgelöst: der Staatsrat, der Verwaltungsrat (die Regierung), die Regierungskommissionen (die Ministerien). Russische Beamte verwalteten das Land nach russischer Art. Schulen und Lehrpläne wurden russifiziert; seit 1869 mussten alle Fächer – außer Religion – in Russisch unterrichtet werden. Die Hochschule in Warschau machte man zu einer russischen Universität, sodass die polnischen Studenten nach Kiev oder Lemberg auswichen. In der Folge stieg die Quote der Analphabeten auf 70% der Bevölkerung. Die Abschaffung einer eigenen Finanzverfassung führte 1870 dazu, dass die polnische Bank zu einer Filiale der russischen Reichsbank degradiert wurde. Alles, was noch irgendwie einen polnischen Charakter besaß, schaffte die Regierung ab oder versah es mit russischen Akzenten; einzig der *Code Napoléon* blieb weiter in Geltung. Auf Kongresspolen übertrug der Zar auch nicht jene Erleichterungen, die durch die Reformen in Russland selbst erreicht worden waren: die Justizreform oder die Selbstverwaltung des Adels in den Städten und auf dem Lande (*zemstvo*). Dagegen ging die Regierung streng gegen die katholische Kirche vor, in der sie einen Pfeiler des polnischen Widerstandes sah; sie wurde einem katholischen Kollegium in St. Petersburg unterstellt. Um 1870 waren fünfzehn Bischofsstühle unbesetzt. Die unierte Kirche wurde unter die Jurisdiktion der orthodoxen Kirche gezwungen. Widerstrebende wurden ausgepeitscht oder deportiert, eine Konversion zum Katholizismus verboten und streng bestraft.

Unbestreitbare Fortschritte waren hingegen in der wirtschaftlichen Entwicklung zu verzeichnen. Die Lage der Bauern hatte sich verbessert, aber es war zu wenig Land verteilt und eine Flurbereinigung unterlassen worden. Zwar hatten die Gutsbesitzer ihre Polizeigewalt in den Dörfern verloren, die nun durch gewählte »Schulzen« (*sołtys*) und russische Beamte wahrgenommen wurde, aber die Entschädigung der Adeligen für die Ablösung der »Servitute« mussten die Bauern durch hohe Steuern selbst aufbringen. Viele Bauern verloren dadurch das Land wieder, zogen in die Städte oder gingen in die Emigration nach Deutschland, Russland oder in die USA, wo um 1900 um 2,6 Millionen Menschen Zuflucht suchten.

Die Verdichtung des Eisenbahnnetzes förderte die Entwicklung der Industrie, und dies führte zu einer Erhöhung der Stadtbevölkerung, obgleich noch immer drei Viertel der Menschen in der Landwirtschaft tätig waren. Die Textilindustrie in Lodsch/Łódź erfuhr einen Aufschwung durch den Export nach Russland, die Agrarindustrie (Zucker, Alkohol) vervielfachte ihre Produktion. Während der Staat sich mit Investitionen zurückhielt, brachten ausländische Kapitalgesellschaften das nötige Geld und hielten es im Lande. Kongresspolen stieg zur höchstentwickelten russischen Provinz auf und besaß um 1880 über 150000 Industriearbeiter gegenüber nur 25000 in Galizien; ihre Zahl wuchs bis 1897 auf 270000, bis 1914 auf über 400000 an. Zwar blieb Polen im Vergleich mit westlichen Ländern in der Industrialisierung zurück und verhältnismäßig arm, aber es entstand eine Bourgeoisie mit einem starken Anteil von Deutschen und Juden. Wohlhabende und gebildete Juden suchten zunehmend die Assimilation an die Deutschen, während die Masse in der traditionellen Kultur verharrte.

In der Politik herrschte Stagnation. Äußerungen der polnischen Kultur (Presse) waren durch die Zensur eingeschränkt, dennoch wuchs die Intelligenz mit einem hohen Anteil an Frauen. Mit dem Wandel des Nationsverständnisses im ethnischen Sinn entstanden Spannungen zu Juden und Litauern, deren eigene nationale Bestrebungen nur wenig Verständnis fanden. Die allgemeinen Lebensumstände waren schlecht und rückständig, was die Ernährung, die Hygiene und die Krankenversorgung betrifft. Dennoch wuchs die Bevölkerung zwischen 1863 und 1900 von 5 auf 9,4 Millionen an, trotz des Aderlasses der Emigration. Mit der Thronbesteigung des jungen Zaren Nikolaus II. tauchten 1894 neue Hoffnungen auf eine Besserung auf, als er neue und verständige Gouverneure ernannte. Außer kleinen Konzessionen war jedoch vor dem Ersten Weltkrieg kein wesentlicher Wandel in der Politik des Zarenreiches festzustellen.

Galizien wurde das Teilungsgebiet mit der größten inneren Freiheit, aber auch der größten Armut und ökonomischen Rückständigkeit. Nach der österreichischen Niederlage gegen Italien 1859 hatte der ehemalige Statthalter Graf Agenor Gołuchowski (1812–1875) als österreichischer Innenminister maßgeblich das »Oktoberdiplom« verfasst, das eine weitgehende Föderalisierung der Monarchie vorsah, die jedoch zu diesem Zeitpunkt noch nicht durchzusetzen war. Dagegen stärkte das »Februarpatent« des Kaisers Franz Joseph 1861 zunächst die Zentralgewalt, die neben dem »Herrenhaus«, in dem Hochadel kraft Geburt und ernannte Würdenträger saßen, auch der »Reichsrat« repräsentierte, in den die Landtage entsprechend der Größe und der Steuerkraft der Provinzen ihre Abgeordneten entsandten. Galizien war in beiden Kammern vertreten, wegen der Armut des Landes jedoch im Reichsrat benachteiligt. Das Provinzialstatut von 1861 regelte die Wahl in die Landtage nach dem Kuriensystem. Neben Mitgliedern ex officio bestand es aus gewählten Abgeordneten, von denen in der ersten Kurie mit 44 Vertretern der Großgrundbesitzer ein Abgeordneter auf 52 Wähler kam, in der zweiten Kurie die Vertreter der Städte Krakau, Lemberg und Brody mit drei Abgeordneten je 39 Wähler vertraten, in der dritten Kurie 20 Abgeordnete der Städte nach Besitz und Bildung von je 2264 Wählern ermittelt wurden, und schließlich in der vierten Kurie aus 74 Landgemeinden teils direkt oder indirekt gewählte Vertreter auf je 8764 Wähler entfielen. Dieses ständische System bevorzugte den polnischen Adel und benachteiligte die Ukrainer. Die Kompetenzen des Landtages beschränkten sich auf die Wahrung der »Landeskultur«, was die Wahrnehmung lokaler Aufgaben der Bildung, des Bauwesens, der Landwirtschaft, der Kirche und der Wohlfahrt betraf. Der »Landesausschuss« als Regierung verfügte über keine eigenen Behörden und musste die Verwaltung zusammen mit den Vertretern der Zentralbehörde führen.

Der Aufstand von 1863 hatte Galizien mitbetroffen, obgleich die österreichischen Behörden Gegenmaßnahmen ergriffen und Sitzungen des Landtages verboten hatten. Das Ende des Aufstandes kam als ein Schock und wirkte in dem Sinne, dass der konservative Adel sich von der Tradition der Aufstände und dem Einfluss der Emigration lossagte. Stattdessen suchte man die Anlehnung an Wien und die Kooperation, um kleinere Konzessionen zu erhalten. Der Ausgleich mit Ungarn gab Gołuchowski, der ab 1866 wieder als Statthalter amtierte, die Möglichkeit, eine De-facto-Autonomie der Provinz zu erreichen: Eine polnische Verwaltung sollte dem Vizekönig und dem Landtag verantwortlich sein, die polnische Sprache wurde als Verwaltungs- und Unterrichtssprache anerkannt, die Universitäten Krakau und Lemberg waren seit 1870 polnische Institutionen, seit 1871 vertrat ein Minister für Galizien die Provinz in Wien. Allerdings misslang der Plan, Galizien als eigenes Königreich neben Ungarn zu erheben, weil Wien auf Russland Rücksicht nahm, das eine solche Rangerhöhung ablehnte.

Die Kehrseite dieser positiven Entwicklung war in der sozialen und ökonomischen Lage der Provinz zu sehen. Die Führung der Politik lag in den Händen des konservativen polnischen Adels und besonders der Hocharistokratie, und dies bedingte wachsende Spannungen mit dem ukrainischen Teil der Bevölkerung. Die kritische Sicht der polnischen Traditionen repräsentierte die »Krakauer Schule«, die in den *Stańczyk-Heften* (*teka Stańczyka*, nach dem Hofnarren um 1525) ihre Ideen vortrug und gegen die Thesen von Lelewel eine polnische Mitschuld an den Teilungen konstatierte, gegen den romantischen Heroismus das Programm einer »organischen Arbeit« zur Erziehung einer neuen Generation mit realistischer Einschätzung der Lage stellte und ferner in der Beschäftigung mit der polnischen Sprache, Literatur und Geschichte bleibende Werke schuf. Galizien sollte zur Schule aller Polen werden.

In seiner ökonomischen Entwicklung wurde es jedoch das Armenhaus Europas. Die Bevölkerung wuchs zwischen 1869 und 1910 von 5,45 auf über 8 Millionen Einwohner, trotz einer hohen Auswanderungsrate, die nach 1900 auf über 50000 Menschen pro Jahr anstieg. In der Landwirtschaft waren 80% der Menschen beschäftigt und lebten zumeist auf Kleinbetrieben, die zwischen 2,5 und 12,5 ha umfassten; es fehlten Wälder und Weiden. 20% des Bodens gehörte 160 Großgrundbesitzern, die kaum in die Betriebe investierten. Nur ganz langsam verbesserten sich die rückständigen Anbaumethoden, es entstand in Ansätzen ein bäuerliches Kreditwesen, und neue Produkte wie Tabak und Zuckerrüben gewannen an Boden. Im Unterschied zu Böhmen, das aus dieser Quelle seinen Aufschwung speiste, konnte Galizien keinen verkehrstechnischen Anschluss an die übrige Monarchie gewinnen und keine Agrarindustrie aufbauen. Obwohl die Provinz ein Viertel der Bevölkerung der Monarchie umfasste, verfügte sie nur über 9% der Industrie und nur über 4% der größeren Betriebe; das Land erwirtschaftete nur 10 bis 13% des österreichischen Steueraufkommens. Ein Programm zur Industrialisierung war 1881 im Sejm am Einspruch des Adels gescheitert, der den Verlust billiger Arbeitskräfte befürchtete. Nur die Produktion von Kohle und Öl wurde durch staatliche Maßnahmen gefördert, sodass um 1900 Krakau und Lemberg um 100000 Industriearbeiter zählten. Einen Schock bewirkte 1888 das Buch von Stanisław Szczepanowski über die »galizische Armut« (*Nędza galicyska*), in dem er auf jährlich 50000 Tote durch Unterernährung hinwies. Dem entsprach auch die hohe Rate an Analphabeten, die von 95% der Bevölkerung im Jahre 1850 auf immerhin 67% im Jahre 1890 fiel.

Problematisch waren die Beziehungen der Polen zu Ukrainern und Juden. Obgleich die Ukrainer 1880 um 40% der Bevölkerung Galiziens zählten, waren sie in den Institutionen des Landes unterrepräsentiert. Unter der polnischen Dominanz im Lande verschlechterte sich dies noch; waren 1861 49 der 144 Abgeordneten im Landtag Ukrainer gewesen, so waren es 1876 nur noch 14, statt 12 Abgeordnete im Reichsrat stellten sie nur noch drei. Es gab zwar eine Elementarerziehung in ukrainischer Sprache, eine höhere Schule in Lemberg und zweisprachige Lehrerseminare, aber keine eigene ukrainische Universität. Nur langsam entwickelte sich eine ukrainische Intelligenz, die zunächst vor allem von unierten Geistlichen getragen wurde. Zeitungen und Bücher konnten in ukrainischer Sprache erscheinen, und die Sprache war im Landtag, vor Gericht und in der Verwaltung erlaubt. Trotz vieler Beispiele eines erträglichen Zusammenlebens in der Politik und im Alltag waren die Ukrainer die *underdogs*. Das polnische Misstrauen lag auch darin begründet, dass die Gefahr bestand, die Ukrainer in Ostgalizien könnten im Zarenreich Verbündete suchen. Dies war nicht sehr real, weil dort die »Kleinrussen« einer gezielten Russifizierungspolitik ausgesetzt waren. Umgekehrt wirkten die Freiheiten in Ostgalizien auf die russischen Gebiete zurück; es entstand langsam ein gesamtukrainisches Bewusstsein, von weltlichen Intellektuellen, Lehrern, Schriftstellern und Historikern artikuliert, das sich sowohl gegen Russen wie Polen richtete.

Einzigartig, was die Zahl und die sozioökonomische Lage betrifft, war die Situation der Juden. Ihre Zahl hatte sich infolge der starken Vermehrung zwischen 1857 und 1890 mehr als verdoppelt; sie umfassten dann 11,5% der Bevölkerung Galiziens. In acht Städten und Städtchen stellten sie 75% und mehr, in weiteren die Hälfte der Bevölkerung. Die Juden, die in der Mehrzahl an den alten Gewohnheiten festhielten, unterschieden sich in Sprache, Religion und Wirtschaftstätigkeit von der Mehrheit der Bevölkerung, und sie waren praktisch überall im Lande vertreten. Mit 75% und mehr dominierten sie den Handel, insbesondere den Austausch zwischen Stadt und Land. Auch im Handwerk waren die Juden überproportional vertreten; 16% der Landgüter wurden von Juden verwaltet. Die Kleinindustrie, wie Sägemühlen, Gerbereien, Ziegelbrennereien, die Herstellung von Lederprodukten oder Öl und ein bedeutender Teil des Schankgewerbes waren im Besitz von Juden. Dies suggeriert einen allgemeinen Wohlstand, den es jedoch nicht gab. Die übergroße Mehrheit der jüdischen Bevölkerung vegetierte in den jüdischen Stadtteilen oder *štetlech* am Existenzminimum, symbolisiert durch die Figur des »Luftmenschen«. Juden waren an der politischen Administration besser als die Ukrainer beteiligt; sie waren im Landtag, in zahlreichen Gemeinden und im Reichsrat vertreten. In den siebziger und achtziger Jahren verstärkte sich deren Hinwendung zur polnischen Sprache, die sich gegenüber der deutschen durchzusetzen begann. Dies bewahrte die Juden, die in ihrer Mehrheit eine Assimilation ablehnten, jedoch nicht vor einem steigenden Antisemitismus aus Gründen ökonomischer Konkurrenz.

Die Stellung Posens im preußischen Staat erfuhr durch die Einigung der norddeutschen Staaten 1867 und durch die Gründung des Deutschen Reiches 1871 eine einschneidende Veränderung. In einem dynastischen Staat hatten sich die Polen durchaus als gute »Preußen« fühlen können; in einem deutschen Nationalstaat konnten sie nie gute »Deutsche« werden, ohne ihr Polentum aufzugeben.

In Posen hatte das Konzept der »organischen Arbeit« die größten Erfolge aufzuweisen. Mit der Gründung von Wirtschaftsvereinen, der »Gesellschaft der Freunde der Wissenschaft« (1857) und anderer Organisationen war ein selbstbewusstes polnisches Bürgertum im Entstehen, das sich nationalpolitisch engagierte und die antipolnischen Maßnahmen der preußischen Behörden – etwa in der Schulfrage – ins Leere laufen ließ. Die Absicht Bismarcks, die Polen in Posen zu »germanisieren«, wie er es 1863 erklärt hatte, hatte die Stärkung des Zusammenhalts der Polen über die Standesgrenzen hinweg zur Folge und trug dazu bei, dass die Polen in Preußen zum wirtschaftlich und sozial am weitesten entwickelten Teil der polnischen Nation wurden. Die ökonomischen Voraussetzungen dazu waren gut, denn Posen und Pommern galten als Kornkammern. Neben dem Großgrundbesitz, der um 1860 etwa 60 % der Anbaufläche ausmachte, gab es viele Mittelbetriebe, die auf zusammenhängenden Flächen mit modernen Methoden und Geräten etwa das Doppelte der Erträge in Kongresspolen erwirtschafteten. Obgleich der Staat die preußischen Junker in der Landbeschaffung bevorzugte, besaßen die polnischen Landwirte um 1880 mit 655 000 ha gegenüber 400 000 ha in deutscher Hand den Vorrang. Die Agrarindustrie, die mit modernsten Maschinen zur positiven Handelsbilanz der Provinz beitrug, lag dagegen in den Händen von Deutschen und Juden, die um 1890 um 2,5 % der Bevölkerung der Provinz Posen ausmachten. Die Flurbereinigung war auf Kosten der armen Bauern erfolgt, und da andere Industrie kaum vorhanden war, blieb ihnen nur die Auswanderung in die westlichen Gebiete Preußens oder nach Übersee. Dies betraf Deutsche wie Polen und führte dazu, dass zwischen 1861 und 1890 der Anteil der deutschsprachigen Bevölkerung in den Städten leicht fiel, in Posen von 41 % auf 34 %. Die Provinz war durch die Eisenbahn gut erschlossen und mit den übrigen Gebieten Preußens verbunden, und die ehemals privaten Linien wurden bis 1883 verstaatlicht. Preußen als Rechtsstaat hätte seinen Staatsbürgern viel bieten können, wenn er sie gleich behandelt hätte, aber der Staat nahm im Streit der Nationalitäten Partei für die deutsche Seite. Bemerkenswert und für die polnische Nation richtungweisend war die Tatsache, dass sich dagegen Großgrundbesitzer, Bauern und Stadtbevölkerung in der Verteidigung nationaler Interessen zusammenfanden und den Germanisierungsbestrebungen wirksam entgegentreten konnten. Diese Bewegung erfasste auch Gebiete, die 1772 nicht zum polnischen Staat gehört hatten, wie Pommern und Westpreußen, in geringerem Maße Oberschlesien.

In der preußischen und dann deutschen Polenpolitik lassen sich drei Phasen unterscheiden: Auf die traditionellen antipolnischen Maßnahmen, wie sie seit der Ära Flottwell und dann nach 1848 zu verzeichnen sind und patriarchalisch-autoritär motiviert waren, folgte der Kulturkampf (1872–1885), der in der Verbindung von nationalen und religiösen Motiven eine deutsch-polnische Konfrontation darstellte, und schließlich ein Nationalkampf mit chauvinistischen Zügen.

Gegen Teilnehmer am Januaraufstand von 1863 hatten die Behörden Prozesse angestrengt, mehr als 2000 Angeklagte verurteilt, dann aber 1867 amnestiert. Die preußische Politik zielte generell darauf ab, gegen den landbesitzenden Adel und den katholischen Klerus vorzugehen, dagegen die polnischen Bauern durch Rechtsstaatlichkeit zu gewinnen. Dieses Konzept ging jedoch nicht auf, denn die Bauern nutzten die legalen Möglichkeiten und begründeten ab 1862 Agrargesellschaften zur Selbsthilfe und zum Studium neuer Methoden, denen sich auch Vertreter des Adels anschlossen. In den Städten entstanden Turnvereine (*Sokół*, »Falke«), Kreditvereine, Verbände für Industrielle und Handwerker, die sich an deutschen Vorbildern orientierten. Unterstützungsvereine für die Volksbildung und Lesegesellschaften organisierten den kulturellen Bereich. Ein starkes Pressewesen florierte und verbreitete ein Bewusstsein nationaler polnischer Identität. Der hohe Anteil an katholischen Geistlichen an dieser Bewegung und allgemein der Gegensatz zu den protestantischen Deutschen ließen die Gleichung *polak katolik* entstehen, »der Pole ist katholisch«. Der polnische Teil der Gesellschaft im preußischen Teilungsgebiet entwickelte sich zum Spiegelbild der deutschen: gebildet, diszipliniert, arbeitsam und relativ wohlhabend; in den kommenden Auseinandersetzungen sollte sich diese Tendenz weiter verstärken.

Der »Kulturkampf«, den Bismarck 1872 gegen die katholische Kirche auslöste, mochte im Ansatz durchaus Teil des Modernisierungsprogramms des neuen Reiches sein, das mit der Aufhebung der kirchlichen Schulaufsicht, der Einführung der Zivilehe und der staatlichen Ausbildung der Geistlichen den Staat von kirchlichem Einfluss trennen und die Teile des Reiches vereinheitlichen wollte. Gerade nach Verkündigung des Dogmas der »Unfehlbarkeit« päpstlicher Lehrentscheidungen von 1870 und angesichts des italienischen Vorbildes konnte sich Bismarck gewisser Zustimmung nicht nur der protestantischen Bevölkerung sicher sein. Verhängnisvoll für das deutsch-polnische Verhältnis wirkte sich aber die Kombination von antikatholischen Maßnahmen und den Tendenzen zur Germanisierung aus. Für die Polen ergab sich eine klare Linie, als 1872 die deutsche Unterrichtssprache in Schlesien und 1873 in Posen/Westpreußen eingeführt wurde, die polnische Sprache als Unterrichtsfach und als Sprache des Religionsunterrichts schrittweise eingeschränkt, polnische Schulbücher 1874 abgeschafft wurden. Deutsch wurde 1876 als Geschäftssprache der Behörden und der Öffentlichkeit festgelegt, das Polnische sollte zur Haussprache heruntergestuft werden. Der Prozess fand seinen Höhepunkt, als die Behörden den Erzbischof von Posen, Mieczysław Halka-Ledóchowski (1822–1902) wegen seines Widerstandes 1874 verhaften ließen und nach zwei Jahren auswiesen. Zahlreiche Priester wurden ebenfalls verhaftet, Vakanzen nicht aufgefüllt. Alle diese Maßnahmen verstärkten sprunghaft die Solidarisierung unter der polnischen Bevölkerung, unter Einschluss der Bauern, die sich jetzt stärker politisierten.

Das Abflauen des Kulturkampfes, das der neue Papst Leo XIII. (ab 1878) einleitete, brachte für den deutsch-polnischen Konflikt keine Erleichterung, sondern verschob den eskalierenden Streit auf einen Kampf um die Sprache und den Boden. Ein deutliches Zeichen für eine weitere Verschärfung war 1885 die Ausweisung von 20000 Polen und 10000 Juden, die zumeist als Landarbeiter aus Galizien oder Kongresspolen gekommen waren. Als neuer Erzbischof von Posen wurde 1886 der deutsche Geistliche Julius Dinder berufen, was einen Affront gegenüber den Polen darstellte, ebenso wie die endgültige Abschaffung des Faches Polnisch in den Schulen 1887. Es war eine Ironie der Geschichte, dass sich der scheinbar größte Schlag gegen die Polen als Misserfolg erweisen sollte: 1886 wurde ein Gesetz erlassen, das Land von polnischen Adeligen zwangsweise aufzukaufen und dort deutsche Kolonisten anzusiedeln. Trotz Unterstützung durch das nationalgesinnte Bürgertum, das große Mittel aufbrachte, wurden statt der erwarteten 40000 deutschen Neubauern nur 3600 gewonnen, davon nur 700 von außerhalb der Provinz. Dagegen organisierten die Polen ihren Widerstand, gründeten eine Landbank (*Bank ziemski*) und eine Genossenschaftsbank (*Bank społek zarobkowych*) in Posen. Der Abgang Bismarcks brachte 1890 eine kurzfristige Entspannung, weil der Reichskanzler von Caprivi die Vertretung der Polen im Reichstag (*koło polskie*, »polnischer Zirkel«) zur Regierungsmehrheit benötigte. Der Pole Florian Stablewski wurde als Erzbischof von Posen eingesetzt, privater Unterricht der polnischen Sprache und Religion in Schulgebäuden, selbst fakultativer Unterricht in Polnisch in Elementarschulen wurden zugelassen. Noch wichtiger waren die Möglichkeiten, in größerem Umfang Güter aufzukaufen und an Polen zu verteilen, sodass die Zahl der polnischen Siedler bald jene der deutschen übertraf.

Die Entlassung von Caprivis 1894 beendete diese Episode, und die antipolnische Politik wurde mit neuer Energie fortgesetzt. Es ist heute schwer zu begreifen, wie große Teile der deutschen Öffentlichkeit sich bis zum Weltkrieg mit antipolnischen oder allgemein antislavischen Äußerungen hervortaten, vom Kaiser Wilhelm II. an der

Spitze über sonst liberale Gelehrte wie Max Weber bis ins Bürgertum hinein. Aus diesem Geist war 1891 der Alldeutsche Verband gegründet worden; 1894 entstand der Ostmarkenverein (ursprünglich »Verein zur Förderung des Deutschtums in den Ostmarken«) aus der Initiative von drei Großgrundbesitzern Ferdinand von Hansemann, Hermann Kennemann und Heinrich von Tiedemann, den die Polen nach den Anfangsbuchstaben die »Hakatisten« nannten. Gegen die »polnische Aggression« wollte er »deutsche Interessen« verteidigen und die Grenzgebiete germanisieren. Der Verein besaß zwar keine große Mitgliederschaft, gewann aber erheblichen Einfluss auf die Beamtenschaft und das Bürgertum, vornehmlich jedoch außerhalb der gemischtsprachigen Gebiete. Die Vorstellungen von einer Überlegenheit der deutschen Kultur mischten sich mit chauvinistischem und selbst rassistischem Gedankengut. Der Verein war maßgeblich an diskriminierenden Gesetzen beteiligt: Städte erhielten deutsche Namen, die polnische Sprache in den Diözesen Kulm, Ermland und Breslau wurde aus dem Gottesdienst verbannt; die Rechtsstaatlichkeit, einst der Stolz Preußens, wurde ab 1898 durch Ausnahmegesetze verletzt, die Polen zu Bürgern zweiter Klasse machten. Große Summen wurden zum Landkauf aufgebracht, Beamte zur Förderung des Deutschtums angehalten, 1901 die polnische Sprache im Religionsunterricht der Volksschulen verboten. Dies führte zu einem Schulstreik in der Kleinstadt Wreschen/Września bei Posen, der mit Gewalt unterdrückt wurde. 1904 wurde das »Feuerstättengesetz« erlassen, das die Ansiedlung von Polen behindern sollte; der Bauer Michał Drzymała umging dieses Gesetz, indem er sich auf seinem Land in einem Zirkuswagen niederließ und so zur Symbolgestalt des polnischen Widerstandes aufstieg. 1908 verbot ein Gesetz die Verwendung der polnischen Sprache in polnischen Vereinen, und ein weiteres Gesetz sollte die Zwangsenteignung polnischer Großgrundbesitzer ermöglichen; obwohl kaum angewendet, heizte es die Stimmung weiter auf.

All diese Maßnahmen vertieften den Graben zwischen Deutschen und Polen und erzielten im Grunde den gegenteiligen Effekt des Beabsichtigten, denn die Polen leisteten wirksamen Widerstand. In der polnischen Teilgesellschaft verband sich der Aspekt der »organischen Arbeit« mit der nationalen Solidarität und führte letztlich zu einer Stärkung des Polentums. Mehr Bauernstellen gingen an Polen als an Deutsche, deutsche Grundbesitzer verkauften auch an die polnische Bank. Der Trend zur Westwanderung war ungebrochen, und so konnten Polen manche Bastion deutschen und jüdischen Wirtschaftslebens erobern. Aufrufe zum Boykott deutscher Geschäfte und Vereine, ja der deutschen Kultur überhaupt, waren die Antwort auf deutsche Diskriminierungsmaßnahmen. Bemerkenswert war auch, dass die Polen aus Posen ihren nationalen Aufbruch in andere preußische Gebiete tragen konnten; so waren Journalisten und Geistliche aus Posen maßgeblich an der Erweckung eines polnischen Bewusstseins in Teilen der slavischen Bevölkerung Oberschlesiens beteiligt.

In der Entstehung von modernen Parteien zeigten sich über die regionalen Sonderentwicklungen in den Teilungsgebieten hinaus gemeinsame Züge, die auf die Herausbildung einer gesamtpolnischen Öffentlichkeit verwiesen und in die internationale Bewegungen eingebettet waren. Aus der Betonung nationaler Ideen und mit der Orientierung auf das Bürgertum entstand die Nationaldemokratische Partei; die Industriearbeiter orientierten sich an der sozialistischen Bewegung, und die Bauern begannen sich in eigenen Gruppierungen zu sammeln.

Die Nationaldemokratie (seit 1897 *Stronnictwo Demokratyczno-Narodowe*, abgekürzt *ND* oder *Endecja*) ging aus der Polnischen Liga hervor, die 1887 in der Schweiz gegründet worden war. Unter dem Namen »Nationale

Liga« wurde sie seit 1893 in Warschau von Roman Dmowski (1864–1939) geführt. Sie vertrat das Konzept eines integralen polnischen Nationalismus, unterstützte die »organische Arbeit« und wollte das polnische Volk durch kulturelle Arbeit in seinem Bildungsstand heben. Obgleich die Gruppe überschaubar war (in Kongresspolen 1903 nur 250 und insgesamt keine 400 Mitglieder zählte) und bis 1899 im Untergrund arbeiten musste, strebte sie die Meinungsführerschaft an, indem ihre Mitglieder in anderen Vereinen und Verbänden tätig waren. Ihre Zeitungen, darunter in Galizien zuerst der *Przegląd Wszechpolski* (»Allpolnische Rundschau«, 1895–1905), gewannen einen großen Einfluss in der polnischen Öffentlichkeit. Das Programm, das Dmowski in seinen Schriften formulierte und in autoritärem Stil vertrat, richtete sich an Bürger und Kleinbürger, Bauern und Teile der Arbeiterschaft. Es betonte die Rolle der katholischen Kirche, forderte die Wiederherstellung eines polnischen Staates, darin die Dominanz der Polen über andere Nationalitäten; es vertrat nationalradikale und antisemitische Thesen, die bis zu faschistischen Tendenzen reichten.

Als 1904 der Russisch-Japanische Krieg ausbrach, suchten konservative Kreise in Kongresspolen durch Loyalitätserklärungen vom Zaren Konzessionen zu erhalten. Dmowski legte ebenfalls Forderungen vor, die polnische Sprache in den Schulen wieder einzuführen und eine polnische Verwaltung einzurichten, enthielt sich aber weitergehender Erklärungen. Es war sein Konzept, durch eine evolutionäre Entwicklung für die Polen Erleichterungen zu erreichen. Nach den revolutionären Ereignissen vom Frühjahr 1905 machte der Zar im April einige Konzessionen, indem er die unierte Kirche wieder zuließ und Polnisch als Sprache der Kommunalverwaltung erlaubte; im Juni wurde Polnisch wieder als Schulsprache anerkannt. Inzwischen war ein erbitterter Streit unter den Polen selbst entbrannt, in dem die Sozialisten auf Konfrontation, auf Streiks und sogar auf Kampf setzten. Als der Zar nach weiteren Unruhen im Oktobermanifest 1905 die Einberufung einer gesetzgebenden Versammlung (*duma*) genehmigte, boykottierten die Sozialisten die Wahlen von 1906 und erlaubten so den Nationaldemokraten, von den 37 Mandaten für Kongresspolen 34 zu gewinnen. In der parlamentarischen Arbeit erreichte die ND jedoch nichts, da der Zar die Duma bald auflöste; in den folgenden drei Dumawahlen wurden die nichtrussischen Vertreter benachteiligt. Während in Kongresspolen die ND wegen mangelnder Erfolge an Ansehen verlor, gewann sie in Posen an Anhängern und konnte sogar in Oberschlesien Fuß fassen. Vertreter der ND waren in der russischen Duma, im österreichischen Reichsrat und im deutschen Reichstag präsent. 1908 legte Dmowski in seinem Buch *Deutschland, Russland und die polnische Frage* (*Niemcy, Rosja i kwestia polska*) sein Programm vor: In Deutschland sah er den größten Feind der Polen, der es auf die Germanisierung und »Proletarisierung« der Polen abgesehen habe. Dagegen liege der Schlüssel zur Lösung der polnischen Frage in Russland, indem es zu einer polnisch-russischen Zusammenarbeit gegen Deutschland kommen solle. Dmowski reihte sich damit in den Chor der Neoslavisten ein, die in Russland die Vormacht aller Slaven sahen. Unter den Polen machte er sich mit dieser Wende jedoch wenig Freunde, zumal die russische Regierung keine Konzessionen erlaubte; die Partei verlor 20 % ihrer Anhänger, und Dmowski legte 1909 sein Mandat nieder. Er behielt jedoch einen großen Einfluss im polnischen Bürgertum und war verantwortlich für einen zunehmenden Antisemitismus.

Die Anfänge einer politischen Organisation bäuerlicher Interessen finden sich bei den armen Bauern Galiziens und knüpfen an die Genossenschaftsgründungen an. 1893 entstand ein lokaler »Bund der Bauernpartei« (*Związek Stronnictwa Chłopskiego*), der sich 1895 in Rzeszów zur

»Polnischen Volkspartei« (*Polskie Stronnictwo Ludowe, PSL,* so der Name seit 1903) weiterentwickelte. Seine Ziele waren zunächst die bessere Ausbildung der Bauern und die Hebung ihres Selbstbewusstseins, damit sie sich von der Bevormundung durch Geistliche und Adel lösen könnten. Auf einem Parteitag in Rzeszów 1903 wurden auch politische Ziele formuliert: Die Partei sollte für eine nationale, politische, ökonomische und kulturelle Verbesserung der Lage der Menschen eintreten; konkret forderte man die Einführung des allgemeinen Wahlrechts und eine Autonomie für Galizien im Rahmen einer trialistischen Umgestaltung der Monarchie, der zufolge die Polen neben den Ungarn zum dritten Teil der Monarchie aufsteigen sollten. In der Bodenfrage vermied man radikale Forderungen, befürwortete jedoch eine Landreform. Nachdem bereits 1895 eine fünfte Kurie in Galizien zugelassen worden war, aufgrund deren die ersten polnischen Bauern im Landtag und im Reichsrat vertreten waren, brachte die Wahlrechtsreform von 1906 das allgemeine Wahlrecht. Die angesichts der agrarischen Struktur des Landes potentiell mächtige Bauernbewegung schwächte ihren Einfluss, als sie sich 1913 in drei Richtungen spaltete: Unter Beibehaltung der nationalen Forderungen vertrat der herausragende junge Wincenty Witos (1874–1945) für die Mittelbauern die gemäßigte Richtung »Piast«, während die auf eine radikale Landreform zielende Gruppe sich in der »Linken« (*Lewica*) zusammenfand; auf Kongresspolen bezogen forderte die dritte Gruppe, nach ihrer Zeitung »Befreiung« (*Wyzwolenie*) benannt, ebenfalls eine radikale Landaufteilung.

Die stärkste politische Kraft entwickelte sich auf der Linken in zwei sozialistischen Parteien, die sich in der Spannung zwischen der internationalistisch ausgerichteten Idee des Sozialismus nach Marx und dem nationalen Anliegen der Polen herausbildeten und miteinander im Streit lagen. Aus zahlreichen kleinen Gruppen, die durch Verbindungen mit den deutschen, österreichischen oder russischen Sozialisten beeinflusst waren, entstanden fast zeitgleich die beiden Organisationen, die sich nicht nur in der Beurteilung Russlands unterschieden. 1892 schlossen sich in Paris mehrere Gruppierungen in der »Polnischen Sozialistischen Partei« (*Polska Partia Socjalistyczna, PPS*) zusammen, die sich 1893 in ihrem sozialen Programm am Erfurter Programm der SPD orientierte (Verstaatlichung von Grund und Boden, von Produktions- und Verkehrsmitteln, Achtstundentag und Mindestlöhne), dazu aber mindestens gleichrangig die Errichtung einer »unabhängigen demokratischen Republik« Polen anstrebte. 1894 wurde in Warschau die »Sozialdemokratie des Königreichs Polen« gegründet, die 1900 den Zusatz »und Litauens« annahm (*Socjal-Demokracja Królewstwa Polskiego i Litwy, SDKPiL*); unter der Leitung von Rosa Luxemburg und Julian Marchlewski erhielt sie ein dezidiert marxistisches Programm (Erringung der politischen Macht durch das Proletariat, Verstaatlichung der Produktionsmittel), betonte den Internationalismus und suchte die Zusammenarbeit mit der russischen Arbeiterschaft; für Polen war eine Landesautonomie innerhalb eines demokratischen Russland vorgesehen. Beide Parteien konnten in Kongresspolen ihre jeweilige Organisation nur im Untergrund aufbauen und zeichneten sich durch zahlreiche Abspaltungen und ideologische Kontroversen aus. Wirkmächtig für die Geschichte Polens wurde die PPS, in der nach seiner Rückkehr aus sibirischer Verbannung Józef Piłsudski (1867–1935) als Herausgeber der Zeitung *Robotnik* (»Arbeiter«) zum charismatischen Führer aufstieg, der eine sozialistische Revolution untrennbar mit einer nationalen Erhebung verbunden sah. Unter der Leitung von Adeligen aus verarmten Familien (Piłsudski selbst stammte aus Litauen) organisierte die Partei die junge radikale Intelligenz und die national orientierte Arbeiterschaft, die eher an einem »Sozialismus der kleinen Leute« als am

Marxismus interessiert war. Über die Teilungsgrenzen hinweg, von Galizien her geleitet, wollte die Partei für alle Polen sprechen und wurde damit zur Gegenspielerin der Nationaldemokratie.

Der entscheidende Durchbruch zur Massenpartei gelang nach dem Ausbruch des Russisch-Japanischen Krieges 1904 und der Militarisierung der Bewegung. Im Mai 1904 bereits wurde die erste Kampfeinheit der PPS gegründet. Piłsudski reiste nach Japan, um der dortigen Militärführung eine Zusammenarbeit mit den Polen anzubieten, und er traf im Juni in Tokio zufällig mit Dmowski zusammen, mit dem er sich aber in den politischen Zielen nicht einigen konnte. Japan war jedoch an Polen nicht interessiert und lieferte in der Folge nur einige Waffen. Zurück in Polen organisierte Piłsudski weitere Kampfeinheiten, die im Laufe des Jahres zahlreiche Attentate und Überfälle auf Banken und Postzüge verübten und sich im November 1904 in einer Massendemonstration in Warschau die ersten Kampfhandlungen seit 1864 mit den russischen Truppen lieferten. Dies erhöhte das Prestige der PPS und führte ihr neue Mitglieder zu, sodass ihre Zahl 1906 auf 55000 anstieg. Der »Blutsonntag« in St. Petersburg (Januar 1905) hatte auch in Kongresspolen Unruhen, Streiks und einen lang andauernden Schulstreik zur Folge, was die Spannung weiter steigerte, die sich im Oktober in Lodsch in Barrikadenkämpfen von Anhängern der PPS und der ND (»Arbeiterunion«, *Narodowy Związek Robotniczy*) entluden. Der innerpolnische Parteienstreit über eine revolutionäre Lösung der polnischen Frage oder ein Zusammengehen mit Russland hatte zum Bruderkampf geführt.

Die PPS boykottierte die Wahl zur ersten Duma und überließ der ND das parlamentarische Feld; Piłsudski setzte hingegen auf militärische Aktionen seiner »Kampforganisation« (*Organizacja Bojowa*), die neben Angriffen auf zaristische Einrichtungen auch Plünderungen von Zügen verübte und deshalb von Dmowski des Banditenunwesens bezichtigt wurde. Über Fragen der Taktik kam es Ende 1906 innerhalb der PPS zu einer Spaltung: Die »Alten« unter Piłsudski setzten in der »PPS – Revolutionäre Fraktion« die Guerilla-Aktionen gegen die russischen Einrichtungen in Kongresspolen fort, während die »Jungen« als »PPS-Linke« (*Lewica*) eine Anlehnung an die anderen Linksparteien suchten. Unter Duldung der österreichischen Behörden entstanden paramilitärische Einheiten, die zur Schule für zukünftige polnische Offiziere wurden und Piłsudski ergeben waren. Die Krise der Balkankriege führte die konkurrierenden Gruppen in der »Provisorischen Kommission der konföderierten Unabhängigkeitsparteien« als politischer Dachorganisation zusammen, die Piłsudski als »Kommandant« mit der militärischen Leitung beauftragte. Der Kern einer polnischen Armee bestand 1913 schließlich aus mehr als 10000 Mann, die von Galizien aus gegen Russland zu operieren bereit waren.

Am Vorabend des Ersten Weltkriegs dominierten zwei Lager mit ihren Führungspersonen die politische Szene der Polen über die Teilungsgrenzen hinweg. Dmowski setzte auf eine Zusammenarbeit mit Russland, erhoffte eine Niederlage Österreichs in einem kommenden Krieg und wollte eine russisch-deutsche Kooperation zu Lasten Polens verhindern; territoriale Konzessionen an Russland sollten dessen Zustimmung zur Autonomie, später zur Unabhängigkeit Polens bringen, das durch Gebietsgewinne im Westen auf Kosten Deutschlands entschädigt werden sollte; dieses Programm galt als die »piastische Lösung«. Piłsudski befürwortete zunächst eine Unterstützung Österreichs und eine Zusammenarbeit mit Deutschland, um die Niederlage des zaristischen Russlands zu bewirken und eine Internationalisierung der polnischen Frage zu erreichen, damit dann später die Westmächte die Mittelmächte unter Einsatz polnischer Truppen zur Unabhängigkeit Polens zwingen könnten; im Osten sah er die Zukunft in einer Föderation mit den Nachbarn; dies galt als die »jagiellonische Lösung«. Dass alle drei Teilungsmächte in einem kommenden Krieg untergehen könnten, war zu unwahrscheinlich, um ins politische Kalkül einbezogen zu werden.

Die Entstehung eines gesamtpolnischen Bewusstseins war seit der Mitte des 19. Jahrhunderts auch durch die Kultur befördert worden. Seit der Niederschlagung des Januaraufstandes von 1863 hatte die »Ära des Positivismus« Presse und Literatur geprägt. Die politischen Lager besaßen in den Teilungsgebieten ihre jeweiligen Zeitungen, deren Einfluss an den Grenzen nicht Halt machte und deren Leserzahl wuchs. In der Literatur herrschte die Richtung des Realismus; in Romanen und Kurzgeschichten sollte die soziale Wirklichkeit widergespiegelt werden. Beeinflusst von Charles Dickens, schrieb Bolesław Prus (Pseudonym für Aleksander Głowacki, 1847–1912) mehrere Romane, die die Probleme der polnischen Gesellschaft aufgriffen. Die Romane von Eliza Orzeszkowa (1841–1910) stellten die Frauen und die Juden in das Zentrum und schilderten den litauisch-weißrussischen Teil des polnischen Kulturraums. Besondere Bedeutung gewannen die historischen Romane von Henryk Sienkiewicz (1846–1916), von denen die Trilogie *Mit Feuer und Schwert* (*Ogniem i mieczem*), *Die Sintflut* (*Potop*) und *Pan Wołodyjowski* die untergehende Adelsrepublik glorifizierten, während der Roman *Die Kreuzritter* (*Krzyżacy*) in kräftigen Bildern die antideutsche Stimmung prägte; im Westen ist besonders sein Roman *Quo vadis* bekannt geworden, der ihm 1905 den Nobelpreis eingetragen hat. Für Generationen von Polen haben seine Romane das historische Bewusstsein beeinflusst. In der Malerei gilt dasselbe für Jan Matejko (1838–1893), dessen großflächige Historienbilder kritische oder glorreiche Stunden der polnischen Geschichte verherrlichten (»Die preußische Huldigung«, »Die Schlacht von Tannenberg«). In der Musik spiegelte sich in den Opern von Stanisław Moniuszko der gesellschaftliche Umbruch der polnischen Gesellschaft von einer Adelsgesellschaft zu einer modernen Nation unter Einschluss der Bauern (*Halka*); mit seinen Liedern erreichte er die Öffentlichkeit in den Salons und mit Chorsätzen die breitere Öffentlichkeit. Auch er ist ein Beispiel für den weit nach Osten reichenden polnischen Kulturraum, da litauische und weißrussische Motive in seiner Musik eine große Rolle spielen.

In den letzten Jahrzehnten des 19. Jahrhunderts wurden die Universitäten Krakau und Lemberg zu Zentren polnischer Kultur und zogen Professoren und Studenten aus ganz Polen an.

Die 1873 begründete Akademie (*Polska Akademia Umiejętności*) wurde zum Zentrum polnischen intellektuellen Lebens. Einen besonderen Aufschwung verzeichnete die Historiographie mit intensiver Quellenarbeit und breiten Diskussionen über die Gründe für den Verlauf der polnischen Geschichte; der »pessimistischen« Krakauer Schule (Michał Bobrzyński, 1849–1935) widersprachen dabei oft die »optimistischen« Warschauer Historiker. Obgleich nur in Galizien ein polnisches Schulwesen existierte, die Bildung in Kongresspolen nur über die russische und in Posen nur über die deutsche Sprache vermittelt wurde, vertiefte sich das Bewusstsein einer gesamtpolnischen Kultur über die Teilungsgrenzen hinweg.

Im letzten Jahrzehnt vor dem Weltkrieg gewann die Moderne an Einfluss in Polen, die Kunst um ihrer selbst willen betreiben wollte. Der reine Realismus wurde in Aufnahme westeuropäischer Vorbilder (Strindberg) um den Symbolismus und um neoromantische Züge bereichert oder verdrängt. Stanisław Wyspiański (1869–1907) steht mit seinen Theaterstücken, der Revolutionierung der Aufführungspraxis und seiner Malerei für eine ganze Richtung des »Jungen Polen«; das Drama *Hochzeit* (*Wesele*, 1901) kann als nationales Mysterienspiel gelten. Stefan Żeromski (1864–1925) betrieb mit seiner poetischen Prosa eine nationale Seelensuche und griff auf historische Themen aus der napoleonischen Zeit zurück (*Asche*; *Popioły*). Władysław Reymont (1867–1925) blieb eher dem realistischen Stil verhaftet und erhielt für den Roman *Die Bauern* (*Chłopi*) 1924 den Literaturnobelpreis. Die Architektur übernahm den Jugendstil (Sezession) aus Österreich; die Komponisten reflektierten die Vorbilder Wagner und Tschaikowsky und fanden in Karol Szymanowski (1882–1937) den begabtesten und originellsten Vertreter. Die Kunstszene und die Öffentlichkeit verstanden sich als gesamtpolnisch, wie die Rückführung des Herzens von Mickiewicz und seine Beisetzung im Wawel (1890), die Fünfhundertjahrfeier der Wiedereröffnung der Jagiellonischen Universität 1900 oder der Jahrestag der Schlacht bei Grunwald/Tannenberg 1910 bewiesen. Auch in der Wissenschaft und der Bildung war Polen zu einer Nation geworden, ehe die staatliche Einheit wiedergewonnen werden konnte.

Polen im Ersten Weltkrieg und der Wiederbeginn polnischer Staatlichkeit (1914–1918)

1914	28. Juni: Ermordung des Thronfolgers Erzherzog Franz Ferdinand in Sarajevo
	1. August: Beginn des Ersten Weltkriegs
1916	5. November: Proklamation eines »Königreichs Polen«
1917	23. Februar / 8. März: Februarrevolution in Petrograd
	6. April: Eintritt der USA in den Krieg
	24. Oktober / 6. November: Oktoberrevolution in Petrograd
1918	8. Januar: »14 Punkte« des US-Präsidenten Wilson
	7. Oktober: Aufruf des Regentschaftsrates
	11. November: Piłsudski übernimmt den Oberbefehl über die polnische Armee

---

Nach der Ermordung des österreichischen Thronfolgers in Sarajevo (28. Juni 1914), dem österreichischen Ultimatum an Serbien und der deutschen Kriegserklärung an Russland begann am 1. August 1914 der schon lange erwartete Krieg. Keine der beteiligten Mächte hatte feste Vorstellungen, wie mit Polen umzugehen sei, aber in allen drei beteiligten Armeen waren Polen vertreten (schließlich 1,5 Millionen), und das Land musste nach Lage der Dinge zum Schlachtfeld werden; alle drei Mächte sollten im Verlauf des Krieges für unterschiedliche Konzeptionen werben. Bemerkenswert ist, dass es den Polen gelang, sich als eigenständigen Faktor in den Konflikt einzubringen. Schon am 6. August rückte Piłsudski mit einem Teil seiner Truppen in Kongresspolen ein, weniger um einen Aufstand auszulösen, als um Präsenz zu zeigen. In einem Aufruf einer fiktiven Nationalregierung in Warschau erklärte er sich selbst zum Oberkommandierenden der polnischen Truppen. Zwar war die Reaktion der Bevölkerung enttäuschend, aber Österreich und die polnischen politischen Kräfte, die sich in einem Obersten Nationalkomitee (*Naczelny Komitet Narodowy, NKN*) zusammengeschlossen hatten, mussten Stellung beziehen. In Wien wurde ein Programm vorgelegt, dem zufolge aus Galizien und Kongresspolen ein polnischer Staat in enger Anlehnung an Österreich entstehen sollte; nach längeren Verhandlungen wurde Piłsudskis Truppe als Teil einer polnischen Legion anerkannt, in zwei Brigaden gegliedert und unter österreichisches Kommando gestellt.

Die wirklichen Entscheidungen fielen an anderer Stelle. In Berlin waren die Verhältnisse widersprüchlich: Zum einen hatte Kaiser Wilhelm die Gründung eines polnischen Staates nach Ende des Krieges befürwortet, der Kanzler Bethmann-Hollweg entwickelte dagegen die Konzeption eines von Deutschland abhängigen »Mitteleuropa«, von dem Polen ein Stück sein sollte, andere forderten die Annexion von Teilen der Grenzgebiete Kongresspolens zur strategischen Abrundung; insgesamt wollte man sich jedoch nicht vorzeitig binden, um die Brücken mit Russland nicht vollständig abzubrechen. Am deutlichsten waren die Versprechungen von russischer Seite, als der russische Oberkommandierende, Großfürst Nikolaj Nikolaevič, am 14. August ein Manifest verkünden ließ, dass das polnische Volk unter russischem Zepter wiedervereinigt werden und sprachliche und religiöse Freiheit sowie die Autonomie erhalten solle. Allerdings wurden diese Zusagen bald eingeschränkt, weil die Annexion Ostgaliziens und anderer Gebiete durch Russland vorgesehen war, sodass die Wünsche der Polen keineswegs erfüllt worden wären; außerdem sollte die Autonomie nur für neu zu erobernde Gebiete gelten. Von den polnischen Politikern begrüßte nur Dmowski die russische Erklärung und rief im November 1914 in Warschau ein Nationalkomitee aus, das dem Krakauer Komitee und Piłsudski entgegenwirken sollte. Die Glaubwürdigkeit der russischen Erklärungen litt darunter, dass bis Mitte September 1914 russische Truppen Ostgalizien und die Bukowina besetzt hatten und dort eine strikte Russifizierung einleiteten.

Im Spätherbst 1914 hatten deutsche und österreichische Truppen eine Offensive eingeleitet, die – nach einer Unterbrechung im Winter – im Sommer 1915 zur Eroberung von ganz Kongresspolen durch die Mittelmächte führte. Der größte Teil des ethnisch-polnischen Gebietes (6,5 Millionen von 9,4 Millionen Bewohnern) kam als Generalgouvernement Warschau unter dem General von Beseler unter deutsche Verwaltung, während weiter im Osten die eroberten Gebiete unter militärischem Kommando (Oberost) verblieben. Österreich übernahm den südlichen Teil, der vom Generalgouverneur Baron Diller von Lublin aus verwaltet wurde. Die Zivilverwaltung sollte »Ruhe und Ordnung« wiederherstellen und die zerrüttete Wirtschaft verbessern. Das Erste erforderte eine gewisse Zusammenarbeit mit polnischen Kräften, die sich nun – allerdings unter politischer Kontrolle und Zensur – freier als zuvor äußern konnten; die polnische Sprache wurde in den Schulen und Gerichten eingeführt, in Warschau eine Universität und eine Technische Hochschule errichtet. Die deutsche Verwaltung erlaubte 1916 sogar Wahlen für Stadträte und Landbezirke. Die Wirtschaftsförderung erwies sich demgegenüber als eine Illusion, denn das besetzte Gebiet wurde hemmungslos zu Gunsten der deutschen Kriegswirtschaft ausgebeutet. Die österreichischen Beamten kannten die Verhältnisse besser und gingen zurückhaltender vor, indem sie die polnischen Kräfte an der Verwaltung beteiligten, die Mitte 1916 de facto in polnischer Hand war.

Die polnischen politischen Kräfte in den besetzten Gebieten waren zersplittert und über die Frage zerstritten, mit welcher der drei Mächte eine Einigung Polens möglich sei. In Krakau repräsentierte das »Oberste Nationalkomitee« (*NKN*) nur einen Teil der Parteien, da die Nationaldemokraten gegen eine austropolnische Lösung protestierten. Dmowski hatte dagegen im November 1914 in Warschau ein »Polnisches Nationalkomitee« (*Komitet Narodowy Polski, KNP*) gegründet, das eine Einigung mit Russland befürwortete. Nachdem er mit seinen Versuchen gescheitert war, die russische Administration zu grundlegenden Reformen zu veranlassen, ging er im November 1915 in den Westen, wo er Anschluss an die dortige Emigration fand und Einfluss auf die westlichen Alliierten zu nehmen suchte. Die deutsche Besetzung Warschaus hatte die Situation grundlegend verändert, aber polnische Politiker der Rechtsparteien lehnten eine Zusammenarbeit mit den Mittelmächten und der Krakauer Gruppe ab. Die eher aktivistisch eingestellten Parteien zerfielen in mehrere Richtungen, die teils ein Zusammengehen mit Österreich, teils mit Deutschland befürworteten und einander befehdeten. Als eigenständige politische Kraft wirkte unter diesen Umständen nur Piłsudski mit seiner »Ersten Brigade«. Seine Leute trugen eine eigene Uniform, bewahrten eigene polnische Traditionen der Dąbrowski-Legion und bewährten sich mehrfach in Gefechten. Der große Anteil an Intelligenz in dieser Truppe verlieh ihr einen hohen Symbolwert und trug zu ihrer späteren Glorifizierung bei. Dem wachsenden politischen Einfluss Piłsudskis diente insbesondere die »Polnische Militärorganisation« (*Polska organizacja wojskowa, POW*), die er bereits 1914 in Kongresspolen ins Leben gerufen hatte und die bald als illegale und weitgehend unabhängige Miliz insgeheim in allen polnischen Gebieten tätig geworden war. Über die militärische Tätigkeit hinaus übten Piłudskis Vertraute Einfluss auf die Politik im besetzten Kongresspolen, und selbst im westlichen Exil gewann er Repräsentanten.

Die Mittelmächte waren sich zwar über die Teilung der besetzten Gebiete einig geworden, nicht aber über die Zukunft Polens als Ganzes. Schien es lange, dass Berlin einer austropolnischen Lösung zuneige, so gewannen im Laufe des Jahres 1915 die Stimmen an Gewicht, die einen stärkeren Einfluss Deutschlands befürworteten. Friedrich Naumanns Ende 1915 erschienenes Buch *Mitteleuropa* erläuterte das Konzept einer deutschen ökonomischen Vorherrschaft in dem Staatengürtel zwischen Deutschland und Russland; für ein selbstständiges Polen fand sich darin kein Platz. Angesichts der russischen Brusilov-Offensive im Sommer 1916 wurde der deutsche Generalstab auf die polnische Legion aufmerksam, die sich unter österreichischem Kommando bewährt hatte. Allerdings war es dann zu einem Streit gekommen, weil die polnischen Offiziere die Legion der Regierung eines polnischen Staates unterstellt sehen wollten. Als Wien dies ablehnte, reichte Piłsudski gemeinsam mit zahlreichen Offizieren seinen Abschied als Kommandant der Brigade ein, der am 26. September 1916 angenommen wurde. Zur gleichen Zeit äußerten Hindenburg und Ludendorff, die im August den Oberbefehl übernommen hatten, ihr Interesse an polnischen Soldaten unter deutschem Kommando. In langen geheimen Verhandlungen im Verlauf des Jahres 1916 fanden Berlin und Wien einen Kompromiss, der am 5. November 1916 mit der Proklamation eines »Königreiches Polen« durch die beiden Generalgouverneure verkündet wurde. Auf dem Territorium des eroberten russischen Teilungsgebietes sollte ein polnischer Staat als Erbmonarchie eingerichtet werden, der eine Verfassung erhalten und eng mit den Mittelmächten verbunden bleiben sollte. Allerdings fehlten Angaben über die Grenzen des neuen Staates, wohingegen die Aufstellung einer polnischen Armee unter gemeinsamer Leitung angekündigt wurde. Die anfängliche Begeisterung polnischer Kreise wich rasch der Ernüchterung, als schon vier Tage später Freiwillige angeworben wurden. Zu durchsichtig war das Konzept, gegen vage Versprechungen die Verluste an eigenen Soldaten auszugleichen. Die Werbeaktion verlief dann auch enttäuschend.

Dennoch waren die Folgen des Manifestes beträchtlich, denn die »polnische Frage« war nun zu einer internationalen geworden. Russland protestierte gegen die Verletzung internationalen Rechtes und versprach seinerseits einen polnischen Staat, der alle Teilungsgebiete umfassen sollte. Obwohl diese Erklärung des Zaren zu Weihnachten 1916 nicht die wirklichen Absichten ausdrückte, ermöglichte sie eine Klärung unter den westlichen Alliierten, die bisher Rücksicht auf Russland genommen hatten. US-Präsident Wilson sprach dann am 22. Januar 1917 in einer Rede vor dem amerikanischen Senat von einem künftigen »einigen, unabhängigen und autonomen Polen«. Auch die Februarrevolution in Russland änderte an der russischen Haltung indes wenig, denn die Provisorische Regierung erklärte am 30. März in einem eigenen Manifest an die Polen, dass ein »unabhängiges« Polen, dessen Grenzen noch zu bestimmen seien, in einer Militärunion mit dem neuen Russland verbunden bleiben müsse.

Im Lande hatte das Manifest ebenfalls konkrete Folgen. Schon zum 3. Mai 1916 hatte von Beseler öffentliche Kundgebungen in Warschau erlaubt, an denen der Stadtpräsident Fürst Lubomirski und der Erzbischof Kakowski teilgenommen hatten. Diese beiden Persönlichkeiten gehörten mit 23 anderen zum »Provisorischen Staatsrat« (*Tymczasowa Rada Stanu*), der im November 1916 ernannt und am 14. Januar 1917 im Warschauer Schloss zusammentrat. Er sollte in den Bereichen Finanzen, Außen- und Innenpolitik, Erziehungswesen und Religion zwar nur beratend tätig werden, hatte aber mit Piłsudski als Vorsitzendem der Militärkommission eine eigenständige Persönlichkeit, die mit der Forderung »keine polnische Armee ohne polnische Regierung« einen gewissen Druck ausüben konnte. Die Zusammenarbeit des Generalgouverneurs mit dem Staatsrat war nicht spannungsfrei, zumal dieser vergeblich die Einsetzung eines Regenten und einer Regierung forderte. Zum offenen Streit kam es über die Frage der Eidesleistung der polnischen Legionen, deren aus Kongresspolen stammender Teil im April 1917 Beseler unterstellt worden war und als »Polnische Wehrmacht« in deutschen Uniformen unter deutschem Kommando stand; eine Zusammenführung mit dem »Polnischen Hilfskorps« unter österreichischer Leitung war nicht vorgesehen. Obwohl der Staatsrat, aus dem Piłsudski inzwischen ausgetreten war, der Eidesformel zustimmte, verweigerten dieser und seine Erste Brigade, sowie die Mehrheit der Dritten Brigade, am 9. Juli den Eid. Die »Polnische Wehrmacht« war damit auf 139 Offiziere und 2600 Mann geschrumpft. In der Nacht vom 21. auf den 22. Juli verhafteten die deutschen Behörden Piłsudski und seinen Stabschef Sosnkowski und brachten beide nach Deutschland, wo sie bis Kriegsende in der Festung Magdeburg festgehalten wurden. Dem Ansehen Piłsudskis unter den Polen war dies nur förderlich, da er sich als patriotischer Politiker erwiesen hatte und nicht der Kollaboration mit den Besatzern bezichtigt werden konnte.

An die Stelle des aufgelösten Staatsrates traten nach Beratungen der Besatzungsmächte neue Institutionen. In den

Regentschaftsrat, der die Kontrolle über die Erziehung und das Gerichtswesen erhielt, beriefen die Generalgouverneure den Bürgermeister von Warschau, Fürst Lubomirski, den Erzbischof Kakowski und den reichen Großgrundbesitzer Ostrowski, die alle der konservativ aristokratischen Oberschicht angehörten. Eine Regierung unter Prof. Jan Kucharzewski wurde eingesetzt, die aus zwölf Ministerien bestand; sie repräsentierte jedoch nicht die Parteienlandschaft und konnte nur wenig Einfluss nehmen. Alle linken Parteien verweigerten sich einer Zusammenarbeit mit den Besatzungsmächten. Die große Politik überlagerte die Streitigkeiten in Warschau, und das Exil gewann immer mehr an Einfluss.

Der Kriegseintritt der USA im April 1917 hatte die Lage dramatisch verändert; nunmehr konnten die Polen einen Verbündeten gewinnen, der nicht durch Geheimabkommen mit Russland in seinen Entscheidungen eingeschränkt war, andererseits Rücksicht auf die im Lande lebenden Polen nehmen wollte. Einen bedeutsamen Erfolg erzielten die Auslandspolen, als Frankreich am 4. Juni 1917 auf russischen Wunsch hin die Bildung einer polnischen Armee im Exil erlaubte, um möglichen ähnlichen Entscheidungen der USA zuvorzukommen. Am 15. August 1917 rief Dmowski in Lausanne ein »Polnisches Nationalkomitee« (*Komitet Narodowy Polski, KNP*) ins Leben, das bald nach Paris übersiedelte. Mit dem weltbekannten Pianisten Ignacy Paderewski hatte Dmowski nun einen Partner, der ihm bei den Exilpolen in den USA die Türen öffnen konnte; auf die Rede Wilsons vom Januar 1917 hatte er indirekt Einfluss nehmen können. Das Komitee unterhielt Beziehungen nach Polen und zu den Alliierten, die es im Herbst schrittweise als Vertreterin polnischer Interessen anerkannten. In General Haller, der aus der österreichischen Armee über Russland in den Westen gekommen war, gewann man im Sommer 1918 einen Oberbefehlshaber für die polnischen Truppen im Ausland.

Mit der Oktoberrevolution in Russland brach die erste Teilungsmacht zusammen. In ihren ersten Verlautbarungen hatten die Bolschewiki einen Frieden ohne Annexionen und Kontributionen gefordert und den Völkern des Zarenreiches das Recht auf nationale Selbstbestimmung zugesichert. Während der Verhandlungen in Brest-Litovsk (22. Dezember 1917 bis 3. März 1918) besaßen die Sowjets ein Forum, um für diese Ziele öffentlich zu agitieren. Zwar widersprach ihr eigenes Vorgehen in Weißrussland und in der Ukraine den selbst gesteckten Zielen, denn dort ignorierten sie das Selbstbestimmungsrecht, aber sie zwangen doch die westlichen Alliierten zu einer Stellungnahme. In seiner Rede am 8. Januar 1918 präsentierte Woodrow Wilson seine »14 Punkte«, in denen es unter Punkt 13 ausdrücklich hieß, dass ein »unabhängiger polnischer Staat entstehen soll, der die Territorien mit unbestreitbar polnischer Bevölkerung« umfassen solle; ein freier Zugang zum Meer und eine internationale Garantie wurden versprochen. So unklar, wie die Formulierungen im Einzelnen auch waren, so bedeutete diese Erklärung den Durchbruch für die polnischen Bestrebungen auf Wiederherstellung eines eigenen Staates.

Der Weg dahin war aber noch lang und bedeutete für die Polen, sich mit einigen bitteren Erkenntnissen abfinden zu müssen. In den östlichen Gebieten waren mit Weißrussland und der Ukraine selbstständige Staaten entstanden, in denen zwar die innere Entwicklung im Streit zwischen deutschem Einfluss, eigener Entscheidung und Eingreifen der Sowjetmacht noch unklar war, aber die Tatsache, dass die polnische Regierung an den Friedensverhandlungen nicht hatte teilnehmen dürfen, zeigte ihren geringen Handlungsspielraum. Die Entwicklung in Litauen lief auf eine Eigenstaatlichkeit hinaus. Besonders die Gebietsabtretungen an die Ukraine waren für die Polen unerträglich, sodass die austropolnische Lösung ihre letzten Anhänger verlor; eine große Zahl polnischer Soldaten unter Führung von General Haller desertierte und setzte sich in die Ukraine ab, wo man Kontakt zu polnischen Verbänden fand. Im März mussten diese jedoch vor den deutschen Truppen kapitulieren, und nur einigen Offizieren, darunter General Haller, gelang die Flucht über Murmansk nach Frankreich.

Erst am 3. Juni 1918 wurde auf der Interalliierten Konferenz in Versailles die Bildung eines unabhängigen polnischen Staates zum offiziellen Kriegsziel der Alliierten erklärt; aber noch herrschten die Besatzungsmächte, die sich über die Zukunft Polens nicht einig werden konnten. Als dritter Faktor sind die Polen in diesem Prozess selbst zu sehen: Während die Anhänger der PPS im Lande durch Überfälle und Attentate für Unruhen sorgten, suchten der Regentschaftsrat und die Regierung zuerst zusammen mit den Deutschen, dann schließlich gegen diese eine eigene Politik zu machen. Am 7. Oktober 1918 erließ der Regentschaftsrat einen Aufruf, einen unabhängigen polnischen Staat und eine repräsentative Regierung zu schaffen. Obgleich daran die PPS und die Bauernpartei nicht beteiligt waren, sollte Piłsudski, um dessen Freilassung man sich bemühte, als Kriegsminister beteiligt sein. Die Polnische Wehrmacht wurde Mitte Oktober dem Regentschaftsrat unterstellt und wuchs rasch beträchtlich. In dem Maße, wie den deutschen Behörden die Macht entglitt, konnten sich in Warschau, in Krakau und in Lublin polnische Machtzentren entwickeln, die – von verschiedenen politischen Parteien getragen – miteinander rivalisierten. Der gleitende Übergang in die neue Staatlichkeit erfuhr einen Höhepunkt, als Piłsudski am 10. November 1918 in Warschau eintraf; die polnische Armee und die verschiedenen polnischen Kräfte unterstellten sich seinem Kommando. Die deutsche Besatzungsmacht und das »Generalgouvernement« brachen mit der Abreise Beselers zusammen. Die unwahrscheinlichste Lösung der Teilung Polens war Realität geworden: Alle drei Teilungsmächte waren auseinandergefallen. Der Staat Polen war wieder entstanden, aber noch in einem Zustand der Gärung befangen und mit vielen Problemen belastet. Der Regentschaftsrat als Vertretung der alten Ordnung bestätigte am 14. November die Machtübernahme durch Piłsudski und löste sich auf. Der neue Staat Polen, der nach 123 Jahren der Teilung und der Fremdherrschaft wieder in die Familie Europas zurückkehrte, hatte seinen ersten, von allen Polen anerkannten Repräsentanten.

Polen im 20. Jahrhundert

Epochenüberblick

Aus den Trümmern von drei Großreichen entstand der Staat Polen 1918/19 als bürgerlich-demokratische »zweite Republik«. Die Zeit der Unabhängigkeit dauerte jedoch nur bis 1939, als Polen zum Objekt der Aggression des deutschen Nachbarn wurde; die Befreiung im Jahre 1944 bedeutete zugleich den Beginn einer andersgearteten Unterdrückung durch die sowjetische Herrschaft, die erst mit deren Zusammenbruch 1989 endete. Dann kehrte Polen in die Gesellschaft der freien Völker Europas zurück, nunmehr ausgesöhnt mit seiner geographischen Lage und in friedlichen Beziehungen zu allen Nachbarn. In seiner Bevölkerungsstruktur und in seiner äußeren Gestalt war Polen am Ende der Nachkriegszeit ein total verändertes Land.

Die Grenzen des Staates nach Westen waren auf der Pariser Friedenskonferenz und in Folgekonferenzen der Alliierten festgelegt worden, nach Osten dagegen (mit Ausnahme der Grenze zu Rumänien) wurden sie in Kriegen erstritten. Die Grenzen Polens blieben auch nach ihrer vertraglichen Regelung ein Problem, weil fast alle Nachbarn sie als vorläufig betrachteten und ihre Revision wünschten. Besonders der deutsche Nachbar beurteilte Polen daher als »Saisonstaat«.

Polen war ein Land in Gärung mit fast unlösbaren Problemen. Die Teilungsgebiete mussten wirtschaftlich, verkehrspolitisch, rechtlich und verwaltungstechnisch zusammengefügt werden. Das Parteiensystem war zersplittert, die Regierungen wechselten häufig, die Integration

Polen in der Zwischenkriegszeit

LETTLAND
LITAUEN
Memel
Memel
Kowno
Tilsit
Königsberg
Wilna
OST-
PREUSSEN
Minsk
Allenstein
Grodno
Memel
Białystok
WEISSRUSSLAND
Narew
Warschau
Bug
Brest-Litowsk
Pripjet
UDSSR
Pilaca
Radom
Lublin
Chełm
Kielce
Sandomierz
Weichsel
San
kau
Przemysl
Lemberg
Tarnopol
UKRAINE
Stanisławów
Bug
Dnjestr
LOWAKEI
RUMÄNIEN

der nationalen Minderheiten misslang. All diese Probleme führten 1926 zur Einrichtung eines autoritären Regimes durch Piłsudski, aber mit dieser Abkehr von der Demokratie war Polen in Ostmitteleuropa keine Ausnahme.

Schicksalhaft wurde für Polen die Auseinandersetzung mit dem nationalsozialistischen Deutschland, das nach dem Zwischenspiel des Nichtangriffspaktes von 1934 eine Korrektur der Grenzen erzwingen wollte. Der daraus resultierende Zweite Weltkrieg brachte Polen zunächst um die Eigenstaatlichkeit, dann seine Bevölkerung an den Rand der physischen Vernichtung. Am Ende des Krieges war die polnische Intelligenz dezimiert, der jüdische Bevölkerungsteil des Landes ausgerottet, die Wirtschaft ruiniert, das Land auf der Landkarte nach Westen verschoben und im Innern ethnisch und sozial so nivelliert wie nie zuvor in seiner Geschichte.

Die Befreiung von der nationalsozialistischen Okkupation wurde zum Anfang der sowjetischen Herrschaft, die Polen in das Staatensystem des »Ostblocks« einbettete und innenpolitisch in der »Stalinisierung« gleichschaltete. Polen war aber von Beginn an der eigenwilligste Satellit Moskaus, der die herrschende Ideologie immer wieder in Frage stellte und die führende Rolle der kommunistischen Partei als »Avantgarde des Proletariats« in Arbeiterunruhen als hohl entlarvte. Die Gründung der freien Gewerkschaft »Solidarität« (*Solidarność*) und ihre Explosion zu einer Massenbewegung läutete dann den Untergang des sowjetischen Systems ein, das in Polen in einem gleitenden Übergang zur Demokratie abgelöst wurde.

Im Jahre 1989 endete im Grunde die Nachkriegszeit des Ersten Weltkrieges. Polen kehrte im Innern zur Demokratie zurück und entwickelte in seinen Beziehungen zu seinen Nachbarn einen zuvor nicht gekannten Realismus. Die Perspektive, Partner in einem vereinten Europa zu werden, wird aber von Umbrüchen und Ängsten begleitet und erzwingt eine erneute Umgestaltung des Landes.

Polen als Republik
Der Kampf um die Grenzen und die Grundlegung der Außenpolitik
(1919–1938)

1919	23. Januar: Tschechisch-polnischer Konflikt in Teschen
	28. Juni: Unterzeichnung des Friedensvertrages durch Deutschland in Versailles
	16./17. Juli: Erster Aufstand in Oberschlesien
1920	7. Mai: Polnische Besetzung von Kiev
	11. Juli: Abstimmung in Ost- und Westpreußen
	28. Juli: Teilung Teschens entlang des Flusses Olsa
	19./20. Juli: Zweiter Schlesischer Aufstand
	9. Oktober: Żeligowski besetzt Wilna
1921	19. Februar: Bündnisvertrag mit Frankreich
	18. März: Friedensvertrag von Riga
	20. März: Abstimmung in Oberschlesien
	3. Mai: Dritter Schlesischer Aufstand
1922	17. April: Deutsch-sowjetischer Vertrag in Rapallo
1925	16. Oktober: Vertrag von Locarno
1934	26. Januar: Deutsch-polnischer Nichtangriffspakt
1938	19. März: Litauen nimmt das polnische Ultimatum an
	1. Oktober: Abtretung des Olsa-Gebietes an Polen

Jeder Staat hat Grenzen, und ein neu begründeter Staat muss seine Grenzen erst finden. Für Polen war dies ein komplizierter Prozess, in dem der Staat die Grenzen zum einen durch die Alliierten gesetzt erhielt, zum anderen sie mit eigenen Mitteln erkämpfte. Welche Gestalt der polnische Staat erhalten sollte, war Gegenstand eines innenpolitischen Streites. Piłsudski befürwortete eine föderale Lösung im Osten, der zufolge im Sinne des jagiellonischen Staates jene Gebiete in den Grenzen von 1772 zu Polen kommen sollten, die zwar von einer Mehrheit ukrainischer, litauischer oder weißrussischer Bevölkerung besiedelt, aber – insbesondere in den Städten – von polnischer Kultur durchdrungen waren. Dieses Konzept stieß auf die erbitterte Ablehnung der konkurrierenden Nationalbewegungen der Ukrainer und Litauer. Das Pariser Nationalkomitee unter Leitung von Roman Dmowski verfolgte die »piastische« Lösung, die Gebietsgewinne auf Kosten Deutschlands und Polen als unitarischen Nationalstaat vorsah. Das Ergebnis des Streites war ein Kompromiss, der Polen mit der Feindschaft zu fast allen Nachbarn belastete und im Innern zu einem Dauerkonflikt mit den nichtpolnischen Nationalitäten führte.

Da die Wiederherstellung des polnischen Staates »mit unbestreitbar polnischer Bevölkerung« zum Kriegsziel der Alliierten geworden war, bestimmten diese in der Friedenskonferenz die Westgrenze. Ein starkes Polen sollte zugleich den deutschen Einfluss im Osten Europas begrenzen (*barrière de l'Est*) und das Vordringen revolutionärer Ideen aus Russland verhindern (*cordon sanitaire*); hierin wurde Polen insbesondere von Frankreich unterstützt, das seinen traditionellen Verbündeten Russland durch die Revolution verloren hatte.

Peinlich für die Alliierten war nach der Eröffnung der Friedenskonferenz am 18. Januar 1919, dass es fünf Tage später zu einem bewaffneten Konflikt zwischen Polen und der Tschechoslowakei in Teschen kam, weil Polen dieses Gebiet aufgrund der ethnischen Verhältnisse beanspruchte und daher dort die für den 26. Januar 1919 vorgesehenen Wahlen in den konstituierenden Sejm durchführen lassen wollte, während die Tschechen auf die Zugehörigkeit des alten Herzogtums zu den Ländern der Krone Böhmen verwiesen. Die Teilung der Stadt und des Landes Teschen entlang des Flusses Olsa, die die Botschafterkonferenz später verfügte (28. Juli 1920), stellte keine der beiden Seiten zufrieden und belastete das polnisch-tschechoslowakische Verhältnis während der ganzen Zwischenkriegszeit.

Die Grenze zu Deutschland war durch einen Aufstand in Posen Anfang Januar 1919 bereits präjudiziert worden, als die ganze Provinz in polnische Hand gelangt war: die polnischen Ansprüche gingen jedoch darüber hinaus. Die polnische Delegation auf der Friedenskonferenz überreichte am 25. Februar der »Kommission für polnische Angelegenheiten« einen Forderungskatalog, der mit 84198 km^2 fast ganz Oberschlesien und Teile Mittelschlesiens umfasste, ferner weite Gebiete in Westpreußen, Ostpommern und im südlichen Ostpreußen, dazu die Stadt Danzig als Zugang zur Ostsee. Auf Drängen Großbritanniens wurden die Forderungen reduziert und in zwei Gebieten – Marienwerder und Allenstein in Ostpreußen und Oberschlesien – Volksbefragungen beschlossen. Während das Plebiszit in Ostpreußen am 1. Juli 1920 einen überwältigenden Erfolg der deutschen Seite brachte – im Bezirk Allenstein stimmten nur 2,2 % und in Marienwerder 7,6 % der Abstimmungsberechtigten für den Anschluss an Polen –, verlief die Entwicklung in Oberschlesien komplizierter. In einem ersten Aufstand vom 16./17. August 1919 und einem zweiten vom 19./20. August 1920 versuchten einheimische Führer der polnischsprachigen Bevölkerung (Wojciech Korfanty) und vor allem Polen von außerhalb des Gebietes die Ergebnisse eines Plebiszites zu beeinflussen. Die Interalliierte Kommission für Oberschlesien, die am 11. Februar 1920 mit ihren Truppen die Kontrolle im Lande übernommen hatte, bereitete die Volksabstimmung vor, die am 20. März 1921 abgehalten werden konnte. Unter fast unerträglicher innerer Spannung, die durch Eingriffe von außen von beiden Seiten verstärkt wurde, sollten sich die einheimische Bevölkerung und jene Abstimmungsberechtigten, die seit einem Stichtag ihren Wohnsitz gewechselt hatten, für einen Anschluss der Provinz an Deutschland oder an Polen entscheiden; diese Frage spaltete die slavische Bevölkerung der Provinz (Schlonsaken) bis in die Familien hinein. Das Plebiszit erbrachte mit

59,6 % der Stimmen einen Erfolg für Deutschland; insbesondere die Landbevölkerung hatte mit immerhin 40,4 % für Polen votiert. In einem dritten Aufstand versuchte die polnische Seite am 3. Mai 1921 die Ergebnisse zu korrigieren, musste gegen deutsche Freikorpsverbände jedoch Ende Mai am Annaberg eine Niederlage hinnehmen. Entsprechend den Bestimmungen des Versailler Vertrages nahm daraufhin der Völkerbundsrat am 20. Oktober 1921 eine Teilung der Provinz weitgehend den Abstimmungsergebnissen der Landbevölkerung entsprechend vor, indem ein Gebiet von 3213 km^2 und mit einer Bevölkerung von etwa einer Million Menschen Polen zugesprochen wurde. An Deutschland fiel mit 9713 km^2 und einer Bevölkerung von 1,3 Millionen Einwohner zwar der weitaus größere Teil der Provinz, aber die polnische Seite hatte mit 85 % der Kohlevorräte und 75 % der Industrieanlagen den wirtschaftlich wertvolleren Teil erhalten. Mitte Juni 1922 wurden Ostoberschlesien und der polnische Teil Teschens als Wojewodschaft Schlesien mit eigener Autonomie Polen eingegliedert. Die Abstimmung und die Begleitumstände, insbesondere der Verlust Ostoberschlesiens, hatten zu einer ungeheueren Emotionalisierung der dortigen Bevölkerung und der deutschen Öffentlichkeit insgesamt geführt, sodass die deutsch-polnischen Beziehungen nachhaltig belastet wurden und keine deutsche Regierung es wagen konnte, sich mit den Gebietsverlusten abzufinden. Wie sehr in dieser Frage jedoch die nationale Propaganda die vorgeblichen wirtschaftlichen Interessen überlagerte, sollte sich nach Ablauf der deutschen Verpflichtungen zur Abnahme polnischer Kohle zeigen, als am 15. Juni 1925 die deutsche Regierung mit dem Boykott der polnischen Kohlelieferungen einen Wirtschaftskrieg gegen Polen begann.

Auch die Abtrennung der Stadt Danzig vom Deutschen Reich und ihre Erhebung zu einer Freien Stadt unter Völkerbundsmandat, wie es am 15. November 1920 verkündet wurde, betrachtete die deutsche Öffentlichkeit als eine Vergewaltigung. Insgesamt hatte das Deutsche Reich 42 927 km^2 des alten Staatsgebietes mit drei Millionen Einwohnern an Polen abtreten müssen. Weitere Spannungen wurden durch die Optantenfrage geschürt, weil ehemalige Reichsangehörige sich für die Beibehaltung ihrer deutschen Staatsangehörigkeit hatten entscheiden dürfen, aber oftmals überrascht waren, als 1923/24 die polnische Seite ihre Ausweisung verfügte. Die Gebietsverluste an Polen hat die deutsche Öffentlichkeit tief erregt und verbittert, weil hier – anders als beim Verlust Elsass-Lothringens und anderer Gebiete im Westen – das deutsche Prestigedenken verletzt worden war. Die Grenze zu Polen galt als eine »blutende Grenze«, und Polens Existenz mit den Worten des Generals von Seeckt (1922) als »unerträglich«.

Weitaus komplizierter gestaltete sich die Grenzfindung im Osten Polens, wo der Spruch der Alliierten nicht durchsetzbar war und wo konkurrierende Nationalbewegungen und die Auswirkungen der Oktoberrevolution die Verhältnisse belasteten. Im November 1918 war in Wilna eine litauische und in Lemberg eine ukrainische Nationalregierung entstanden, während Piłsudski beide Städte wegen der relativen polnischen Bevölkerungsmehrheit für Polen beanspruchte. Bereits Ende November 1918 hatten polnische Truppen Lemberg erobert; nach einem Zwischenspiel der Roten Armee folgte im April 1919 die polnische Besetzung von Wilna und weißrussischer Gebiete bis Minsk. Die Alliierten stimmten zwar der polnischen Besetzung bis zur alten russisch-österreichischen Grenze in der Ukraine zu und schlugen eine Grenzlinie ungefähr den ethnischen Verhältnissen der Landbevölkerung entsprechend vor (die nach dem britischen Außenminister benannte »Curzon-Linie«), konnten sich in dem unübersichtlichen Geflecht der Einflüsse der Regierung der RSFSR und der lokalen nationalistischen oder bolschewistischen Kräfte nicht durchsetzen. Unter diesen Umständen gab Piłsudski, der an einer Föderation mit der Ukraine festhielt, am 26. April 1920 der polnischen Armee den Befehl zum Einmarsch in die Ukraine, wo am 7. Mai Kiev erobert wurde. Im Gegenzug begann nun die Sowjetregierung eine Offensive mit zwei Heeresgruppen unter Tuchačevskij und Budënnyj, drohte mit der Errichtung eines sowjetischen Polen und drang fast bis Warschau vor. Mit großer Mühe konnte Piłsudski jedoch einen Gegenschlag führen und die Rote Armee zurückdrängen (»Wunder an der Weichsel«, 16.–25. August 1920). Die Friedensverhandlungen zwischen Polen und der RSFSR waren dadurch belastet, dass die »Föderalisten« und die »Unitarier« in der polnischen Delegation einen erbitterten Streit über die künftige Struktur des polnischen Staates ausfochten, der mit dem Sieg der »Unitarier« endete, die im Osten auf Annexionen verzichten wollten. Im Friedensvertrag von Riga wurde am 18. März 1921 die Grenze zwischen der RSFSR und Polen festgelegt, die zwar westlich jener Grenze von 1772, aber 150 km östlich der von den Alliierten bevorzugten Linie lag und damit Polen mit einem erheblichen Anteil von ukrainischer und weißrussischer Bevölkerung belastete.

Die Grenze zu Litauen war inzwischen durch einen Gewaltakt verändert worden, als der polnische General Lucjan Żeligowski am 9. Oktober 1920 die Stadt Wilna, die inzwischen mehrfach den Besitzer gewechselt hatte, mit seinen Truppen besetzt und einen Staat »Mittel-Litauen« mit polnischer Amtssprache ausgerufen hatte. Dieses Gebiet von um 37 000 km² und mit einer Einwohnerzahl von etwa einer Million wurde dann im März 1922 trotz litauischer Proteste dem polnischen Staat einverleibt, was die Botschafterkonferenz ein Jahr später sanktionierte. Litauen hat den Verlust der alten Hauptstadt nie verwunden, sodass erst im Frühjahr 1938 nach einem polnischen Ultimatum die diplomatischen Beziehungen zwischen beiden Staaten aufgenommen wurden.

Nach dem Frieden von Riga waren die Grenzen des Staates abgesteckt, der nun ein Territorium von über 380 000 km² und eine Bevölkerung von mehr als 27 Millionen Menschen umfasste. Mehr als ein Drittel der Staatsbürger waren jedoch nichtpolnischer Muttersprache, und obwohl Polen am 28. Juni 1919 den Minderheitenschutzvertrag hatte unterzeichnen müssen, stellten die Minderheiten für die Zukunft des Staates ein erhebliches Problem dar, zumal der Staat durch die Probleme bei der Grenzfindung mit allen Nachbarn – mit Ausnahme von Rumänien und Lettland – verfeindet war.

Die Grundlagen der Außenpolitik waren bereits vor Entstehung des Staates gelegt worden, als die Alliierten die Wiederherstellung Polens zum Kriegsziel erklärt hatten. Polen konnte sich insbesondere auf Frankreich verlassen, das alle polnischen Ansprüche unterstützte und mit seinen Offizieren in Oberschlesien oder im Abwehrkampf gegen die Rote Armee geholfen hatte (General Weygand). Ein Bündnisvertrag mit Frankreich vom 19. Februar 1921 und ein Militärabkommen zwei Tage später waren die Grundlage für eine enge Zusammenarbeit. Nach dem Ausscheiden der USA aus der europäischen Politik und dem Völkerbund blieb nur die Beziehung zu Großbritannien bedeutsam, das sich jedoch den Staaten Ostmitteleuropas gegenüber zurückhaltend zeigte und den Zerfall großräumiger Wirtschaftsgebiete bedauerte. Englische Politiker (Lloyd George und Lord Curzon) haben auch während der Friedenskonferenz immer vor einer zu großen Demütigung der Verliererstaaten gewarnt und manche Erleichterung zu deren Gunsten durchgesetzt. Zu einem bedingungslosen Schutz der neuen Staaten war London nicht bereit, wie 1924 das Scheitern des Genfer Protokolls im Völkerbund bewies.

Von allen Nachbarn unterhielt Polen nur zu Rumänien gute Beziehungen, die sich in einem Defensivabkommen vom 3. März 1921 niederschlugen. Allerdings wirkten die freundlichen Äußerungen gegenüber Ungarn und die Duldung einer slowakischen Exilpolitik gegen die Tschechoslowakei hier bremsend. Mit Prag war Warschau zwar als Verbündeter Frankreichs im gleichen Boot, aber beide rivalisierten um die Gunst von Paris. Zwischen ihnen verdarb der Streit um Teschen und um unbedeutende Karpatendörfer die Beziehungen, sodass kein Abkommen zustande kam. Prag hat dem Nachbarn den Zutritt zur Kleinen Entente – dem Bündnis zwischen der Tschechoslowakei, dem südslavischen Königreich (später Jugoslawien) und Rumänien gegen Ungarn – unmöglich gemacht. Dieser Streit war auch für das Scheitern aller Bemühungen verantwortlich, die Staatenwelt zwischen Finnland und dem Balkan als einen eigenständigen Faktor zu organisieren.

Offene Gegnerschaft bestand zu Deutschland und zum bolschewistischen Russland. Die geheime Zusammenarbeit von Roter Armee und deutscher Wehrmacht seit 1921, die in Warschau bekannt war, und das deutsch-sowjetische Abkommen von Rapallo vom 17. April 1922 waren ein schlechtes Omen, dass durch ein Zusammengehen beider auf Revision zielender Staaten die Friedensordnung umgestürzt werden könnte. Auf der Locarno-Konferenz Oktober 1925 konnte Polen keine Sicherung seiner Grenzen erreichen, wie Berlin dies gegenüber Frankreich und Belgien vorgeschlagen hatte; es musste sich in einem Garantiepakt mit Frankreich mit einer Bestätigung der bestehenden Verträge begnügen. Dagegen konnte Deutschland wegen seiner Verpflichtungen Moskau gegenüber die Bedingungen des Beitritts zum Völkerbund verwässern und im Berliner Vertrag vom 26. April 1926 seine Neutralität bei möglichen Konflikten erklären.

Ein polnischer Erfolg war hingegen das Konkordat mit dem Vatikan vom 10. Februar 1925, das die Grenzen der fünf Erzbistümer (Warschau, Gnesen/Posen, Krakau, Lemberg und Wilna) den Staatsgrenzen anpasste und in Lemberg ein griechisch-uniertes Erzbistum begründete.

Der Streit um die innere Ordnung
(1918–1926)

1918	18. November: Regierung Jędrzej Moraczewski
	22. November: Festlegung der Kompetenzen zwischen der Regierung und dem »vorläufigen Staatschef«
1919	16. Januar: Regierung Ignacy Paderewski
	19./26. Januar: Wahlen zum »konstituierenden Sejm« im ehemaligen Kongresspolen und in Westgalizien (andere Gebiete folgen später)
	20. Februar: »Kleine Verfassung«
1921	17. März: Verfassung der Republik Polen
1922	5./12. November: Wahlen zum Sejm
	9. Dezember: Wahl von Prof. Gabriel Narutowicz zum Staatspräsidenten, am 16. ermordet
	20. Dezember: Wahl von Stanisław Wojciechowski zum Staatspräsidenten
1923	30. Mai: Piłsudski legt alle Ämter nieder
1924	14. April: Währungsreform
1926	12.–14. Mai: Putsch Piłsudskis, Wojciechowski tritt zurück
	1. Juni: Wahl von Prof. Ignacy Mościcki zum Staatspräsidenten

---

Die zweite polnische Republik setzte sich aus vielen Teilen mit unterschiedlichen wirtschaftlichen Strukturen, Traditionen und einer in sprachlicher und religiöser Hinsicht uneinheitlichen Bevölkerung zusammen, deren Vereinheitlichung und Verschmelzung in einem langwierigen und mühsamen Prozess bis zum Ende der Zwischenkriegszeit noch nicht abgeschlossen werden konnte.

Der Volkszählung von 1921 zufolge, an deren Angaben Zweifel erlaubt sind, bekannten sich von den 27 Millionen polnischen Staatsbürgern (1931 fast 32 Millionen) knapp 19 Millionen zur polnischen Muttersprache (69,2 %). Die Ukrainer waren mit 3,8 Millionen und um 14,3 % die größte nationale Minderheit, wobei ihre Zahl in Wirklichkeit wohl zwischen 5 und 7 Millionen lag; sie siedelten auf dem Lande relativ kompakt und gehörten teils der unierten, teils der orthodoxen Religion an. Der Landadel war polonisiert, und die Städte besaßen eine polnische oder jüdische Mehrheit. Auch die Zahl der Weißrussen im Nordosten Polens wird mit 1,06 Millionen (3,9%) der Bevölkerung als zu niedrig eingeschätzt. Sie bekannten sich weit überwiegend zum orthodoxen Glauben, bewohnten das wirtschaftlich am schlechtesten erschlossene Gebiet und verfügten kaum über ein Bewusstsein einer nationalen Identität; auch hier war der Landadel polnisch und die Stadtbevölkerung überwiegend polnisch oder jüdisch. Die Deutschen waren über das Land verstreut, und auch ihre Zahl von 1,06 Millionen (3,9%) wird als zu niedrig angesehen; im Zensus von 1931 war ihre Zahl auf 741000 zurückgegangen (2,3% der Bevölkerung). Der größte Teil dieser in den Westgebieten oft wohlhabenden Landbesitzer gehörte der protestantischen Kirche an. Die Juden zählten 1921 2,1 Millionen Menschen (7,8%), wobei der Unterschied der Zahlenangaben zwischen der Religionszugehörigkeit und der polnischen Muttersprache einen Hinweis auf ihre Assimilierung gibt. Nach dem Zensus von 1931 gaben von 3,1 Millionen Menschen mosaischen Glaubens 2,5 Millionen (79,9%) Jiddisch als Muttersprache an. In den Städten Ostpolens, in denen sie manchmal die Mehrheit der Bevölkerung stellten, lebten sie überwiegend nach den alten Gewohnheiten; in den größeren Städten Polens stellten die assimilierten Juden einen Großteil der bürgerlichen Mittelschicht und der Intelligenz. So waren 1931 fast die Hälfte der Rechtsanwälte und der Ärzte jüdischer Abkunft; im Handel und im Versicherungswesen waren 60% tätig. Die Zahlen verdecken aber die Tatsache, dass sich die meisten Juden in den ostpolnischen Städten in Handwerk und Gewerbe betätigten und weiter verarmten. Andere Nationalitäten mit geringeren Zahlen waren Litauer, Russen, Tschechen, Tataren und Karaim (turksprachige Juden eigener Richtung). Der polnische Nationalstaat war in Wirklichkeit ein Nationalitätenstaat.

Die Einrichtung der staatlichen Institutionen der neuen Republik erfolgte schrittweise. Nach der Selbstauflösung des Regentschaftsrates hatte Piłsudski de facto die ganze Macht in seinen Händen, und er ernannte am 14. November 1918 den Vertreter der Lubliner »Volksregierung« Ignacy Daszyński zum ersten Ministerpräsidenten, der jedoch wegen seiner radikalen Verstaatlichungspläne von den Nationaldemokraten abgelehnt wurde. Piłsudski ersetzte ihn daher am 18. November durch den gemäßigten Sozialisten Jędrzej Moraczewski. Ihm erteilte er den Auftrag, schnellstmöglich allgemeine Wahlen zu einem verfassunggebenden Sejm auszuschreiben, und erließ mit ihm zusammen ein Dekret, dem zufolge Piłsudski als »vorläufiger Staatschef« (*tymczasowy naczelnik państwa*) die Verantwortlichkeit der Minister ihm gegenüber festlegte (22. November 1918). Um die Verbindung mit der Exilvertretung in Paris zu verstärken und den Boden für eine Koalitionsregierung zu bereiten, berief er am 16. Januar 1919 den aus der Emigration zurückgekehrten Ignacy Paderewski zum neuen Ministerpräsidenten. Nach der Wahl, die zunächst nur im ehemaligen Kongresspolen und in Westgalizien durchgeführt werden konnte, verabschiedete der Sejm am 20. Februar 1919 die »Kleine Verfassung«, in der festgeschrieben wurde, dass Piłsudski sein Amt weiter ausüben solle und nun dem Sejm gegenüber verantwortlich sei.

Die Verfassung der Republik Polen wurde am 17. März 1921 vom Sejm angenommen; sie folgte dem Vorbild der Verfassung der dritten französischen Republik und integrierte einige Bestandteile der polnischen Verfassung vom 3. Mai 1791, die die Kontrolle der Exekutive verstärkten. Die Verfassung sah zwei Kammern vor, von denen der

Sejm die reale Macht ausübte und der Senat als Kontrollinstanz nur Einsprüche mit aufschiebender Wirkung erheben konnte. Der Sejm sollte 444 Abgeordnete umfassen, die in allgemeiner, geheimer, direkter, gleicher Wahl nach dem Verhältniswahlrecht auf fünf Jahre zu wählen waren. Der Sejm erließ Gesetze, hatte jeweils spätestens im Oktober das Budget des folgenden Jahres zu beschließen, wählte die Regierung, deren Minister ihm je einzeln und als Gremium verantwortlich waren und mit einfacher Mehrheit abberufen werden konnten. Am heftigsten war im Vorfeld der Streit um die Rechte des Präsidenten ausgefochten worden, denn die Rechtsparteien hatten eine zu große Machtfülle eines möglichen Präsidenten Piłsudski vermeiden wollen. Senat und Sejm wählten als »Nationalversammlung« (*Zgromadzenie Narodowe*) den Präsidenten mit absoluter Mehrheit auf sieben Jahre. Er hatte vor allem repräsentative Aufgaben, wie die Vertretung des Staates nach außen; er ernannte die Regierung, die umgekehrt seine Dekrete gegenzeichnen musste; er berief den Sejm ein und beschloss ihn; er konnte ihn vertagen, besaß aber kein Vetorecht in der Gesetzgebung. In Friedenszeiten war er der Oberbefehlshaber der Armee, musste im Kriegsfall das Kommando aber einem Offizier übertragen, den er gemeinsam mit der Regierung einzusetzen hatte und der über den Kriegsminister dem Sejm verantwortlich blieb.

Die allgemeinen Pflichten und Rechte der Staatsbürger waren in einem eigenen Abschnitt der Verfassung beschrieben und umfassten den normalen Katalog. Unter den sonst als gleich angesehenen und vom Staat anerkannten Religionen besaß die katholische Kirche zwar einen Vorrang (*naczelne stanowisko*), war aber nicht als Staatsreligion verankert worden. Die Rechte der nationalen Minderheiten waren grundsätzlich durch den Schutzvertrag definiert und wurden in Einzelbestimmungen aufgeführt. Die Verfassung stand durchaus auf der Höhe der Zeit;

dass sie nicht funktionierte, lag an den Brüchen in der polnischen Gesellschaft und an der zerklüfteten Parteienlandschaft.

Das Parteiensystem in Polen war extrem zersplittert; im Jahre 1925 gab es 92 eingetragene politische Parteien; im Sejm saßen Abgeordnete von 32 Parteien, die dort in 18 Klubs organisiert waren. Die Vielzahl der Parteien erklärt sich z. T. dadurch, dass in den Teilungsgebieten Parteien gleicher Richtung und Interessen parallel entstanden waren, die jeweils eine eigene Tradition besaßen und ein eigenes Führungspersonal pflegten. Die Parteien in Polen verfügten kaum über eine feste Programmatik; über abweichende Meinungen Einzelner kam es rasch zu Abspaltungen und zu neuen Zusammenschlüssen; dazu traten ein regionales Klientelwesen, die Bedeutung von Persönlichkeiten und deren individuellen Interessen oder Unverträglichkeiten. In einer erregten öffentlichen Diskussion dominierten oft extreme Meinungen und führten zu persönlichen Feindschaften. Am besten ist das Parteiwesen nach den jeweiligen Führungspersonen als ein System von drei Lagern zu charakterisieren: Die bürgerliche Rechte fand ihren Repräsentanten in Roman Dmowski, die Linken in Józef Piłsudski (der aber aus der PPS ausgetreten war) und die Bauern in Wincenty Witos. Verhängnisvoll für das Schicksal der Demokratie in Polen war jedoch, dass diese Personen untereinander verfeindet waren. Aus persönlicher Verärgerung legte Piłsudski Ende Mai 1923 seine militärischen Ämter nieder, zog sich auf sein Landgut Sulejówek zurück und verzichtete auf seine Einkünfte vom Staat.

Auch die nationalen Minderheiten besaßen ihrerseits ein zersplittertes Parteiwesen; allein die Deutschen konnten sich 1925 zwischen acht Parteien entscheiden. Die Minderheiten entwickelten trotz ihrer zahlenmäßigen Stärke keine politische Kraft im Staate. Weil am 9. Dezember 1922 bei der ersten ordentlichen Wahl zum Staatspräsidenten die Stimmen von Minderheitsvertretern den Ausschlag gegeben hatten, wurde der Wahlsieger, Professor Gabriel Narutowicz, von einem rechtsstehenden Fanatiker erschossen (16. Dezember). Zum Nachfolger wurde – mit Unterstützung der Bauernparteien und gegen die Rechtsparteien – der von Piłsudski vorgeschlagene Stanisław Wojciechowski gewählt (20. Dezember).

Die Wahlen zum Sejm brachten keine klaren Mehrheitsverhältnisse. 1919 erhielten die Rechtsparteien 34 % der Stimmen, die linken Bauernparteien mit 21 % mehr als die PPS mit 13 %; die Parteien der Mitte erzielten um 30 % der Stimmen. In den Wahlen vom November 1922 waren die Rechtsparteien mit 30 % die erfolgreichste Gruppierung, während die PPS auf 10,3 % und die linke Bauernpartei auf 11 % kamen – die linken Parteien insgesamt hatten 25,2 % erhalten; die Parteien der Mitte und die Bauernpartei Piast gewannen 21,9 % und die Minderheiten insgesamt 21,6 % der Mandate.

Unter diesen Umständen waren alle Regierungen auf Koalitionen angewiesen, die keine Stabilität garantierten. Das Ergebnis waren schwache Regierungen mit kurzen Amtszeiten, sodass von dem ersten Kabinett Daszyński bis zum Putsch Piłsudskis im Mai 1926 insgesamt 16 Regierungen im Amt waren. Angesichts der enormen Probleme, denen sich die Regierungen gegenübersahen, um die ökonomische Entwicklung und die Strukturprobleme in der Gesellschaft zu bewältigen, herrschte in Polen eine Dauerkrise.

Das Erbe der Teilungszeit lastete schwer auf Polen. Bis zur Einführung der polnischen Mark am 15. Januar 1920 kursierten sechs Währungen im Lande; bis 1920 bestand zwischen Warschau und Posen eine Zollgrenze, an der die Pässe vorgezeigt werden mussten. Das Eisenbahnnetz hatten die Teilungsmächte nach strategischen Überlegungen gebaut; es musste erst auf eine einheitliche Spurweite gebracht und den wirtschaftlichen Erfordernissen entsprechend verdichtet werden. Vier Systeme der Rechtsprechung waren zu verschmelzen; das Steuersystem hatte auf unterschiedlichen Prinzipien basiert und war zu vereinheitlichen. 1921 wurde das Verwaltungssystem durch die Einführung von 17 Wojewodschaften (*województwa*), die ihrerseits in Bezirke (*powiaty*) eingeteilt waren, neu geordnet. Das Bildungswesen war nur im preußischen Teilungsgebiet, allerdings in deutscher Sprache, ausreichend gewesen; ein flächendeckendes und gegliedertes Schulwesen in polnischer Sprache musste erst geschaffen werden, um die hohe Analphabetenrate unter der Landbevölkerung abzubauen. Der Krieg hatte schwere Verwüstungen verursacht, und Requisitionen hatten weitere Verluste gebracht.

Polen war agrarisch geprägt, denn drei Viertel der Bevölkerung lebten auf dem Lande; die Geburtenrate von 15,3 % gehörte zu den höchsten in Europa. Warschau war 1921 die größte Stadt mit knapp unter einer Million Einwohnern; mit weitem Abstand folgte Łódź/Lodsch mit 452 000 Einwohnern; die anderen Städte lagen weit dahinter. Der Landbesitz war durch Kleinstbesitz gekennzeichnet: Ein Drittel aller Höfe verfügte über weniger als zwei Hektar (3,5 % des Ackerbodens), ein weiteres Drittel besaß weniger als fünf Hektar (14,8 % des Bodens). Dem stand ein großer Landbesitz einer kleinen Schicht gegenüber, denn auf 0,9 % der Betriebe entfielen mehr als 50 Hektar (47,3 % des Ackerbodens). Die Familien Zamoyski (191 000 ha) und Radziwiłł (177 000 ha) gehörten zu den bedeutendsten Landbesitzern. Die Erträge auf den Latifundien waren beträchtlich höher als die in den Kleinbetrieben. Die Betriebsstruktur war besonders im ehemaligen Kongresspolen noch archaisch, und Grundlasten wurden erst durch die Landreform bis 1938 abgeschafft. Die Landwirtschaft verfügte nur über eine geringe Kapitalausstattung und war wenig ertragreich, dafür jedoch personell überbesetzt. Die Emigration schaffte kaum Entlastung, ebenso wenig wie die Landreform, die seit 1920 jährlich etwa 200 000 ha zur Verteilung brachte, aber durch den Einfluss der Großgrundbesitzer gebremst wurde. Da der Zwischenhandel einen hohen Profit abschöpfte, setzte sich der Prozess der Verarmung des Dorfes besonders in der Zeit der Wirtschaftskrise fort.

Die Lage der Industrie hatte sich in den neuen Grenzen verbessert, denn mit dem Erwerb Ostoberschlesiens lag Polen mit seinen Kohlevorkommen und seiner Kohleförderung an fünfter Stelle in der Welt. Die Ölreserven in Galizien reichten für den heimischen Verbrauch. Allerdings hemmte Kapitalarmut den Ausbau der Industrie, die einmal nach den Bedürfnissen der Teilungsmächte entstanden war und wenig Exportqualität besaß. Auch die Textilindustrie in Lodsch belieferte nunmehr hauptsächlich den eigenen Markt. Ein System von Kartellen beherrschte die Industrie und kontrollierte darin 40 %. Groß war auch der Einfluss des Staates, der über die *Bank polski* in das Wirtschaftsleben und das Kreditwesen eingriff und aus Staatsmonopolen einen Gewinn zog, der etwa 30 % der Staatseinnahmen betrug. Ausländisches Kapital kam vorwiegend aus Frankreich, während deutsches Kapital im Rückzug war (1931 etwa jeweils ein Viertel der Investitionen). Dennoch war die wirtschaftliche Erholung des Landes unzureichend, denn 1929 war Polen das einzige Land Europas, das die Höhe der Produktion vor dem Weltkrieg noch nicht erreicht hatte.

In der Gesellschaft lebte das Ideal des adeligen Landgutbesitzers fort und prägte die Weltsicht der politischen Elite. Dies verband sie mit der Welt der Bauern, die mit 15,5 Millionen Menschen die größte soziale Gruppe darstellten und trotz großer ökonomischer Unterschiede durch einen starken Familienbezug und die wichtige Rolle der Religion zusammengehalten wurden. Die städtische Welt war ihnen fremd, und zur Obrigkeit bestand ein distanziertes Verhältnis, das in dem Gegensatz »wir und sie«

(*my i oni*) seinen Ausdruck fand. Die armen Landarbeiter standen mit 3,2 Millionen Menschen (1927) am unteren Rand der sozialen Skala. Polen war ein Entwicklungsland, was auch darin seinen Ausdruck fand, dass es über kein ausgeprägtes Bürgertum verfügte. Außer in Posen und in Ostoberschlesien gab es kaum Unternehmer, und dort waren sie in ihrer Mehrheit deutsch oder jüdisch. Adeliges Denken dominierte auch in der Intelligenz, die sich eher durch eine geistige Haltung und ein Bekenntnis zum Dienst an der Nation als durch gründliche Bildung und Wissen auszeichnete. Das Interesse an der Kultur und an einer Betätigung im Staatsdienst war groß, und der Anteil der Studenten mit je einem auf 700 Einwohner lag höher als in England (1930 je einer auf 1013). Handel und Handwerk standen jedoch in schlechtem Ansehen, vielleicht auch deshalb, weil dort der jüdische Bevölkerungsteil mit fast 40 % vertreten war. Die Industriearbeiterschaft zählte 1927 zusammen mit den Familienangehörigen 5,3 Millionen Menschen meist polnischer Muttersprache, von denen um 850 000 in Mittel- und Großbetrieben beschäftigt waren und große Unterschiede im Einkommen aufwiesen. Die Sozialstruktur des Staates gab Anlass zur Sorge und erklärt zum guten Teil die politische Instabilität.

Krisenhaft war auch die Lage in der Armee, in deren Offizierskorps sich die Brüche aus der Teilungszeit widerspiegelten. Da waren zum einen die früheren Legionäre, die zwar über keine militärische Ausbildung verfügten, aber ein Elitebewusstsein bewahrten; ihnen gegenüber standen die Offiziere aus der alten österreichischen Armee, von denen viele untereinander in einer Art Geheimgesellschaft verbunden und gegen Piłsudski eingestellt waren; die Offiziere aus der zaristischen Armee, die meist aus den östlichen Gebieten stammten, waren hingegen Piłsudski eng verbunden; die Angehörigen der französischen Legion unter General Józef Haller standen in Opposition zu Piłsudski. Die Verfassung hatte der Armee eine eigentümliche Stellung eingeräumt, denn einerseits hatte der Staatspräsident den Oberbefehl, die Ausführung der militärischen Angelegenheiten lag aber in den Händen des Kriegsministers, der immer ein Offizier war. Nicht vorgesehen war jedoch die starke Stellung Piłsudskis, der mit seiner persönlichen Autorität und seinem Ansehen in der Bevölkerung in die Armee hineinregiert hatte und auch dann noch großen Einfluss ausübte, als er im Jahre 1923 von seinen Ämtern zurückgetreten war. Der Streit um die parlamentarische Kontrolle der Armee kulminierte 1926 im Putsch und der Übernahme der Macht durch Piłsudski.

Die größte Schwäche des Staates lag im Bereich der Wirtschaft, deren Probleme die rasch wechselnden Regierungen nicht in den Griff bekamen. Der galoppierende Wertverlust der polnischen Mark mündete im Jahre 1923 in einer unkontrollierbaren Inflation, die durch zu geringe Produktion, ein unzureichendes Steuersystem und die Haushaltsdefizite verursacht war. Dies hatte eine Verarmung des Mittelstandes und eine Radikalisierung der Arbeiterschaft zur Folge, die sich 1923 in Streiks und blutigen Auseinandersetzungen entluden und das Land an den Rand eines Bürgerkrieges brachten. Nur unter großen Anstrengungen konnte der Ministerpräsident Władysław Grabski im April 1924 eine Währungsreform durch den Sejm bringen, die den *złoty* (Gulden) zu einer Parität von einem Złoty zu 1800000 Mark einführte (1 Złoty zu 5,89 $). Ausgabenbeschränkungen und ein ausgeglichener Haushalt stabilisierten zusammen mit ausländischen Krediten die Lage allmählich, bis der Beginn des Zollkrieges mit Deutschland im Juni 1925 die Situation wieder verschärfte. Die Zahl der Arbeitslosen erreichte Ende des Jahres einen neuen Rekord, und der Złoty fiel auf 9,10 $. Gehaltskürzungen und eine Beschränkung der Staatsausgaben sollten die Situation verbessern, aber über die vorgesehene Entlassung von 18000 Eisenbahnern stürzte die Regierung Skrzyński Anfang Mai 1926, obwohl ein britischer Streik die Aussichten für den Export polnischer Kohle verbessert hatte. Ein bitterer Streit unter den Politikern führte schließlich am 10. Mai 1926 zu einem neuen Kabinett unter Wincenty Witos, was Piłsudski und seine Anhänger als Provokation und Kriegserklärung auffassten.

Sanierung und autoritäre Herrschaft
(1926–1939)

1926	12. Mai: Piłsudskis Marsch auf Warschau 1. Juni: Mościcki zum Staatspräsidenten gewählt
1927	Dezember: Gründung des »Parteilosen Blocks der Zusammenarbeit mit der Regierung« (*BBWR*)
1929	Januar: Gründung der »Organisation ukrainischer Nationalisten« (*OUN*) in Wien
1930	10. September: Inhaftierung von Oppositionellen in Brześć
1934	26. Januar: Deutsch-polnischer Nichtangriffspakt
1935	Februar: Oppositionspolitiker begründen die »Morges-Front« in der Schweiz 23. April: »Aprilverfassung« 12. Mai: Tod Piłsudskis
1938	1. Oktober: Abtretung des Olsa-Gebietes durch die ČSR
1939	23. August: Hitler-Stalin-Pakt, geheimes Zusatzabkommen über die Aufteilung Polens 25. August: Englisch-polnischer Beistandspakt 1. September: Deutscher Angriff auf Polen

Piłsudski hatte in seinem selbstgewählten Exil die Verbindung zur Armee und zu Vertrauenspersonen aufrechterhalten und mehrfach in die politischen Verhältnisse einzugreifen versucht. Am 12. Mai 1926 rückte er mit Armeeeinheiten auf Warschau vor, um die neue Regierung unter

Witos zu stürzen. Als Staatspräsident Wojciechowski der Gewalt nicht weichen wollte, kam es in der Stadt zu blutigen Auseinandersetzungen, in deren Verlauf viele Tote zu beklagen waren. Wojciechowski trat nun zurück; aus einer Machtdemonstration war ein blutiger Putsch geworden.

Sanierung (*sanacja*) und Stabilisierung der inneren Verhältnisse Polens waren die Ziele Piłsudskis, der in der Bevölkerung für seine »moralische Diktatur« viel Zustimmung erhielt. Er selbst blieb im Hintergrund und übernahm nur die Ämter des Kriegsministers und des Generalinspekteurs der Armee; eine Wahl zum Staatspräsidenten lehnte er ab. Personen seines Vertrauens, die vom Parteienstreit unbelastet waren, bildeten in den nächsten Jahren zwölf Regierungen; zum Staatspräsidenten wurde am 1. Juni 1926 der Chemieprofessor Ignacy Mościcki gewählt. An der Verfassung wurden zunächst nur einige Änderungen vorgenommen, die die Exekutive stärkten: Der Präsident durfte nun den Sejm auflösen, der aber zunächst weiter amtierte; der Staatshaushalt konnte oktroyiert werden, wenn der Sejm seine Zustimmung versagte. Es änderte sich jedoch das politische Klima, weil Piłsudski eine Annäherung an den konservativen Landadel suchte; Politiker wurden wegen Korruption zur Verantwortung gezogen. Das Amt des Ministerpräsidenten übertrug er dem Mathematikprofessor Kazimierz Bartel, der auch dann de facto das »Kabinett der Arbeit« führte, als Piłsudski zweimal kurzfristig selbst als Regierungschef amtierte, jedoch an den Kabinettssitzungen kaum teilnahm.

Piłsudski verfügte über kein Programm und über keine ihn tragende Partei. Da die Politiker sich weiterhin bekämpften und im Sejm unkooperativ zeigten, verschärfte Piłsudski den Konflikt mit dem Sejm, den er mehrfach bewusst demütigte. Zu seiner Unterstützung ließ Piłsudski Anfang Dezember 1927 durch den Oberst Sławek den »Parteilosen Block der Zusammenarbeit mit der Regierung« (*Bezpartyjny Blok Współpracy z Rządem, BBWR*) gründen, der seine zusammengewürfelten Anhänger organisieren sollte, in den Wahlen vom März 1928 aber trotz massiver Wahlhilfe und Manipulationen nur 122 der 444 Sitze im Sejm erringen konnte. Piłsudski, der seine Missachtung des Parlamentarismus offen zeigte, nahm nun immer häufiger Zuflucht zu autoritären Maßnahmen, die den Graben zum Sejm vertieften. Als Letzterer den Finanzminister Czechowicz anklagte und zum Rücktritt zwang, berief Piłsudski im April 1929 unter dem Offizier Świtalski das erste »Obristenkabinett«, das einen härteren Kurs gegen den Sejm steuern sollte. Aber auch er scheiterte, und die Opposition schloss sich im Oktober 1929 als »Zentrumslinke« (*Centrolew*) zusammen. Nach Protesten gegen die Diktatur Piłsudskis und nach öffentlichen Demonstrationen ließ Piłsudski im September und Oktober 1930 mehrere Tausend Oppositionelle verhaften, darunter 64 Abgeordnete, von denen die meisten in der Festung Brześć unter gesetzwidrigen Bedingungen interniert wurden. Die folgende Wahl im November 1930 brachte – nach Manipulationen und Fälschungen – der Regierung mit 247 Sitzen von 444 einen Erfolg, der im Wesentlichen auf der Popularität Piłsudskis beruhte. Diese bröckelte aber allmählich, weil sich Piłsudski zunehmend auf die Armee stützte, selbst krank war und oft einsame und kaum erklärliche Entscheidungen traf; auf Enthüllungen über die Haftbedingungen und besonders über den unfairen Prozess gegen seine Gegner reagierte die Öffentlichkeit empört. Nach den Urteilen und vor deren endgültiger Bestätigung gingen die meisten Politiker, darunter auch Witos, ins Exil. Auch andere politische Verfahren nährten den Zweifel an der Rechtsstaatlichkeit, insbesondere die Einrichtung eines Konzentrationslagers in Bereza Kartuska im Juli 1934, in dem bis 1939 über 500 Personen festgehalten wurden.

Nachdem die Macht der Exekutive bereits zuvor durch eine Reihe von Maßnahmen gestärkt worden war, sollte die neue Verfassung vom April 1935 den Abschluss des »Systems Piłsudski« bringen. Das Verfahren, in dem die Verfassung verabschiedet worden war, konnte man kaum demokratisch nennen, und auch die Grundzüge der Verfassung unterschieden sich beträchtlich von denen, die die liberale Verfassung von 1921 gekennzeichnet hatten. Der Präsident galt als höchste Autorität im Staate, nur »Gott und der Geschichte« verantwortlich. Er bestimmte den Ministerpräsidenten und mit diesem zusammen die Minister; ohne Gegenzeichnung ernannte er die obersten Repräsentanten der Armee, der Gerichte und ein Drittel der Senatoren. Er konnte den Sejm auflösen, war die höchste militärische Autorität und konnte für offizielle Akte nicht persönlich zur Verantwortung gezogen werden. Selbst auf die Wahl seines Nachfolgers konnte er Einfluss nehmen. Die Minister waren dem Präsidenten verantwortlich, der sie jederzeit entlassen konnte. Bei einem erfolgreichen Misstrauensantrag durch Sejm und Senat war der betreffende Minister zu entlassen oder das Parlament aufzulösen. Der Sejm verabschiedete die Gesetze und das Budget, das aber bei Ablehnung entsprechend der Regierungsvorlage automatisch in Kraft trat. Mit dieser Verfassung war Polen kein liberaler Rechtsstaat mehr, denn die Gewaltenteilung war ausgehöhlt.

Diese Verfassung war auf die Person von Piłsudski zugeschnitten, der aber das Amt des Präsidenten gar nicht bekleidete und nur indirekt über seinen Vertrauensmann Mościcki die tatsächliche Macht ausübte. Aber dazu war er nicht lange in der Lage, denn nach schwerer Krankheit starb er schon am 12. Mai 1935 und hinterließ seinen weniger befähigten Nachfolgern einen zu weiten Mantel.

An der Bewertung des »Marschalls« scheiden sich in Polen noch heute die Geister. Er war ein Mann der Widersprüche: Einerseits blieb er der Denk- und Lebensweise der adeligen Landbesitzer verhaftet, andererseits verachtete er den Parlamentarismus, der die alte Adelsrepublik ausgezeichnet hatte. Er fühlte sich als Soldat, war aber auch in dieser Hinsicht nicht weitblickend, wie das Verharren in den alten Formen der Infanterie und Kavallerie zeigte, während er die neuen Systeme wie Luftwaffe und Artillerie unterschätzte. Sein Regierungsstil war patriarchalisch, sprunghaft und unideologisch; dabei besaß er durchaus charismatische Züge und politisches Talent, das manche Beobachter sogar genial nannten. Verheerend wirkte indes seine Geringschätzung der Institutionen und des geregelten demokratischen Verfahrens, mit der er der jungen Republik keinen Dienst erwiesen hat.

Nach dem Tode Piłsudskis brachen im Regierungslager, in dem nun die Offiziere den Ton angaben, Streitigkeiten aus. Präsident Mościcki übertrug dem mittelmäßigen General Rydz-Śmigły den Oberbefehl über die Armee und dem Oberst Sławek das Amt des Ministerpräsidenten. Im Sejm, der im September 1935 neu und wieder unter bedenklichen Umständen von nur einer Minderheit der Wahlberechtigten gewählt worden war, besaß die Regierung mit 153 von nun 208 Abgeordneten eine komfortable Mehrheit; das Gleiche galt für den Senat, dessen 96 Mitglieder zu einem Drittel von der Regierung ernannt und dessen übrige Mitglieder nach Bildung, Vermögen oder Amt in indirekter Wahl bestimmt worden waren. Unter solchen Umständen schien die Existenz von Parteien unnötig, und Ende Oktober 1935 wurde der BBWR aufgelöst. Es bildete sich ein Duumvirat der beiden Führungspersonen, Mościcki und Rydz-Śmigły, heraus, wobei sich um den General, der seit 1936 auch Marschall war, allmählich ein Führerkult entwickelte, während sein Einfluss auf die zivilen Stellen wuchs. Die Regierung lag in den Händen von schnell wechselnden, politisch wie wirtschaftlich meist inkompetenten Offizieren.

Angesichts der großen wirtschaftlichen und der wachsenden außenpolitischen Probleme rückten einige Oppositionsparteien an die Regierung heran und bildeten am

1. März 1937 ein »Lager der Nationalen Einigung« (*Obóz Zjednoczenia Narodowego, OZN*), das als Sammelbecken von Offizieren, Beamten und Funktionären trotz großen Zulaufs keine Einheitspartei faschistischen Vorbilds wurde. Unter massivem Eingriff der Regierung und Boykott durch die Opposition gewann das Regierungslager bei der Wahl vom November 1938 von 208 Mandaten 161. Gesetze zum Staatsschutz, zur öffentlichen Ordnung und zur Knebelung der Presse höhlten die Rechtsstaatlichkeit weiter aus, obgleich Polen hinter der deutschen, italienischen und sowjetischen Entwicklung weit zurückblieb.

Es gab ja noch eine Opposition, sowohl im Lande wie in der Emigration, und das Regierungslager war tief gespalten. Im Februar 1935 fanden sich die emigrierten Politiker der Mitte-Rechts-Parteien am Wohnort von Paderewski in der Schweiz zusammen und begründeten die »Morges-Front«, die aber wenig Einfluss nach Polen ausübte und erst nach Kriegsausbruch an Bedeutung gewann. Die Linke sah sich in der PPS vertreten, die die Sanierungspolitik grundsätzlich befürwortete, aber keine Annäherung an die Regierung fand. Es gab sogar Stimmen für eine Volksfront, also eine Zusammenarbeit mit der Kommunistischen Partei, die in Polen jedoch keine große Unterstützung besaß und 1938 von der Komintern zur Auflösung gezwungen wurde. Die PPS profitierte von den sozialen Unruhen, die 1936/37 zu großen Streiks und Massendemonstrationen geführt hatten. Die verschiedenen Bauernparteien hatten sich im März 1931 unter Führung von Witos zur »Polnischen Volkspartei« (*Stronnictwo Ludowe, SL*) zusammengeschlossen und stellten sich gegen die Regierung, der sie in der Frage der Agrarreform Versagen vorwarfen. Im Dezember 1936 gab sich die Volkspartei ein neues Programm, das nationalistisch, sozialrevolutionär und antisemitisch war. Im Januar 1937 wurde der Posener Genossenschaftssekretär Stanisław Mikołajczyk zum neuen Vorsitzenden gewählt. Ein Zeichen für die wachsende Radikalisierung der Bauern war im August 1937 ein landesweiter Streik, der blutig niedergeschlagen wurde. Die Anhänger von Dmowski hatten ihre Partei 1928 in »Nationalpartei« (*Stronnictwo Narodowe, SN*) umbenannt. Trotz faschistischer Neigungen und starkem Antisemitismus verharrte sie in Opposition und war im Sejm nicht vertreten. Von Anhängern der »Morges-Front« wurde im Oktober 1937 die »Arbeitspartei« (*Stronnictwo Pracy, SP*) gegründet, die von konservativen und katholischen Kräften getragen wurde, aber im Lande keine große Unterstützung fand. Auf der äußersten Rechten gab es einige kleinere faschistische Gruppierungen, von denen die *Falanga* von Bolesław Piasecki erwähnenswert ist. Trotz aller inneren Streitigkeiten rückte die Oppositionspartei im Frühjahr 1939 angesichts der außenpolitischen Probleme an die Regierung heran und erklärte dem Staatspräsidenten Mościcki ihre Loyalität.

Polens größte Last war die wirtschaftliche Lage. Nach dem Staatsstreich Piłsudskis besserte sich die Situation zunächst ein wenig, obwohl die Regierung die alte Wirtschaftspolitik fortführte. Die Arbeitslosenzahlen gingen zurück, die Exporte stiegen ebenso wie der Wert des Złoty. Für den Zeitraum 1926 bis 1930 konnte ein ausgeglichener Staatshaushalt erreicht werden. Allerdings benötigte die Wirtschaft mangels eigenen Kapitals hohe Auslandskredite, die aus den USA, Großbritannien und Frankreich ins Land flossen. Der Ausbruch der Weltwirtschaftskrise verschärfte rasch die Probleme. Das Nationaleinkommen sank zwischen 1929 und 1933 um 25 %. Besonders betroffen war die Landwirtschaft, weil die Bauern wegen der niedrigen Preise die Schulden nicht abtragen und die Modernisierung nicht fortsetzen konnten. Bei sinkender Industrieproduktion stieg die Arbeitslosigkeit 1931 auf über 25 %. Die Regierung setzte auf eine Deflationspolitik, eine Verringerung der Bürokratie und eine Kürzung der Staatsausgaben. Eine Senkung der Schulden half der Agrarbevölkerung, die immer noch drei Fünftel der Erwerbstätigen ausmachte, nur wenig. Die Regierung förderte den Export, musste die Defizite aber durch Steuererhöhungen auffangen, was die sozialen Probleme weiter verschärfte. Es rächte sich, dass Polen kein Bürgertum mit solider wirtschaftlicher Substanz besaß; neun Zehntel der Betriebe waren klein und beschäftigten nur vier oder weniger Mitarbeiter.

Die Lage besserte sich allmählich, als nach dem Tode von Piłsudski eine aktivere Wirtschaftspolitik betrieben wurde. Im Oktober 1935 übernahm der Nationalökonom Eugeniusz Kwiatkowski das Wirtschaftsressort. Durch Steuererhöhungen und Ausgabenkürzungen – darunter auch die Renten – konnte er das Budget stabilisieren, durch die Auflösung zahlreicher Kartelle die Preise senken. Den Abfluss von Geld nach Einrichtung der Volksfrontregierung in Frankreich stoppte eine strikte Kontrolle, und neue Investitionen versprachen eine Verminderung der Arbeitslosigkeit. Die Industrieproduktion übertraf 1937 wieder jene des Jahres 1928, allerdings konnte die hohe Arbeitslosigkeit kaum abgebaut werden. Das schwerste Strukturproblem war die Landwirtschaft. Die Agrarreform blieb weit hinter den gesetzlichen Vorgaben zurück; Maßnahmen zur Senkung der Zinsbelastung der Bauern wirkten nur unzureichend, und auch die allmählich steigenden Erträge wurden durch die große Bevölkerungsvermehrung aufgefressen. Vor Kriegsbeginn betrug die Anzahl der unproduktiven Landbevölkerung mehr als acht Millionen Menschen.

In der Kulturpolitik bestand das größte Problem in der Überwindung der hohen Analphabetenrate; 1921 konnte ein Drittel der Bevölkerung weder lesen nach schreiben, wobei der Abstand zwischen Stadt und Land sowie zwischen dem Osten mit über 65 % und dem Westen mit nur 4 % beträchtlich war. Die Einführung der allgemeinen

Schulpflicht 1919 und eine Schulreform von 1932 sorgten dafür, dass 1938 etwa 90% der Kinder eine Schulausbildung erhielten. Im Schuljahr 1938/39 besuchten 4,9 Millionen Schüler fast 29000 Volksschulen, und in 790 weiterführenden Schulen wurden 234000 Schüler unterrichtet.

Die Literatur spiegelte die neue Situation des Landes wider, indem die Schriftsteller zum einen den Anschluss an die europäische Entwicklung (Futurismus, Expressionismus) suchten, zum anderen die inneren Spannungen der Gesellschaft aufgriffen. Letzteres galt besonders für Stefan Żeromski (1864–1925) und seine Romane (z. B. *Przedwiośnie,* »Vorfrühling«); daneben sind einige Schriftstellerinnen zu nennen, wie die Essayistin Zofia Nałkowska (1885–1954) (*Granica,* »Grenze«), die Epikerin Maria Dąbrowska (1889–1965) mit ihrem vierbändigen Werk (*Noce i dnie*, »Nächte und Tage«) oder die in der linken PPS engagierte Wanda Wasilewska (1905–1964) mit der Trilogie *Pieśń nad wodami* (»Lied über den Wassern«). Um die Zeitschrift *Skamander* sammelte sich eine Gruppe Lyriker, von denen der bekannteste Julian Tuwim (1894–1953) war. Auch die lyrischen Anfänge von Czesław Miłosz (* 1911) gehören in die dreißiger Jahre. In der Musik erwarb Karol Szymanowski (1882–1937) Weltrang, als Dramaturg tat sich Stanisław Ignacy Witkiewicz (1885–1939) hervor.

Da Polen sich als Nationalstaat verstand und polnisches Nationalbewusstsein die ganze Gesellschaft durchdrang, war das Verhältnis zu den Minderheiten stark belastet. Obwohl sich die Regierung weitgehend an die Bestimmungen des Minderheitenschutzes hielt, so waren doch Beamte, Lehrer, Geistliche und Militärs oft chauvinistisch eingestellt und befürworteten eine Polonisierung insbesondere der Ukrainer und Weißrussen. Diese hatten keine territoriale Selbstverwaltung erhalten und keine höheren Bildungseinrichtungen. Die Schulen waren polnischsprachig oder zweisprachig organisiert. Der wenig sensible Umgang der Behörden mit den Minderheiten förderte deren Widerstand. 1925 war mit der Ukrainischen Nationaldemokratischen Organisation (*U. N. D. O.*) eine antipolnische Gruppierung entstanden, die bald für Sabotage und Unruhe sorgte. Die 1929 in Wien gegründete radikalere Organisation ukrainischer Nationalisten (*OUN*) rief zum Terror gegen polnische Einrichtungen auf und ließ auch politische Morde verüben. Besonders in Weißrussland machte sich zudem der Einfluss der Sowjetunion bemerkbar, der zu grenzüberschreitenden antipolnischen Aktionen führte. Eine Verstärkung der Militärs in der politischen Verwaltung sorgte zwar für eine Abhilfe, vertiefte aber den Graben zur einheimischen Bevölkerung.

Die Weltwirtschaftskrise und die stagnierenden Agrarreformen verstärkten die Gegensätze, die sich 1930 in zahlreichen Überfällen und Sabotageakten entluden und harte polnische Gegenmaßnahmen nach sich zogen. Die Welle der Gewalt erreichte in den Jahren 1931 und 1932 ihren Höhepunkt, ehe dann unter dem Einfluss außenpolitischer Ereignisse – die sowjetischen Maßnahmen in der Ukraine und Machtergreifung der Nationalsozialisten in Deutschland – die Bereitschaft zur Verständigung wuchs. Die kurze Phase einer »Normalisierung« endete aber bald wegen der harten Haltung der Militärs in der lokalen Verwaltung und eines – bald vorübergehenden – deutschen Einflusses auf die ukrainischen Nationalisten. Insgesamt ist es Polen nicht gelungen, seine slavischen Minderheiten zu integrieren und mit der »Republik der vielen Völker« auszusöhnen.

Komplizierter war das Verhältnis zu jenen Minderheiten, die über das ganze Land verstreut lebten. Die Juden in Polen bildeten keine Einheit, denn zwischen einem emanzipierten polnischsprachigen Rechtsanwalt jüdischer Abkunft in Warschau und einem jiddischsprachigen Krämer traditioneller Lebensweise in einem ostpolnischen

Štetl lagen Welten, die nur ein Antisemit zusammenbringen konnte. Das Parteiwesen der Juden spiegelte diese Spannweite an Interessen, die von der größten zionistischen Partei *Agudas Israel* bis zur größten radikalen sozialistischen Partei *Bund* reichte. Die Parteien waren in das parlamentarische System eingebunden und hatten in der Wahl von 1922 17 Mandate errungen; dies lag aber daran, dass in Ostgalizien die Ukrainer die Wahl boykottiert hatten. Es gab jüdische Schulen mit zweisprachigem Unterricht, aber der Staat verweigerte eine Unterstützung für jiddischsprachige Privatschulen. In der polnischen Gesellschaft war ein latenter oder offener Antisemitismus weit verbreitet, der ökonomisch oder weltanschaulich begründet war und der von einigen Parteien instrumentalisiert wurde. Die Regierungen betrieben keine antijüdische Politik, hatten aber bis 1928 noch nicht alle Beschränkungen jüdischer Rechte aus der zaristischen Gesetzgebung abgeschafft.

Die Wirtschaftskrise verschärfte auch hier die Lage, besonders als nach Hitlers Machtantritt in Deutschland ein offener Antisemitismus praktiziert wurde. Auch in Polen wurden nun antijüdische Töne lauter, die einen Numerus clausus an den Universitäten forderten und gegen eine angeblich »privilegierte Stellung der Juden« hetzten. Nach dem Tode Piłsudskis verschlechterte sich die Lage der Juden rasch, indem der Antisemitismus an Boden gewann und gezielt eingesetzt wurde, um von anderen Schwierigkeiten abzulenken. Aufrufe zum Boykott jüdischer Geschäfte arteten Mitte der dreißiger Jahre auf dem Lande gar zu Pogromen aus. Auch in der Regierung erhoben sich Stimmen, die Zahl der Juden in Polen durch Förderung der Auswanderung zu reduzieren. In den Universitäten war die Zahl der jüdischen Studenten begrenzt, und nichtjüdische Studenten forderten gar ihren Ausschluss oder erreichten ihre Stigmatisierung durch Einführung von »Ghettobänken« in den Hörsälen. 1937 wurden Juden aus mehreren Berufsverbänden ausgeschlossen oder ihre weitere Aufnahme verboten (Anwaltsverband). Die Regierung förderte seit 1936 die Auswanderung der Juden und nahm Kontakte zum Zionistischen Weltbund auf, um neben Palästina auch andere Länder zur Aufnahme zu bewegen. Angesichts der viel schärferen Verfolgung der Juden in Nazideutschland war dies ein hoffnungsloses Unterfangen. Daraus folgte eine fortschreitende Verarmung des jüdischen Bevölkerungsteils, der um seine Existenzgrundlagen gebracht wurde, ohne dass dies dem polnischen Staat irgendeinen Vorteil verschafft hätte; das Gegenteil war der Fall. Allerdings muss der Unterschied zum nationalsozialistischen Deutschland hervorgehoben werden, denn einen rassisch begründeten Antisemitismus gab es in Polen nicht.

Die Lage der Deutschen in Polen hing eng mit der Entwicklung der deutsch-polnischen Beziehungen zusammen. Grundsätzlich war Polen an einer Reduzierung der Zahl der Deutschen interessiert, während die Weimarer Republik die Deutschen in Polen halten wollte, um die Revisionswünsche aufrechterhalten zu können, und deswegen auch deren Kulturleben über diskrete Kanäle finanziell unterstützte. Trotz ihrer zersplitterten Siedlung und dadurch bedingt unterschiedlichen Interessen besaßen die Deutschen die größte nationale Einheit und befürworteten die Bildung eines Minderheitenblocks. Ihre Loyalitätserklärungen gegenüber dem polnischen Staat waren wohl mehrheitlich aufrichtig, wurden durch die Politik der deutschen Regierungen aber unterlaufen. Die verständliche Reduzierung des dominanten deutschen Einflusses in Posen, Pommern und Ostoberschlesien konnte leicht als gezielt antideutsche Maßnahme verstanden werden, ebenso die rechtlich nicht zu beanstandende Ausweisung von Optanten. Die Schließung von Schulen, deren Zahl zwischen 1919 und 1930 von 564 auf 83 sank, und die Durchführung der Bodenreform in den früheren deutschen Gebieten waren aber auch nationalpolitisch bedingt. Landbesitz in deutscher Hand verringerte sich von 1,5 Millionen ha im Jahr 1918 auf 1 Million ha 1926. Maßnahmen von lokalen polnischen Beamten einerseits und Aktivitäten von nationalen deutschen Verbänden andererseits schürten zusätzlich die Irritation. Nicht nur im polnischen Teil Oberschlesiens herrschte das Gefühl, zweitklassige Bürger in einem ungeliebten Staat zu sein.

Während sich nach Piłsudskis Machtantritt die Situation in Posen und Pommern etwas entspannte, verschärfte sie sich in Ostoberschlesien, wo der neue Provinzgouverneur Michał Grażyński eine Integration der Provinz forcierte. Die Schließung deutscher Schulen erregte die Bevölkerung; polnische Beamte konnten nicht verstehen, dass viele einheimische Schlonsaken ihre Kinder weiterhin lieber in deutsche Schulen schicken wollten statt in polnische. Die Lage der Deutschen verschlechterte sich durch die außenpolitische Konfrontation und die Entstehung pronazistischer Gruppierungen unter den Deutschen, auf die polnische Stellen harsch reagierten, wobei sie auch vor Willkürmaßnahmen nicht zurückschreckten. Sympathiebekundungen auf den Machtantritt Hitlers verstärkten die Spannungen. Zwar brachte der Abschluss des Nichtangriffspaktes 1934 Erleichterungen, aber keinen grundsätzlichen Wandel in der gegenseitigen Abneigung. Zwischen 1935 und 1939 wandten sich die meisten deutschen Parteien und Verbände in Polen dem Nationalsozialismus zu, obgleich keine Sammlungsbewegung entstand wie in der Tschechoslowakei. Die polnische Regierung war bemüht, die Spannungen zu vermindern, hatte aber auf die lokalen Beamten wenig Einfluss. Seit März 1939 verschlechterten sich die Verhältnisse rapide, und die polnische Seite befürchtete mit einigem Recht, dass die Deutschen zur »fünften Kolonne« Nazideutschlands geworden seien. Verhaftungen, Schließung von Einrichtungen der Minderheit und eine Inszenierung von Terror veranlassten 70000 Deutsche zur Flucht, wie die Nazipropaganda behauptete.

Die Deutschen in Polen waren endgültig in die Mühle der Außenpolitik und der Kriegsvorbereitung geraten.

In der Außenpolitik setzte Piłsudski den Kurs der vorherigen Regierungen fort. Auch Polen, das in Locarno keinen Erfolg gehabt hatte, profitierte vom Nachlassen der Spannungen in Europa, sah allerdings auch seine Bindung an Frankreich gelockert. Zu Deutschland wurden die Beziehungen zwar atmosphärisch besser, aber die grundsätzlichen Differenzen über eine Revision der Grenzen bestanden fort. Der gute Verlauf eines Treffens zwischen Piłsudski und dem deutschen Außenminister Stresemann in Genf im Dezember 1927 bot den Anlass für eine Reihe von Abkommen, in denen Erleichterungen für die Bürger in rechtlichen Fragen und Zollproblemen gefunden wurden. Den gefährlicheren Nachbarn sah Piłsudski in der Sowjetunion, und der Streit mit Litauen über die Wilna-Frage ließ die Gefahr größerer Verwicklungen wachsen. Auch hier gelang eine Beruhigung, denn Polen konnte mit der Sowjetunion eine Reihe von Streitfragen – z. B. einen Austausch von Gefangenen – lösen.

Eine Wendung zu einer aktiveren polnischen Außenpolitik war mit der Ernennung von Józef Beck im August 1930 zum Staatssekretär und im November 1932 zum Außenminister verbunden. Der intelligente, ehrgeizige und arrogante Oberst verstand es als seine Aufgabe, die Richtlinien des Marschalls auch über dessen Tod hinaus umzusetzen. Angesichts der Tatsache, dass Frankreich nicht mehr als verlässlicher Verbündeter gelten konnte und seit der Einrichtung einer Volksfrontregierung im Jahre 1932 seine Rüstung vernachlässigte, sollte sich Polen auf die eigenen Kräfte verlassen und gute Verhältnisse zu seinen Nachbarn suchen. Verhandlungen mit der Sowjetunion führten 1932 zu einem Abkommen, in dem beide Seiten einander den Verzicht auf aggressive Handlungen gegen den Vertragspartner und Neutralität bei Angriffen Dritter zusicherten.

Der deutsche Nachbar erwies sich in dieser Zeit als problematischer, besonders als am 30. Januar 1933 Hitler als Reichskanzler an die Macht kam. Zweimal, im März/April und im Herbst 1933, soll Piłsudski der französischen Regierung eine gemeinsame militärische Aktion vorgeschlagen haben, um Hitler auf eine Einhaltung der Abrüstungsvorschriften und der Grenzen entsprechend dem Versailler Vertrag festzulegen. Diese »Präventivkriegspläne« scheiterten an der Ablehnung durch die französische Regierung und sollen die Annäherung Piłsudskis an Hitlerdeutschland bewirkt haben. Diese kann aber auch andere Gründe gehabt haben, denn Hitler bewunderte den Marschall, während Piłsudski den Emporkömmling und »Österreicher« geringschätzte. Beck glaubte die Situation für eine Entspannung mit Berlin günstig, weil das neue Regime eine Zeit der Ruhe für seine Konsolidierung benötige und die neue Führungsmannschaft gegenüber Polen andere Prioritäten setzen werde als die abgelösten preußischen Generäle. Hitler brauchte wirklich Zeit, um seine weitreichenden Pläne einer Eroberung von »Lebensraum« im Osten vorzubereiten, und er mag auch daran gedacht haben, Polen dafür als Juniorpartner gewinnen zu können. Die diplomatischen Kontakte resultierten jedenfalls im Nichtangriffspakt vom 26. Januar 1934 zwischen Polen und Deutschland, der die Bevölkerung beider Länder völlig überraschte. Dieser Vertrag beinhaltete einen Verzicht auf Gewalt zur Lösung strittiger Fragen, Nichteinmischung in innere Probleme des Partners und die Begründung eines »gutnachbarlichen Verhältnisses«. Dieser auf zehn Jahre angelegte Vertrag bedeutete zwar keine Anerkennung der Grenzen, schien aber Polens Stellung in Europa gefestigt zu haben.

Die gesamteuropäische Lage veränderte sich durch die Aufwertung der Sowjetunion, die im September 1934 dem Völkerbund beitrat, mit Frankreich (1934) und der Tschechoslowakei (1935) Beistandsverträge schloss. Nach dem

Tode von Piłsudski setzte Oberst Beck auf die Stärke Polens, das er als Ordnungsmacht zwischen Deutschland und der Sowjetunion und als führend in einem »Dritten Europa« vom Baltikum bis zum Balkan aufzubauen versuchte. Dies weckte Misstrauen beim sowjetischen Nachbarn und trieb Polen stärker auf die Seite Hitlers, als Beck geplant hatte. Eine unklare Schaukelpolitik war die Folge, weil Polen einerseits den Antikominternpakt vom 25. November 1936 (Deutschland, Japan, später Italien und Spanien) gegen die Sowjetunion billigte, andererseits zuvor nach der Rheinlandbesetzung im März 1936 eine Annäherung an Frankreich gesucht hatte. Schwerwiegend war außerdem Polens Beteiligung an der Auflösung der ungeliebten Tschechoslowakei, als Polen nach dem Diktat des Münchner Abkommens, das am 28. September 1938 die Modalitäten für die Abtretung der Sudetengebiete an Deutschland regelte, seinerseits per Ultimatum die Abtretung des Olsa-Gebietes in Teschen erzwang. Schon im März hatte Beck unter Androhung von Gewalt Litauen zur Aufnahme diplomatischer Beziehungen unter Anerkennung des Verlustes von Wilna gezwungen. Polen war damit an der Zerstörung der Ordnung von Versailles selbst beteiligt und hatte sich zum Komplizen der Hitler'schen Aggression gemacht, ohne zu ahnen, dass die Pläne bereits vorlagen, die Polen als nächstes Opfer ins Visier nahmen.

Mit dem Anschluss Österreichs im März 1938, der Übernahme der Sudetengebiete im Oktober 1938, der »Zerschlagung der Resttschechei« im März 1939 und der Ausrufung der selbstständigen Slowakei hatte sich die Landkarte Mitteleuropas entscheidend zu Lasten Polens verändert. Hitlers weitere Pläne wurden zunächst als eine durchaus vernünftige Lösung verpackt, als er am 24. Oktober 1938 Polen Vorschläge zu einer »Globallösung« unterbreitete: Danzig, wo sich bereits eine nationalsozialistische Regierung etabliert hatte, sollte zu Deutschland kommen und die Verbindung nach Ostpreußen durch eine exterritoriale Eisenbahn und Autobahn durch den polnischen »Korridor« gesichert werden. Sogar eine Anerkennung der deutsch-polnischen Grenze und die Verlängerung des Nichtangriffspaktes auf 25 Jahre waren vorgesehen; der Pferdefuß war jedoch, dass Polen dem Antikominternpakt beitreten sollte und damit in absehbarer Zeit seine Selbstständigkeit verloren hätte. Ob ein Einlenken Polens den Krieg verhindert hätte und ihm ›nur‹ eine Satellitenrolle wie der Slowakei gebracht hätte, ist nicht geprüft worden. Schon der Verzicht auf seine Rechte in Danzig war für Polen unannehmbar, und angesichts der Selbstüberschätzung der regierenden Offiziere ließ das Prestigedenken kein Nachgeben gegenüber Deutschland zu.

Die internationale Lage und die Stimmung in Europa hatten sich durch die vertragswidrige Ausrufung des »Protektorats Böhmen und Mähren« im März 1939 jedoch geändert, denn Hitler hatte in München eine Garantie für den tschechischen Reststaat versprochen. Hatte zuvor besonders Großbritannien die deutschen Wünsche nach einer Revision der Territorialbestimmungen des Versailler Vertrages als nicht unberechtigt verstanden, so misstraute es nun den Versprechungen Hitlers und stellte sich gegen jede weitere Stärkung Großdeutschlands. Für den Fall einer direkten oder indirekten Aggression Hitlers gegen Polen gab London Ende März 1939 eine einseitige Garantieerklärung ab, und will man Becks Reaktion nicht als leere Formel abtun, spricht es für eine Selbstüberschätzung oder gar Verblendung der polnischen Politik dieser Zeit, dass Beck in London seinerseits eine polnische Garantie für Großbritannien abgab. Hitler konnte dies als Beleg für eine »Einkreisungspolitik« gegen Deutschland verstehen und nahm es zum Anlass, den Nichtangriffspakt mit Polen fristlos zu kündigen. Alle Zeichen deuteten nun auf einen Krieg, den Hitler planmäßig vorbereitete (»Fall Weiß«) und dazu die deutsche Minderheit in Polen gewissenlos ausnutzte. Die nationalsozialistische Propagandamaschine lief seit dem Frühjahr 1939 auf Hochtouren und bereitete die Bevölkerung auf den Krieg vor.

Polen glaubte sich stark genug für die drohende Auseinandersetzung, da es auch von Frankreich eine Garantie erhalten und die Sowjetunion eine »wohlwollende Neutralität« zugesichert hatte. Während die Westmächte im Sommer 1939 noch mit Stalin über eine Zusammenarbeit verhandelten, hatte dieser mit der Berufung Molotovs zum Volkskommissar für äußere Angelegenheiten bereits Anfang Mai die Wende eingeleitet. Weil alle Welt glaubte, dass die Gegensätze zwischen der Sowjetunion und Hitlerdeutschland unüberwindlich seien, war der Abschluss des Hitler-Stalin-Paktes am 23. August 1939 eine ungeheure Sensation. Die ideologischen Erzfeinde hatten sich zusammengefunden und in einem geheimen Zusatzprotokoll eine Aufteilung Polens beschlossen. Der Krieg konnte beginnen.

Die Polen im Zweiten Weltkrieg
(1939–1945)

1939	1. September: Angriff der Wehrmacht auf Polen
	16./17. September: Einmarsch sowjetischer Truppen in Polen
	30. September: Polnische Exilregierung unter W. Sikorski
1940	8. Juli: Einrichtung des »Generalgouvernements«
1941	22. Juni: Angriff der Wehrmacht auf die Sowjetunion
1942	20. Januar: Wannsee-Konferenz, Beschluss der »Endlösung der Judenfrage«
1943	31. Januar – 2. Februar: Rückeroberung Stalingrads, die Wende im Krieg
	13. April: Leichenfunde in Katyń
	19. April – 16. Mai: Aufstand im Warschauer Ghetto
	4. Juli: Sikorski tödlich verunglückt; Ministerpräsident Mikołajczyk

	28. November – 1. Dezember: Konferenz von Teheran; die Westverschiebung Polens wird beschlossen
1944	22. Juli: PKWN in Chełm, dann »Lubliner Komitee«
	1. August – 2. Oktober: Warschauer Aufstand
1945	1. Januar: Provisorische Regierung
	4.–11. Februar: Konferenz von Jalta, Oder-Neiße-Linie
	8./9. Mai: Deutsche Kapitulation
	17. Juli – 2. August: Konferenz von Potsdam

Der Angriff der deutschen Wehrmacht erfolgte am 1. September 1939 um 5.45 Uhr entlang der gesamten deutsch-polnischen Grenze, und er war von polnischer Seite nicht provoziert worden, wie Hitlers Rechtfertigungsrede suggerierte, denn den angeblichen »Überfall auf den Sender Gleiwitz« hatte die SS selbst inszeniert. Polen war nicht unvorbereitet und hatte bereits eine Teilmobilisierung eingeleitet. Den deutschen Truppen mit ihrer modernen Ausrüstung und dem massiven Einsatz von Panzerverbänden und Luftwaffe war die polnische Armee jedoch nicht gewachsen. Jetzt rächte es sich, dass die polnische Armee nur auf dem Papier stark war, dass Ausrüstung, Kommunikation und Motorisierung sträflich vernachlässigt worden waren. Mit einer glanzvollen Kavallerie war ein moderner Krieg nicht zu führen. Obgleich Polen auf politischer Ebene durch die Kriegserklärung Englands und Frankreichs am 3. September eine Entlastung erhielt und damit Hitlers Plan einer begrenzten Aktion zunichte wurde, war die militärische Niederlage Polens bald besiegelt. Am 17. September verließen die obersten zivilen und militärischen Vertreter das Land und wurden in Rumänien interniert. Zu diesem Zeitpunkt war bereits die Rote Armee im Osten Polens eingerückt, um jene Gebiete unter ihren »Schutz« zu nehmen, die im geheimen Zusatzprotokoll der Sowjetunion zugesprochen worden waren. Die Überlegungen von General von Seeckt waren Wirklichkeit geworden, nur mit umgekehrter Gewichtung der beiden »Partner«; am 5. Oktober kapitulierten die letzten polnischen Verbände. Die Staatlichkeit Polens war wieder einmal beendet und das Land als Beute geteilt.

Es war jedoch kein ›normaler‹ Krieg, der über Polen gekommen war. Unmittelbar nach Beginn der Kampfhandlungen wurde auch die Zivilbevölkerung hart betroffen. Ziel der nationalsozialistischen Politik war die Rückgewinnung der ehemaligen preußischen Gebiete und die Gewinnung weiterer Gebiete zu deren Eingliederung in das Großdeutsche Reich, dann aber vor allem der Erwerb von »Lebensraum« in der Ukraine zur Ansiedlung von »germanischen« Bauern. Dies bedeutete, dass der Krieg als Auseinandersetzung von »Rassen« geführt wurde, in dem die Deutschen oder Germanen als Herren galten, die Slaven dagegen als Angehörige einer angeblich »minderwertigen« Rasse zum Dienen verpflichtet werden sollten. Daraus folgte bereits zu Beginn des Krieges die Vertreibung der polnischen Bevölkerung aus den Grenzgebieten, wenig später die Verhaftung und Dezimierung der polnischen Intelligenz (Verhaftung des Lehrkörpers der Universität Krakau am 6. November 1939), sodann die Deportation und bald die Vernichtung der Juden. Hoffnungen oppositioneller und später antisowjetischer Kräfte auf Unterstützung durch die deutschen Truppen mussten daher ins Leere gehen. Ein Erlass Hitlers »zur Festigung des deutschen Volkstums« (7. Oktober 1939) schuf die Voraussetzung für umfangreiche Umsiedlungsaktionen, die Baltendeutsche, Deutsche aus dem Innern Polens und selbst Südtiroler in die neu geschaffenen »Reichsgaue« Danzig-Westpreußen und den Warthegau – Posen und Lodsch (umgetauft in »Litzmannstadt«) – versetzen sollten. Die Juden wurden zunächst in Ghettos interniert, die polnische Bevölkerung nach Zentralpolen deportiert, das nun als »Generalgouvernement« bezeichnet und von Hans Frank von Krakau aus rücksichtslos verwaltet wurde.

Auch wenn die schlimmsten Pläne über die weitere Behandlung der »slavischen Untermenschen« erst im weiteren Verlauf des Krieges entstanden, war bereits jetzt die Lage der Menschen beklagenswert. Das Land wurde ausgebeutet, die Kunstschätze und Kulturgüter beschlagnahmt und fortgeschafft. Polizei, SS und Wehrmacht unterdrückten alle selbstständigen Regungen. Polen wurden zur Zwangsarbeit in der deutschen Rüstungsindustrie verpflichtet. Eine freie Presse und ein Kulturleben waren verboten. Die Intellektuellen wurden verfolgt, eingekerkert und oft ermordet. Die höheren Schulen und die Universitäten blieben geschlossen. Für Polen waren nur eine rechtliche Diskriminierung und nur untergeordnete Dienste vorgesehen, für die sie schlecht entlohnt wurden. Eine »Volksliste« unterteilte die Bevölkerung nach Kriterien der deutschen Rassevorstellungen, wobei für Polen nur die Stellung als »Schutzangehörige« des Reiches vorgesehen war.

Kaum besser war die Lage der Polen in den von der Sowjetunion besetzten Gebieten. Nach fingierten Volksabstimmungen wurden die Gebiete am 1. und 2. November 1939 den Sowjetrepubliken Ukraine und Weißrussland eingegliedert. Von den um 12 Millionen Einwohnern waren etwa 5 Millionen ethnische Polen, von denen viele in den beiden folgenden Jahren ins Innere der Sowjetunion deportiert wurden. Ungefähr 300000 Mann der polnischen Armee waren von der Roten Armee gefangen genommen worden, und die um 4500 Offiziere, die als vermisst galten, wurden später bei Katyń ermordet aufgefunden. Nachdem Stalin Wilna an Litauen zurückgegeben hatte, zwang er die baltischen Staaten 1940 zum Anschluss an die Sowjetunion. Die alten Zentren polnischer Kultur, die Städte Wilna und Lemberg, waren als Folge der neuen Teilung aus der polnischen Geschichte ausgeschieden.

Freie polnische Politik war nur noch in der Emigration möglich, wo der Senatspräsident Władysław Raczkiewicz (1885–1947) als Staatspräsident und der General Władysław Sikorski (1881–1943) als Ministerpräsident eingesetzt worden waren. Mit einigen Schwierigkeiten fanden nun Anhänger des Obristenregimes und Oppositionspolitiker zueinander. Die Alliierten erkannten die Exilregierung an und unterstützten den Aufbau einer Exilarmee, die 1940 auf über 90000 Mann anwuchs. Besonders die polnischen Piloten haben sich bei der Abwehr der deutschen Luftangriffe gegen England einen guten Ruf erworben.

Im Lande selbst organisierte sich ein Widerstand unter großen Schwierigkeiten. Der Kern einer militärischen Organisation entstand bereits Ende September 1939, und im Oktober trat dazu ein Politischer Beirat, der von Mitgliedern der bisherigen Oppositionsparteien getragen wurde. Ende des Jahres ging daraus der »Verband für den bewaffneten Kampf« hervor (*Związek Walki Zbrojniej, ZWZ*), der Schulungsarbeit leisten, Nachrichten beschaffen und Sabotageakte verüben sollte. Die politischen Parteien fanden erst im Herbst 1940 im »Politischen Verständigungskomitee« (*Polityczny komitet Porozumiewawczy, PKP*) zusammen. Angesichts der deutschen Terrormaßnahmen und der Unterdrückung wuchs im polnischen Volk die Bereitschaft zum Widerstand gegen die Fremdherrschaft.

Der Angriff der deutschen Wehrmacht auf die Sowjetunion am 22. Juni 1941 veränderte das internationale Umfeld und die Stellung Polens darin. Durch die Erfolge der Wehrmacht im Westen und Südosten Europas war der Krieg zwar längst ein Weltkrieg geworden, aber nun wurde die »Teilungsmacht« Sowjetunion zum Verbündeten der Alliierten. Zunächst gelang unter britischer Vermittlung eine leidliche polnisch-sowjetische Zusammenarbeit, indem Moskau diplomatische Beziehungen zur Exilregierung aufnahm und Abkommmen über die Freilassung der internierten polnischen Soldaten schloss. Es gelang auch, Stalins

Zustimmung zur Aufstellung einer polnischen Exilarmee unter General Anders zu erreichen. Beunruhigung verursachte die Weigerung Stalins, die Bewohner der östlichen Teile Polens zu dieser Armee zuzulassen und Aussagen über verschwundene Offiziere zu machen. Trotz weiterer Schikanen seitens der sowjetischen Stellen wurde die Armee, die inzwischen auf um 67000 Mann angewachsen war, im März/April 1942 über den Iran nach Westen verlegt.

Beunruhigend war auch die Lage im Lande selbst. Der rasche Vorstoß der Wehrmacht hatte Polen zum Durchgangsland gemacht, und die deutsche Verwaltung nahm auf polnische oder ukrainische Vorstellungen von einer Neuordnung der eroberten Gebiete keinerlei Rücksicht. Das Land wurde nach kriegswirtschaftlichen Bedürfnissen ausgebeutet, sodass es selbst Mangel litt. Schlimmer noch waren die ideologisch bedingten Maßnahmen, die in der Errichtung von Konzentrationslagern in Polen gipfelte, in denen Menschen ihrer Anschauung, Religion oder Herkunft wegen interniert, gequält und zu Tode gebracht wurden. Majdanek, Sobibór, Bełżec, Treblinka und besonders Auschwitz/Birkenau wurden zu Schreckensnamen. Mit der Besetzung der Ukraine hatte dort die Verfolgung und Vernichtung der Juden eine neue Dimension erreicht. Die »Endlösung«, d. h. die planmäßige Ausrottung der europäischen Juden, wurde am 20. Januar 1942 in der »Wannsee-Konferenz« beschlossen und dann in die Tat umgesetzt. Bis zum Kriegsende wurden mehr als 2,5 Millionen polnische Staatsbürger jüdischen Glaubens oder jüdischer Abkunft in Gaskammern oder auf andere Weise ermordet. Dazu kamen Juden aus ganz Europa und – weniger bekannt – andere Minderheiten wie die Sinti und Roma.

Gegen die offene Gewalt und die Zunahme des Terrors wuchs der Widerstand im Lande. Im Winter 1941/42 waren die Untergrundverbände unter der Leitung des Generals Rowecki auf um 100000 Mann angestiegen, die Sabotage und Überfälle durch Partisanen organisierten und die deutschen Nachschublinien empfindlich störten. Im Februar 1942 bildete sich die »Armee im Lande« (*Armia krajowa, AK*), die bis 1943 eine Stärke von über 300000 Mann erreichte und Beziehungen zum Exil unterhielt. Vergeltungsmaßnahmen gegen ihre Tätigkeit erhöhten nur die Verbitterung der Bevölkerung und den Zulauf zur AK. Die Untergrundtätigkeit beschränkte sich jedoch nicht auf militärische Aktionen. Ein ganzes Netz von unsichtbaren Verbindungen entstand, das sich zu einer Art Untergrundstaat enwickelte. Schulen und selbst Universitäten arbeiteten unter den Augen der Besatzungsmacht und ermöglichten ein Überleben der polnischen Intelligenz. Der spätere Papst Johannes Paul II. hat unter solchen Umständen in Krakau sein Theologiestudium absolviert.

Verstärkung, aber auch Konkurrenz erhielt der Widerstand durch die Kommunisten, die nach dem deutschen Überfall auf die Sowjetunion an die Öffentlichkeit treten durften – vorher war die Sowjetunion ja mit Deutschland verbündet gewesen. Die im Januar 1942 gegründete »Polnische Arbeiterpartei« (*Polska Partia Robotnicza, PPR*) und die von ihr geleitete »Volksgarde« (*Gwarda Ludowa, GL*) waren zwar nur klein, aber durch ihre Verbindung mit Moskau sollten sie bald überproportionalen Einfluss gewinnen. Nach der Ausschaltung ihrer ersten beiden Vorsitzenden übernahm im November 1943 Władysław Gomułka (1905–1982) die Parteileitung.

Das Jahr 1943 war ein Schicksalsjahr: Es brachte die Wende im Krieg und stellte die Weichen für eine radikale Umgestaltung Polens. Ende Januar kapitulierte die 6. Armee der Wehrmacht in Stalingrad. Anfang März erklärte die Sowjetregierung, dass die polnische Exilregierung keinen Anspruch auf sowjetisches Territorium habe, und als solches galten ja die eingegliederten ostpolnischen Gebiete. Am 13. April verkündete der deutsche Rundfunk die Meldung, dass im Wald von Katyń Tausende von Leichen polnischer Offiziere gefunden worden seien. Obwohl Moskau sofort verkünden ließ, diese seien von den Deutschen ermordet worden, so fiel doch der Verdacht auf die Rote Armee. Den Wunsch der polnischen Exilregierung, die Sache durch das Rote Kreuz untersuchen zu lassen, nahm Stalin zum Anlass des Bruchs mit dem polnischen Exil, indem er die Polen zynisch der Zusammenarbeit mit dem Deutschen Reich bezichtigte. Das Opfer gemeinsamer Aggression wurde noch verhöhnt. Dies war umso perfider, als im April/Mai der Aufstand im Warschauer Ghetto niedergeschlagen wurde und dies den Polen ihre Ohnmacht gegen die deutsche oder im deutschen Namen operierende Kriegsmaschine zeigte. Im Ghetto hatten 360000 Menschen unter elendesten Umständen vegetiert, und nach dem Abtransport von rund 300000 Juden in die Vernichtungslager hatte der Rest vergeblich den Ausbruch versucht. Auch die Stellung der Polen gegenüber den westlichen Alliierten verschlechterte sich, als der allseitig respektierte General Sikorski am 4. Juli bei einem Flugzeugabsturz bei Gibraltar ums Leben kam. Der ihm nachfolgende Ministerpräsident Mikołajczyk geriet unter stärksten alliierten Druck, die militärische Zusammenarbeit mit Stalin nicht zu stören, denn mit ihrem Vorrücken wuchs das Gewicht der Roten Armee.

Stalin griff nun stärker in die innerpolnische Entwicklung ein, indem er im August 1943 Bolesław Bierut (1892–1956) als seinen Vertrauensmann in den Warschauer Untergrund einschleusen ließ. Die Kommunisten bauten nun eigene Organisationen gegen die bisher den Widerstand leitenden Parteien auf. Im November bereiteten Bierut und Gomułka einen »Landesnationalrat« (*Krajowa Rada Narodowa, KRN*) vor, der die Linksparteien im besetzten Polen zusammenfassen sollte. In der Neujahrsnacht 1944 trat dieses Ersatzparlament unter dem Vorsitz von Bierut erstmalig zusammen. Mit der Gründung einer »Volksarmee« (*Armia Ludowa, AL*) unter General Michał

»Rola«-Żymierski schuf sich der Rat aus der *Gwardia ludowa* eine eigene Untergrundarmee, verkündete ein Programm der Enteignung von Großgrundbesitz und der Verstaatlichung der Industrie.

Auf der internationalen Ebene waren inzwischen die Würfel für einen neu zu errichtenden polnischen Staat gefallen. Nachdem auf einer Konferenz von Außenministern der Allierten in Moskau Ende Oktober 1943 die amerikanischen Versuche gescheitert waren, für die polnisch-sowjetischen Probleme eine Interimslösung zu erreichen, schlug Stalin auf der Konferenz von Teheran (28. November – 1. Dezember 1943) eine »Westverschiebung« Polens auf Kosten Deutschlands vor. Auch wenn die endgültige Grenze noch offen blieb, so wurde ein »Bevölkerungsaustausch« vereinbart.

Nachdem die Rote Armee die alte polnisch-sowjetische Grenze überschritten hatte, versuchten die nichtkommunistischen Parteien ihren Einfluss geltend zu machen. Mikołajczyk verkündete über Radio, dass in den befreiten Gebieten eine neue polnische Verwaltung unter Leitung des Exils einzurichten sei. Zu diesem Zwecke setzte die Exilregierung am 9. Januar 1944 einen »Rat der nationalen Einheit« (*Rada Jedności Narodowej, RJN*) ein, in dem die demokratischen Parteien und andere Organisationen vertreten sein sollten. Dies ging aber an den politischen Realitäten weit vorbei, denn dem starken Druck Churchills mussten die Exilpolitiker nachgeben und die bereits bestehende sowjetische Militärverwaltung in den befreiten Gebieten anerkennen. Auch die opfervolle militärische Leistung der exilpolnischen Armee, die im Mai an der Eroberung des Klosters Monte Cassino an vorderer Stelle beteiligt war, konnte den Bedeutungsverlust der Exilregierung nicht wettmachen.

Nach Überschreiten des Bug trat am 22. Juli 1944 in Chełm ein in Moskau vorbereitetes »Polnisches Komitee der Nationalen Befreiung« auf (*Polski Komitet Wyzwole-*

nia Narodowego, PKWN), dem Angehörige der PPR und anderer Linksparteien und Organisationen unter kommunistischer Führung angehörten. Die Übersiedlung nach Lublin drei Tage später gab ihm den neuen Namen »Lubliner Komitee«, das die Regierungsgewalt in den Gebieten Polens in den neuen Grenzen beanspruchte und eine Agrarreform forderte. Die Sowjetunion erkannte ihre Marionette am 27. Juli als Regierung Polens an und entsandte einen offiziellen Vertreter.

Da leere Proteste gegen diese Entwicklung wirkungslos waren, versuchte die »Armee im Lande« mit Wissen der Exilregierung eine eigene Befreiung der Hauptstadt, um der näher rückenden Roten Armee zuvorzukommen. Am 1. August begann unter Führung des Generals Bór-Komorowski eine Erhebung der um 50000 Mann der AK, der es auch gelang, große Teile Warschaus in ihren Besitz zu bringen. Obwohl die Rote Armee unter Führung des Marschalls Rokosovskij bis in die rechts der Weichsel gelegene Vorstadt Praga vorrückte, griff sie in die Kämpfe nicht ein. Da die Sowjetunion den Westmächten die Landerechte für Flugzeuge mit Hilfslieferungen verweigerte, brach der Aufstand nach heftigen Kämpfen am 2. Oktober zusammen. Die Stadt war fast vollständig zerstört, die Elite der Heimatarmee vernichtet worden. Die Gerüchte sind nie verstummt, dass Stalin hier die nichtkommunistischen Gegenkräfte habe absichtlich verbluten lassen.

Auch auf internationaler Ebene war es der Exilregierung nicht gelungen, in der Frage der Grenzen auch nur mitsprechen zu dürfen. England und die USA machten deutlich, dass sie nichts gegen die Interessen Stalins zu unternehmen gedächten. Schließlich trat Mikołajczyk von seinem Amt zurück. Der neue Ministerpräsident der Exilregierung Arciszewski blieb einflusslos.

Ohne Berücksichtigung der Exilregierung erklärte sich das Lubliner Komitee am Neujahrstag 1945 zur Provisorischen Regierung (*Polski Rząd Tymczasowy, PRT*) und übersiedelte in das am 17. Januar befreite Warschau. Ministerpräsident wurde der Führer der wiederbegründeten PPS, Edward Osóbka-Morawski. Sechs Minister gehörten der PPR an, darunter der Minister für Industrie Hilary Minc und für öffentliche Sicherheit Stanisław Radkiewicz; die übrigen kamen aus anderen Linksparteien oder waren parteilos. Hier wurde das System der »Volksdemokratie« bereits darin erkennbar, dass sich die Kommunisten in einer Koalition mehrerer Parteien den entscheidenden Einfluss sicherten. Gestützt auf die Rote Armee, setzten sie im Innern die Pfeiler einer neuen Ordnung. Die Gewerkschaftsbewegung wurde durch eine Zusammenarbeit von PPR und PPS zentral organisiert, um die wilden Formen einer Sozialisierung zu verhindern und die Fabrikkomitees zu steuern. Politische Gegner wurden verfolgt, missliebige Organisationen verboten. Die AK und der Rat der Nationalen Einheit lösten sich auf, und ihre führenden Personen verschleppte die Rote Armee nach Moskau, wo sie im Juni zu langjährigen Haftstrafen verurteilt wurden. Über 50000 Mann der AK wurden in die Sowjetunion deportiert. Ein Amt für Sicherheit (*Urząd Bezpieczeństwa, UB*) sollte die Bevölkerung überwachen und einschüchtern. Nicht alle Polen unterwarfen sich jedoch widerstandslos der neuen Ordnung, denn kleine Gruppen der AK und insbesondere die 1942 gegründeten »Nationalen Streitkräfte« (*Narodowy Siły Zbrojnie, NSZ*) gingen in den Untergrund, wo sie bis 1948 einen Partisanenkampf fortsetzten.

Die Grenzen des neuen Polen bestimmten die »großen drei« auf der Konferenz von Jalta (4.–11. Februar 1945). Im Westen rückte das Land bis an die Oder und die Lausitzer (westliche) Neiße; am Unterlauf der Oder kamen Stettin und später (am 5. Oktober 1945) das andere Ufer an Polen. Im Osten folgte die Grenze der alten Curzon-Linie, die in etwa der Sprachgrenze der Landbevölkerung entsprach und in einigen Fällen zu Gunsten Polens verändert wurde. Die Bevölkerung sollte der neuen Grenze angepasst werden; dies bedeutete im Westen eine Entfernung der deutschen, im Osten eine Umsiedlung der polnischen Bevölkerung. Diese Regelung wurde nach Kriegsende auf der Potsdamer Konferenz (17. Juli – 2. August 1945) bestätigt, aber als »provisorisch« ausgewiesen, weil die endgültige Festlegung einem Friedensvertrag vorbehalten war. Diese Klausel ist später in der westdeutschen Öffentlichkeit bis in die sechziger Jahre hinein dahingehend ausgelegt worden, dass eine Revision noch möglich sei. Für die Bevölkerungsverschiebungen sah der Artikel XIII vor, dass sie »in geordneter und humaner Weise« durchgeführt werden sollten, eine Formulierung, die angesichts der tatsächlichen Umstände nur zynisch genannt werden kann.

Der genaue Grenzverlauf im Osten wurde am 16. August in einem polnisch-sowjetischen Vertrag festgelegt. Im Vergleich zum Vorkriegsterritorium verlor Polen um 180 000 km^2, d. h. etwa ein Drittel, mit einer Bevölkerung vor dem Krieg von rund 12 Millionen Menschen. Von den etwa 3 Millionen Polen im Osten wurden um 2,2 Millionen nach Westen verbracht, von denen zwei Drittel in den neuen Gebieten angesiedelt wurden. Dazu kamen in den folgenden Jahren an die 2,2 Millionen Repatrianten aus dem Westen und rund 1,6 Millionen Umsiedler aus der Sowjetunion. Im Westen, wo in etwa die Grenze des Piastenstaates wieder hergestellt worden war, und im Norden, wo Polen Danzig und den südlichen Teil Ostpreußens zugesprochen erhalten hatte, gewann Polen 103 000 km^2. Die dortige deutsche Bevölkerung, die einmal fast 12 Millionen Menschen betragen hatte, war durch Evakuierung und die Massenflucht vor der Roten Armee bereits zur Hälfte ausgedünnt; der verbliebene Rest wurde bis auf geringe Ausnahmen bis 1947 vertrieben oder ausgesiedelt. Das wiedererstandene Polen umfasste ein Territorium von 312 730 km^2 mit knapp 24 Millionen Einwohnern (1946 geschätzt). Polen war ein anderes Land geworden, nicht nur um 150 km nach Westen

»verschoben«, sondern ausgeplündert und bewusst zerstört. Die alten sozialen Bindungen waren durch Kriegshandlungen und Terror zerrissen und die Gesellschaft durch die Binnenwanderung umgepflügt. Große Teile der Intelligenz waren vernichtet; mehr als sechs Millionen Menschen, darunter die Hälfte Juden, waren umgekommen oder ermordet worden. Der neue Staat war ethnisch fast homogen wie nie zuvor in seiner Geschichte. Als der Weltkrieg mit der deutschen Kapitulation am 8./9. Mai 1945 in Europa zu Ende ging, begann für Polen jedoch keine ›normale‹ Friedenszeit.

Polen auf dem Weg zur Volksrepublik und in die Sowjetisierung (1945–1956)

1945	28. Juni: »Regierung der nationalen Einheit«
1946	3. Januar: Gesetz zur Enteignung von Industriebetrieben
	30. Juni: Volksentscheid
1947	19. Januar: Wahlen zum »Verfassunggebenden Sejm«
	21. Oktober: Mikołajczyk flieht in den Westen
1948	31. August / 3. September: Gomułka wegen »Rechtsabweichung« zum Rücktritt gezwungen
	15. Dezember: Gründung der PVAP (*PZPR*)
1949	25. Januar: »Rat für gegenseitige Wirtschaftshilfe«
1950	6. Juli: Grenzabkommen von Görlitz
1952	22. Juli: Neue Verfassung: Polen wird »Volksdemokratie«
1953	3. März: Tod Stalins
1955	11./14. Mai: »Vertrag über Freundschaft, Zusammenarbeit und gegenseitigen Beistand« (»Warschauer Pakt«)
1956	14./25. Februar: XX. Parteitag der KPdSU, Beginn der »Entstalinisierung«
	12. März: Tod Bieruts
	22. Juni: Beginn des Aufstands in Posen

Nach langwierigen Verhandlungen wurde am 28. Juni 1945 eine »Regierung der nationalen Einheit« (*Polski Rząd Zjednoczenia Narodowego, PRZN*) begründet, die eigentlich nur eine Erweiterung der Vorläufigen Regierung vom Jahresanfang war, weil sie 12 von jetzt 21 Ministern stellte. Unter dem Druck der Alliierten war Mikołajczyk als Stellvertretender Ministerpräsident und als Minister für Landwirtschaft und Agrarreform aufgenommen worden, und seine Volkspartei (SL) besetzte weitere fünf Ressorts, darunter das Innenministerium. Da das Exil mit zwei Personen und alle zugelassenen Parteien vertreten waren, schien die Einheit tatsächlich hergestellt zu sein. In Wirklichkeit herrschte ein duales System, weil hinter dem demokratischen Äußeren die Kommunisten bestrebt waren, ihren Einfluss zu verstärken und Konkurrenten auszuschalten. Dazu bedurfte es zunächst einer Stärkung der eigenen Organisation. Die Kommunistische Partei hatte in der Vorkriegszeit kaum Einfluss besessen, weil ihre ideologische Abhängigkeit von Moskau sie in den Augen der Polen diskreditiert hatte; 1938 war sie von der Komintern sogar zur Selbstauflösung gezwungen worden. Die PPR als Nachfolgeorganisation konnte sich zwar auf die massive Unterstützung durch die Rote Armee verlassen und gewann in den ersten Monaten nach der Befreiung von der deutschen Herrschaft auch bis zu 300000 Mitglieder, verlor im Sommer davon jedoch ein Drittel. In der Führung herrschten starke Spannungen zwischen den »Heimatkommunisten« unter Führung von Gomułka, der eine Zusammenarbeit mit anderen Parteien und einen eigenen polnischen Weg zum Sozialismus befürwortete (»Radieschen« – innen weiß, außen rot, die polnischen Landesfarben), und den »Moskowitern« unter Bierut (»Rote Beete« – innen und außen rot), die Stalins Weisungen kompromisslos umsetzen wollten. Eine Belastung für die Partei war auch, dass unter den heimkehrenden Kommunisten verhältnismäßig viele Juden waren, die in der Sowjetunion

Polen nach 1945

LITAUEN
Memel
Kaliningrad
Wilna
bing
Allenstein
Memel
Białystok
WEISSRUSSLAND
Narew
Płock
Bug
ichsel
Warschau
Pripjet
Brest-Litovsk
dź
UDSSR
Radom
Lublin
Pilaca
Chełm
Kielce
Sandomierz
Weichsel
San
Bug
Krakau
Przemyśl
Lemberg
UKRAINE
Dnjestr
LOWAKEI

ihr Leben hatten retten können. Wie stark der Antisemitismus trotz der Ausrottungsmaßnahmen der Nationalsozialisten in Polen noch war, zeigte sich im Pogrom von Kielce (4. Juli 1946), dem 41 Personen zum Opfer fielen. Die Partei war daher zu Kompromissen gezwungen, um ihren Einfluss und die Zahl ihrer Mitglieder zu stärken, die bis 1948 durch die Aufnahme von Opportunisten und ideologisch wenig zuverlässigen Personen auf 950000 anschwoll.

Stärkster Gegner der Kommunisten war die Volkspartei unter Mikołajczyk als Vertretung der Bauern, die sich im September 1945 in »Polnische Volkspartei« (*Polskie Stronnictwo Ludowe, PSL*) umbenannte. Sie gewann rasch großen Zulauf und zählte bei ihrem ersten Kongress im Januar 1946 über 600000 Mitglieder. Ihr Ziel war die Wiederherstellung des parlamentarisch-demokratischen Systems und die Zurückdrängung des kommunistischen Einflusses. Die christlich-demokratische »Partei der Arbeit« (*Stronnictwo Pracy, SP*) und die »Demokratische Partei« (*Stronnictwo Demokratyczne, SD*) blieben unbedeutend und suchten bald die Nähe der PPR. Dies galt zunächst auch für die neu begründete PPS, deren Vertreter Osóbka-Morawski die Regierung leitete. Erst als zurückkehrende Emigranten einen eigenständigen Kurs einleiteten, stieg die Mitgliederzahl 1946 auf 200000. Da der Landesnationalrat (*KRN*) als Ersatzparlament im September die Gründung weiterer Parteien untersagte, war das Parteiensystem damit abgeschlossen.

Wichtigste Aufgabe der Regierung war die Wiederherstellung der Ordnung im Lande und der Wiederaufbau; innerhalb der dazu dienenden Maßnahmen nutzte die PPR jede Möglichkeit, ihren Einfluss zu verstärken. Um die Partisanenaktionen der »Leute aus dem Wald« und der Ukrainischen Aufstandsarmee (*UPA*) zu bekämpfen, wurde der Sicherheitsapparat ausgebaut und die polnische Armee unter massiver Hilfe durch die Rote Armee verstärkt.

Diese Kräfte wurden auch zu Einschüchterung der Bevölkerung und zur Steuerung der Umsiedlungen benutzt. Minister für die »Wiedergewonnenen Westgebiete« (*Ziemie Odzyskane*) war Gomułka. Seine Aufgabe bestand darin, durch die ideologische Begründung einer »Rückkehr« in alte polnische Gebiete Vertrauen in die neuen Verhältnisse zu schaffen und aus den Plünderungen und wilden Siedlungen in eine geordnete Ansiedlung neuer polnischer Bevölkerung überzuleiten. Ein großer Teil der Ansiedler kam aus den Ostgebieten, aus denen sie mit mehr oder weniger Gewalt ausgesiedelt wurden. Alte Bewohner von Lemberg fanden sich so in Breslau oder Danzig wieder, ohne dass in der Öffentlichkeit über diese Zwangsmaßnahmen geredet werden durfte. Einen besonderen Anteil daran hatte die Bekämpfung der ukrainischen Aufständischen, die im Sommer 1947 ausgeschaltet wurden; in der Aktion »Weichsel« (*Wisła*) wurden um 150000 Ukrainer zwangsweise nach Pommern und Masuren verbracht. Nach den Ergebnissen der Volkszählung von 1950 machten die Aussiedler aus den Ostgebieten 30% der dortigen Bevölkerung aus, während 50% aus Zentralpolen stammten und die übrigen 20% schon 1939 dort ansässig gewesen waren. Von den nicht vertriebenen ehemaligen deutschen Staatsbürgern verblieben rund 1,9 Millionen im Lande, dazu 30000 Danziger und 430000 Menschen, die sich zuvor zum Deutschtum bekannt hatten. Ihre Einteilung in »anerkannte Deutsche« und »Autochthone« sollte die Eingliederung in die polnische Gesellschaft erleichtern, konnte aber besonders in Oberschlesien das Bewusstsein einer eigenen regionalen Identität nicht verschwinden lassen.

Der Wiederaufbau war mühsam und dadurch belastet, dass die Sowjetunion die Demontagen fortsetzte. Die Städte waren fast völlig zerstört, wie die zur »Festung« erklärte Stadt Breslau, die durch die Kriegshandlungen verwüstet wurde, oder Danzig, das nach der Besetzung durch die Rote Armee in Flammen aufgegangen war. Dazu kam der Unterschied in der Mentalität der Menschen, denn die Ostgebiete waren vergleichsweise dünn besiedelt und nur extensiv bewirtschaftet worden. Die Unsicherheit der Bevölkerung, ob die neue Lage auch Bestand haben würde, erschwerte zusätzlich die Eingewöhnung. Infolge einer hohen Geburtenrate waren 1956 etwa 80 % des Stands der Vorkriegsbevölkerung wieder erreicht.

Die Umgestaltung der Wirtschaft im Sinne sozialistischer Vorstellungen, die im Programm des Lubliner Komitees verkündet worden war, geschah mit dem Gesetz vom 3. Januar 1946. Es schrieb die entschädigungslose Enteignung von deutschen Besitzungen im Bergbau, Industrie, Handel und Banken vor, während für Besitz in polnischer oder ausländischer Hand Entschädigungen vorgesehen waren. Eine Währungsreform schuf eine einheitliche Münze für das ganze Land und bedeutete wegen der geringen erlaubten Umtauschmenge für viele eine Enteignung. Die Wirtschaft sollte von einem zentralen Planungsamt nach sowjetischem Vorbild und in einem Dreijahresplan aufgebaut werden. Hilary Minc als Wirtschaftsminister und »Moskowiter« orientierte den Handel auf den Austausch mit der Sowjetunion, und aus diesem Grunde musste Polen auch auf einer Teilnahme am Marshall-Plan (Sommer 1947) verzichten.

Die größte Gruppe der Bevölkerung mit 68 % (16 Millionen) lebte auf dem Lande und wartete auf eine Agrarreform. Auch hier wurde der ehemals deutsche Besitz entschädigungslos enteignet; polnische Staatsbürger erhielten für Besitz über 100 ha eine Entschädigung in Staatspapieren. Eine Reihe von Landgütern wurde in Staatsbetriebe umgewandelt und die Forsten nationalisiert. Das übrige Land wurde von einem Landfonds parzelliert und in einer Größenordnung von 5 ha in Zentralpolen, von 7–10 ha in den neuen Gebieten verteilt. Die durch diese Zwergbetriebe bedingte Strukturschwäche der polnischen Landwirtschaft belastete Polen noch am Ende des Jahrhunderts.

Eine Verwaltungsreform für die neuen Gebiete Ende Mai 1946 schuf drei neue Wojewodschaften und gliederte andere Gebiete in die alten ein. Auch hier wurde das System der »Nationalräte« eingerichtet, die legislative und administrative Aufgaben übernahmen und so die Gewalteilung aufhoben, was den Kommunisten ihre Steuerung erlaubten. Im Bereich der kirchlichen Verwaltung wurde eine Anpassung an die neuen Verhältnisse vorgenommen, wobei Kardinal Hlond als päpstlicher Legat die alten deutschen Amtsträger zur Abdankung zwang und im Auftrag des Vatikans Administratoren einsetzte; eine endgültige Regelung wollte der Vatikan erst nach einem Friedensschluss vornehmen.

Alle diese Maßnahmen waren auch Teil eines verdeckten innenpolitischen Machtkampfes zwischen der PPR und ihren Anhängern auf der einen und der Volkspartei Mikołajczyks auf der anderen Seite. Ein offenes Kräftemessen in freien Parlamentswahlen schien den Kommunisten jedoch nicht ratsam, da sie sich der Zustimmung der Bevölkerung nicht sicher waren. Dem Versuch vom Jahresbeginn 1946, das Ergebnis von Wahlen durch Einheitslisten eines »Demokratischen Blocks« mit einem vorher festgelegten Anteil der einzelnen Parteien zu unterlaufen, verweigerte sich die PSL, die in freien Wahlen mehr als die zugesagten 25 % der Mandate zu erringen hoffte. Als »halbe Lösung« plante nun die Regierung für den 30. Juni 1946 eine Volksabstimmung, in der drei Fragen vorgelegt werden sollten: die Zustimmung zur Abschaffung des Senats als Oberhaus, die Bejahung der Agrarreform und der Enteignungen und schließlich die Billigung der Oder-Neiße-Grenze. Obwohl in allen drei Fragen keine Kontroversen zu erwarten waren, entschloss sich die PSL, ihren Anhängern die Ablehnung der ersten Frage zu empfehlen. Trotz Wahlbehinderung und vermuteter Fälschung – die Ergebnisse wurden erst nach zehn Tagen veröffentlicht –, sprach sich fast ein Drittel der Wähler gegen die Abschaffung des Senats aus. Die Aufdeckung einer solch großen Opposition heizte die gereizte Stimmung weiter an.

Angesichts der sich steigernden Spannungen in der Anti-Hitler-Koalition, die auf den »Kalten Krieg« zuliefen, wurden auch die Vorbereitungen zur Wahl zum Verfassunggebenden Sejm am 19. Januar 1947 zu einer Belastungsprobe der Gesellschaft, die an den Rand des Bürgerkrieges geriet. Nach Einschüchterung, Ausschluss von Wählergruppen und Wahlfälschung erhielt der Demokratische Block 80% der Mandate zugesprochen, 394 von 444 Sitzen im Sejm, während unabhängige Beobachter der PSL mehr als die zugebilligten 10% und 28 Mandate zutrauten. Erwartungsgemäß wählte der Sejm Bolesław Bierut zum Staatspräsidenten (5. Februar) und billigte die Regierung unter dem PPS-Sekretär Jósef Cyrankiewicz (* 1911), in der die PSL nicht vertreten war. Obgleich die PPR nicht die Mehrheit der Minister stellte, war sie unter Führung von Gomułka die stärkste und die treibende Kraft. Die »Kleine Verfassung« vom 19. Februar wahrte der Form nach die Gewaltenteilung, schuf mit dem neu geschaffenen »Staatsrat« aber ein lenkendes und kontrollierendes Organ der »neuen Demokratie«, das zur »Volksdemokratie« überleitete.

Den Kampf um die ganze Macht verstärkte die PPR in den folgenden Monaten durch Verhaftungen und Schauprozesse, die sich besonders gegen Mitglieder der PPS richteten, denen vorgeworfen wurde, einen Umsturz geplant zu haben. Im Herbst geriet auch Mikołajczyk unter den Vorwurf des Hochverrats, und er entzog sich möglicher Verfolgung am 21. Oktober 1947 durch die Flucht ins westliche Ausland. Als andere Parteiführer ihm folgten, blieb niemand mehr übrig, der den Kommunisten hätte Widerstand entgegensetzen können, und so sicherten diese nun im Auftrage Stalins ihre Macht zielbewusst ab.

Der Einebnung politischer Gegenkräfte folgte die Gleichschaltung anderer gesellschaftlicher Organisationen, die die PPR ihrem Leitungsmonopol unterwarf. Die Hochschulen verloren im Oktober 1947 ihre Autonomie. Ein »Verband der Polnischen Jugend« und eine Zusammenfassung verschiedener studentischer Gruppen folgten im Sommer 1948. Ein Jahr später war die Zusammenfassung der Einzelgewerkschaften abgeschlossen, die nun im sowjetischen Sinne als »Transmissionsriemen« der Kommunisten arbeiteten. Zuvor hatten die Bemühungen der linken Mitglieder der PPS unter Cyrankiewicz dazu geführt, in der Partei durch Ausschluss von Gegnern die Zustimmung für eine Vereinigung mit der PPR reifen zu lassen. Am 15. Dezember 1948 wurden die auf unter 500000 Mitglieder geschrumpfte PPS mit der fast doppelt so großen PPR zur »Polnischen Vereinigten Arbeiterpartei« (PVAP, *Polska Zjednoczona Partia Robotnicza, PZPR*) zusammengeschlossen. Die Schriftsteller mussten im Januar 1949 den »sozialistischen Realismus« als Richtlinie ihres Schaffens annehmen. Auch die katholische Kirche als eigenständige nationale Organisation, die seit dem 25. Dezember 1948 von dem unbeugsamen Erzbischof Stefan Wyszyński (1901–1981) geführt wurde, geriet ins Visier der Kommunisten. Schon 1945 war eine Laienbewegung »Fortschrittlicher Katholiken« unter Bolesław Piasecki entstanden, aus der die Gruppe »Pax« hervorging, die im Sejm vertreten war. Da sich nur ein geringer Teil der Geistlichen dieser Gruppierung angeschlossen und der Papst am 1. Juli 1949 mit der Exkommunikation von Kommunisten einen äußeren Anlass geliefert hatte, erließ die Regierung am 5. August 1949 ein Dekret zum »Schutz der Gewissensfreiheit«, mit dem die Beschlagnahme von kirchlichen Einrichtungen wie Krankenhäuser und Kinderheimen sowie von deren Grundbesitz verkündet wurde. Die Regierung löste alle kirchlichen Verbände auf und zog deren Eigentum ein.

Die Forcierung der Sowjetisierung der polnischen Gesellschaft war in der PPR nicht ohne Widerspruch geblieben, denn die Heimatkommunisten unter Gomułka befürworteten ein behutsames Vorgehen der Zusammenarbeit mit anderen gesellschaftlichen Kräften und einen eigenen polnischen Weg. Nach heftigen Angriffen der »Moskowiter« schloss die PZPR im November 1949 Gomułka und seine Anhänger aus. Obwohl Gomułka 1951 auch in Haft kam, blieben für Polen jedoch die hässlichen Schauprozesse aus, die in Ungarn und in der Tschechoslowakei zu dieser Zeit gegen die »Titoisten« und »Rechtsabweichler« geführt worden sind.

Auch ohne solche Exzesse war das Land fest im Griff der Partei und diese unter der uneingeschränkten Herrschaft von Bolesław Bierut. Der Geheimdienst und die Armee waren von sowjetischen »Beratern« durchsetzt, und der sowjetische Marschall Konstantin Rokosovskij (1896–1968), der polnischer Abkunft war, setzte als neuer Kriegsminister seit September 1949 die Richtlinien Stalins nicht nur in der Armee um.

Eine selbstständige Außenpolitik war in Polen, das zu einem Satelliten Moskaus geworden war, unter diesen Umständen unmöglich. Nur mit der benachbarten Tschechoslowakei war ein Ausgleich erfolgt, indem die Teilung Teschens entlang der Olsa wieder hergestellt worden war. Eine kurzfristige engere Zusammenarbeit der Exilorganisationen im Weltkrieg war nur Episode geblieben. Der »Eiserne Vorhang«, der sich seit der erzwungenen Ablehnung des Marshall-Planes durch Europa zog, verpflichtete die Länder im sowjetischen Einflussbereich zur Zusammenarbeit. Das Büro der Kominform war im September 1947 in Schreiberhau / Szklarska Poręmba gegründet worden, aber Stalin brauchte eine solche Organisation zur Durchsetzung seiner Ziele nicht. Nur in Jugoslawien, wo Tito sich seinem Einfluss entziehen konnte, wahrte eine kommunistische Partei ihre Selbstständigkeit und wurde deswegen hart bekämpft. Der Vorwurf des »Titoismus« war die schlimmste Anklage in den politischen Prozessen der Säuberungen. Dennoch war der Begriff »Ostblock«, der sich aus dieser Zeit festgesetzt hat, unzutreffend. Nach außen hin wahrten die Staaten die erzwungene Einheit, aber in den Gesellschaften lebten die alten Vorstellungen und oft genug das Misstrauen gegenüber den Nachbarn fort. So wurde zwar am 6. Juli 1950 in Görlitz ein Abkommen geschlossen, in dem die Grenze zwischen Polen und der DDR anerkannt wurde, aber eine »Freundschaftsgrenze«, wie es die Propaganda verkündete, konnte daraus nicht werden. Zu tief saß in der polnischen Bevölkerung die Erinnerung an die Kriegsgräuel und die deutsche Verantwortung daran, und viele der neu angesiedelten Menschen in den »wiedergewonnenen Gebieten« misstrauten den Deutschen, zumal denen in der Bundesrepublik. Wegen der dortigen Stimmen, die eine Rückkehr zu den Grenzen von 1937 als Regierungspolitik verkündeten, sowie wegen der Einbindung der Bundesrepublik in das westliche Bündnis erblickten viele Polen in der Westverschiebung Polens eine perfide Strategie Stalins, Polen an die Sowjetunion zu binden, weil nur diese die neuen Grenzen garantierte.

Die Jahre der Herrschaft Bieruts gelten als die dunkelsten der polnischen Nachkriegsgeschichte, für die sich der Begriff »Stalinismus« durchsetzte. Geprägt war diese Zeit durch die wachsende Bedeutung der Ideologie und die gewaltsame Umgestaltung der Gesellschaft. Als Vorbild galt die Sowjetunion auf allen Gebieten, weil sie bereits den »Sozialismus« erreicht habe, während Polen erst die »Grundlagen des Sozialismus« aufbauen müsse. Mit großem Aufwand von Propaganda wurden die Theorien der marxistischen Klassiker in der simplifizierenden Version Stalins verbreitet, die von einer Verschärfung des Klassenkampfes und der Diktatur des Proletariats handelten. Heraus kam ein Regime der Repression, Einschüchterung und Militarisierung des Landes, in dem der Staatsapparat die Menschen unterdrückte. 115000 Polen sollen diesem Terror zum Opfer gefallen sein. Die Zensur verhinderte andere Meinungen, und offiziell wurde ein Geschichtsbild verbreitet, in dem alle Erscheinungen des bürgerlichen Polen als negativ, die Sowjetunion in allem als leuchtendes Beispiel dargestellt wurden. Festgeschrieben wurde das neue System in der Verfassung vom 22. Juli 1952, die Polen zur »Volksdemokratie« erklärte und den Staatsnamen in »Polnische Volksrepublik« änderte (*Polska Rzeczpospolita Ludowa, PRL*). Die Gewaltenteilung war darin aufgehoben; die Funktion des Staatspräsidenten übernahm ein Staatsrat; die politischen Entscheidungen fielen jedoch im ZK oder Politbüro der PZPR.

Ebenfalls nach sowjetischem Vorbild wurde eine »Staatliche Kommission für Wirtschaftsplanung« eingesetzt, die die staatlichen Vorgaben beim Wiederaufbau in der Schwerindustrie zu Lasten der Konsumgüter durchsetzte. Im Januar 1949 war in Moskau bereits der »Rat für gegenseitige Wirtschaftshilfe« (RGW, auch Comecon genannt) gegründet worden, der das sowjetische Einflussgebiet ökonomisch ordnen sollte. Im Juli 1950 folgte ein Wirtschaftsplan für sechs Jahre, in dem die Schwerindustrie Vorrang bekam und die Gründung der Industriestadt Nowa Huta neben der Bürgerstadt Krakau beschlossen wurde. Ein Abkommen in demselben Monat band die Wirtschaft Polens durch Handelsvereinbarungen und Kreditzusagen noch stärker an die Sowjetunion. Eine Währungsreform, die den Złoty an den Rubel koppelte, vernichtete im Oktober 1950 wegen des willkürlichen Umrechnungskurses zwei Drittel der Ersparnisse der Bevölkerung. Privater Handel und privates Handwerk wurden verboten, durch hohe Steuern erwürgt oder durch mangelnde Lieferung von Rohstoffen unmöglich gemacht. Mit Ausnahme einer gewissen Steigerung der Industrieproduktion blieben jedoch alle Planziffern unerreicht.

Auch die Bauern, die die Kommunisten zuvor durch Landvergabe geködert hatten, gerieten in den Sog der Verstaatlichung. Durch die Gründung von Produktionsgenossenschaften sollte der Privatbesitz abgeschafft und in der höchsten von vier Typen der Landbesitz und das lebende wie das tote Inventar für eine gemeinsame Produktion zusammengelegt werden. Aberwitzig war die Vorstellung, dass die Bauern einer solchen Aktion freiwillig zustimmen würden. Ungeheurer Zwang war notwendig, um auch nur einen Teil des Plans durchzusetzen. Bis 1955 konnten 9700 solcher Kolchosen eingerichtet werden, die sich hauptsächlich in den neuen Gebieten befanden; im polnischen Kernland waren nur zwischen 1 und 2% der Bauern erfasst worden. Auch dieser Maßnahme blieb der Erfolg versagt, denn die Agrarproduktion sank von 1949 bis 1955 um fast 40%.

Galt die katholische Kirche in den neuen Westgebieten als Verbündete im Bemühen um deren Integration, was sich in einem Abkommen zwischen dem Episkopat und der Regierung vom April 1950 in Gnesen niedergeschlagen hatte, so dauerten die Spannungen und die Verfolgung von Geistlichen an, von denen Hunderte in Haft saßen. Als einzige Organisation ohne wesentliche Staatseingriffe fand die Kirche wachsende Akzeptanz in der Bevölkerung, was die Regierung im Januar 1953 dazu führte, stärkeren Einfluss zu nehmen und von den Geistlichen einen Treueid zu verlangen. Ein Schauprozess gegen den Bischof Kaczmarek und andere Würdenträger wegen angeblicher Wirtschaftsvergehen und Spionage vom gleichen Monat eröffnete eine Phase des offenen Kirchenkampfes, in dessen Verlauf auch Primas Wyszyński verhaftet wurde. Einzig der Betrieb der Katholischen Universität in Lublin konnte – wenn auch eingeschränkt – fortgesetzt werden.

Weniger fassbar, aber in ihren Auswirkungen tiefgreifend waren die mittelbaren Folgen der Sowjetisierung. Die Ideale einer freien Gesellschaft waren abgeschafft und der Indoktrinierung der Schulen, Hochschulen, der Kunst und der Medien gewichen. Jede Art von Privatinitiative galt als suspekt und musste der Kontrolle der Partei unterworfen werden. Staatliche Subventionen von Mieten und Grundnahrungsmittel wurden als Fürsorge ausgegeben, verstärkten aber die Unselbstständigkeit, senkten das Kostenbewusstsein und minderten das Verantwortungsgefühl. Handarbeit rangierte vor geistiger Tätigkeit, sodass Lehrer und Ärzte schlechter standen als Facharbeiter. Die Ideologie schrieb eine Gleichheit der Menschen vor und erreichte ihre Nivellierung. Die Rechtssicherheit ging infolge der Instrumentalisierung der Justiz im Sinne der Partei verloren. Das Verbot von Auslandsreisen und der Kontakte mit Fremden förderte die Abschließung und Provinzialisierung. Die Werte der traditionellen polnischen Gesellschaft galten nichts mehr.

Der Stalinismus überdauerte Stalin, der am 3. März 1953 gestorben war. Auf dem XX. Parteitag der KPdSU (16.–25. Februar 1956) rechnete Nikita Sergeevič Chruščëv mit Stalin und dessen Personenkult ab. Zu den Fehlern Stalins zählte er auch die Auflösung der polnischen KP im Jahre 1938, was Bierut persönlich treffen musste, der daran beteiligt gewesen war. Am 12. März starb Bierut überraschend in Moskau mit 64 Jahren an einem Herzinfarkt.

Zum Nachfolger wurde am 20. März in Anwesenheit Chruščëvs der Vertreter einer harten Linie Edward Ochab (* 1906) gewählt. Er sah sich bald umfänglichen Forderungen der Intelligenz nach Reformen und der Freilassung der politischen Gefangenen sowie nach Maßnahmen zur Hebung des Lebensstandards gegenüber. Die Götterdämmerung der »Moskowiter« begann mit Absetzungen und Rücktritten, jedoch trat auch Gomułka als deren Hauptgegner und Befürworter von Reformen wieder auf die Bühne. Wie prekär die Lage im Lande war, enthüllte der Aufstand der Posener Arbeiter und Studenten am 22. Juni 1956. Der Einsatz der Armee und von Panzern kostete etwa 75 Menschen das Leben und verletzte Hunderte. Die Parteiführung versuchte mit vorsichtigen Schritten eine

»Liberalisierung« des Systems, ohne grundsätzliche Änderungen vorzunehmen. Erst der Rücktritt des stalinistischen Wirtschaftsministers Minc machte den Weg für umfangreiche Personalwechsel frei. Auf dem VIII. ZK-Plenum der PZPR wurde nun Władysław Gomułka am 19. Oktober 1956 in dieses Gremium aufgenommen und nach Konsultationen mit dem überraschend angereisten Chruščëv zum Ersten Sekretär gewählt. Kardinal Wyszyński wurde aus der Haft entlassen, Marschall Rokosovskij in die Sowjetunion zurückbeordert. Die Ära des Stalinismus war beendet und wurde durch den sogenannten »Frühling im Oktober« abgelöst.

Die »normalen« Jahre der Volksdemokratie unter Gomułka und Gierek (1956–1980)

1956	19. Oktober: Wahl von Gomułka zum Ersten Sekretär der PZPR
	7. Dezember: Vereinbarung zwischen Kirche und Staat
1957	2. Oktober: Erste Vorlage des Rapacki-Planes
1965	16. November: Brief der polnischen Bischöfe
1968	30. Januar: Beginn von Studentenprotesten
	13. März: Beginn der Kampagne gegen den Zionismus
1970	7. Dezember: Vertrag zwischen Polen und der Bundesrepublik Deutschland
	14. Dezember: Streiks und Unruhen in Danzig
	19. Dezember: Wahl von Gierek zum Ersten Sekretär der PZPR
1976	10. Februar: Neue Verfassung
	24. Juni: Unruhen nach Preiserhöhungen
1978	18. Oktober: Wahl von Erzbischof Wojtyła zum Papst
1980	1. Juli: Unruhen nach Preiserhöhungen
	14. August: Beginn der Streiks in den Küstenstädten
	5./6. September: Absetzung Giereks

Die Wahl Gomułkas zum Ersten Sekretär der PZPR wurde allgemein begrüßt, stand er doch für einen eigenen Weg Polens, für weniger Servilität gegenüber Moskau und für mehr Liberalität in der Politik, hatte er doch selbst unter dem Stalinismus gelitten. Gerade angesichts der Ereignisse in Ungarn, wo sich zur gleichen Zeit Studentenunruhen zu einer nationalen Erhebung ausweiteten und die Intervention der Roten Armee nach sich zogen, weckte Gomułka mit seiner Rede vor dem Plenum am Tage nach seiner Wahl große Erwartungen. Er versprach eine Abkehr von den starren Planvorgaben, eine Erweiterung der Arbeiterselbstverwaltung und ein Ende der Zwangskollektivierung. Die ersten Schritte der neuen Regierung unter Cyrankiewicz schienen die Erwartungen zu rechtfertigen, denn in Verhandlungen mit Moskau wurde nicht nur die Westgrenze bestätigt, sondern das Prinzip der Gleichheit und Souveränität beider Staaten betont. Dementsprechend sollten die sowjetischen Truppen in Polen den polnischen Gesetzen unterworfen sein, ohne dass sich in der Praxis jedoch viel änderte. Ein Abkommen zwischen Kirche und Staat am 7. Dezember 1956 beendete den Kirchenkampf. Der Staat verzichtete auf Eingriffe in die Auswahl von Amtsträgern, erlaubte den fakultativen Religionsunterricht und entließ die verhafteten Geistlichen und Ordensleute aus der Haft.

Die Partei war aber keineswegs »monolithisch«, wie sie dies in ihrer eigenen Propaganda darstellte. Die alten Stalinisten, nun in der »Natolin-Fraktion« zusammengefasst, waren stark genug, Gomułka zu einer vorsichtigen Haltung zu zwingen. Gomułka konnte sich auf den Regierungsapparat stützen, in dem die Vertreter der Mitte tätig waren (»Puławska-Fraktion«), während er sich von den alten »Heimatkommunisten«, unter denen die Intellektuellen eine eigenständige linke Politik vertraten, immer mehr entfernte. Gomułka selbst entsprach wenig dem Ideal des Intellektuellen. Er war Autodidakt, persönlich anspruchslos und zäh in der Verfolgung seiner Ziele, unduldsam und gelegentlich aufbrausend; viele Polen haben in ihm einen preußischen Zuchtmeister gesehen.

Die größte Anerkennung fand das Ende der Kollektivierung der Landwirtschaft. Zwei Drittel der Bauern kehrten zur privaten Wirtschaft zurück, der Rest suchte eine Zusammenarbeit auf genossenschaftlicher Basis. Mit der Gewährung von Krediten, Steuersenkung und Verminderung der Zwangsablieferungen half die Regierung den Bauern, denen auch höhere Preise für ihre Produkte versprochen wurden. Kurzfristig steigerten diese Maßnahmen die Produktion und hemmten die Landflucht, aber grundsätzlich blieb die Partei gegenüber den Privatbauern misstrauisch und behinderte sie zu Gunsten der staatlichen Betriebe. Auch wenn die Produktion bis 1961 um 33 % stieg, so blieb die Landwirtschaft wegen ihrer Strukturschwäche ein Sorgenkind, weil sie die Ernährung der wachsenden Bevölkerung nicht decken konnte.

In der Industrie wurde die Planung zu Gunsten einer gewissen Dezentralisierung nach Branchen zurückgenommen. Eine wirkliche Mitbestimmung der Arbeiter, die im Herbst 1956 spontan »Arbeiterräte« gebildet hatten, erlaubte die Partei jedoch nicht. Weitergehende Pläne zur Einführung einer Marktwirtschaft, wie sie vor allem der Wirtschaftswissenschaftler Oskar Lange vortrug, hatten keine Chance. Zwar wurde den Bedürfnissen der Menschen nach mehr Konsumgütern etwas mehr Aufmerksamkeit zuteil, aber die staatlichen Investitionen, die Planvorgaben und das starre Verteilungssystem behinderten die Versorgung, sodass die Frage der Preise die schwersten Krisen hervorrufen sollte. Dabei hatte die fortschreitende Industrialisierung des Landes durchaus Erfolge aufzuweisen. Der Grad der Verstädterung stieg von 45 % im Jahre 1956 auf 61 % im Jahre 1968. Angesichts der hohen Bevölkerungsvermehrung musste eine große Zahl junger Arbeitnehmer in die Wirtschaft integriert werden. Die Schaffung von Wohnraum war ein großes Problem; bemerkenswert ist, dass durch den Wiederaufbau der Städte nach historischen Vorbildern deren deutsche Vergangenheit in Besitz genommen wurde. Polnische Arbeiter, die mit der Restauration alter Bauten Erfahrung gesammelt hatten, wurden später international gesuchte Fachkräfte. Die Wirtschaft krankte aber an ihrer Bindung an die Sowjetunion, die Preise einseitig festsetzen konnte, und an der Überalterung der Einrichtungen. Wenn die polnische Kohleförderung im Jahre 1967 diejenige der Bundesrepublik Deutschland überholte, dann war dies ein Pyrrhussieg, da anderswo der Energieträger Kohle bereits abgelöst wurde. Die erneute Betonung des Vorrangs der Schwer- und Grundstoffindustrie in den sechziger Jahren und die Vernachlässigung der Konsumgüter und der Dienstleistungen ließen die Wirtschaft Polens – wie die der anderen Länder des RGW – im internationalen Rahmen immer weiter zurückfallen.

Die Intellektuellen Polens hatten den Wechsel in der Parteiführung als »Frühling im Oktober« begrüßt, aber die Hoffnung auf eine Liberalisierung schwand bald dahin. Im Oktober 1957 bereits wurde die kritische Studentenzeitung *Po prostu* (»Geradheraus«) als »revisionistisch« verboten. 1963 folgte das Verbot von Kulturzeitschriften (*Nowa kultura*, »Neue Kultur«) oder von Diskussionskreisen (*Klub Krzywego Koła*, »Klub Schiefer Kreis«). Im März 1964 protestierten 34 Intellektuelle in einem Brief an den Ministerpräsidenten Cyrankiewicz gegen die Bevormundung geistigen Lebens; im Oktober wurden Jacek Kuroń und Karol Modzelewski wegen eines kritischen Manuskriptes verhaftet. 1967 schloss die Partei den linken Philosophen Leszek Kołakowski und 1968 den Chefideologen Adam Schaff aus ihren Reihen aus. Angesichts der Einengung geistiger Freiheiten muss aber erwähnt werden, dass die Situation in Polen immer noch erheblich besser war als in den benachbarten Staaten. Die Unzufriedenheit der Studenten entlud sich Ende Januar 1968 bei der Absetzung des patriotischen Theaterstücks *Dziady* (»Die Ahnenfeier«) von Mickiewicz in Warschau in Protestaktionen, die in Straßendemonstrationen ausarteten. Zusammen mit innerparteilichen Auseinandersetzungen sollten sie zur schlimmsten Krise der Amtszeit Gomułkas führen. Gomułka hatte zu diesem Zeitpunkt bei der Intelligenz bereits jeden Anhang verloren und galt als altersstarr und weltfremd.

Die katholische Kirche war im 19. Jahrhundert eine Bastion der nationalpolnischen Opposition gegen Russland und Preußen gewesen; in der Zwischenkriegszeit war sie als politischer Faktor kaum hervorgetreten; unter Gomułka wuchs sie zu einer Gegenkraft heran, die für die Freiheit der Gesellschaft eintrat. Soweit sie sich den Wünschen der Partei geneigt zeigte, war sie ein willkommener Partner, wie Ende 1956, als die Partei die Ernennung von neuen Apostolischen Administratoren in den Westgebieten begrüßte und die Entfernung von staatlich bestellten Kapitelvikaren der Bistümer hinnahm. Von der Vorbereitung der Millenniumfeier zum Gedenken an die Taufe Polens blieb sie jedoch ausgeschlossen. In anderen Fragen, wie der Abhaltung von Religionsunterricht in Schulen, der Besteuerung kirchlichen Besitzes und der Bereitstellung von Baumaterial für Kirchenbauten, blieb die Regierung unnachgiebig. Scharf verurteilte sie auch den Brief der polnischen Bischöfe an den deutschen Episkopat vom 18. November 1965, in dem die bemerkenswerten Sätze standen: »Wir gewähren Vergebung und bitten um Vergebung.« Die Stellung der Kirche als Sprecherin der Gesellschaft sollte sich unter Gierek weiter festigen.

Die Wahlen zum Sejm von 1957, 1961, 1965 und 1969 folgten demselben Muster: Immer legte die »Nationale Einheitsfront« eine Liste vor, die der PZPR die absolute Mehrheit der Mandate sicherte, und immer lag die »Zustimmung« der Wähler bei mehr als 99 %. An dieser Farce ist nur erwähnenswert, dass auch immer einige katholische Abgeordnete vertreten waren, die mit der Gruppe *Znak* (»Zeichen«) eine gemäßigte Opposition betrieben.

Die wirkliche Opposition gegen Gomułka befand sich in der Partei selbst. Im Dezember 1964 war der General Mieczysław Moczar (* 1913) als Führer einer Gruppe von Spanienkämpfern und Partisanen des Zweiten Weltkriegs (*Związek Bojowników o Wolność i Demokrację, ZBoWiD,* »Verband der Kämpfer für Freiheit und Demokratie«), die inzwischen zur stärksten Gruppe in der Partei angewachsen war, zum Innenminister ernannt worden. Als zuständig für die Polizei und den Geheimdienst baute er seine Stellung zielstrebig aus und vertrat nationalistische und antisemitische Thesen. Der Sechs-Tage-Krieg in Israel im Sommer 1967 mit der amtlich verordneten antizionistischen Propaganda bot den Anlass für einen Machtkampf. Im März 1968, als in Polen die Studenten demonstrierten und in Prag ein »Sozialismus mit menschlichem Antlitz« diskutiert wurde, entfesselte Moczar ein Kesseltreiben gegen die in Polen verbliebenen Juden. Selbst Gomułka, dessen Frau jüdischer Abkunft war, stimmte in den antizionistischen Chor ein. Als Folge mussten viele der 25000 Juden – viele davon anerkannte Wissenschaftler, Journalisten und Schriftsteller – unter entwürdigenden Umständen das Land verlassen. Die vorbehaltslose Teilnahme Polens an der Verurteilung des »Prager Frühlings« und an der Intervention der Warschauer-Pakt-Staaten in der Tschechoslowakei sicherten Gomułka die Unterstützung Brežnevs gegen die »Partisanen« und ließen deren innerparteilichen Putschversuch scheitern.

Einen Erfolg konnte Gomułka dagegen endlich in der Außenpolitik verbuchen. Die Einbindung Polens in die Warschauer-Pakt-Organisation (Mai 1955) hatte eine eigenständige Außenpolitik unmöglich gemacht. Der mutige Vorstoß des Außenministers Adam Rapacki in einer Rede vor den Vereinten Nationen Anfang Oktober 1957, in Mitteleuropa ein kernwaffenfreies Gebiet einzurichten, war im Westen und in Moskau unbeachtet geblieben und hatte auch nach mehreren neuen Ansätzen keinen Erfolg. Besonders belastet war das Verhältnis Polens zur Bundesrepublik Deutschland, die den Polen als das ›eigentliche‹ Deutschland galt. Zwar hatte die Ermöglichung der Ausreise von ehemaligen deutschen Staatsbürgern aus Polen seit 1956 das Grundklima verbessert; das deutsche Beharren darauf, dass die Grenzregelung an Oder und Neiße nur vorläufig sei und Deutschland juristisch in den Grenzen von 1937 fortbestehe, machten Beziehungen zu Bonn jedoch extrem schwierig und ließen Polen immer wieder in Erklärungen über die Endgültigkeit der Westgrenze Zuflucht suchen. Nach schwierigen Verhandlungen wurden im März 1963 Handelsmissionen im jeweils anderen Land eingerichtet. Erst die sozialliberale Koalition von SPD und FDP in Bonn löste sich von den eingefahrenen Denkmodellen, sodass Bundeskanzler Willy Brandt mit dem »Moskauer Vertrag« vom 12. August 1970 über einen gegenseitigen Gewaltverzicht den Grundstein einer »Neuen Ostpolitik« legen konnte. Dies machte auch für Polen den Weg frei, sodass am 7. Dezember 1970 der »Warschauer Vertrag« unterzeichnet wurde (»Vertrag über die Grundlagen der Normalisierung der gegenseitigen Beziehungen zwischen Polen und der Bundesrepublik Deutschland«). Bonn hatte zwar eine direkte Anerkennung der Oder-Neiße-Grenze vermieden, da dies einem Friedensvertrag vorbehalten sei, erklärte die Grenze jedoch als »unverletzlich« und zukünftige Gebietsforderungen als ausgeschlossen. Die Regelung zur Ausreise Deutschstämmiger, von Rentenansprüchen und zur Intensivierung der Zusammenarbeit auf vielen Gebieten rundeten den Vertrag ab.

Es war der letzte Erfolg für Gomułka, den nun die Probleme der Wirtschaft einholten. Die Vernachlässigung der Konsumgüter und der Lebensmittelversorgung, die staatliche Festsetzung von unrealistischen Preisen und die personelle Überbesetzung der staatlichen Betriebe hatten bereits im Sommer und Herbst zu Gerüchten über bevorstehende Entlassungen und Preiserhöhungen geführt. Die Regierung glaubte, dass die Bevölkerung in Erleichterung über den »Warschauer Vertrag« nunmehr eine Bereinigung hinzunehmen bereit sei, und erhöhte kurz vor Weihnachten die Preise für Konsumgüter zwischen 13 und 38%. Die Menschen reagierten in Danzig mit Streiks auf den Werften und mit Straßendemonstrationen im ganzen Lande, die Polen an den Rand eines Bürgerkrieges brachten. Der Einsatz von Polizei und Militär kostete 45 Menschen das Leben, wie die Behörden einräumten – in Wirklichkeit waren es mehr als doppelt so viele –, und verletzte mehr als tausend. Am 19. Dezember 1970 zwang das Politbüro Gomułka zum Rücktritt, »wegen schwerer Krankheit«, wie es offiziell hieß. Von dem großen Vertrauen, das die Polen im »polnischen Oktober« 1956 in ihn gesetzt hatten, war nichts mehr geblieben. Polnische Kritiker haben die Doppelherrschaft von Gomułka und Cyrankiewicz als »Diktatur von Ignoranten« (*dyktatura ciemniaków*) bezeichnet.

Als Nachfolger wurde am 20. Dezember 1970 Edward Gierek gewählt, der bis dahin Vorsitzender der Partei in Oberschlesien gewesen war. Gierek (* 1913) unterschied sich in vielem von seinem Amtsvorgänger: Aufgrund des langjährigen Aufenthalts seiner Familie in Belgien und Frankreich verfügte er über Sprach- und Landeskenntnisse; er hatte eine Ausbildung als Ingenieur abgeschlossen und sich in Kattowitz in der Partei und bei den Arbeitern durch Nüchternheit, Sachkenntnis und persönliche Ausstrahlung ein hohes Ansehen erworben. Seit 1964 war er für eine Modernisierung der Wirtschaft eingetreten, und er galt nun der Partei als Garant für eine Wende in der Wirtschaftspolitik, während das Ausland ihn als einen pragmatischen Politiker einschätzte.

Die erste Aufgabe war seine Absicherung in der Partei, die er durch ein umfangreiches Personalrevirement erreichte. Ministerpräsident wurde Piotr Jaroszewicz (1909–1992), der dieses Amt die ganze folgende Dekade bekleiden sollte. Der seit 1968 amtierende Verteidigungsminister Wojciech Jaruzelski rückte ins Politbüro auf. Vorsitzender des Staatsrates und Staatsoberhaupt wurde 1972 der Geschichtsprofessor Henryk Jabłoński (*1905). Die alten Kader im Lande wurden abgelöst, sodass 75 % der Gebietssekretäre, 53 % der Sekretäre in den Wojewodschaften, 61 % der Minister ihre Ämter verloren. Sein Ansehen im Lande verbesserte Gierek, indem er in die Betriebe ging, die Klagen der Arbeiter anhörte und Besserung gelobte. Dies betraf vor allem die Versorgung der Bevölkerung mit Konsumgütern und Wohnraum, ein damals gerade für junge Familien vordringliches Problem. Gierek versprach eine rasche Erhöhung der Reallöhne, eine Steigerung der Agrarproduktion und eine Wirtschaftsentwicklung, für die er sogar Japan als Vorbild nannte. Es sollte eine »sozialistische Demokratie« erreicht werden, in der die Regierungsarbeit von den direkten Eingriffen der Partei befreit werden sollte. Er vermittelte durchaus eine Aufbruchstimmung im Lande, die sich aber eher durch einen neuen Stil als durch wirkliche Reformen erklärte.

Gomułka hatte eine Wirtschaftspolitik überwiegend mit einheimischen Mitteln gemacht und nur 1,2 Milliarden Dollar Schulden hinterlassen. Gierek wendete hier die Politik, indem er zunächst aus den sozialistischen Ländern Kredite zur Hebung der schlimmsten Mängel bezog, dann aber auch – angesichts der veränderten Großwetterlage – Kredite aus dem Westen erhielt. Durch massive Investitionen im Land wollte er Polens Industrie modernisieren, wobei die geplanten Fabriken diese Kredite dann später durch den Export ihrer Produktion abtragen sollten. In der ersten Phase hatte diese Politik durchaus Erfolg, denn in Polen begann ein Bauboom für Industrieanlagen, Wohnungen, Sportstätten und Privatbauten. Die Bevölkerung erlebte eine spürbare Hebung des Lebensstandards. Allerdings litt der Aufschwung an der Schwäche des Systems, weil die Preise reglementiert und vom Staat subventioniert blieben, denn die Folgen der Preisanhebungen von 1970 ließen die Partei vor einer Änderung zurückschrecken. Außerdem war die positive Entwicklung von geringer Dauer, denn nach dem Jom-Kippur-Krieg im Oktober 1973 stiegen die Ölpreise und die Kreditkosten. Die Fabriken waren noch nicht fertig, ehe der Markt für jene Produkte zusammenbrach, für die sie gebaut wurden, und neue Kredite mussten Lücken der Finanzierung schließen oder wurden für den Konsum verwendet. Polen begann in eine Schuldenfalle zu rutschen. Statt Marktwirtschaft oder einer geordneten Zuteilung entstand ein Mangelsystem, das sich in langen Warteschlangen vor Lebensmittelläden, in Unterschlagung und Bestechung äußerte. Das Vertrauen der Bevölkerung in die Führungsmannschaft begann zu wanken.

Ein anderer Erfolg der Anfangsjahre war hingegen dauerhaft: Nach Jahren der erzwungenen Abschließung des Landes öffneten sich die Grenzen. 1972 wurde der Grenzverkehr in die DDR und die Tschechoslowakei freigegeben, was aber bald zu Klagen über den Ausverkauf in den Grenzregionen führte, sodass wieder Beschränkungen vorgenommen werden mussten. Polen wurde auch auf der Ebene der internationalen Politik integriert, als im Sommer 1972 der amerikanische Präsident Nixon Warschau besuchte und im Oktober Gierek einen offiziellen Besuch in Paris abstattete. Zwischen beiden Terminen lag die Aufnahme diplomatischer Beziehungen mit der Bundesrepublik Deutschland (14. September 1972). In den folgenden Jahren kamen alle wichtigen Personen der europäischen Politik nach Warschau, und Polen nahm im August 1975 an den Beratungen der Konferenz für Sicherheit und Zusammenarbeit in Europa (KSZE) teil.

Polen wurde auch unter Gierek kein demokratisches Land, sondern die Ideologie bot weiterhin der PZPR die Grundlage ihrer Herrschaft. Im November 1973 verabschiedete der Sejm ein Gesetz zur Reform der Verwaltung, das die Rechte der Gemeinden zwar erweiterte, diese aber der Kontrolle unterwarf und Exekutive und Legislative nicht trennte. Ein weiteres Gesetz vom Mai 1975 erhöhte die Zahl der Wojewodschaften von 17 auf 49, was die Verwaltung aufblähte. Nur scheindemokratisch blieb die Diskussion über eine Verfassungsänderung, in der 1976 die Bevölkerung in einer Massenkampagne zur Mitarbeit aufgerufen wurde. Im Ergebnis bestimmte die Partei in der Abstimmung im Sejm am 10. Februar 1976 das Land zu einem »sozialistischen Staat«, schrieb sich selbst die wichtigste Rolle zu und erhob die »Freundschaft zur Sowjetunion« zu Verfassungsrang. Gierek war auf der Höhe seiner Macht. Die Partei zählte 1976 2,3 Millionen Mitglieder und Kandidaten, darunter fast eine Million Arbeiter, 263 000 Techniker und Ingenieure, 140 000 Lehrer. Von den 38 Mitgliedern der Regierung stellte sie 34, die Bauernpartei drei und die Demokratische Partei einen Minister.

Noch waren die Risse im Gebäude der Macht kaum sichtbar. Unter Gomułka waren die Funktionäre wie der asketische Vorsitzende selbst bescheiden gewesen und hatten sich mit einfachen Wohnungen begnügt; der Staatsratsvorsitzende Ochab hatte harsche Kritik erfahren müssen, als er sich ein Haus baute. Unter Gierek und seiner anders gebildeten Mannschaft zog das Wohlleben mit Datscha und eigenem Auto in die Partei. Die »Nomenklatura«, also die Funktionäre der Partei, schotteten sich in einem eigenen gesellschaftlichen Leben ab und genossen die Vorzüge der Macht, was die übrige Bevölkerung angesichts ihrer schlechten wirtschaftlichen Lage mit wachsendem Misstrauen beobachtete.

Die Krise begann, als die Regierung am 24. Juni 1976 unvermittelt drastische Preiserhöhungen verordnete; der Preis für Zucker sollte um 100 %, für Fleisch um 68 %, für Butter und Käse um 50 % steigen. Spontane Streiks in den Industriezentren waren die Folge, und sie erweiterten sich zu Demonstrationen und Gewalthandlungen. Zwar verkündete daraufhin der Ministerpräsident Jaroszewicz im Radio, es habe sich nur um Pläne gehandelt, aber der Ansehensverlust der Regierung war beträchtlich. Zudem reagierten die Polizei und die Miliz unverhältnismäßig hart; mindestens 2000 Personen wurden verhaftet, viele durch Gerichte zu langen Strafen verurteilt, eine große Zahl aus der Arbeit entlassen. Die Begleitumstände der Festnahmen und die Prügel in der Öffentlichkeit erregten das Land besonders, und auch die Schnellverfahren der Gerichte widersprachen dem Rechtsempfinden. Dies war der Ausgangspunkt für eine völlig neue und für die Partei langfristig folgenreiche Entwicklung. Zum ersten Mal solidarisierten sich Intellektuelle, Schriftsteller, Wissenschaftler und Anwälte mit den betroffenen Arbeitern, protestierten gegen die Rechtsbrüche, leisteten Rechtshilfe für die Angeklagten und sammelten Gelder für deren Familien. Mit der Gründung des »Komitees zur Verteidigung der Arbeiter« (*Komitet Obrony Robotników, KOR*) am 23. September 1976, dem zunächst 14 Personen angehörten, dann aber breite Sympathie zuwuchs, entstand die erste Organisation, die das Organisationsmonopol der PZPR negierte. Gegendemonstrationen und Verhaftungen gingen ins Leere, und im Sommer 1977 musste die Regierung eine Amnestie erlassen.

Vor dem Hintergrund der Beschlüsse der KSZE, deren »Korb drei« die Regierungen zur Achtung der Menschenrechte verpflichtete, verschoben sich rasch die Gewichte in der Gesellschaft. Aus KOR ging im September 1977 das »Komitee für die gesellschaftliche Selbstverteidigung« (*Komitet Samoobrony Społecznej, KSS KOR*) hervor, das

Rechtsbrüche dokumentierte; ein Untergrundverlag publizierte Broschüren und Bücher verfemter Schriftsteller; Zeitschriften entwickelten sich zu Diskussionsforen außerhalb der Zensur. Drei Hauptthemen wurden immer wieder aufgegriffen: die sozialen und wirtschaftlichen Probleme des Staates, die Sicherung rechtsstaatlicher Normen und die Selbstorganisation der Gesellschaft. Spontan entstanden weitere Gruppierungen, wie im März 1977 die »Bewegung zur Verteidigung der Menschen- und Bürgerrechte« (*Ruch Obrony Człowieka i Obywatela, ROB-CiO*), die rechtsgerichtete »Konföderation Unabhängiges Polen« (*Konfederacja Polski Niepodległej, KPN*), dazu Gruppierungen von Jugendlichen und Geistlichen. Mit der Gründung der »Gesellschaft für Wissenschaftliche Kurse« (*Towarzystwo Kursów Naukowych, TKN*) wurden seit Oktober 1977 Vorlesungen zu Themen der politischen Geschichte und zur Gegenwart in einer begrenzten Öffentlichkeit (»fliegende Universitäten«) in Privatwohnungen oder Kirchen abgehalten und damit das Informationsmonopol der Partei unterlaufen. Der Klub »Erfahrung und Zukunft« (*Doświadczenie i Przyszłość, DiP*) vereinigte 1978 Wissenschaftler und Journalisten und entlarvte die verheerende Lage von Staat, Partei und Umwelt. Zahlreiche Intellektuelle, die später als Politiker Karriere machen sollten, haben an dieser Bewegung teilgenommen, wie Bronisław Geremek und Adam Michnik.

Der größte Widersacher erstand der Partei in der katholischen Kirche. Hatte es zu Anfang der Amtszeit Giereks durchaus eine Annäherung von Partei und Kirche gegeben, die zu einer Lockerung der Zensur für die Kirchenpresse und zur Genehmigung von Kirchenbauten geführt hatte, so wurde das Klima seit 1975 schlechter, als die Kirche in die Diskussion um die Verfassung eingegriff. Dies brachte der Kirche in der Gesellschaft eine stetig wachsende Bedeutung. Eine enorme Aufwertung erfuhr die katholische Kirche, als am 18. Oktober 1978 der Erzbischof von

Krakau, Karol Wojtyła, in Rom zum ersten Papst slavischer Herkunft gewählt wurde und als Johannes Paul II. sein Amt antrat. Dadurch rückte die Kirche zu einer Gegenmacht im Staate auf, noch dazu mit internationaler Beachtung. Die erste Reise des neuen Papstes in seine Heimat vom 2. bis 10. Juni 1979 wurde zu einem Triumphzug, der Millionen Gläubige und/oder nationalbewusste Polen auf die Straßen zog.

Polen hatte ein Jahrzehnt lang von der Entspannung in der Welt profitiert und einen Zuwachs an Bedeutung erfahren; dies endete abrupt, als zu Weihnachten 1979 sowjetische Truppen in Afghanistan einrückten. Zur gleichen Zeit gestand Gierek ein, dass die wirtschaftlichen Probleme des Landes ungeheuer waren. Die Auslandsschulden Polens waren von 1,2 Milliarden Dollar im Jahre 1970 auf 24,1 Milliarden Dollar im Jahre 1980 gewachsen, und das eigentlich Schlimme an dieser Tatsache war, dass das Geld nicht für profitable Investionen gedient hatte, sondern in unfertige Ruinen oder in den Konsum geflossen war, sodass Polen die Kredite nicht zurückzahlen konnte.

Das Wirtschaftswachstum war von 9,8% in den Jahren 1971–1975 auf 3,5% des folgenden Jahrfünfts gefallen, die Steigerung der Einkommen in den entsprechenden Zeiträumen von 12% auf 1,7% gefallen. Gleichzeitig waren die Ansprüche der Bevölkerung gewachsen, denn der Fleischverbrauch pro Kopf und Jahr war von 45 kg im Jahre 1960 auf 74 kg im Jahre 1980 gestiegen. Obwohl die staatlichen Subventionen für Lebensmittel von 17 Milliarden Złoty im Jahre 1970 auf 170 Milliarden gestiegen waren, beklagte die Bevölkerung eine Teuerung und Verknappung der Lebensmittel. Die Partei machte auf ihrem Kongress im Februar 1980 den unpopulären Ministerpräsidenten Jaroszewicz für diese Entwicklung verantwortlich und ersetzte ihn durch den blassen Politiker Edward Babiuch (* 1927). Obwohl Gierek selbst von Reformbedürftigkeit gesprochen hatte, ließ die Partei keine Aufbruchstimmung erkennen. Die Wahlen zum Sejm im März brachten die gleichen voraussagbaren Ergebnisse. Die Partei und die wichtigsten Organe des Staates verharrten also in Routine, während in der Bevölkerung die Unruhe über die Versorgung wuchs, was der zweite Bericht der Gruppe »Erfahrung und Zukunft« (*DiP*) im Mai 1980 schonungslos offenlegte.

Die Erhöhung der Fleischpreise zum 1. Juli 1980 löste die Explosion aus, die sich in zwei Etappen vollzog. Zunächst kam es in verschiedenen Städten zu Demonstrationen und Streiks, die ökonomisch motiviert waren und beigelegt werden konnten. Als dann am 14. August die Kranführerin Anna Walentynowicz in Danzig als Beteiligte an Streiks der Leninwerft entlassen worden war, solidarisierte sich die Belegschaft, forderte die Wiedereinstellung, Lohnerhöhungen und die Zulassung einer unabhängigen Gewerkschaft. Die letzte Forderung war eindeutig politisch und forderte die Partei heraus, die ja die Interessen der Arbeiter zu vertreten beanspruchte. Der Streik weitete sich rasch auf andere Küstenstädte aus, und er wurde von einem überbetrieblichen Streikkomitee unter Leitung des Elektrikers Lech Wałęsa (* 1943) koordiniert. Dieses Komitee, dem Intellektuelle aus dem Umkreis von KSS KOR und Geistliche angehörten, formulierte politische Forderungen, wie das Recht auf Streik, auf Meinungsfreiheit, die Aufhebung der Zensur, die Rehabilitierung der Opfer von 1970 und 1976, die Aufhebung der Privilegien für Funktionäre und den Zugang zu den Medien auch für die katholische Kirche. In diesen Punkten nachzugeben hätte für die Partei einen Bruch mit ihrem Anspruch auf das Monopol in der Gesellschaft bedeutet. Die Partei war zutiefst verunsichert und spielte auf Zeit.

Auf dem Plenum des Zentralkomitees vom 24. August wurden einige Personen aus der Umgebung Giereks ausgetauscht, darunter der Ministerpräsident Babiuch, den

Józef Pińkowski (* 1929) ersetzte. Während Gierek verbal Härte signalisierte, fanden Gespräche zwischen Vertretern der Partei mit dem Streikkomitee statt, um die gegnerische Front zu schwächen. Inzwischen erfasste die Bewegung das ganze Land, in dem überall Streiks ausbrachen. Die Regierung musste nun nachgeben und die Forderungen akzeptieren; das Streikkomitee wandelte sich in ein Gründungskomitee für eine unabhängige und sich selbst verwaltende Gewerkschaft »Solidarität« (*Solidarność*), der bis 1981 mehr als zehn Millionen Polen beitraten. Gierek, dessen Politik das Land verändert und die Partei ins Abseits manövriert hatte, wurde am 5. September 1980 von seinem Posten abgelöst. Der als kompetenter »Macher« angetretene Parteichef hatte seine Versprechungen nicht einlösen können, und seiner Umgebung wurden Korruption und Vetternwirtschaft nachgesagt. Zum Nachfolger wurde der wenig bekannte Stanisław Kania (* 1927) gewählt, aber die Kluft zwischen Partei und Gesellschaft war unüberbrückbar geworden.

Die Agonie der Volksdemokratie unter Jaruzelski (1980–1989)

1980	5./6. September: Wahl Kanias zum Ersten Sekretär
1981	11./12. Februar: Jaruzelski Ministerpräsident
	25. Mai: Tod des Kardinals Wyszyński
	7. Juli: Ernennung Glemps zum Erzbischof und Primas
	18. Oktober: Wahl Jaruzelskis zum Ersten Sekretär
	13. Dezember: Verkündung des »Kriegszustandes«
1983	22. Juli: Aufhebung des Kriegsrechtes, Teilamnestie
1984	19. Oktober: Ermordung des Vikars Popiełuszko
1985	7. November: Wahl Jaruzelskis zum Vorsitzenden des Staatsrates
1986	17. August: Amnestie

1987	8.–11. Juni: Dritte Reise des Papstes nach Polen
1988	1. Februar: Preiserhöhungen
1989	17. April: »Solidarität« offiziell wieder registriert
	4./18. Juni: Wahlen zum Sejm und Senat
	19. Juli: Wahl Jaruzelskis zum Staatspräsidenten
	24. August: Mazowiecki erster nichtkommunistischer Ministerpräsident
	29. Dezember: Ende der »Volksrepublik Polen«

Stanisław Kania hatte im Zentralkomitee den Sicherheitsapparat verwaltet; er war ein Mann des Hintergrunds und des Übergangs. Er versprach den Dialog mit allen Teilen der Gesellschaft, aber auch den Kampf gegen »antisozialistische Kräfte«. In der Partei wollte er eine »Erneuerung« (*odnowa*), weshalb viele alte Funktionsträger abgelöst wurden. Aber auch die Vertreter eines harten Kurses tauchten mit Moczar wieder auf, der mit Geheimdienstunterlagen Vorwürfe wegen Korruption und Amtsmissbrauchs erhob und mit alten Gegnern abrechnete. Eine Austrittswelle schwächte die Partei weiter, die in der Öffentlichkeit kaum mehr Ansehen besaß, von den Parteien der Nachbarstaaten jedoch misstrauisch beobachtet wurde.

Das Gesetz des Handelns lag bei der Gegenseite. Die neue Gewerkschaft war keine zentralisierte Organisation, sondern bestand aus Regionalvereinigungen, die von einer »Landesverständigungskommission« (*Krajowa komisja Porozumiewawcza, KKP*) unter Leitung von Wałęsa koordiniert wurde. Gleichzeitig entstanden Gründungskomitees für eine Gewerkschaft für Landwirte und Studenten. Der Kampf um die Registrierung der »Solidarität« und die Erfüllung der Zusagen begann unmittelbar, wobei die Machtmittel ungleich verteilt waren: Die Gewerkschaft besaß nur die grobe Waffe der Streikdrohung und des Streiks, während die Regierung ein ganzes Arsenal von Gegenmitteln zur Verfügung hatte. Dies zeigte sich, als das Wojewodschaftsgericht in Warschau am 24. Oktober 1980 die Registrierung und damit Legalisierung nur unter Auflagen erlauben wollte; denn die Verfassung von 1976 sah ja die führende Rolle der PZPR in allen gesellschaftlichen Organisationen vor. Erst nach weiteren landesweiten Streiks konnte sie sich am 10. November in einer Revision vor dem Obersten Gericht durchsetzen.

In Polen war eine eigentümliche Doppelherrschaft entstanden, indem der Regierung und der von ihr geführten Partei die Gewerkschaft im engen Bündnis mit der katholischen Kirche entgegenstand. Diese Verbindung wurde durch die Feier der Einweihung von Denkmälern für die Opfer der Unruhen von 1970 in den Hafenstädten in Massendemonstrationen sichtbar. Die Streiks und das Chaos im Lande verstärkten die ökonomischen Probleme, während die Staaten des Warschauer Paktes Anfang Dezember in Bukarest sogar eine Intervention berieten. Die Partei war in Anhänger einer harten Linie (Moczar) und in Gesprächsbereite (Rakowski) gespalten, zwischen denen der Parteichef Kania vermittelte. Am 9. Februar 1981 trat der Ministerpräsident Pińkowski zurück, dessen Amt der Verteidigungsminister General Wojciech Jaruzelski unter Beibehaltung seines bisherigen Ministeriums übernahm. Die Ernennung von Rakowski zum stellvertretenden Ministerpräsidenten wurde als Geste an die »Liberalen« verstanden. Die meisten Beobachter übersahen jedoch, dass Jaruzelski nicht nur die Armee mit um 320000 Mann, sondern auch das Sicherheitskorps mit um 77000 Mann, die Spezialeinheiten ORMO mit um 350000 Mann und die Grenztruppen mit um 18000 Mann befehligte. Es fiel auch kaum auf, dass die Partei, die in der Gesellschaft keinen Anhang mehr hatte, in der Armee weiterhin einen starken Rückhalt besaß und dass die Armee von den gesellschaftlichen Unruhen ferngehalten wurde.

In der Gesellschaft hatte die Regierung ihre Autorität eingebüßt. Soziale Forderungen, wie die nach Abschaffung der Arbeit am Samstag, wurden durch Streiks ganz oder teilweise durchgesetzt, wobei die Kirche vermittelnd eingriff. Unter diesen Bedingungen war die Stimmung der Bevölkerung gereizt, und die Lage der Wirtschaft und der Versorgung verschlechterte sich immer weiter. Ein Gespräch zwischen Jaruzelski und Wałęsa im März blieb ergebnislos, dafür verhärteten sich die Fronten durch Prügelaktionen der Polizei (Bydgoszcz/Bromberg 19. März 1981) und individuelle Einschüchterungen. In dieser Zeit wachsender Spannungen, als am 14. Mai das Attentat auf den Papst das Land erschütterte, starb am 28. Mai der Primas Kardinal Wyszyński, der unermüdlich zwischen den Fronten vermittelt hatte. Der Bischof von Ermland, Jósef Glemp, folgte ihm im Amt des Erzbischofs von Warschau und Primas, die herausragende Stellung seines Vorgängers konnte oder wollte er jedoch nicht erreichen.

Im Sommer 1981 verstärkten sich die Demonstrationen wegen der schlechten Versorgung mit Lebensmitteln und Medikamenten. Die gegenseitigen Beschuldigungen nahmen an Schärfe zu. Auch in der Gewerkschaft, deren Mitgliederschaft inzwischen auf fast zehn Millionen gestiegen war, wuchsen die Spannungen, die sich im ersten Kongress am 5. September in einer Reihe von unrealistischen und extremen politischen Forderungen niederschlugen. Nur mit Mühe konnte sich Wałęsa mit mäßigenden Appellen durchsetzen. In einer zweiten Runde des Kongresses Ende September waren noch schrillere Stimmen zu hören, die ein nationales Programm verkündeten, als ob der Sieg über die Partei bereits errungen sei.

Dies war aber keineswegs der Fall. In aller Stille ordnete die PZPR ihre innere Linie, indem sie Mitglieder ausschloss, die der neuen Gewerkschaft beigetreten waren; die Partei hatte durch Austritt ein Drittel ihrer vormals drei Millionen Mitglieder verloren. Offiziere wurden abkommandiert, um die Versorgung zu organisieren; in Wirklichkeit sollten sie sich nach Monaten der Abgeschiedenheit mit den Verhältnissen im Lande vertraut machen. Am 18. Oktober trat Kania zurück, und General Jaruzelski übernahm das Amt des Ersten Sekretärs; als Ministerpräsident, Verteidigungsminister und Oberkommandierender der Streitkräfte hatte er nun eine einmalige Konzentration der Macht auf sich vereinigt. Auch die Kirche ging auf Distanz zur »Solidarität«, die in der Öffentlichkeit durch provozierende Äußerungen auffiel und den Eindruck erweckte, die vielen Streiks nicht mehr unter Kontrolle zu haben, als ob Provokateure sie immer weiter in die Radikalität treiben wollten. Zwei Treffen von Jaruzelski, Glemp und Wałęsa am 21. Oktober und am 4. November verliefen ergebnislos. Angesichts der chaotischen Verhältnisse diskutierten selbst Vertreter der Solidarność über den Ausnahmezustand, den die Verfassung jedoch nicht vorsah. Seitens der Führung der Solidarność wurde für den 17. Dezember eine Großveranstaltung in Warschau geplant. Unter zunehmendem Druck der Nachbarn, die inzwischen mit offener Intervention in Polen drohten, verkündete General Jaruzelski am Morgen des 13. Dezember 1981 den Kriegszustand (*stan wojenny*). Die Armee besetzte die wichtigsten Posten und verhaftete die Führung und einige Tausend Anhänger der Solidarność, sofern sie nicht hatten untertauchen können.

Während das Land durch Entsetzen gelähmt war und in der Kohlegrube »Wujek« in Kattowitz auch Widerstand geleistet wurde, der zu neun Todesopfern führte, übernahm die Armee, besser die Partei über die Armee die Macht im Land. Die etwa 6000 Verhafteten wurden in Internierungslager verbracht. Jaruzelski berief einen »Militärrat der nationalen Errettung« (*Wojskowa Rada Ocalenia Narodowego, WRON*), der eine Art Überregierung darstellte. In einer Verordnung des Staatsrates wurden das Streikrecht aufgehoben, Demonstrationen verboten, die Bewegungsfreiheit und die bürgerlichen Rechte der Bevölkerung eingeschränkt, weite Bereiche der Wirtschaft militarisiert und durch Offiziere überwacht, die Zensur für Postdienste und die Presse wieder eingeführt. In Polen wurde eine moderne Form des Bonapartismus als Militärherrschaft installiert. Auf den Straßen übernahmen Schlägertrupps der ZOMO die Aufgabe, die Bevölkerung durch Terror einzuschüchtern.

Die Jahre der »Normalisierung« waren gekennzeichnet durch eine tiefe Entfremdung zwischen Regierung und Bevölkerung, die zwischen Apathie und Auflehnung schwankte, durch enorme wirtschaftliche Probleme und durch die langsame Rückkehr der Solidarność zu Einfluss. Die Partei war aus der Öffentlichkeit verschwunden und herrschte nur durch einen Apparat der Repression. Versuche der Partei, durch Nachfolgeorganisationen der alten Gewerkschaften neuen Einfluss zu gewinnen, scheiterten. Zwei Teilamnestien befreiten die Internierten allmählich aus der Haft, und auch Wałęsa wurde schließlich am 12. November 1982 entlassen. Offiziell wurde der Kriegszustand am 31. Dezember 1982 beendet. Eine neue geplante Massenbewegung, die im Dezember 1982 unter der Bezeichnung »Patriotische Bewegung der Nationalen Wiedergeburt« (*Patriotyczny Ruch Odrodzenia Narodowego, PRON*) entstanden war, blieb erfolglos. Die Menschen hatten sich ins Privatleben zurückgezogen und litten unter der schlechten Versorgung und der Inflation, während die Solidarność im Untergrund fortexistierte und durch vereinzelte Aktionen sowie durch geheime Druckerzeugnisse auf sich aufmerksam machte. Repressionen und selbst Morde kamen vor; am 19. Oktober 1984 wurde der Warschauer Priester Jerzy Popiełuszko von Geheimdienstleuten ermordet, die dann jedoch vor ein Gericht gestellt wurden. Die Partei bezahlte für die Kredite und Hilfslieferungen aus den sozialistischen Ländern mit einer engen Anbindung an deren Politik. So fanden sich in den folgenden Jahren nur noch Besucher aus diesen Ländern in Warschau ein, während der Westen durch Verhängung von Sanktionen die wirtschaftliche Lage weiter verschlimmerte. Positiv ist indes anzumerken, dass die Wahrnehmung Polens in der Öffentlichkeit der Bundesrepublik Deutschland durch die Ereignisse so positiv war wie seit 1831 nicht mehr, was sich in einer Fülle von öffentlichen und privaten Hilfsleistungen niederschlug. Auf der internationalen Ebene konnte Wałęsa einen großen Erfolg verbuchen, als ihm 1983 der Friedensnobelpreis verliehen wurde; kennzeichnend für die Unsicherheit der Staatsführung war, dass er keine Ausreiseerlaubnis erhielt und seine Frau den Preis entgegennahm.

Auch in dem entscheidenden Punkt der wirtschaftlichen Erholung des Landes konnte die Partei keinen Erfolg erzielen. Das Nationaleinkommen war infolge der Streiks und der Unruhen zwischen 1980 und 1982 um 25 % gefallen; die Auslandsschulden stiegen bis 1987 auf fast 40 Milliarden Dollar. Es herrschte eine Stagflation, in der die Wirtschaft stagnierte und die Preise inflationär stiegen. Dennoch blieb das Warenangebot unzulänglich und rationiert, sodass ein Markensystem den Mangel steuern sollte, die Schlangen vor den Geschäften aber nicht zu verhindern vermochte. Viele Menschen, besonders kinderreiche Familien und die Rentner, fielen unter das Existenzminimum. Nachdem Jaruzelski bereits im Herbst 1983 das Verteidigungsministerium an seinen engen Vertrauten Florian Siwicki abgetreten hatte, setzte er im Herbst 1985 den Wirtschaftsprofessor Zbigniew Messner als Ministerpräsidenten ein und übernahm das Amt des Vorsitzenden des Staatsrates. Eine Erholung trat nur langsam ein, weil ein genereller Wechsel des Systems ausgeschlossen war. 1981 und 1982 hatte der Sejm den Betrieben per Gesetz einen größeren Freiraum eingeräumt, dem zufolge die Unternehmen untereinander verhandeln, selbst Preise und Löhne festlegen und ihre Finanzen regeln konnten. 1983 war dann ein Produktionsanstieg von 6 % zu verzeichnen.

Mit den Gläubigerländern fand Polen im Juli 1985 einen Ausgleich in einer Umschuldungsaktion, sodass es ein Jahr später dem Internationalen Währungsfonds beitreten konnte. Aber auch danach reichten die Exporterlöse nicht aus, die jährlichen Zinslasten zu tragen. Im Oktober 1987 legte Messner ein Maßnahmenpaket über die Regelung der Preise und Einkommen zum Referendum vor, um durch eine Verminderung der Bürokratie und die Einbeziehung der regionalen Ressourcen eine Erleichterung zu verschaffen. Als das Referendum abgelehnt wurde und eine drastische Preiserhöhung vom 1. Februar 1988 für Grundnahrungsmittel, Mieten und Energie für Unruhen und neuerliche Streiks gesorgt hatte, musste er sein Amt am 27. September 1988 an Mieczysław Rakowski abtreten.

Rakowski, der lange als Journalist in der Bundesrepublik Deutschland gelebt hatte, versuchte mit kühneren Schritten eine Annäherung an die Marktwirtschaft. Das System der Wirtschaftsplanung wurde gelockert und den Betrieben mehr Spielraum für eigene Entscheidungen gegeben, ein System von Banken eingerichtet. Das Passgesetz wurde liberalisiert, und die Bürger erhielten das Recht zu Auslandsreisen. Unrentable Betriebe sollten geschlossen werden; dass darunter auch die renommierte Leninwerft in Danzig fallen sollte, wurde jedoch als eine Rachemaßnahme der Partei verstanden. Dies alles verringerte jedoch nicht die hohen Auslandsschulden, die bis 1989 auf fast 50 Milliarden Dollar angestiegen waren, obwohl Polen seit 1982 18 Milliarden Dollar überwiesen hatte. Die Inflation stieg weiter, und der Dollar war längst zum normalen Zahlungsmittel geworden.

Die Landwirtschaft war das schwächste Glied der polnischen Volkswirtschaft. Die landwirtschaftliche Fläche umfasste Ende der achtziger Jahre 18,7 Millionen ha mit einem Anteil von Ackerland von 78 %. 2,73 Millionen privatwirtschaftliche Betriebe besaßen 72 % des landwirtschaftlich genutzten Bodens, und etwa zwei Drittel der

Betriebe wurden im Nebenerwerb bewirtschaftet. Die Betriebseinheiten waren noch immer sehr klein, denn 30% der Privathöfe verfügten über weniger als 2 ha, nur 7% über mehr als 15 ha Nutzfläche. 1227 staatliche Betriebe hatten 14% der Fläche zur Verfügung bei einer Durchschnittsgröße von 3258 ha. 1988 waren 4,35 Millionen Personen, 25% der Gesamtbevölkerung, in der Landwirtschaft tätig, ihr Beitrag zum Nationaleinkommen betrug 1989 jedoch nur 12%. Die Einbeziehung der Bauern in die zentrale Planung war äußerst schwierig, denn eine Pflichtabgabe war 1971 abgeschafft worden. Stattdessen hatte der Staat die Preise von pflanzlichen und tierischen Produkten festgesetzt, was den Bauern ein festes Durchschnittseinkommen bescherte, aber hohe Subventionen erforderlich machte, denn die Verkaufspreise lagen z. T. weit unter den Herstellungskosten. 1985 betrugen diese Subventionen 15% des zentralen Budgets und kletterten bis 1989 auf 40%. Jede Korrektur dieser ideologisch begründeten ökonomischen Widersinnigkeit hatte in der Volksrepublik Polen zu Unruhen geführt. Auch die weitgehende Anhebung der Preise vom 1. August 1989 konnte nicht alle Disparitäten beseitigen, führte aber zu einer deutlichen Minderung des verfügbaren Einkommens der Privathaushalte.

Das politische System des Landes war während der »Normalisierung« nur wenig verändert worden. Immerhin hatte eine Wahlordnung 1985 die Neuerung gebracht, dass künftig 15% der Spitzenpolitiker über eine Landesliste in den Sejm kommen sollten, während in 410 Wahlkreisen jeweils zwischen zwei Kandidaten ausgewählt werden konnte. Trotz Wahlpflicht machten in der Wahl vom 13. Oktober 1985 nur 80% von ihrem neuen Recht Gebrauch, jedoch konnte auch diesmal bei den vorher für die Parteien festgelegten Mandaten keine Änderung vorgenommen werden. Den mutigsten Schritt machte Rakowski, indem er auf die Opposition zuging und ihr sogar eine Mitverantwortung anbot. Möglich war dies geworden, da in der Sowjetunion Michail Sergeevič Gorbačëv eine neue Politik der *perestrojka* (»Umbau«) und der *glasnost'* (»Offenheit«) eingeleitet hatte.

Die Verhängung des Kriegrechtes hatte die Solidarność nicht beseitigt, sondern in den Untergrund gedrängt. Dass die Partei Wałęsa und seine Anhänger nicht zu Unpersonen machen konnte, lag an seiner internationalen Bekanntheit und an der Rolle der Kirche. Im Sommer 1986 trat Wałęsa mit einem Provisorischen Koordinierungsausschuss der Solidarność an die Öffentlichkeit, der zwar von der Regierung verboten wurde, im Dezember aber in die internationale Gewerkschaftsorganisation aufgenommen wurde. Besondere Hilfe wurde Wałęsa auf der dritten Reise des Papstes nach Polen (8.–14. Juni 1987) zuteil, als dieser demonstrativ den Arbeiterführer empfing. Wenig später rief Wałęsa eine Landesexekutivkommission ins Leben (*Krajowa Komisja Wykonawcza NSZZ »Solidarność«*), die zwar nicht den Umfang der alten Solidarność erreichte, aber in die Rolle einer Opposition hineinwuchs und öffentlich gegen das Referendum auftrat. Eine Fernsehdiskussion mit dem Führer der offiziellen Gewerkschaft Miodowicz am 30. November 1988, in der Wałęsa gut abschnitt, führte ihn in das öffentliche Leben zurück. Ein Bürgerkomitee (*Komitet Obywatelski, KO*) bündelte im Dezember unter seiner Leitung die verschiedenen oppositionellen Kräfte. Als Ende 1988 der Ministerpräsident Rakowski zur Lösung der ökonomischen Probleme mit Rückendeckung aus Moskau einen Partner suchte, stand die Solidarność bereit.

Der Untergang des kommunistischen Herrschaftssystems in Polen vollzog sich gleitend. Aus vertraulichen Gesprächen im Herbst 1988, an denen auch Vertreter des Episkopats beteiligt waren, entstand die Idee eines »Runden Tisches«, an dem Mitglieder der Regierung und der Opposition gleichberechtigt über die Probleme des Landes diskutieren sollten. Den letzten Widerstand in der Parteiführung beseitigte das Plenum des Zentralkomitees am 16.–18. Januar 1989, als nach Rücktrittsdrohungen der Reformer von 178 Anwesenden 132 der Aufnahme offizieller Gespräche zustimmten. Es ging nicht alles glatt vor sich, denn Streiks auf der einen und hinhaltender Widerstand in den unteren Rängen der PZPR begleiteten fortdauernd die Entwicklung. Dennoch konnten die Gespräche vom 6. Februar bis zum 4. April unter den 57 beteiligten Personen in aller Öffentlichkeit geführt und die Ergebnisse in einem 200 Seiten starken Dokument niedergelegt werden. Danach sollte der Sejm vorzeitig aufgelöst und Neuwahlen auch für den wieder einzurichtenden Senat ausgeschrieben werden; gemäß der Vorkriegsverfassung sollten dann beide den Staatspräsidenten wählen. Die Wahl in den Sejm sollte dem Verfahren der letzten Wahl von 1985 folgen, indem eine Staatsliste (*lista państwowa*) mit 35 Spitzenpolitikern – die aber jeweils mindestens 50% der Stimmen erreichen mussten – und eine feste Mandatszahl der zugelassenen Parteien festgelegt wurden, wobei die Opposition als »Parteilose« 35% der Sitze zugesichert erhielt; die Wahl der 100 Mandatsträger im Senat sollte demokratisch erfolgen. Die Unabhängigkeit und Unabsetzbarkeit der Richter sollte die Rechtsstatlichkeit wieder herstellen. Am 17. April wurde die Solidarność gerichtlich registriert und damit legalisiert; als ihr Presseorgan wurde die *Gazeta Wyborcza* (»Wahlzeitung«) mit einer Auflage von 500000 Exemplaren zugelassen.

Der Wahlkampf war eine neue Erscheinung und zeigte, dass auch Wałęsa nicht unumstritten war, aber seine Bürgerkomitees eine nachhaltige Unterstützung durch die katholische Kirche erhielten. Deren Stellung stärkte ein Gesetz vom 17. Mai, worin die bisherigen Beschränkungen in der Verfügung über ihren Besitz und im Zugang zur Öffentlichkeit aufgehoben wurden. Der erste Wahlgang am 4. Juni 1989 zeitigte nur eine Wahlbeteiligung von 62%

der Wahlberechtigten, bot aber eine deutliche Abrechnung mit der Regierung. Bei den freien Wahlen zum Senat errang die Opposition 92 der 100 Sitze, die Regierungsparteien keinen einzigen. Bei der Sejmwahl erhielten von der Staatsliste nur zwei der 35 Kandidaten die erforderlichen 50 % der Stimmen, sodass die wichtigsten Reformer im Sejm nicht vertreten sein würden. Im zweiten Wahlgang am 18. Juni sackte die Wahlbeteiligung auf 25 % ab; die Opposition holte sich weitere sieben Mandate für den Senat, die Regierung wieder keinen. Da die Wahl zum Sejm den vorher festgelegten Regeln folgte, standen im neuen Sejm 299 Abgeordneten der Regierungsparteien 161 Mitglieder der Bürgerkomitees und Parteilose gegenüber. Jaruzelski, der seine Ämter in der PZPR niederlegte, wurde am 19. Juli mit nur einer Stimme Mehrheit zum »Präsidenten aller Polen« gewählt.

Die Regierungsbildung gestaltete sich schwierig, da der Sejm zwar den Regierungskandidaten General Kiszczak wählte, der sich bei der Gestaltung des »Runden Tisches« viel Achtung erworben hatte, dieser jedoch keine Vertreter der Opposition für die Teilnahme an der Regierung gewinnen konnte. Auf Vorschlag Wałęsas wurde dann am 24. August 1989 sein engster Berater, der Jurist und Publizist Tadeusz Mazowiecki (* 1927), von 378 der anwesenden 423 Abgeordneten zum ersten nichtkommunistischen Ministerpräsident der Volksrepublik Polen gewählt. Vorsitzender der PZPR war zuvor bereits Rakowski geworden. In der neuen Regierung war das Innenministerium mit der Kontrolle über die Sicherheitsdienste und das Verteidigungsministerium in den Händen der bisherigen Amtsträger der PZPR (Kiszczak und Siwicki) geblieben, um Moskau die Zustimmung zu den Änderungen in Polen zu erleichtern. Der Übergangscharakter der neuen Regierung wurde auch darin deutlich, dass zwölf Minister dem Bürgerkomitee angehörten, sechs von kleineren Parteien und vier von der PZPR gestellt wurden und einer parteilos war. Am 12. September 1989 sprach der Sejm der Regierung ohne Gegenstimme das Vertrauen aus.

Als äußeres Zeichen der Wende Polens zur Demokratie gab der Sejm am 29. Dezember 1989 dem Staat den Namen »Republik Polen« (*Rzeczpospolita Polska*) und als Symbol der Souveränität dem »polnischen Adler« die Krone zurück.

Polen hatte sich in den Jahren der erzwungenen Volksdemokratie sehr verändert. Die Bevölkerung war von 25 Millionen im Jahre 1950 auf fast 38 Millionen im Jahre 1989 gestiegen und verzeichnete damit einen Zuwachs wie in keinem anderen europäischen Staat. Eine hohe Geburtenrate, eine Verminderung der Säuglingssterblichkeit (von 1950 mit 111,2 pro 1000 auf 1988 16,1 pro 1000 Lebendgeburten) und eine Erhöhung der Lebenserwartung (1988 Männer 67, Frauen 75 Jahre) waren neben einer Verbesserung der Krankenfürsorge daran beteiligt. Polens Bevölkerung war jung; 1987 war ein Drittel unter 19 Jahre alt, ein weiteres Drittel zwischen 20 und 39 Jahre. Der Anteil der städtischen Bevölkerung war von 36,8 % im Jahre 1950 auf 61 % 1988 angewachsen. Die Zahl der Beschäftigten war von 10 Millionen 1950 auf 17 Millionen 1988 gestiegen, wovon jeweils 28 % in der Industrie und in der Landwirtschaft tätig waren. Es hatte in der Volksdemokratie ein »Recht auf Arbeit« gegeben, sodass Vollbeschäftigung herrschte; dies war in vielen Bereichen jedoch ein Euphemismus für eine personelle Überbesetzung, die die Arbeitslosigkeit nur versteckte. Es galt vielfach ein neuer »Gesellschaftsvertrag«: »Wir tun so, als ob wir arbeiten, der Staat tut so, als ob er uns bezahlt.« Erst die Reformen des Transformationsprozesses zeigten den immanenten Schwindel, denn Ende 1991 waren bereits eine Million Menschen arbeitslos. Schwer zu erfassen sind die Polen, die im Ausland Beschäftigung suchten; neben die für 1988 auf 100000 geschätzten offiziellen Arbeitsmigranten traten ungezählte, die in der Bundesrepublik als Schwarzarbeiter oder Saisonarbeiter bei der Ernte tätig waren. 1989 erzielte man auf dem Schwarzmarkt für 50 DM den Erlös eines Monatseinkommens. Dazu verließen viele Menschen das Land, weil sie sich auf deutsche Wurzeln berufen konnten; waren aus Ostpreußen und Oberschlesien zwischen 1968 und 1980 etwa 247000 Menschen ausgesiedelt, so stieg ihre Zahl 1988 auf 140000, 1989 auf 250000 an.

Gewinner des Systems waren die Führungskader, zu denen 1988 etwa 1,2 Millionen Menschen zählten, von denen 75 % Mitglieder der Partei waren. Diese »Nomenklatura« genoss neben den höheren Einkommen Zusatzvergünstigungen, die in der Gesellschaft scharf kritisiert wurden. Am unteren Ende der Sozialpyramide standen die Rentner, deren Zahl von einer Million im Jahre 1950 auf 6,55 Millionen Menschen 1987 gestiegen war und damit mehr als 17 % der Bevölkerung ausmachte. Ihre Rente betrug mit durchschnittlich 15000 Złoty etwa die Hälfte des durchschnittlichen Monatseinkommens in der vergesellschafteten Industrie und verdammte viele zur Armut. Gemäß den ideologischen Vorgaben war das Einkommenssystem nicht leistungsgerecht strukturiert, denn in den Schlüsselindustrien wie Bergbau und Werften lagen die Löhne über der Rentabilität; dagegen wurde ein »Geistesarbeiter« (*pracownik umysłowy*) schlecht bezahlt. Darunter litten etwa die Beschäftigten im Gesundheitswesen oder in den Lehreinrichtungen. Waren die Löhne in der Industrie von 2300 Zł. monatlich im Jahre 1970 auf 61000 Zł. 1988 gestiegen (im Bergbau auf 103000 Zł.), so sind die Vergleichszahlen für das Bildungswesen 1900 Zł. für 1970 und 38000 Zł. für 1988.

Trotz erheblicher Anstrengungen im Wohnungsbau besaßen 1989 noch immer ein Drittel der Haushalte, darunter vor allem die jungen, keine eigene Wohnung. Das staatliche System der Genossenschaftswohnungen war durch Privilegien und Vergabe außer der Reihe ausgehöhlt worden, die eingezahlten Beiträge durch die Inflation gemindert. Privater Wohnungsbau konnte auf dem Lande eine gewisse Erleichterung schaffen. Das Gesundheitswesen war unzulänglich; obwohl die Zahl der Ärzte pro 10 000 Menschen von 9,6 im Jahre 1960 auf 20,8 im Jahre 1988 gestiegen war, stagnierte die Zahl der Krankenhausbetten. Die technischen Einrichtungen waren veraltet, und die Produktion von Medikamenten absolut unzureichend.

Denkt man an die katastrophale Ausgangslage Polens am Ende des Weltkrieges, dann kann man jedoch die Jahre der »Volksdemokratie« nicht nur als »schwarzes Loch« (*czarna dziura*) bezeichnen. Alle Äußerungen der Kultur hatten den Vorgaben der Ideologie und den Interessen der Partei zu folgen und unterlagen seit 1946 der Zensur. Dies bedeutete für das Bildungswesen zunächst die Übernahme des sowjetischen Modells, das nach 1956 etwas gelockert wurde; 1961 erklärte ein Schulgesetz die Schulen zu einem Instrument der sozialistisch-kommunistischen Umgestaltung der Gesellschaft. Jedoch konnte die Kirche in mehreren Anläufen ihren Einfluss ausbauen, auch wenn der Streit um den Religionsunterricht sich mit wechselnden Erfolgen bis zum Ende der Volksdemokratie hinzog. Wissenschaft und Forschung unterlagen der staatlichen Planung. Die Polnische Akademie der Wissenschaften (*PAN*) war zuständig für die Grundlagenforschung, die angewandte Forschung und die Entwicklungsforschung. Die größte Zahl an Wissenschaftlern fand sich in den elf staatlichen Universitäten – dazu in der Katholischen Universität in Lublin (*KUL*) – sowie in zahlreichen anderen spezialisierten Hochschulen und in Forschungsinstituten. Trotz Parteiaufsicht konnte sich etwa die Geschichtswissenschaft Freiräume erstreiten und methodisch mit westlichen Arbeiten meist durchaus mithalten. Die wirtschaftliche Krise beeinflusste auch hier den Personalbestand negativ, da zwischen 1980 und 1984 die Reallöhne der Dozenten und jüngeren Mitarbeiter um 40 % sanken und viele junge Leute in andere Berufe abwanderten. Geldmangel hat bis in die jüngste Zeit die Einfuhr westlicher Literatur und den Druck wissenschaftlicher Arbeiten stark behindert.

Die Literatur spiegelt in besonderer Weise die Bewusstseinslage der Gesellschaft. Nach einer ersten Phase der Aufarbeitung der Kriegserlebnisse verordnete die Partei im Januar 1949 den »sozialistischen Realismus« als Richtlinie und die sowjetische Literatur als Vorbild. Seit 1954 war in Literaturzeitschriften aber ein neuer Ton vernehmbar, der sich mit der Bezeichnung »Tauwetter« verbindet und sich in Werken von Jerzy Andrzejewski (*Finsternis bedeckt die Erde*), Adam Ważyk (*Poem für Erwachsene*) und anderen niedergeschlagen hat. Aus einer Fülle von Autoren sei hier Stanisław Lem mit seiner intelligenten Form der Science-Fiction erwähnt. In den sechziger Jahren verstärkte die Partei den Druck auf die Verlage, was die Schriftsteller 1964 mit einem Protestbrief beantworteten. Die Entfremdung von Kultur und Macht hat Slawomir Mrożek in mehreren Dramen thematisiert und Jerzy Lec (*Unfrisierte Gedanken*) in Aphorismen verspottet. Schriftsteller und Kritiker waren in großer Zahl in KOR und Solidarność engagiert und nutzten deren Zeitschriften, von denen manche auch nach 1981 im Untergrund fortexistierten. Zur polnischen Literatur gehört immer auch die Emigration, aus deren Reihen der 1951 emigrierte Czesław Miłosz 1980 den Nobelpreis erhielt. Hierzu könnte man auch Andrzej Szczypiorski (1928–2000) zählen, dessen Roman *Die schöne Frau Seidenman* in Deutschland ein großer Erfolg wurde, in Polen aber erst nach der Wende publiziert werden konnte. Die 1981 verschärfte Zensur wurde am 7. Juni 1990 aufgehoben; danach belastete die Geldnot die Verlage und führte zu einem zeitweiligen Rückgang der Buchproduktion.

In Polen entwickelte sich eine moderne Malerei, deren junge Vertreter bereits 1955 den »sozialistischen Realismus« abschüttelten und seit 1960 sich nach Westen öffnen konnten. Der polnische Film hatte nicht nur mit Andrzej Wajda (*1926) Weltgeltung erlangt. In der Musik musste nach dem Kahlschlag des Weltkriegs ein neuer Anfang gemacht werden; mit dem »Warschauer Herbst« entstand 1956 ein Weltzentrum für Neue Musik, als deren polnischer Vertreter Krzysztof Penderecki hervorstach. Die Presse und der Rundfunk, später auch das Fernsehen, unterlagen der strikten Kontrolle der Partei mit allen ihren Wendungen. Unter Gierek wurden sie zu einem Regierungsinstrument der Verbreitung guter Nachrichten; erst 1976 entstand eine nennenswerte Untergrundpresse, die zur Zeit der Solidarność anschwoll, nach 1981 aber wieder eingedämmt, jedoch nicht ganz abgedreht werden konnte. Im Zuge der Verhandlungen am »Runden Tisch« wurde die Öffentlichkeit jedoch ausführlich unterrichtet. Insgesamt hat es in der Volksrepublik Polen einige Phasen starker Repression der Gesellschaft gegeben, aber auch Phasen einer relativ liberalen Handhabung der Gesetze, was bewirkte, dass die Menschen mehr Freiheiten genießen konnten als in den benachbarten Ländern des »realexistierenden Sozialismus«.

Die dritte Polnische Republik

1989	29. Dezember: »Republik Polen«
1990	14. November: Deutsch-polnischer Grenzvertrag
	22. Dezember: Wałęsa Staatspräsident
1991	4. Januar: Ministerpräsident Bielicki
	17. Juni: »Vertrag über gute Nachbarschaft und freundschaftliche Zusammenarbeit«
	27. Oktober: Wahl zum Sejm
	6. Dezember: Ministerpräsident Olszewski
1992	5. Juni: Ministerpräsident Pawlak
	8. August: Ministerpräsidentin Suchocka

1993	19. September: Wahl zum Sejm
	26. Oktober: Ministerpräsident Pawlak
1995	6. März: Ministerpräsident Oleksy
	23. Dezember: Kwaśniewski Staatspräsident
1996	7. Februar: Ministerpräsident Cimoszewicz
1997	25. Mai: Referendum zur neuen Verfassung
	21. September: Wahl zum Sejm
	31. Oktober: Ministerpräsident Buzek
1999	1. Januar: Verwaltungsreform in Geltung
	März: Beitritt Polens zur Nato
2000	Oktober: Wahl von Kwaśniewski zum Staatspräsidenten
	19. Oktober: Ministerpräsident Miller

Der Ministerpräsident Tadeusz Mazowiecki hatte in seiner Regierungserklärung die Wiederherstellung der Rechtsstaatlichkeit und die Einführung der sozialen Marktwirtschaft zu den Hauptzielen erklärt. Unter die Vergangenheit wollte er einen »dicken Strich« ziehen; dies bedeutete, dass nur für den Sicherheitsdienst und höhere Stellen der Verwaltung politisch belastete Personen ausgetauscht wurden, dagegen keine generelle »Lustration« oder gar politische Prozesse stattfanden und etwa 40% der belastenden Akten bis zum Frühjahr 1990 vernichtet wurden. Dagegen trat die Vergangenheit in anderer Form wieder auf, denn das politische Leben wurde bald durch den Zerfall von Parteien, Absplitterungen, Zusammenschlüsse und Neugründungen unübersichtlich. Im Herbst 1989 tauchte die linke nationalistische »Konföderation des unabhängigen Polen« (*Konfederacja Polski Niepodległej, KPN*) unter Leszek Moczulski aus dem Untergrund auf; es entstanden die »Christlich-nationale Vereinigung« (*Zjednoczenie Chrześcijańsko-Narodowego, ZChN*) und die »Nationalpartei« (*Stronnictwo Narodowe, SN*); die Vereinigte Bauernpartei trat aus dem Bündnis mit der PZPR aus und kehrte zu dem alten Namen »Polnische Volkspartei« zurück, nun mit dem Zusatz »Wiedergeburt« (*Polskie Stronnictwo Ludowe – Odrodzenie, PSL-O*). Die PZPR löste sich im Januar 1990 auf, von den beiden Nachfolgeorganisationen der »Sozialdemokratischen Union« und der »Sozialdemokratie der Republik Polen« (*Socjaldemokracja Rzeczpospolitej Polski, SdRP*) hatte nur die Letztere unter Aleksander Kwaśniewski (* 1954) Erfolg. Die Solidarność-Bewegung zerfiel in eine große Zahl von Parteien, aus denen die »Demokratische Union« (*Unia Demokratyczna, UD*) herausragte und schließlich 1994 mit anderen Gruppierungen zur »Freiheitsunion« (*Unia Wolności, UW*) unter dem Vorsitz von Mazowiecki verschmolz. Die Gärung und die Unsicherheit in der Gesellschaft spiegelten sich in dieser Vielfalt wider, sodass bei der ersten freien Wahl 1991 insgesamt 111 Wahlkomitees registriert waren und selbst eine »Polnische Partei der Bierfreunde« 16 Mandate gewann. Unter diesen Umständen war Politik ein schwieriges Geschäft, das durch die gegenseitige Abneigung mancher Politiker, die einmal gemeinsam in der Opposition tätig gewesen waren, nicht leichter wurde.

Die Probleme der Wirtschaft waren sehr groß. Die Freigabe der Preise für Lebensmittel ließ diese bis Weihnachten 1989 um 240 % steigen; eine Abwertung des Dollars verursachte den Sturz des Złoty und war mit ein Grund für eine Inflationsrate von 600 %; streikende Arbeiter erzwangen Lohnerhöhungen, die nicht durch eine Produktionssteigerung gerechtfertigt waren. Am 17. Dezember 1989 trat der Finanzminister Leszek Balcerowicz mit einem Maßnahmenpaket vor den Sejm, in dem er eine Schocktherapie vorschlug: »Die polnische Wirtschaft ist krank. Notwendig ist eine Operation – tiefe chirurgische Schnitte.« Zum 1. Januar 1990 begann damit die Umgestaltung Polens von einer Planwirtschaft mit einem System der Warenverteilung in eine liberale Marktwirtschaft der freien Konkurrenz. Vorgesehen war eine Privatisierung der Staatsbetriebe, eine Reprivatisierung enteigneter Betriebe, ein Ausbau der privaten Wirtschaft, eine Verselbstständigung der Nationalbank und die Gründung von Privatbanken, die Liquidierung des staatlichen Monopols im Außenhandel, schließlich die Reaktivierung der Selbstverwaltung.

Die Folgen dieser gesellschaftlichen und ökonomischen Maßnahmen waren gravierend. Die Regierung verordnete eine Begrenzung der Einkommen, den Wegfall der Subventionen und die Freigabe aller Preise, wobei zugleich der Złoty gegenüber dem Dollar freigegeben wurde. Ausländisches Kapital kam ins Land, und damit auch finanzielle Affären, Korruption und Unterschlagung. Zwar gelang die Eindämmung der Inflation, aber die Industrieproduktion ging um 25 % zurück und die Investitionen um 10 %. Während einige wenige sich skrupellos bereicherten, verarmte die Masse der Menschen und verlor ihre Ersparnisse. Bis Ende 1990 stieg die Zahl der registrierten Arbeitslosen auf eine Million, bis 1994 auf drei Millionen, gleich 17 % der erwerbsfähigen Bevölkerung. Die Regierung half mit Arbeitslosengeld und der Einrichtung von Küchen für kostenlose warme Mahlzeiten. Dennoch wuchs die Zahl der Bettler, Betrüger und Kriminellen. Während die negativen Folgen der Rosskur sofort sichtbar waren, brauchten die Erholung, die Entwicklung der Privatwirtschaft und die Privatisierung der Staatsbetriebe ihre Zeit und wurden ferner durch den Streit der Politiker beeinflusst. Für die Gesellschaft Polens bedeutete dieser Prozess eine Zerreißprobe, in der viele Menschen untergingen. Die gleichzeitige Wiedergewinnung der politischen Freiheit galt vielen als weniger wert denn ökonomische Vorteile, was sich in der durchgängig niedrigen Wahlbeteiligung niederschlug; für die erste Kommunalwahl im Mai 1990 lag sie bei 42 %.

Auf der Ebene der Politik war dem Präsidenten Jaruzelski mit der Auflösung der PZPR und all ihrer Strukturen seine politische Stütze entfallen und im Umfeld Wałęsas in Danzig ein mächtiger Gegner erwachsen. Angesichts des Zusammenbruchs aller Volksdemokratien schien das Ergebnis des »Runden Tisches« mit seinem Übergangscharakter überholt. Wałęsa drängte auf eine Absetzung des Präsidenten, um selbst dieses Amt zu übernehmen, und auf eine »normale« Wahl zum Sejm. Im Streit über diese Fragen zerbrachen alte Freundschaften und die Solidarność. Unter dem Einsatz des Primas Glemp fanden die Beteiligten eine Lösung: Jaruzelski bot seinen vorzeitigen Rücktritt an, sofern der Sejm durch ein Gesetz dies ermögliche; der Altkommunist achtete somit mehr auf die Legalität als seine Gegenspieler. Das Gesetz vom 27. September 1990 führte die Direktwahl des Präsidenten ein, an der auch Emigranten teilnehmen durften. Als Kandidat konnte nur auftreten, wer 100000 Unterschriften für seine Kandidatur nachweisen konnte; dies verringerte die Zahl von 14 auf 6. Wałęsa war auch bei seinen einstigen Mitstreitern umstritten; Michnik nannte ihn »impulsiv«, »unberechenbar« und »inkompetent«. Gegen ihn erklärte Mazowiecki seine Kandidatur und gewann die Unterstützung intellektueller Kreise. Überraschend trat auch der Emigrant Tymiński als Kandidat auf, der in Kanada zu Vermögen gekommen war und mit vollmundigen Versprechungen Aufmerksamkeit erregte. Im ersten Wahlgang am 25. November 1990 konnte Wałęsa zwar mit 39% die meisten Stimmen auf sich vereinigen, siegte aber noch nicht, wie er vorher verkündet hatte. Zu aller Überraschung blieb Mazowiecki mit 17,5% hinter Tymiński mit 24% Dritter. Am Tage nach diesem Debakel erklärten Mazowiecki und sein ganzes Kabinett den Rücktritt, wurden aber gebeten, bis nach der Amtseinführung des neuen Präsidenten im Amt zu bleiben. Im zweiten Wahlgang errang Wałęsa bei einer geringeren Wahlbeteiligung von 53% fast 75% der Stimmen. Sein persönliches Stilgefühl bewies er bei der Vereidigung am 23. Dezember, als er sich die Anwesenheit seines Amtsvorgängers verbat und sich stattdessen von dem Präsidenten im Exil die Insignien der Zweiten Republik aushändigen ließ.

Wałęsa, der sich mit vielen Leuten aus Danzig umgab, scheiterte bei dem Versuch, den Vizevorsitzenden des Bürgerkomitees Olszewski zum Ministerpräsidenten zu machen. Statt seiner wurde am 4. Januar 1991 der junge und unbekannte Jan Krzysztof Bielecki (*1951) Vorsitzender einer Regierung von 19 Ministern, von denen acht aus der vorigen stammten: unter ihnen Skubiszewski als Außenminister und Balcerowicz als Finanzminister. Wałęsa bemühte sich auffällig um ein Anknüpfen an die Zweite Republik und an Piłsudski, aber seine Interviews und Reden trieben wegen unbedachter Äußerungen seinen Beratern oft den Schweiß auf die Stirn. In den Beratungen zu einer neuen Wahlordnung und einer neuen Verfassung, bei denen er das Vorbild der Verfassung von 1935 beschwor, scheiterte er zweimal mit seiner Absicht, Beschlüsse von Sejm und Senat durch sein Veto zu blockieren. Während sich die Beratungen hinzogen, fanden auf der Ebene der Parteien weitere Veränderungen statt. Auf der Linken sammelte die Sozialdemokratie einige Gruppierungen, die die absolute Verdammung der Volksdemokratie durch Präsident und Regierung ablehnten, in einem Wahlbündnis »Bund der demokratischen Linken« (*Sojusz Lewicy Demokratycznej, SLD*); Mazowiecki konnte seine »Demokratische Union« durch den Zusammenschluss mit anderen Gruppen aus dem Erbe der Solidarność stärken; andere Parteien spalteten sich auf oder verschwanden. Gemeinsam war allen, dass sie kaum über ausgearbeitete Programme und nur über wenige Mitglieder verfügten; angesichts des Desinteresses der Bevölkerung operierten sie im fast luftleeren Raum.

Der Wahlkampf thematisierte die Reformen und ihre Konsequenzen, an denen die Bevölkerung litt. Weltanschauliche Fragen wie der Schwangerschaftsabbruch, der

Religionsunterricht in den Schulen und das Anbringen von Kreuzen bewegten die Gemüter, die auch durch zwei weitere Reisen des Papstes und die damit verbundenen Massenveranstaltungen im Juni und September 1991 erregt waren. Schließlich ging der Streit über die Bewertung der »Volksdemokratie« in der Öffentlichkeit weiter. Die Wahl vom 27. Oktober 1991 bestätigte das Bild der Zerrissenheit und des politischen Desinteresses der Bevölkerung, denn nur 43 % der Wahlberechtigten nahmen daran teil, 5,6 % der abgegebenen Stimmen waren ungültig. Keine Partei konnte sich als Sieger fühlen, denn auch die beiden größten Kontrahenten, die Demokratische Union und das Linksbündnis, erhielten nur je 62 bzw. 60 Mandate (12,32 bzw. 11,99 % der Stimmen); drei Parteien erreichten 50 Mandate; zwischen 44 und 16 Abgeordnete erzielten fünf Parteien, Letztere davon waren die »Bierfreunde«, deren Partei sich jedoch bis 1993 selbst auflöste. Selbst die Partei der deutschen Minderheit, die von dem Abschluss des »Vertrages über gute Nachbarschaft und freundschaftliche Zusammenarbeit« zwischen Polen und der Bundesrepublik Deutschland vom 17. Juni profitiert hatte, kam mit sieben Abgeordneten auf Rang 11. Weitere 13 Parteien, darunter viele von regionaler Bedeutung, errangen zwischen fünf Mandaten und einem.

Nach langwierigen Verhandlungen wurde am 6. Dezember 1991 Jan Olszewski Ministerpräsident einer Mitte-Rechts-Koalition, die am 23. Dezember das Vertrauen des Sejm erhielt. Nur Außenminister Skubiszewski wurde von der Vorgängerregierung übernommen. Obwohl die wirtschaftliche Lage nach der Erhöhung der Preise für Energie um 100 % am 1. Januar 1992 zu landesweiten Streiks geführt hatte und die Arbeitslosenzahlen weiter stiegen, blieben die Politiker weitgehend mit sich selbst beschäftigt. Die Beratungen über eine neue Verfassung kamen nicht voran, weil Wałęsa ein Präsidialsystem forderte, damit aber auf den Widerstand der Regierung und des

Sejm stieß. Personalgerangel und Streit über die Verstricktheit von Politikern in das alte System beherrschten die Szene, sodass selbst Putschgerüchte die Runde machten. Nach hitzigen Debatten entzog der Sejm schließlich dem Ministerpräsidenten am 5. Juni 1992 das Vertrauen. Als neuer Ministerpräsident wurde Waldemar Pawlak von der Bauernpartei gewählt; dieser vermochte aber innerhalb eines Monats keine Koalition zustande zu bringen, denn Personalentscheidungen unter Druck des Präsidenten und am Sejm vorbei ließen den erst 33-jährigen als Marionette erscheinen. Überraschend wurde am 10. Juli die bis dahin unbekannte Juristin Hanna Suchocka (*1946) zur ersten Ministerpräsidentin gewählt, die einen Tag später ein Kabinett vorstellte, das die Parteien einer Mitte-Rechts-Koalition bereits untereinander ausgehandelt hatten.

Da die Beratungen über die neue Verfassung wegen der tiefen Meinungsverschiedenheiten nicht vorankamen, wurde am 17. Oktober nach schwierigen Verhandlungen eine »kleine Verfassung« verabschiedet, die das Verhältnis von Präsident, Regierung und Sejm untereinander vorläufig regeln sollte. Der Präsident konnte danach einen Kandidaten für den Regierungsvorsitz benennen, der aber das Vertrauen des Sejm für die Regierung benötigte. Sollte er dieses nicht binnen 14 Tagen erhalten, konnte der Sejm von sich aus eine Regierung bilden; wenn er dies nicht tat, konnte der Präsident das Parlament auflösen. Schneller als erwartet wurde dieses Verfahren in die Wirklichkeit umgesetzt. Die Regierung Suchocka erlitt in einer Vertrauensabstimmung am 28. Mai 1993 eine denkbar knappe Niederlage, weil ein Minister erst nach der Abstimmung den Saal betrat. Da der Sejm mit seinen zerstrittenen Gruppierungen sein Recht nicht ausüben konnte, nutzte der Präsident das seine und löste beide Kammern auf. Bis zur Neuwahl, die er auf den 19. September ansetzte, blieb die Regierung im Amt.

Es setzte ein heftiger Wahlkampf ein, der die Person des Präsidenten nicht aussparte, in den auch die Bischöfe eingriffen und Wahlenthaltung als Sünde bezeichneten. Die Wahl war die erste nach dem neuen Wahlgesetz vom 28. Mai 1993, das eine Sperrklausel von 5% der Stimmen für Einzelparteien und 8% für Wahlbündnisse vorsah. Außerdem war die Zahl der Wahlkreise von 37 auf 52 erhöht worden, was von den Parteien eine höhere Organisation verlangte. Die Wahlbeteiligung betrug diesmal 58,1% der Wahlberechtigten, aber dieser Beweis staatsbürgerlichen Denkens wurde dadurch getrübt, dass durch die Sperrklauseln die Stimmen von 34,6% der Wähler keine Berücksichtigung in Mandaten fanden. Das Ergebnis war eine Konzentration auf sieben Klubs im Sejm, wobei für die vier Abgeordneten der deutschen Minderheit die Sperrklausel nicht galt. Das Linksbündnis unter Cimoszewicz hatte mit 20,41% der Stimmen 171 Mandate (37,17%) gewonnen, die Volkspartei Pawlaks mit 15,40% der Stimmen 132 Mandate (28,69%), die Demokratische Union Mazowieckis mit 10,59% der Stimmen 74 Mandate (16,07%). Ebenfalls im Sejm vertreten, und zwar mit 16 Mandaten, war die neu gegründete, dem Präsidenten nahestehende neue BBWR unter Olechowski, die das alte Sigel mit einem neuen Inhalt zu füllen versucht hatte: »Parteiloser Block der Unterstützung der Reformen« (*Bezpartyjny Blok Wspierania Reform*). Die Mandatsverteilung im Senat war ähnlich jener im Sejm.

Das Linksbündnis war zwar der stärkste Klub im Sejm, brauchte aber einen Koalitionspartner, den es in der zweitstärksten Partei PSL fand. Am 18. Oktober 1993 nahm Wałęsa die Demission von Frau Suchocka an und benannte Pawlak als neuen Ministerpräsidenten, der dann binnen einer Woche seine Regierung präsentierte. Laut den Bestimmungen der »kleinen Verfassung« oblag dem Präsidenten die Besetzung von drei Ressorts, auf die die Koalition also keinen Einfluss hatte: Das Verteidigungsministerium erhielt Admiral Kołodzieczyk, das Außenministerium Olechowski, das Innenministerium Milczanowski. Der Präsident hatte also direkten Einfluss auf die Regierung, was deren Zusammenhalt nicht förderte. Zwischen den Koalitionsparteien kriselte es ebenfalls. Pawlak war bestrebt, seinen früheren Misserfolg vergessen zu machen, und hielt nun nach schlechten Erfahrungen Distanz zu den Medien. Der Führer der Sozialdemokratie, Kwaśniewski, hatte kein Amt übernommen, bemühte sich aber um die Außendarstellung und vermittelte damit den Eindruck großen Einflusses hinter den Kulissen.

In Wirklichkeit fand dort ein permanenter Machtkampf zwischen den Koalitionsparteien einerseits und zwischen der Regierung und dem Präsidenten andererseits statt. Pawlak versuchte, über eigenmächtige Personalentscheidungen den Einfluss seiner Partei im Bankenwesen und in der Verwaltung der Wojewodschaften zu steigern. Ein Kleinkrieg um Besetzung von Posten in den Medien entbrannte und hemmte die Reformtätigkeit; im Streit um das Konkordat und den Einfluss der katholischen Kirche sowie um die Privatisierung waren die Koalitionäre entgegengesetzter Meinung. Auch der Präsident suchte seinen Einfluss auf den Landesrat für Rundfunk und Fernsehen zu verstärken. Er lehnte Entscheidungen des Sejm und Senats ab – die Einführung der sozialen Indikation beim Schwangerschaftsabbruch – und versuchte der Regierung seine Vorschläge aufzuzwingen, bis zur Drohung einer Auflösung des Sejm bei Widerspruch. Die Öffentlichkeit nahm an diesem Gerangel wenig Anteil und verzichtete auf ihre eigenen Rechte durch Wahlenthaltung bei den Kommunalwahlen vom Juni 1994, an der sich nur ein Drittel der Berechtigten beteiligten. Pawlak vermochte dem Druck immer weniger standzuhalten; daher kam es im Januar 1995 zur Krise: Die Koalitionsparteien vereinbarten einen Zusatzvertrag zur Koalition, beriefen Pawlak am 1. März ab und wählten den Sejmmarschall (Parlamentspräsidenten) Józef Oleksy zu seinem Nachfolger. Da Oleksy dem Linksbündnis angehörte und es in der

PZPR bis zum Minister gebracht hatte, war seine Berufung eine Provokation des Präsidenten, der jedoch gegen den »Postkommunisten« keine Handhabe hatte. Die Ressorts des Präsidenten wurden mit parteilosen Fachleuten besetzt.

Im neuen Kabinett hatten sich die Proportionen verschoben, denn elf Mitgliedern des Linksbündnisses standen sieben Mitglieder der Bauernpartei PSL gegenüber. Gegen die Regierung opponierten die Kirche und der Präsident, der gar von »Banditen« sprach. Auch die Opposition formierte sich neu, denn aus dem Zusammenschluss der Demokratischen Union mit dem »Liberal-demokratischen Kongress« aus dem Erbe der Solidarność entstand im März 1994 die »Freiheitsunion« (*Unia Wolności, UW*) unter Leitung von Mazowiecki. Die zersplitterte politische Landschaft begann sich ebenso zu stabilisieren wie die Wirtschaft, in der die Arbeitslosigkeit ihren Gipfel überschritten hatte und die Erfolge der Privatwirtschaft sichtbar wurden. Der Konflikt mit dem Präsidenten sollte sich aber noch steigern, als Wałęsa am 15. September 1995 in der Marienkirche in Danzig in einer Feier zum 15. Jahrestag der Entstehung der Gewerkschaft Solidarność seine Kandidatur für eine zweite Amtszeit bekannt gab. Obwohl er mit einem hektischen Wechsel von angefeindeten Beratern in der Gesellschaft Boden gut machen wollte, stießen sein Stil, sein Werben für ein Präsidialsystem, seine Blockade von Reformgesetzen und die heftigen Angriffe auf die »Postkommunisten« auf wenig Verständnis und stärkten die Front seiner Gegner auch aus den Reihe der ehemaligen Weggefährten.

Zur Wahl des Präsidenten am 5. November 1995 waren 17 Kandidaten zugelassen worden. Bei einer Wahlbeteiligung von 64,69 % der Wahlberechtigten errang keiner die im ersten Wahlgang erforderliche absolute Mehrheit: Wałęsa erreichte 33,1 %, der Führer der Sozialdemokraten Kwaśniewski 35,1 %. Der Wahlkampf vor dem zweiten

Wahlgang nahm noch einmal an Härte zu und wurde durch Fernsehduelle der beiden Kontrahenten weit ins Wahlvolk hineingetragen. Im zweiten Wahlgang stieg die Wahlbeteiligung auf 68,23%, und Kwaśniewski erhielt 51,72% der abgegebenen gültigen Stimmen. Die Leitung des Landes sollte damit vollständig in die Hände der gewandelten Vertreter des alten Systems übergehen, die sich aber einer zutiefst gespaltenen Gesellschaft gegenübersahen. Wałęsa und seine Leute gaben sich noch nicht geschlagen, sondern setzten die Angriffe fort, in denen sie die Linken der Wiedereinrichtung der Volksdemokratie beschuldigten (*PRL-bis*); sie riefen zu Massendemonstrationen auf und fochten die Gültigkeit der Wahl an. Als das Oberste Gericht diesen Antrag am 9. Dezember ablehnte, geriet der Ministerpräsident Oleksy ins Fadenkreuz. Man warf ihm Spionagetätigkeit für die Sowjetunion vor, ein in Polen ungeheuer ehrenrühriger Vorwurf, während gleichzeitig die Rehabilitation eines wegen Spionage für die USA verurteilten Offiziers betrieben wurde. Während der gewählte Präsident sich dem Ansinnen, Oleksy zum Rücktritt zu zwingen, widersetzte, verließ Wałęsa mit einem weiteren Affront die politische Bühne: Er bewegte den Außenminister Bartoszewski und den Innenminister Milczanowski zum Rücktritt. Die Vereidigung des Präsidenten Kwaśniewski am 23. Dezember 1995 fand in Abwesenheit Wałęsas statt. Damit war die Affäre noch nicht beendet, denn die rechtsgerichtete Presse übte einen starken Druck auf Oleksy aus, der schließlich am 24. Januar 1996 zurücktrat. Nach weiteren Untersuchungen stürzten die Anschuldigungen in sich zusammen und beschränkten sich letztlich darauf, Oleksy habe mit seinem russischen Wohnungsnachbarn und KGB-Agenten freundschaftliche Kontakte gepflegt; die Vorwürfe, er habe ihm auch geheimes Material übergeben, wurden nie belegt.

Präsident Kwaśniewski berief am 31. Januar 1996 Włodzimierz Cimoszewicz zum Ministerpräsidenten, der sein Kabinett eigenständig und ohne Beachtung des Präsidentenvorbehalts zusammenstellen konnte. Angesichts des fortdauernden Streites der Koalitionsparteien genoss die Regierung in der Bevölkerung nur wenig Ansehen. Die Parteien stritten über die Steuersätze, über eine Milderung in der Frage der Abtreibung, über Subventionen für die Bauern; Minister wurden ohne Konsultation des kleineren Koalitionspartners entlassen oder traten zurück. In der Frage, ob die unrentablen Bauernhöfe zu größeren Einheiten zusammenzulegen seien, kam es fast zum Bruch der Koalition, weil die PSL darin die Interessen ihrer Klientel berührt sah. Die Reformen der Wirtschaft gingen derweil weiter und stellten der Regierung kein ungünstiges Zeugnis aus. Die Industrieproduktion wuchs 1996 um 8,5 %, der Außenhandel florierte, und das Bruttoinlandsprodukt stieg um 6 %, während die Inflation auf 18,5 % gedrückt werden konnte. Das durchschnittliche Einkommen erhöhte sich, und die Arbeitslosigkeit ging zurück. Einen Einbruch in diese positive Entwicklung verursachte im Sommer 1997 eine große Überschwemmung; die Kritik an den schlecht koordinierten Hilfsmaßnahmen trafen auch den Regierungschef. Über die Frage von Vorschusszahlungen an die Bauern beantragte die PSL sogar ein Misstrauensvotum gegen Cimoszewicz, das aber vom Sejm am 28. September 1997 abgelehnt wurde. Der Bevölkerung konnte ein solches Verhalten der Koalitionsparteien nicht mehr vermittelt werden. Dazu trat der öffentliche Streit mit der Kirche über die Aufnahme der Note des Religionsunterrichts in die Schulzeugnisse und die Frage des Schwangerschaftsabbruchs. Auch die Vergangenheit war noch nicht in Vergessenheit geraten, denn der Streit über die Verantwortung für die Ausrufung des Kriegszustandes 1981 und für die Opfer ging in der Öffentlichkeit weiter und beschäftigte selbst die Gerichte. Nicht erledigt war auch die Frage des Konkordates mit dem Vatikan, denn die Ministerpräsidentin Suchocka hatte den Vertrag 1993 ohne Beteiligung des Sejm unterzeichnet. Nach acht Jahren Beratung konnte jedoch das Projekt einer neuen Verfassung abgeschlossen und der Bevölkerung am 25. Mai 1997 zur Abstimmung vorgelegt werden. Bei einer Wahlbeteiligung von nur 42,8 % war strittig, ob die dabei erreichte einfache Mehrheit der Befürworter ausreichend oder die absolute Mehrheit der Wahlberechtigten erforderlich sei. Erst das Oberste Gericht entschied diese Frage, und Präsident Kwaśniewski setzte die Verfassung durch seine Unterschrift in Kraft.

Die Verfassung definiert die Dritte Republik als parlamentarischen Rechtsstaat, der die Gewaltenteilung beachtet, die Grund- und Menschenrechte garantiert und die soziale Marktwirtschaft festschreibt. Der Einfluss des Präsidenten auf die »präsidialen« Minister ist begrenzt; sein Veto gegen Gesetze kann mit einer Dreifünftelmehrheit zurückgewiesen werden, statt wie zuvor mit einer Zweidrittelmehrheit. Das Verfassungsgericht ist gestärkt, und seine Entscheidungen können nicht mehr vom Sejm aufgehoben werden. Parteien mit faschistischer oder kommunistischer Programmatik sind verboten. Die Kirchen und Religionsgemeinschaften sind rechtlich gleich und geschützt. Besonders diese Bestimmung, die der katholischen Kirche keine Sonderstellung einräumte, war hart umkämpft, wobei sich der Sender »Radio Maryja« dazu verstieg, die Verfassung als nationales Unglück zu diffamieren. Mit dieser Verfassung hat Polen die Reste der kommunistischen Vergangenheit abgestreift und zugleich in die Zukunft gegriffen, denn die Möglichkeit einer Übertragung von Souveränitätsrechten an übernationale Organisationen ist bereits berücksichtigt.

Die steten Angriffe der Presse im Wahlkampf auf die Postkommunisten zeigten Wirkung in der Bevölkerung. Nach langen Bemühungen gelang dem Gewerkschaftsvorsitzenden Marian Krzaklewski eine Sammlung von etwa 30 Gruppierungen der Rechten, die der Kirche nahe standen, unter der Bezeichnung »Wahlaktion Solidarität« (*Akcja Wyborcza »Solidarność«, AWS*). Die Wahl zum Sejm und Senat vom 21. September 1997 brachte dem Linksbündnis bei einer Wahlbeteiligung von nur 48% zwar einen leichten Zuwachs auf 27% der Stimmen, Gewinner war jedoch die »Wahlaktion Solidarität«, die mit 38,83% 202 Mandate von 460 im Sejm errang. Zusammen mit der Freiheitsunion kam sie damit auf über 56% der Mandate. Im Senat erreichte sie mit 51 Sitzen von 100 sogar die absolute Mehrheit. Dieses Zahlenverhältnis suggerierte klare Mehrheitsverhältnisse, da die Zahl der parlamentarischen Klubs auf fünf (zuzüglich zwei Abgordnete der deutschen Minderheit) zusammengeschrumpft war; indes banden die Klubs viele unterschiedliche Interessengruppen nur lose zusammen, bei der AWS besonders gewerkschaftlich organisierte Gruppen, die für ihre jeweilige Klientel mit populistischen Argumenten Vorteile herausholen wollten. Die Regierungsbildung gestaltete sich daher langwierig, weil Krzaklewski keine Verantwortung in der Regierung übernehmen wollte und im Hintergrund die Fäden zog. Erst am 31. Oktober 1997 wurde mit dem protestantischen Chemieprofessor aus Schlesien Jerzy Buzek (* 1940) ein Überraschungskandidat zum Regierungschef gewählt. Als Vizepremier und Finanzminister kehrte der unermüdliche Kämpfer für Reformen, Leszek Balcerowicz, in die Verantwortung zurück; Außenminister wurde der angesehene Historiker und alte Streiter für die Solidarność Bronisław Geremek.

Die Regierung stand in Opposition zum Präsidenten Kwaśniewski, und erst nach einigen Zusammenstößen erweichte sich die starre Front. Durch umfangreiche Neubesetzungen in der Administration versuchte die Koalition, den Einfluss der Postkommunisten zu begrenzen. Bis Ende Januar 1998 waren zwei Drittel der Wojewoden ausgewechselt, und auch auf niederer Ebene hatte ein großes Revirement und eine Stellenvermehrung stattgefunden.

Dies erhöhte zwar die Kosten für die Verwaltung, brachte mit vielen jungen und gut ausgebildeten Personen jedoch frischen Wind in die Politik. Die Regierung wollte ein breites Reformprogramm in den Bereichen Verwaltung, Versicherungen, Gesundheitswesen und Bildung durchsetzen. Ziel der Reformen war es, den Einfluss des Staates in diesen Bereichen zu vermindern, Elemente der Selbstverwaltung einzuführen und die Kosten aus dem Staatsbudget auf die Gesellschaft zu übertragen. Die Opposition kritisierte das Tempo und die zu erwartenden Kosten.

Die Verwaltungsreform gestaltete das bislang zentral verwaltete Land gründlich um. An die Stelle der 1975 eingeführten 49 Wojewodschaften sollten – nach einem z. T. erbittert geführten Streit in der Öffentlichkeit – 16 treten; neu eingeführt wurde die Ebene von 64 Stadtkreisen (*powiaty grodskie, miasta*) und 208 Landkreisen (*powiaty ziemskie*), die 2489 Gemeinden (*gminy*) organisierten. Auf jeder Ebene sollten Vertreter gewählt und eine eigene Verwaltung begründet werden. Die Beratungen erfolgten unter reger Beteiligung der Bevölkerung, weil viele ehemalige Sitze von Wojewoden nun zu Kreisstädten »degradiert« wurden oder regionale Empfindlichkeiten zu berücksichtigen waren (Kattowitz/Katowice, Oppeln/Opole). Dennoch lag die Wahlbeteiligung am 11. Oktober 1998 für alle drei Ebenen unter 50 %. Der Streit zwischen den Parteien, insbesondere zwischen der Wahlaktion und den Postkommunisten, reichte damit bis auf die Gemeindeebene, machte Koalitionen schwierig, führte aber auch zu einer langsamen Annäherung. Die Verwaltungsreform trat zum 1. Januar 1999 in Kraft. Kritiker verwiesen auf die hohen Kosten und die Vermehrung des Personals, die damit verbunden waren, fanden aber nur selten Lob für den Gewinn an Demokratisierung der verkrusteten zentralistischen Struktur des Landes.

Eine große Erregung verursachte die Ablösung des bisherigen Systems staatlicher Gesundheitsfürsorge durch die

Einführung von Krankenkassen und individueller Arztwahl. Hier war jeder Bürger direkt betroffen, und dies umso mehr, als das für 1999 vorgesehene Budget bereits nach dem ersten Quartal ausgeschöpft war; Streiks von Ärzten und Krankenschwestern auf der einen, hohe Belastungen der Patienten oder Verschuldung der Krankenhäuser auf der anderen Seite waren das Ergebnis. Im April folgte eine radikale Reform der bis dahin staatlich festgesetzten Renten durch Einführung von beitragsgestützten Renten. Auch hier war die Notwendigkeit der Reform klar, aber die hastige Art der Beratungen weckte Widerspruch, die unzureichende Finanzierung machte Zusatzzahlungen notwendig, und die Bevölkerung konnte kaum damit beruhigt werden, dass in der Zukunft Besserung zu erwarten sei. Die Reform des Bildungswesens im September 1999 fiel mit dem Rückgang der Schülerzahlen zusammen. Das dreistufige Schulsystem wurde in die Verantwortung der Gemeinden gegeben, wobei die Finanzierung für ärmere Gemeinden eine hohe Last bedeutete. Von den Lehrern erwartete man die Bereitschaft zur Weiterbildung, stellte aber nicht die dafür notwendigen Gelder bereit und erhöhte auch nicht die niedrigen Gehälter. Die Regierung Buzek forcierte die Privatisierung der staatlichen Betriebe, reorganisierte den Bergbau und erhob den Anspruch, in besonderem Maße eine Regierung der Reformen zu sein.

Dem entsprach aber weder ihr innerer Zusammenhalt noch ihre äußere Erscheinung. Wegen vormaliger Kontakte zu den Sicherheitsorganen kam es zum Streit um deren Aufdeckung und Bewertung (*lustracja*) und zur Entlassung des »starken Mannes« der AWS, des Innenministers Tomaszewski. Die Kritik betraf insbesondere den Ministerpräsidenten, dem die Presse Führungsschwäche und Unfähigkeit vorwarf, zwischen Ökonomie und sozialer Sicherheit der Bevölkerung ein Gleichgewicht herzustellen. Während die Koalition zur Mitte der Legislaturperiode den Fonds an Gemeinsamkeiten verbraucht hatte, festigte sich das Linksbündnis im Sommer 1999 zur »Sozialdemokratie der Republik Polen« (*Socjaldemokracja Rzeczypospolitej Polski, SRP*) und gewann in der Öffentlichkeit an Zustimmung. Die Regierungskoalition zerbrach im Juni 2000 durch das Ausscheiden der Freiheitsunion. Buzek führte nun ein Minderheitskabinett, dem die Freiheitsunion durch Zustimmung zum Staatshaushalt ein Überleben bis zur nächsten Sejmwahl zusicherte. Die Freiheitsunion rutschte damit aus der öffentlichen Wahrnehmung und wurde auch politisch unbedeutend, als Balcerowicz im Dezember die Nachfolge der Leiterin der Zentralbank Hanna Gronkiewicz-Waltz antrat, die einem Ruf nach Brüssel folgte.

Die erste Quittung für den fortgesetzten Streit und den Postenschacher erhielt die AWS bei der Präsidentenwahl im Oktober 2000. Ihr Kandidat Krzaklewski, den die Öffentlichkeit für das schlechte Erscheinungsbild und die Deformation der Regierung verantwortlich machte, wurde mit 15,6 % der abgegebenen Stimmen nur Dritter, hinter dem unabhängigen ehemaligen Außenminister Olechowski mit 17,3 %. Trotz starker Opposition, die durch die Kirche unterstützt wurde, erlangte der Amtsinhaber Kwaśniewski bereits im ersten Wahlgang mit 53,9 % die absolute Mehrheit und seine Bestätigung.

Angesichts der desolaten Lage der Regierung, die durch innere Zerstrittenheit, Korruptionsaffären und eine heraufziehende Wirtschaftskrise gekennzeichnet war, änderte sich im Laufe des Jahres 2001 die Parteienlandschaft, die sich durch eine Fluktuation von Gruppen und nicht durch ein klassisches Schema von Rechts-Mitte-Links auszeichnete. Aus dem Wahlbündnis der AWS, die eine Kombination von betont polnischen nationalklerikalen und gewerkschaftlichen Positionen vertrat, war die »Wahlaktion Solidarität der Rechten« (*Akcja Wyborcza Solidarność Prawicy, AWSP*) entstanden. Verschiedene Gruppierungen der Freiheitsunion (UW), die zu einer Professorenpartei geworden war, und der AWS schlossen sich zur lose organisierten, linkskonservativen Bewegung »Bürgerplattform« (*Platforma obywatelska, PO*) unter Olechowski und zur populistisch-antikommunistischen Bewegung »Recht und Gerechtigkeit« (*Prawo i Sprawiedliwość, PiS*) unter dem Justizminister Lech Kaczyński zusammen. Auf der äußersten Rechten war die »Liga Polnischer Familien« (*Liga Polskich Rodzin, LPR*) unter Jan Olszewski als loser Zusammenschluss zahlreicher Grüppchen aus dem Erbe der Solidarność entstanden, die sich durch antikommunistische, antideutsche und antisemitische Parolen hervortat und von Teilen des Episkopats und »Radio Maryja« unterstützt wurde. Als Vertreterin radikaler Bauerninteressen hatte die »Selbstverteidigung« (*Samoobrona, SO*) des populistischen Bauernführers Andrzej Lepper von sich reden gemacht, die 1999 durch gewalttätige Straßenblockaden, durch ihre Ablehnung der Globalisierung, der Marktwirtschaft, der Nato und des Beitritts zur Europäischen Union aufgefallen war.

Die abgewirtschaftete Regierung Buzek hatte nach den Umfragen mit ihrer Niederlage bei den Wahlen vom 23. September 2001 gerechnet; das tatsächliche Ergebnis übertraf jedoch alle Befürchtungen. Die Politikverdrossenheit der Bürger äußerte sich in der niedrigen Wahlbeteiligung von 46,28 % der Wahlberechtigten. Das Ergebnis für die bisherigen Regierungsparteien war verheerend, denn weder die AWS noch die Freiheitsunion schafften den Einzug in den Sejm. Sieger war das Linksbündnis SLD-UP, das mit 41,04 % jedoch die absolute Mehrheit verfehlte. Die »Bürgerplattform« kam mit 12,68 % auf den zweiten Platz; die »Selbstverteidigung« wurde mit 10,2 % überraschend Dritter; »Recht und Gerechtigkeit« erhielt 9,5 %, die Bauernpartei PSL knapp 9 %, und die »Liga Polnischer Familien« erlangte 7,9 % der Stimmen. Die deutsche Minderheit war mit einem Abgeordneten vertreten. Im Senat erlangte das Linksbündnis 75 der 100 Mandate. Die

Regierungsbildung fiel dem Führer des linken Wahlbündnisses, Leszek Miller (*1946), zu, der sich von einem »Mann Moskaus an der Weichsel« und Mitglieds des Politbüro der PZPR zu einem pragmatischen und lernwilligen Politiker gewandelt hatte. In der auf 15 Minister verkleinerten Regierung entfielen auf die PSL als Koalitionspartner drei Ressorts.

Die Lage der Wirtschaft hatte sich in der zweiten Hälfte der neunziger Jahre spürbar gebessert; die Inflationsrate 1999 betrug nur noch 8,5 %; die Steigerung des Bruttoinlandsprodukts war zwar von 7 % im Jahre 1995 auf 5,1 % im Jahre 1999 zurückgegangen, war aber immer noch im Durchschnitt die höchste in Europa. Große Fortschritte hatte das Land mit der Entstaatlichung und der Transformation in eine demokratische Gesellschaft gemacht. Die großen Strukturprobleme waren jedoch noch nicht gelöst. Die Großindustrie war gegenüber der ausländischen Konkurrenz chancenlos, und Investitionen flossen nur langsam. Auch prestigeträchtige Betriebe, wie die Danziger Werft, mussten geschlossen werden oder verloren, wie Ursus in Warschau, bei der Umstellung der Produktion einen großen Teil ihrer Arbeiter. Die polnische Waffenindustrie war vollkommen zum Erliegen gekommen. Hauptcrux war die Landwirtschaft. Mit einem Viertel der Erwerbstätigen erwirtschaftete sie nur 6 % des Bruttoinlandsproduktes. Die Staatsbetriebe im Osten und Norden des Landes waren praktisch pleite und wurden nur mit Subventionen notdürftig über Wasser gehalten; die Kleinbauern konnten ihre Produkte kaum verkaufen und waren verarmt. Die Landflucht der Jugend brachte sie um ihre Zukunft. Große Probleme waren mit der Privatisierung verbunden, weil manche Betriebe fast ohne Gegenleistung in neuen Besitz übergingen. Die Frage der Reprivatisierung, also die Rückgabe an die vormals enteigneten Besitzer oder ihre Erben, schuf unlösbare Konflikte. Während die Kirche einen großen Teil ihres Besitzes erstattet erhalten hatte, war dies für Deutsche und Juden unmöglich oder politisch unerwünscht. Eine Gesellschaft, die an eine gesellschaftliche Nivellierung gewöhnt gewesen war, erlebte die Entstehung einer großen Disparität im Wohlstand. Wenige Reiche, die von der Transformation profitiert hatten, zeigten ihren Wohlstand offen und ungeniert. Ein neuer Mittelstand war im Entstehen, der aus dem Handel und dem Handwerk herauswuchs. Polnische Kleinhändler mit rot-weiß-blauen Plastiktaschen waren ein gewohnter Anblick nicht nur auf den »Polenmärkten«. Ihnen stand die große Masse der Verlierer gegenüber, besonders die Rentner und die Alten. Bettler waren eine neue Erscheinung in den polnischen Straßen.

Einen Bedeutungswandel erlebte auch die katholische Kirche. Ihren größten Einfluss hatte sie in der Zeit der Solidarność erreicht, und mit den zahlreichen Reisen des Papstes in seine Heimat hatte sie eine Heerschau von Millionen von Gläubigen und Demonstranten vorgeführt. Dem entsprach jedoch nicht mehr ihr wirklicher Einfluss auf die Bevölkerung. Besonders die Jugend wehrte sich gegen Eingriffe in ihre Freiheiten, wie die Kampagnen um den Schwangerschaftsabbruch gezeigt hatten. Der Staat verstand sich als laizistisch und wertete die Kirche als eine gesellschaftliche Kraft unter anderen in einer pluralistischen Gesellschaft. Die Versuche des Episkopats, sich dem Wertewandel einer sich modernisierenden Gesellschaft entgegenzustellen, hatten immer weniger Erfolg. Dennoch bedeutete die Kirche viel für die Unzufriedenen, die Verlierer und Ängstlichen, über die die Entwicklung hinwegging. »Wahlempfehlungen« der Geistlichen waren noch selbstverständlich. Eine Randerscheinung der Kirche mit großem Einfluss war »Radio Maryja« unter Leitung des Geistlichen Dr. Tadeusz Rydzyk; in der rückwärtsgewandten Orientierung an einer heilen Welt leistete er Lebenshilfe und verkörperte die Sehnsucht nach der Vergangenheit.

Vieles hatte sich ja bereits geändert, anderes war in raschem Wandel begriffen. Die Arbeiter hatten ihre ideologisch begründete Privilegierung verloren; ihre Streiks erregten keine politischen Stürme mehr. Zu viele Arbeitslose warteten nur auf ihre neue Chance und senkten die Streikbereitschaft. Der Rang der Bergleute war mit der Schließung der unrentablen Zechen dahin. Dafür erregte der Erwerbssinn Misstrauen, wenn etwa die Ärzte aus dem verordneten Gesundheitssystem drängten. Die Gesellschaft Polens schwankte zwischen dem Gefühl des Verlustes, das sich in einer hohen Selbstmordrate widerspiegelte, und des Aufbruchs, den die meisten Medien vermittelten. Andere Faktoren, die allgemein die europäischen Gesellschaften charakterisieren, betrafen auch Polen. Die Bevölkerungszahl hatte im Jahre 1990 den Höchstwert 38 Millionen erreicht; sie war im Rückgang begriffen, denn der Geburtenzuwachs fiel bis 1999 auf 1,58 Promille. Die Jugendarbeitslosigkeit war hoch; 1995 waren 37% der jungen Leute zwischen 24 und 37 Jahren davon betroffen. Kriminalität und Drogenkonsum waren gestiegen und verstärkten das allgemeine Gefühl der Unsicherheit in der Bevölkerung. Die Umbenennung von Straßen und Plätzen, von denen viele nach mehreren Varianten zum alten »Piłsudski« zurückkehrten, vermittelten ein Gefühl der Fremdheit in der vertrauten Umgebung. Polen war von weitaus mehr als ›nur‹ von einer Umstellung der Wirtschaft betroffen.

Die Regierung Buzek hatte viele Reformen angestoßen, aber Kritik daran einzustecken gehabt, dass vieles wenig durchdacht oder zu hastig eingeführt worden war. Umfragen hatten vor der Wahl ergeben, dass die Bevölkerung die wirtschaftliche Entwicklung als schlecht eingeschätzt hatte. Rund 70% der Menschen sparten an den Ausgaben für Lebensmittel, und 45% beklagten, dass die Einkünfte zum Leben nicht ausreichten. 54% der Polen lebten unterhalb des sozialen Minimums; 20% der Haushalte mussten mit weniger als 200 Złoty auskommen, umgerechnet 25 Euro. Die Arbeitslosigkeit lag erneut bei 16 %, und ihr Anstieg wurde befürchtet, wobei 80 % der Arbeitslosen keinen Anspruch auf irgendwelche Unterstützung besaßen.

Erfolge hatte die dritte Polnische Republik in der Entwicklung ihrer Beziehungen zu allen Nachbarn und in ihrer Stellung in Europa. Trotz allem innenpolitischen Streit herrschte in der Außenpolitik Kontinuität und Konsens aller Parteien in den Zielen: Abkehr von der verordneten Ostbindung und Hinwendung nach »Europa«. Das erste Ziel war gebunden an den Zusammenbruch aller Volksdemokratien im Jahre 1989, der ihnen de facto die Souveränität zurückgab. Das neue Selbstbewusstsein prägte auch den Umgang mit der Sowjetunion, als Mazowiecki bei seinem Antrittsbesuch in Moskau im November 1989 auf Gleichberechtigung und Nichteinmischung bestand. Als nach dem Zerfall der Sowjetunion der Warschauer Pakt am 1. April 1991 formell aufgelöst worden war, blieb nur noch der Abzug der russischen Truppen zu regeln. In den langwierigen Verhandlungen versuchte Moskau Einfluss auf die geplante Westintegration zu nehmen und die Ausdehnung der Nato nach Osten zu verhindern, was jedoch misslang. Das Gros der russischen Truppen verließ im Oktober 1992 das Land, der Rest am 54. Jahrestag des sowjetischen Einmarsches in Ostpolen, am 17. September 1993.

Das neue Polen war sich seiner geographischen Lage und der in der Vergangenheit oft belasteten Beziehungen zu den (nach dem Auseinanderfall der Tschechoslowakei nunmehr sieben) Nachbarn bewusst und bereit, über alte Tabus hinwegzugehen. Dies betraf zunächst die Beziehungen zu Deutschland. Es kann geradezu als symbolisch für die deutsch-polnischen Beziehungen gelten, dass der Bundeskanzler Kohl am Tage des Falls der Berliner Mauer am

9. November 1989 in Polen weilte und seinen Aufenthalt dort für einen Tag unterbrach. In einer gemeinsamen Erklärung wurden die Grundlagen für ein neues Verhältnis gelegt. Auch wenn Polen an den »Zwei-plus-Vier-Verhandlungen« nicht beteiligt war, so blieb die Regelung der Grenzfrage die Voraussetzung für die Wiedervereinigung der beiden deutschen Staaten. Am 14. November 1990 unterzeichneten die Außenminister beider Staaten den deutsch-polnischen Grenzvertrag, in dem die Oder-Neiße-Grenze als endgültig anerkannt wurde; ein quälend langer Streit war damit zu Ende gegangen, und der Ausspruch des polnischen Außenministers Skubiszewski konnte nun in praktische Politik umgesetzt werden: »Polens Weg nach Europa führt über Deutschland«. Am 17. Juni 1991 wurde der »Vertrag zwischen der Bundesrepublik Deutschland und der Republik Polen über gute Nachbarschaft und freundschaftliche Zusammenarbeit« unterzeichnet, der das gegenseitige Verhältnis im Sinne einer »Wertegemeinschaft« und einer »Interessengemeinschaft« umfassend regeln sollte. Vorgesehen wurden regelmäßige Konsultationen der Regierungen, Abstimmungen bei Bedrohung und Hilfe bei Katastrophen, Förderung von Partnerschaften und grenzüberschreitender Raumordnungen, Unterstützung in Fragen der Landwirtschaft, des Kreditwesens und der sozialen Sicherungssysteme, Beförderung der Kommunikationssysteme und des Transportes und der Reisen, ein Kulturaustausch und vieles mehr.

Ein besonderer Punkt war die Anerkennung einer deutschen Minderheit in Polen, die nicht nur Menschen deutscher Muttersprache umfasst, sondern auch solche Personen, die »sich zur deutschen Sprache, Kultur oder Tradition bekennen«. Dies betraf insbesondere Oberschlesien, wo sich rasch deutsche »Freundeskreise« bildeten, die sich auch in der Politik artikulierten und nach der ersten freien Wahl vier Vertreter in den Sejm entsenden konnten. In der

Volksrepublik war stets geleugnet worden, dass es eine deutsche Minderheit überhaupt gebe; nunmehr erkannte Polen ihre Existenz an, auch wenn die Zahl von rund 500 000 Personen umstritten war.

Es folgten weitere Abkommen zur Erleichterung des Grenzverkehrs (1992), zur Zusammenarbeit im militärischen Bereich (1993), zur Regelung bei illegaler Einreise (1993) und zur Kooperation bei Umweltproblemen (1994) oder Katastrophen (1997). Über die Grenze hinweg ging ein reger Handelsverkehr, der die Menschen in Kontakt brachte, aber auch zu zahlreichen Missverständnissen und Konflikten führte. Ein deutsch-polnisches Jugendwerk nach dem Muster des deutsch-französischen sollte für die Zukunft ein besseres gegenseitiges Verständnis fördern. Grenzüberschreitende Kooperation wurde auch in den »Euroregionen« geübt oder in der »Viadrina-Universität« in Frankfurt (Oder) praktiziert. Das bilaterale Verhältnis blieb jedoch asymmetrisch, da die gegenseitige Wahrnehmung des jeweiligen Nachbarn immer noch durch Vorurteile geprägt war, die nur allmählich durch eine bessere Kenntnis abgebaut werden können. Auf der Ebene der hohen Politik trat Deutschland als Fürsprecher für Polen auf, um dessen Weg in die europäischen Institutionen zu erleichtern. Gemeinsame militärische Übungen mit den Dänen und politische Konsultationen mit Frankreich konnten über die bilateralen Beziehungen hinaus Polen fester an seinen westlichen Nachbarn binden.

Die Beziehungen zu Russland (in der Exklave Kaliningrad/Königsberg), Litauen, Weißrussland (Belarus) und zur Ukraine waren historisch in ähnlicher Weise belastet wie zu Deutschland, und auch hier hat Polen die Brückenfunktion des Landes akzeptiert. Verträge über gute Nachbarschaft legten die Basis für die Regelung der Stellung der polnischen Minderheit in diesen Staaten; Fragen der Migration in das »westliche« Polen wurden geregelt, und

Polen trat aus eigenem Interesse dafür ein, die »Ostgrenze Europas« durchlässig zu halten.

Die vollständige Integration Polens in die militärischen und die politischen Institutionen Westeuropas war das Ziel der polnischen Außenpolitik. Mit dem Beitritt zur Nato im März 1999 wurde das erste erreicht; nach dem Assoziierungsvertrag von 1994 liefen seit 1998 Verhandlungen mit Vertretern der Europäischen Union, die dazu führten, dass Polen die Beitrittsbedingungen erfüllte und die entsprechenden Verordnungen in innerstaatliches Recht überführte. Dies war ein mühsamer Prozess und verlief nicht ohne Probleme, was dazu führte, dass mehrfach der Termin eines Beitritts in die Zukunft verschoben worden ist. Diese Verzögerung hat in Polen die Begeisterung für Europa abgeschwächt. Versuche, durch regionale Zusammenschlüsse der Transformationsstaaten eine bessere Position gegenüber der Europäischen Union zu erhalten (Visegrád-Staaten: Polen, Ungarn, Tschechien und Slowakei), blieben nur auf dem Papier. Der »Weg nach Europa« war als Ziel aber ohne Alternative, auch wenn im Lande manchmal das Ausmaß der dadurch bedingten Veränderungen unklar war oder Angst erzeugte.

Polen in der Europäischen Union

Epochenüberblick

Zum ersten Mal seit Jahrhunderten ist Polen im 21. Jahrhundert fast ausschließlich von Staaten umgeben, mit denen keine ernsthaften Konflikte bestehen.

Hauptgegner waren in der Vergangenheit die beiden großen Nachbarn im Osten und Westen, Russland und Deutschland, und dies besonders, wenn sie gemeinsame Interessen auf Kosten Polens verbanden. Eine gemeinsame Grenze mit der Russländischen Föderation findet sich nur noch im nördlichen Teil des alten Ostpreußens, als russische Exklave Kaliningrad. Aus einem erträglichen Nebeneinander ist durch die russische Expansion in die Ukraine ein eingeschränkter Grenzverkehr geworden. Mit Deutschland ist durch die gemeinsame Zugehörigkeit zur Europäischen Union und gemeinsames Interesse an einer Überwindung vergangener Gegensätze und Feindseligkeiten eine Kooperation entstanden, die zwar durch gelegentliche Irritationen – begründet durch innenpolitische Gegensätze – gestört werden kann, aber im kleinen Grenzverkehr und in vielfältiger Zusammenarbeit eine neue solide Basis erhalten hat. Mit Litauen verbindet Polen eine reiche gemeinsame Geschichte; gegenwärtig gibt es nur noch kleine Probleme mit Klagen sprachlicher Minderheiten an den Grenzen. Weißrussland ist hingegen als enger Partner Moskaus die unerfreuliche Ausnahme einer sonst angenehmen Außensicht, denn angesichts von dessen Förderung einer illegalen Immigration von Flüchtlingen nach Westeuropa ist Polen zum Grenzwächter der EU geworden. Mit der Ukraine hat Polen eine langjährige gemeinsame Geschichte, wobei Warschau – wie auf der anderen Seite Moskau – die nationalen Interessen der Ukrainer lange nicht gewürdigt hat. Blutige Konflikte im Weltkrieg und in der Zeit danach haben das Verhältnis lange belastet, bis der russische Überfall auf die Ukraine eine beispiellose Welle der Sympathie und Hilfsbereitschaft ausgelöst hat, die nur gelegentlich durch Interessenkonflikte (Landwirtschaft) gestört wird. Mit der Slowakei und der Tschechischen Republik gibt es keine sichtbaren Probleme mehr, im Unterschied zur ersten Hälfte des 20. Jahrhunderts.

Versuche einer eigenständigen Politik innerhalb der EU, die eine Konkurrenz zur Orientierung auf das »Weimarer Dreieck« (Frankreich, Deutschland und Polen) hätte bedeuten können, sind im Fall des Visegráder Abkommens (Polen, Ungarn, Slowakei und Tschechien) ohne sichtbaren Erfolg geblieben und im Fall der »Drei-Meere-Initiative« (von Finnland bis Bulgarien) gescheitert. Polen hat gute Chancen, durch seine wirtschaftlichen Erfolge den Abstand zu Deutschland und Frankreich zu verringern und die vergleichbaren Partner Italien und Spanien zu überholen.

Bemerkenswert ist, dass der grenzüberschreitende Verkehr von Waren und Menschen das Gefühl der Zusammengehörigkeit der Völker (West-)Europas geweckt hat, was im Widerspruch steht zu der Politik der Abgrenzung nach dem Ersten und der Spaltung nach dem Zweiten Weltkrieg. Dies mag ein Hinweis darauf sein, dass der Prozess des Zusammenwachsens – über den ökonomischen, militärischen und kulturellen Bereich hinaus – auch das Denken und Leben der Menschen dauerhaft prägen wird.

Polen zwischen liberaler und illiberaler Demokratie

2002	12./13. Dezember: Antrag Polens auf Aufnahme in die Europäische Union in Kopenhagen angenommen
2003	7./8. Juni: Referendum zum Beitritt zur EU
2004	1. Mai: Aufnahme Polens in die EU
	2. Mai: Ministerpräsident Marek Belka
2005	2. April: Tod von Johannes Paul II.
	25. September: Wahl zum Sejm und Senat
	31. Oktober: Ministerpräsident Kazimierz Marcinkiewicz
	23. Dezember: Staatspräsident Lech Kaczyński
2006	14. Juli: Ministerpräsident Jarosław Kaczyński
2007	21. Oktober: Wahl zum Sejm und Senat
	16. November: Ministerpräsident Donald Tusk
2010	10. April: Staatspräsident Lech Kaczyński stirbt bei einem Flugzeugabsturz bei Smolensk
	6. August: Staatspräsident Bronisław Komorowski
2011	Wahlen zum Sejm und Senat
2014	22. September: Ministerpräsidentin Ewa Kopacz
	1. Dezember: Donald Tusk Präsident des Europäischen Rates
2015	6. August: Staatspräsident Andrzej Duda
	25. Oktober: Wahl zum Sejm und Senat
	16. November: Ministerpräsidentin Beata Szydło
2017	11. Dezember: Ministerpräsident Mateusz Morawiecki
2019	Wahl zum Sejm und Senat
2023	Wahl zum Sejm und Senat
	13. Dezember: Ministerpräsident Donald Tusk

Wie die anderen Länder des ehemaligen sowjetischen Machtbereichs stand auch die Republik Polen unter einer doppelten Herausforderung: Zum einen musste die Transformation in die Marktwirtschaft vollzogen werden, die zugleich die Annäherung an die Europäische Union bedeutete, zum anderen die Last der kommunistischen Vergangenheit bewältigt werden. Dies bedeutete eine Orientierung der Politik auf die Vergangenheit und auf die Zukunft, bei der die Probleme der Gegenwart manchmal zu kurz zu kommen schienen. Dabei wuchsen diese Probleme mit jedem Gesetz und jeder Veränderung, die den Gewinnern der Entwicklung die Verlierer entgegenstellte, dadurch den Riss in der Gesellschaft vertiefte und die politischen Parteien auseinandertrieb.

Das Ziel, den Anschluss an Europa durch den Beitritt zur politischen Union zu erreichen, erforderte gewaltige Kraftanstrengungen, denn mit der Übernahme des *acquis communautaire*, den Gesetzen und Vorschriften der Union in nationales Recht, war mehr als nur die Übersetzung einer ungeheueren Menge an Papieren (rund 80000 Seiten an Rechtsgut) verbunden. Nationales Recht wurde damit dem internationalen untergeordnet, was den Abschied von der nationalen Souveränität bedeutete; zwar brachte diese Umstellung in vielen Feldern eine Modernisierung, im Parteienstreit ließ sich dies jedoch leicht als ein Ausverkauf nationaler Interessen darstellen, zumal wenn die eigene Wählerklientel dem Veränderungsdruck nicht gewachsen war. Zum anderen musste Polen gegenüber den Partnern die Reformwilligkeit und die Reformfähigkeit unter Beweis stellen, um den erhofften Beitritt zu erlangen; damit war es aber in erhöhtem Maße der Beobachtung und der Kritik von außen unterworfen, was ebenfalls Widerspruch erregen konnte. Setzt man diese politische Stresssituation in das Umfeld einer Parteienlandschaft in Gärung, mit Politikern ohne ausreichende Erfahrung, in eine Gesellschaft mit wachsenden inneren Spannungen und großer Unsicherheit gegenüber einer unbekannten, in vielem furchterregenden Zukunft, dann erklärt sich manches der besonderen Entwicklung Polens vor und nach der Entscheidung zum Beitritt zur Europäischen Union.

Die Regierung des Ministerpräsidenten Leszek Miller war zunächst in einer komfortablen Position, da auch der Staatspräsident Kwaśniewski der postkommunistischen Richtung angehörte. Miller hatte als Mitglied des Zentralkomitees und des Politbüros der PZPR hohe Ämter der Partei bekleidet; aber in Polen hatten sich die »Kommunisten« weniger durch ein Bekenntnis zur Ideologie, als durch Machtwillen und einen technokratischen Pragmatismus ausgezeichnet. Von daher war der Weg in die neue Zeit nicht weit, und Miller hat auch durch Intensivkurse der englischen Sprache den Willen zur Anpassung unter Beweis gestellt. Dennoch holte ihn die Vergangenheit rasch ein, weniger wegen eigener Fehler als vielmehr wegen des Drucks der alten Eliten, die diese günstige Situation nutzen wollten, um bedeutsame Positionen in Staat und Wirtschaft zu sichern, zu gewinnen oder auszubauen. Die Politik des dicken Strichs unter die kommunistische Vergangenheit, die Mazowiecki mit dem Ziel der Befriedung der Gesellschaft verkündet hatte, erwies sich nun als Nachteil, denn eine Abrechnung mit Fehlern und Verbrechen der Kommunisten war damit verhindert worden. Alte Seilschaften, besonders aus dem Kreis der Geheimdienste, machten sich bemerkbar oder wurden durch die Presse entlarvt, was das Ansehen der Regierung beschädigte, bis im Jahre 2004 die Zustimmung zur Regierung weniger als 10 % betrug.

Die wachsende Erregung der Gesellschaft hatte verschiedene Gründe. Die Parteien, die die gesellschaftlichen Interessen umzusetzen hatten, waren in steter Veränderung und entsprachen nur wenig dem im Westen vertrauten Schema. Selbst die Begriffe »rechts, bürgerlich, konservativ« und »links, modernisierend und sozial orientiert« trafen nicht zu. Dazu kamen die Abrechnung mit der Vergangenheit einzelner Politiker und persönliche Eitelkeiten, die unabhängig von der jeweiligen Grundorientierung das Bild verwirrten. Populistische Parolen waren von rechts und links in wachsender Radikalität zu vernehmen, um die jeweiligen Wähler anzusprechen, ohne die Frage der Realisierbarkeit ihrer Ziele oder der gesamtgesellschaftlichen Auswirkung zu beantworten. Die Wirtschaft entwickelte sich zwar nach eigenen Gesetzen und abseits der Politik, überließ die Verlierer aber der Politik und damit vielfach der Hoffnungslosigkeit. Dies wiederum weckte den Streit um die Werte der Gesellschaft, indem einerseits traditionale Denkweisen propagiert wurden, andererseits eine rasche Umstellung auf die neuen Bedingungen gefordert wurde. Dadurch eskalierten die Kontroversen, und grundsätzliche Probleme, wie die Frage der Abtreibung, der sexuellen Orientierung von Homosexuellen oder die Bedeutung der Religion, schließlich die Bewahrung der »polnischen« Identität, entwickelten eine Eigendynamik, die eine politische Lösung, und das heißt eine Vermittlung zwischen extremen Positionen, unmöglich machte. Die Parteien, besser gesagt die Parteiführer ohne organisierten Anhang, schürten diese Entwicklung und profitierten von ihr, so dass die Fragen der Innenpolitik, dann auch der Außenpolitik nur noch instrumental im Sinne der persönlichen Macht gesehen wurden.

Polen hatte große Anstrengungen unternommen und die Auflagen weitgehend erfüllt, so dass die zukünftigen Partner in der Europäischen Union auf der Konferenz der Staats- und Regierungschefs in Kopenhagen am 12./13. Dezember 2002 seinen Antrag auf Aufnahme in die Union, ferner diejenigen weiterer Staaten in ähnlicher Lage, annahmen. Angesichts der inneren Situation und der wirtschaftlichen Lage war dies keineswegs selbstverständlich gewesen, und einige schlechte Daten waren durch die Fürsprache besonders der Bundesrepublik Deutschland wohlwollend beurteilt worden. Dafür hatte Polen aber Einschränkungen seiner möglichen Rechte in Kauf nehmen müssen, wie beispielsweise die Frage der Freizügigkeit von Arbeitnehmern, die wegen deutscher Befürchtungen auf sieben Jahre ausgesetzt wurde, sowie die Streckung der Agrarsubventionen, die erst 2013 die volle Höhe erreichen sollten. Große Bedeutung gewann auch die Frage der Anzahl der Stimmen für die einzelnen Länder im Rat der Kommission, die in der Konferenz von Nizza (7./9. Dezember 2000) für die kleineren Länder vorteilhaft festgelegt worden war, was Polen dem wesentlich größeren Deutschland fast gleichgestellt hätte; nun sollte dieses Verfahren nach der »doppelten Mehrheit« (Bevölkerungszahl des jeweiligen Landes und Mehrheit der abstimmenden Länder) abgeändert werden. Dazu trat die Frage der geplanten europäischen Verfassung, über die in einigen Ländern durch Volksabstimmungen entschieden werden sollte. Die polnische Zustimmung zu diesen Ergebnissen und »Kompromisse« in einigen Fragen wurden der Regierung in Teilen der polnischen Presse als »Nachgeben« und »Verrat polnischer Interessen« zur Last gelegt. Das weitere Verfahren sah vor, dass die polnischen Wähler in einem Referendum diese Bedingungen zum Beitritt zu billigen hatten, wobei neben der Mehrheit der Abstimmenden auch die Mehrheit der Wahlberechtigten zu gewinnen war. Letzteres konnte angesichts der notorisch geringen Wahlbeteiligung in Polen zum Problem werden.

Der Kampf um das Referendum entwickelte sich zu einem vorgezogenen Wahlkampf. Dabei standen den Linksparteien, die die Regierung stützten, die verschiedenen Gruppen aus der Tradition der *Solidarność* gegenüber. Diese Gruppierungen der »Rechten« umfassten die »Bürgerplattform« (*Platforma obywatelska, PO*) unter Leitung von Donald Tusk, die Partei »Recht und Gerechtigkeit« (*Prawo i sprawiedliwość, PiS*) der Zwillingsbrüder Jarosław und Lech Kaczyński, sowie die extreme Partei der Bauern »Selbstverteidigung« (*Samoobrona*) unter Andrzej Lepper und die nationalkatholische »Liga der polnischen Familien« (*Liga polskich rodzin, LPR*) unter Roman Giertych. Dass einige Personen dabei die Partei wechselten – wie Jan Maria Rokita, als Erfinder des Slogans

»Nizza oder den Tod« von der *PiS* zur *PO* –, machte die Übersicht über die Fronten nicht leichter. Der Kampf um die Abstimmung wurde mit aller Härte, viel Polemik und persönlicher Verunglimpfung geführt. Papst Johannes Paul II. musste selbst eingreifen, um den schwankenden Episkopat wenigstens zur Duldung einer europafreundlichen Entscheidung zu bewegen; die Polemik des Senders »Radio Maryja« wurde dadurch aber kaum aufgewogen.

Zur großen Erleichterung der Beitrittsbefürworter entschieden sich die Polen am 7./8. Juni 2003 mit 77,45 % für die Annahme des Referendums, und mit fast 59 % der Wahlberechtigten wurde auch die zweite Hürde genommen. Es zeigte sich, dass die Bevölkerung des Landes in dieser Frage wesentlich weiter war, als der Streit der Politiker hatte vermuten lassen. Am 1. Mai 2004 wurde Polen, zusammen mit den anderen Kandidaten, in die Europäische Union mit nunmehr 27 Mitgliedern aufgenommen. Einen Tag später trat der Ministerpräsident Miller zurück und wurde durch Marek Belka (geb. 1952) ersetzt, der als Berater des Präsidenten und zweifacher Finanzminister als Parteiloser dem linken Lager zugerechnet wurde. Deshalb unterlag er auch in einer ersten Abstimmung im Sejm am 14. Mai und konnte erst im Oktober in einem zweiten Votum die Zustimmung des Parlamentes erlangen.

Für den Herbst 2005 standen die Wahl des Präsidenten und der Abgeordneten für den Sejm und den Senat an. Da die Aussichten der »Postkommunisten«, die sich im Wahlbündnis *LiD* (*Lewica i demokraci*, »Linke und Demokraten«) zusammengeschlosse hatten, stetig sanken und im demokratischen Polen zuvor keine regierende Partei in einer Wahl sich erneut hatte durchsetzen können, war ein Sieg der »Rechten« zu erwarten, was jedoch nicht deren Zusammenhalt förderte, sondern in einen erbitterten Streit der führenden Personen um die jeweilige Wählerklientel einmündete. Hintergrund dafür bildeten die sozialen Verhältnisse des Landes, dessen Bevölkerung tief gespalten war. Während die Stadtbevölkerung, die jungen, gut ausgebildeten und flexiblen Wähler, zumal jene in den westlichen Landesteilen, die Wendung zum Westen begrüßten, befand sich die andere Hälfte des Landes in einem erschreckenden Zustand. Die Renten waren zu niedrig und verurteilten ihre Bezieher zu einer Randexistenz in der Gesellschaft. Die Kleinbauern im Osten Polens erwirtschafteten kaum das Existenzminimum und erwarteten von der Europäischen Union mit der Einfuhr westlicher Waren den endgültigen Ruin. Eine Arbeitslosigkeit von etwa 20% der erwerbsfähigen Bevölkerung, die für die Jugend mit fast 50% anzugeben ist, die Frühverrentung von Invaliden und Arbeitslosen belasteten die Sozialkassen bereits ohne jede Reform und beschnitten die Möglichkeiten zu Zukunftsinvestitionen. Die Interessen dieses zurückgebliebenen Teiles der Gesellschaft vertraten die Oppositionsparteien mit verteilten Rollen: Die *PiS* versprach soziale Reformen, eine generelle Sanierung des Landes nach den Prinzipien von Gerechtigkeit und Wahrhaftigkeit, schließlich eine Abrechnung mit der *komuna* und die Begründung einer neuen »IV. Republik«, ohne über die damit verbundenen Kosten zu sprechen; ein besonderer Aspekt wurde die Haltung zu den großen Nachbarn Russland und Deutschland, denen gegenüber die »polnischen nationalen Interessen« selbstbewusst durchgesetzt werden sollten. *Samoobrona* unter Leitung des manchmal rüpelhaften Lepper organisierte die Instinkte der verzweifelten Kleinbauern, die er zu Massendemonstrationen anstachelte. Die »Liga der polnischen Familien« unterstützte »Radio Maryja« in der Verurteilung aller »unpolnischen« Neuerungen. Da auch die gemäßigtere »Plattform« in diesen Chor einstimmte, fanden sich die Oppositionsparteien zwar in der Negation der gegenwärtigen Entwicklung einig, nicht jedoch in einem positiven Programm.

Für die Präsidentenwahl kandidierten neben dem aussichtslosen Kandidaten der Linksparteien für die Bürgerplattform deren Vorsitzender Donald Tusk (geb. 1957), der aus einer kaschubischen Familie im Danziger Hinterland stammte, und der Juraprofessor Lech Kaczyński (geb. 1949), der nach einer Karriere im Umkreis des früheren Präsidenten Wałęsa zum Bürgermeister von Warschau aufgestiegen war. Der Wahlkampf wurde von der *PiS* mit allen Mitteln der Medien geführt, um die Gefühle der Wähler zu manipulieren; man schreckte auch vor nachweislich falschen Aussagen nicht zurück, indem Tusk der angeblich »freiwillige« Dienst seines Vaters in der deutschen Wehrmacht vorgeworfen wurde, obwohl dieser daraus desertiert war und im polnischen Untergrund gekämpft hatte. Unter diesen Umständen siegte Lech Kaczyński in der Stichwahl mit 54 %, bei einer Wahlbeteiligung von 51 %. Sein Bruder Jarosław, der als der strategische Kopf der Zwillinge galt, hielt sich im Hintergrund, um die Wahlchancen seiner Partei für den Sejm nicht zu gefährden. In der Wahl am 25. September 2005 mit einer Wahlbeteiligung von nur 40,57 % errang seine Partei fast 27 % der Stimmen und 155 Sitze im Parlament; ihr folgte die *PO* mit 24 % und 133 Sitzen; die *Samoobrona* hatte 11 % (56 Sitze) und die *LPR* 8 % (34 Sitze) erreicht; zur Mitte rechnete sich auch die Bauernpartei von Pawlak *PSL* mit 7 % und 25 Sitzen, während die Linken mit 11 % und 55 Sitzen weit abgeschlagen waren. Da nach dem harten Wahlkampf ein Zusammengehen von *PiS* und *PO* ausgeschlossen war, brachte Jarosław Kaczyński ein Regierungsbündnis mit den beiden anderen bisherigen Oppositionsparteien zusammen und überließ seinem bis dahin unbekannten Vertrauten Kazimierz Marcinkiewicz (geb. 1959) die Führung der Regierung (31. Oktober 2005), der Lepper und Giertych als stellvertretende Ministerpräsidenten angehörten. Polen war damit in einer einmaligen Lage, die scheinbar Stabilität versprach, da die führenden

Persönlichkeiten als Zwillinge einander eng verbunden waren und ein Programm verkündeten, das Polen nur Gutes zu bringen versprach.

In der Wahl hatte die *Polska B* gesiegt: das Land gegen die Stadt, der Osten gegen den Westen, die Älteren gegen die Jugend, die Enttäuschten und Verunsicherten gegen die Gewinner der Umstellung. Dennoch spielten in den folgenden Auseinandersetzungen nicht wirtschaftliche Fragen eine besondere Rolle, sondern moralische. Nicht eine Analyse der Probleme und sachliche Überlegungen zu deren Behebung standen nach dem Wahlsieg der *PiS* im Zentrum der öffentlichen Auseinandersetzung, sondern Vorwürfe wegen einer Verschwörung (besonders mit Blick auf die Geheimdienste), des Verrats nationaler Interessen, generelles Misstrauen gegen Politiker, politische Institutionen und kritische Vertreter der Medien, schließlich die Abrechnung mit der Vergangenheit, die mit der *lustracja* (»Durchleuchtung«) einerseits mit undifferenzierten Namenslisten möglicher Belasteter, andererseits mit oft unbelegten Andeutungen geführt wurde. Als der Ministerpräsident Marcinkiewicz größeres Selbstbewusstsein zeigte und an Beliebtheit gewann, löste Jarosław Kaczyński ihn in diesem Amt ab (10. Juni 2006), so dass die höchsten Staatsämter in den Händen der Zwillinge vereint waren. Polen geriet in der »Kaczyński-Ära« in einen Zustand der Dauererregung, die durch populistische Äußerungen in einer teilweise vulgären Sprache geschürt wurde. Die Propagierung von Feindbildern – gegen Homosexuelle, Freimaurer, Feministinnen und »Feinde Polens«, was ein versteckter Antisemitimus war, wie sich in der Diskussion um Jedwabne zeigte, wo eine polnische Dorfbevölkerung im Krieg die örtlichen Juden ermordet hatte – gipfelte in einem Angriff auf das »ganze System« (*układ*), das durch einen Elitewechsel und die »Vierte Republik« abgelöst werden sollte. Als deren Ziel galt ein »solidarisches Polen«, katholisch, antielitär, idealistisch, aber auch mit modernen Zügen, weil man die Geldtöpfe der Europäischen Union durchaus nutzen wollte.

Die Regierungskoalition erzeugte zwar ihre eigene Realität, traf aber in einigen Punkten durchaus Probleme, wenn etwa die Verstrickung von katholischen Geistlichen in die Geheimdienstaktivitäten aufgedeckt wurde, was zum Rücktritt des designierten Erzbischofs von Warschau Stanisław Wielgus (7. Januar 2007) führte. Zuvor hatte die Anteilnahme der Bevölkerung an der Krankheit und am Tod von Papst Johannes Paul II. (2. April 2005) der Kirche noch einmal zu einem ungeheuren Ansehen verholfen, das sein »deutscher« Nachfolger Benedikt XVI. trotz breiter Zustimmung in der Bevölkerung nicht aufwiegen konnte. Der zur Schau gestellte Idealismus der Brüder Kaczyński, die in der Öffentlichkeit als Personen mürrisch, empfindlich bei Kritik und teilweise weltfremd wirkten, korrespondierte mit einem brutalen Vorgehen gegen Kritiker und führte zu zahlreichen personellen Umbesetzungen in Behörden und den Medien (Radio und Fernsehen). Noch mehr erregten die Koalitionspartner Unwillen in der Öffentlichkeit, wenn etwa der Erziehungsminister Roman Giertych die Literaturliste für Schüler »reinigte« oder eine katholisch-nationale Geschichtspolitik forderte, die die polnische Geschichte zwischen Heroismus und Märtyrologie ansiedelte. Als schließlich die *Samoobrona* mit Fällen von Korruption und mit sexuellen Übergriffen in Verbindung gebracht wurde, entließ Jarosław Kaczyński seinen Agrarminister Lepper, was im Sommer 2007 die Koalition sprengte und Neuwahlen zum Sejm notwendig machte. Die Regierungszeit der *PiS* hatte zu einer Polarisierung der polnischen Gesellschaft geführt, aber auch verkrustete Strukturen aufgebrochen und insbesondere die Aufmerksamkeit auf die zurückgebliebene Hälfte des Landes der *Polska B* gelenkt.

Die Reife der polnischen Gesellschaft hatte sich in dieser Zeit darin gezeigt, dass die Wirtschaft auch ohne staatliche Lenkung florierte. Die Rezession, die unter der Regierung Miller zu einem Rückgang der Produktivität geführt hatte, war einem neuen Aufschwung gewichen, der Polen zwischen 2002 und 2005 ein Wachstum der Exporte um 23 % einbrachte. Die Zahlen der Arbeitslosen waren von 20 % auf 15 % gefallen, wobei zu bemerken ist, dass darin infolge der hohen Arbeitsemigration und der verbreiteten Schwarzarbeit eine erhebliche Dunkelziffer steckte. Selbst viele Bauern spürten eine allmähliche Besserung ihrer Lage, sei es durch einen unverhofft guten Absatz ihrer Produkte auf dem Markt, sei es durch direkte Beihilfen aus Brüssel zu Strukturmaßnahmen. Dies verbarg aber die Tatsache, dass etwa ein Viertel der Landbevölkerung an diesem Aufschwung keinen Anteil hatte. Die Arbeitsemigranten, deren Zahl auf 1,5 Millionen geschätzt wurde und die zeitweilig oder auf Dauer besonders in Deutschland, Großbritannien, Irland und Belgien Arbeit fanden, hatten mittlerweile aber eine Verknappung von Fachkräften im Lande selbst verursacht, so dass Baumaßnahmen oder Neugründungen darunter litten. Mangelnde Investitionen waren insbesondere im Verkehrssystem, im Gesundheitswesen und in der Bildungspolitik festzustellen. Die Bürokratie, die oft genug für Korruption anfällig war, hemmte manche Investition, so wie die Unübersichtlichkeit der Verfahren das Abrufen der zugesagten Gelder aus Brüssel verzögerte. Ein besonderes Problem war die Energiepolitik, die als Bestandteil der Außenpolitik gesehen wurde.

Die Außenpolitik der Kaczyński-Zeit muss als Instrument der Innenpolitik gesehen werden, in ihrer positiven wie negativen Auswirkung. Grundsätzlich war die neue Elite der *PiS* ohne Auslandserfahrung und darauf auch noch stolz. Ihre positive Ausrichtung kann in ihrer Orientierung auf die USA gesehen werden, wohin ein großer Auftrag zur Lieferung von F 16 Jagdflugzeugen gegangen war, wie Polen auch uneingeschränkt die Irak-Politik des Präsidenten Bush befürwortete und eigene Truppen dorthin entsandte (2003). Sentimentale Erinnerungen an frühere Kontakte zu Amerika spielten darin ebenso eine Rolle, wie der Versuch, sich als »das neue Europa« vor einer zu engen Bindung an die Europäische Union zu bewahren. Während die Haltung gegenüber Brüssel ambivalent blieb, d. h. die Vorteile eingefordert und zugleich die »polnischen Interessen« hartnäckig gegen die Wünsche der anderen verteidigt wurden, war die Einstellung gegenüber Russland und Deutschland durch die Vergangenheit belastet. Grundsätzlich unterstellte man beiden Nachbarn eine Großmachtpolitik, die Missachtung Polens und seiner Leidensgeschichte, wie sich in der Außenpolitik des Bundeskanzlers Schröder, seiner persönlichen Beziehung zum russischen Präsidenten Putin und seiner Vereinbarung einer direkten Gaspipeline zwischen Russland und Deutschland durch die Ostsee leicht belegen ließ. Polen sah darin sowohl seine Sicherheitsinteressen der Energieversorgung bedroht, wie seine Würde verletzt. Russland konnte den negativen Eindruck seiner Politik durch Importbeschränkungen von Nahrungsmitteln aus Polen bekräftigen, während das Verhältnis zum deutschen Nachbarn durch die Vergangenheit belastet wurde. Die polnische Regierung sah in der Bundesrepublik eine generelle Wende der Geschichtsauffassung, die die Deutschen am Ende des Weltkrieges eher als Opfer, denn als für den ganzen Krieg verantwortliche Täter darstellte. Die Diskussionen über ein »Denkmal gegen Vertreibungen« in Berlin, in denen Erika Steinbach als der Vorsitzenden des Bundes der Vertriebenen und Abgeordneten des Bundestages für die CDU ein ungebührlich hoher Stellenwert zugesprochen wurde, und mehr noch das Auftreten eines eingetragenen Vereins mit dem irreführenden Namen »Preußische Treuhand«, der Forderungen auf Rückgabe von Eigentum vertriebener Deutscher über den europäischen Gerichtshof einklagen wollte, waren quälend und boten sich für Missdeutungen an. Alle deutschen Regierungen hatten solche Ansprüche zwar wiederholt verneint, aber einen Vertrag darüber mit Polen abgelehnt, um Schadensansprüchen der Betroffenen an die Bundesrepublik auszuweichen. Weil die polnische Regierung in der Frage der europäischen Verfassung einen Kurs der Ablehnung verfolgte, der von der Mehrheit der Bevölkerung jedoch nicht mitgetragen wurde, festigte sie in den Beratungen über die Stimmverteilung in der Union im Frühjahr 2007 ihren Ruf als Querulantin, als die polnische Delegation unter Leitung des Staatspräsidenten schließlich allein gegen alle Partner stand. Der Argwohn als Prinzip der Innenpolitik war auf die Außenpolitik übertragen worden, was dann als Vertretung polnischer Interessen ausgegeben wurde, aber selbst in Polen oft nur Kopfschütteln auslöste.

Mit dem Scheitern der Regierung unter Jarosław Kaczyński waren Neuwahlen unausweichlich geworden. Erneut brach ein heftiger Wahlkampf aus, dessen Polemik aber diesmal auf die Stimmung im Lande kaum Auswirkungen hatte. Zu sehr hatten sich die Vorstellungen der *PiS* zur »Sanierung« Polens angesichts zahlreicher Skandale als hohl und heuchlerisch entlarvt, konnten spektakuläre Aktionen gegen einzelne Kritiker Zweifel an der rechtsstaatlichen Gesinnung wecken, und überhaupt war bei den Gegnern der *PiS* der Wunsch geweckt worden, den Ruf der Republik Polen nach innen und außen wiederherzustellen. Den Vorsprung in der öffentlichen Meinung konnte Donald Tusk als Kandidat der »Bürgerplattform« in einem Fernsehduell mit dem Ministerpräsidenten festigen und ausbauen. Die Wahl am 21. Oktober 2007 brachte einen doppelten Erfolg: Die Wahlbeteiligung war mit fast 54 % höher als bei allen vorherigen Wahlen und zeigte das gewachsene Verantwortungsgefühl der polnischen Bürger für ihren Staat, dem man sich nicht mehr wie früher einfach ausgeliefert sah; in manchen Stimmbezirken mussten

Stimmzettel nachgeliefert und die Abstimmungsdauer verlängert werden. Auch das Wahlergebnis zeigte die Stabilisierung der politischen Lage. Nur vier Parteien und ein Abgeordneter der deutschen Minderheit schafften den Sprung in den Sejm. Die *PO* erreichte mit 41,5 % der Stimmen 209 Sitze, die Bauernpartei *PSL* mit 8,9 % 31 Sitze, so dass beide für eine gemeinsame Regierung über eine Mehrheit von 240 Sitzen der 460 der Kammer insgesamt verfügten. Abgeschlagen waren die *PiS* mit 32,1 % der Stimmen und 166 Abgeordneten und das Wahlbündnis der Linken *LiD* mit 13,2 % und 53 Sitzen im Sejm. Im politisch wenig bedeutenden Senat waren die *PO* mit 60, die *PiS* mit 39 neben einem parteilosen Kandidaten vertreten. Obwohl es zuvor Stimmen gegeben hatte, die von einem hinhaltenden Widerstand des Staatpräsidenten ausgegangen waren, beauftragte Lech Kaczyński den Wahlsieger Donald Tusk mit der Bildung einer Regierung, die er am 16. November 2007 in Abwesenheit seines Bruders vereidigte. In der achtzehnköpfigen Regierung war der kleinere Partner mit drei Ministern vertreten, wobei der Parteiführer der *PSL* Waldemar Pawlak das Wirtschaftsministerium übernommen hatte; auffällig war die hohe Zahl von sechs parteilosen Ministern, die zeigte, dass der vierzehnte Regierungschef der Polnischen Republik die enge Parteifixierung seines Vorgängers aufbrechen wollte; gegen den parteilosen Radosław Sikorski als Außenminister hatte der Staatspräsident bis zuletzt – wenn auch vergeblich – Einwände vorgebracht.

Ausschlaggebend für den Wahlausgang waren die Befürworter der Transformation gewesen: Die jungen Wähler, die Stadtbewohner, die Bevölkerung der westlichen Gebiete, bei denen die Propaganda gegen die »deutsche Gefahr« nicht gewirkt hatte, weil sie die Nachbarschaft angenommen und die Grenzen durch zahlreiche Aktionen längst überbrückt hatte. Polen hatte damit nach der »Ära Kaczyński« die Chance zu einem Neuanfang erhalten, der die Modernisierung und Öffnung fortzusetzen versprach; aber Polen hatte sich in der Zwischenzeit auch verändert.

Zwar bestand noch immer eine Arbeitslosigkeit von 15%, aber die Tendenz war positiv, denn zuvor waren es noch 20% gewesen. Investitionen von ausländischen Firmen machten sich allmählich bemerkbar, so dass Polen in den Krisenjahren 2007/2009 als einziges Land der Europäischen Union eine positive Zahlungsbilanz aufweisen konnte. Andere Probleme blieben ebenfalls belastend: Für die junge Generation waren die Perspektiven noch schlecht, und zeitweilige oder dauerhafte Aufenthalte im Ausland waren kein begrüßenswerter Ausweg. Dazu traten die Korruption im Lande, die schleppende Verwaltungsarbeit und die Armut der agrarisch geprägten östlichen Gebiete der Republik. Größere Reformen – wie z.B. des Rentensystems oder die Vorbereitung der Einführung des Euros – wurden durch das Veto des Staatspräsidenten Lech Kaczyński in der Regierungszeit von Tusk 18-mal blockiert, so dass der Eindruck entstehen konnte, er wolle die Oppositionspolitik seines Bruders Jarosław massiv unterstützen. Dessen Einfluss auf die Öffentlichkeit wurde auch durch die katholische Kirche, besonders durch den Sender Radio Maryja des Redemptoristenpaters Rydzyk, aufrechterhalten, und zwar sowohl auf der Ebene der Seelsorge für die Hörer von Radio Maryja als auch politisch durch den Einfluss des überwiegenden Teils des Episkopats. Die Regierung konnte unter diesen Umständen nur wenige grundsätzliche Reformen im Sejm durchbringen und musste daher manche weitergehende Hoffnung ihrer Wähler enttäuschen.

Wie stark die Vergangenheit die Entwicklung in Polen bestimmte, zeigte sich im Frühjahr 2010 in einer Staatskrise. Eines der Hauptprobleme im Verhältnis zu Russland war die Ermordung von zahlreichen polnischen Offizieren im April 1940 in Katyń gewesen, und für den 70. Jahrestag 2010 waren besondere Feierlichkeiten geplant. Ministerpräsident Tusk traf den damaligen russischen Ministerpräsidenten Vladimir Putin zu einer Trauerfeier in Katyn, bei der Putin zum ersten Mal öffentlich die russische Schuld an dem Massaker bekannte. Der polnische Staatspräsident Lech Kaczyński setzte demgegenüber eine eigene Reise an den Erinnerungsort durch, die er wenige Tage später, am 10. April 2010, mit hochrangigen Vertretern der polnischen Politik, Wirtschaft, Kirche und des Militärs antrat. Beim Anflug auf Smolensk – einen Flugplatz ca. 20 Kilometer vom Zielort entfernt – stürzte das Flugzeug ab und alle 94 Insassen kamen ums Leben. Schnell entstand ein innenpolitischer Streit um die Ursache und die Verantwortung. Die russische Seite äußerte zwar Betroffenheit und Mitgefühl und wirkte an der Aufklärung mit, wie das Unglück zu erklären war. Es handelte sich wohl um eine Verquickung von objektiven Ursachen (Nebel und mangelhafter Ausstattung des Flugplatzes) mit möglichem Fehlverhalten der polnischen Piloten (und deren Vorgesetzten) sowie der russischen Fluglotsen. Dennoch weitete sich der Unglücksfall zu einer Krise sowohl der außenpolitischen Beziehungen zu Russland wie der polnischen Innenpolitik aus. Während Lech Kaczyński und seine Ehefrau Maria mit der Beisetzung im Wawel in Krakau eine besondere Auszeichnung erhielten, wuchsen die Diskussionen im Land zu einem unerquicklichen Streit um Verdächtigungen und Verschwörungsmythen an, der die Öffentlichkeit noch Jahre in Atem hielt.

Als Nachfolger des verstorbenen Staatspräsidenten wurde sein Stellvertreter Bronisław Komorowski aus der Bürgerplattform gewählt, und damit begann eine Zeit der ruhigen Zusammenarbeit von Regierung und Staatspräsidenten, die Polens Ansehen bald verbesserte. Dazu trug auch die Austragung der Fußballeuropameisterschaft der Männer – zusammen mit der Ukraine – im Jahre 2012 bei, weil die großen Anstrengungen im Ausbau der Infrastruktur (Autobahnen und Straße, Stadien) neben dem Ereignis selbst der Bevölkerung zugutekamen. Auf der europäischen Ebene war Polen mit dem Vorsitz im Europarat in der zweiten Jahreshälfte 2011 eine respektable Leistung gelungen, von der der Ruf des Landes nach der Kaczyński-Zeit profitierte. Diesem positiven Eindruck stand aber in zunehmendem Maße das Erscheinungsbild der Regierung in der Öffentlichkeit entgegen.

Nach der euroskeptischen Politik der Regierung unter Jarosław Kaczyński, die der positiven Bewertung der Union durch die Bevölkerung widersprochen hatte, war Tusk an einer Einbindung Polens in die internationale Solidarität in der EU und der NATO interessiert. Dies setzte eine vertrauensvolle Zusammenarbeit mit Deutschland voraus, das zum größten Handelspartner aufgestiegen war, aber auch ein gutes persönliches Einvernehmen des polnischen Premiers mit der deutschen Bundeskanzlerin Angela Merkel. Polen rückte in den Jahren der Regierung von Donald Tusk auf Augenhöhe zu den großen Staaten der Union auf, was nicht bedeutete, dass Polen seine Interessen und Bedürfnisse vernachlässigt hätte, wie die *PiS*-Opposition hartnäckig und lautstark behauptete. Dass diese Stimmungsmache im Lande für die Opposition erfolgreich war, zeigte sich an der Reaktion auf die einzige größere Reform, die die Regierung versucht hatte, nämlich die Anhebung des Renteneintrittsalters in Stufen auf 67 Jahre bis 2040. Das traf einen wunden Punkt in der alternden polnischen Gesellschaft, was von der *PiS* sofort ausgenutzt wurde. Eine Vereinheitlichung der Renten war überhaupt problematisch, da verschiedene Berufsgruppen aus der Zeit der Volksrepublik Privilegien und gesellschaftliches Ansehen besaßen (z.B. die Bergleute und die Polizei), die ihnen energisch verteidigte materielle Vorteile eingebracht hatten.

Auf der anderen Seite war die Jugend mit der Entwicklung der Gesellschaft zunehmend unzufrieden. Trotz guter Ausbildung und Kenntnissen der modernen Informationsmedien konnten Absolventen nur schwer in den Arbeitsmarkt gelangen und anstelle von befristeten Arbeitsverträgen feste Anstellungen erhalten, die ein selbstgestaltetes Leben ermöglicht hätten. Angesichts ihrer Verdammung zu »Nesthäkchen« in der Wohnung der Eltern nahm die Frustration und Distanz zu den politischen Parteien zu, die ihre Interessen nicht vertreten konnten oder wollten. Es wuchs das Gefühl, abgehängt zu sein, was die Präferenz für die populistischen Versprechen der *PiS* ansteigen ließ oder zur Wahlenthaltung führen konnte; die nächste Wahl drohte ein Protest gegen »alte Männer« zu werden.

Unter diesen Umständen war es ein Nachteil für die Regierungsparteien, dass Tusk 2014 zum Präsidenten des Europäischen Rates gewählt worden war (Amtsantritt 1. Dezember 2014). Die für Polen ehrenvolle Berufung führte den unbestritten führenden Kopf der Regierung ins ferne Brüssel und brachte die bis dahin wenig bekannte Marschallin des Sejm, Ewa Kopacz, ins Amt der Ministerpräsidentin, die nun den Attacken der *PiS* ausgesetzt war. Der innenpolitische Streit drehte sich um Korruptionsvorwürfe, Anschuldigungen ohne Begründung und Affären wegen abgehörter Gespräche in Restaurants, durch die Mitglieder der Regierung belastet wurden. Im Vorfeld der Wahlen von 2015 hatte sich eine Schlammschlacht entwickelt, in der die *PiS* in ihrer programmatischen Entschlossenheit Abhilfe und Unterstützung für die sozial und kulturell benachteiligten Wähler versprach.

Die Wahlen zum Staatspräsidenten und zum Sejm sollten Polen einen grundlegenden Umschwung in der Innen- und Außenpolitik bringen. Die Wahlgänge fanden am 10. und 24. Mai 2015 statt, und der allgemein beliebte bisherige Amtsinhaber Bronisław Komorowski war der Favorit, dem schon im ersten Wahlgang der Sieg zugetraut wurde. Ein Kandidat, der als Rockmusiker nicht zum politischen Establishment gehörte – Pawel Kukiz – nahm Komorowski aber so viele Stimmen – gerade der jungen Generation – ab, dass der Kandidat der *PiS* – Andrzej Duda – die

Mehrheit erreichte (Duda 34,76 %, Komorowski 22,77 %, Kukiz 20,8 %, bei einer Wahlbeteiligung von 48 %). In der Stichwahl vom 24. Mai erreichte Duda 51,55 % der Stimmen, sein Konkurrent 48,96 %. Bei einer Wahlbeteiligung von 55,34 % zeigte sich das Land mehrfach gespalten: zwischen den beiden großen politischen Parteien, zwischen den Generationen und in der Stimmenverteilung nach den Regionen. Eine imaginäre Linie zwischen Oberschlesien und der nördlichen Grenze zu Litauen teilte Polen in zwei Hälften: Im östlichen Teil war die Wahlbeteiligung etwas höher als im westlichen, und dies brachte dem 43-jährigen Kandidaten der *PiS* nach einem aggressiven Wahlkampf einen knappen Vorsprung. Für die kommende Politik war ein Kurswechsel im Sinne einer konservativ-nationalen und euroskeptischen Ausrichtung zu erwarten, mit Härte gegen Russland und Distanz zu Deutschland.

Nach dem Wahlerfolg des *PiS*-Kandidaten Duda war die Prognose für die Wahl zum Sejm und zum Senat am 25. Oktober 2015 schwierig. Einerseits sprachen die guten Wirtschaftsdaten – der Arbeitslosenanteil war auf unter 10 % gesunken – für eine Fortsetzung der Regierungskoalition trotz deren Stolperns über die Affären der jüngsten Zeit. Andererseits erschien die *PiS* geschlossener, aggressiver im Wahlkampf und kühner mit ihren Versprechen sozialer Verbesserungen. Wie gut sie abschnitt, war dennoch eine Überraschung: Die *PiS* erreichte in der Wahl zum Sejm 37,58 % der abgegebenen Stimmen, die Bürgerplattform nur 24,09 %; die anderen Parteien blieben unter 10 % oder fielen wegen der 5 %-Klausel durch das Raster. Entscheidend war aber die Wahlbeteiligung von nur 50,92 %, die dazu führte, dass die *PiS* im Sejm (mit 235 von 460 Sitzen) und im Senat (mit 61 von 100 Sitzen) die absolute Mehrheit erhielt. Diese starke Stellung bedeutete einen Erdrutschsieg und öffnete der Partei den Weg zu umfangreichen Reformen im Sinne ihrer politischen Vorstellungen. Die Sieger vergaßen aber gern die Tatsache, dass wegen der geringen Wahlbeteiligung ihr Wähleranteil an der Zahl der Wahlberechtigten real nur knapp 19% betrug. Wer also nicht zur Wahl gegangen war, hatte de facto für die *PiS* gestimmt, so wie die Mehrheit der Bevölkerung in den östlichen Landesteilen Polens.

Der Wahlausgang bedeutete eine grandiose Rückkehr des Parteiführers Jarosław Kaczyński in die aktive Politik, die er allerdings nicht als Premier gestalten wollte. Aus der zweiten Reihe wählte er die Personen aus, die seine politischen Vorstellungen praktisch umsetzen sollten. Für das Amt der Regierungschefin bestimmte er zunächst seine Stellvertreterin Beata Szydło, ersetzte sie aber im Dezember 2017 durch den Wirtschafts- und Finanzminister Mateusz Morawiecki. Starker Mann und ideologischer Treiber war der Justizminister Zbigniew Ziobro, der zugleich das Amt des Generalstaatsanwaltes ausübte – eine Erblast der Volksrepublik.

Die Zusammenfassung der politischen Macht in der Staatsführung und in der Regierung erlaubte dem Parteiführer, sein Programm konsequent und mit langem Atem durchzusetzen. Dieses Programm betrifft in groben Zügen drei Problemkreise. Zum ersten und als zentraler Punkt stand der »starke Staat« im Vordergrund der Innenpolitik; dies bedeutete die Steigerung des Staatseinflusses in der Wirtschaft, dem Bankwesen, den Medien und eine Kontrolle der Selbstverwaltungsgremien (auf regionaler und kommunaler Ebene). Eines der wichtigsten Ziele war die Beendigung der selbstständigen Stellung der Justiz neben Regierung und Parlament und insbesondere die Unabhängigkeit des Verfassungsgerichtes. In der Außenpolitik lag das Gewicht auf der »Wahrung der polnischen Interessen«, was eine Distanzierung von der europäischen Integration bedeutete und gegen den Einfluss der europäischen Institutionen auf Polen gerichtet war (z.B. die Strafen bei Nichtbeachtung von vertraglichen Regelungen; dies betraf insbesondere die polnische Ablehnung einer

Aufnahme von Flüchtlingen). In der Ökonomie gehörte dazu die Energiepolitik mit der traditionell dominierenden Stellung der Kohle. Drittens stand unter dem Schlagwort des ›guten Wandels‹ (*dobra zmiana*) die Wahrung der polnischen kulturellen Tradition in Zusammenarbeit mit der Katholischen Kirche im Zentrum, was etwa die Ablehnung des Schwangerschaftsabbruchs einschloss; dazu gehörte auch eine Geschichtspolitik, die polnisches Sendungsbewusstsein und Märtyrologie vermischte. In der Sozialpolitik wandte man sich den Problemen der armen und überalterten Bevölkerung zu, denen die Partei durch materielle Zuwendungen und eine moralische Stärkung der traditionellen Familie beikommen wollte. All dies sollte der Machtsicherung der *PiS* dienen, die ihre »Parteisoldaten« an die Schaltstellen des Staates befördern wollte. In vielem erinnerte diese patriarchalische Programmatik an das 19. Jahrhundert.

Einen »starken Staat« zu etablieren bedeutete, die Kontrolle über die wichtigen Institutionen zu gewinnen und selbstständige und unkontrollierbare Einrichtungen oder Bewegungen zurückzudrängen. Dies betraf in Polen mit unterschiedlicher Intensität das Justizwesen, die Medien und die Bildung, die Diplomatie und das Militär; als Verbündete der *PiS* waren Teile der katholischen Kirche zu nennen. In all diesen Bereichen bemühte sich die Partei, Personen auszuwechseln, denen man liberales Denken oder eine Abweichung von der polnischen Tradition unterstellen konnte. Dieses Vorgehen wurde damit gerechtfertigt, dass die liberalen und postkommunistischen Kräfte in Staat und Gesellschaft durch eine neue polnisch-nationale Elite ersetzt werden müssten. In diesem Sinne wurden Amtsträger entlassen, versetzt und in Rente geschickt, deren Stellen entweder neu besetzt oder vakant gelassen wurden. Kritikern zufolge wurde dabei die Loyalität zur *PiS* höher als die Qualifikation gewertet. In anderen Fällen wurde eine Parallelinstitution geschaffen, die – wie beim Museum zum Zweiten Weltkrieg in Danzig – die ursprüngliche moderne Konzeption unter einer neuen Führung in eine nationalpolnische umwandelte.

Am meisten Aufsehen und internationale Reaktionen erregte der Umgang mit der Justiz. In der klassischen Demokratietheorie steht die Judikative als dritte Säule neben der gesetzgebenden (Parlament) und der ausführenden Gewalt (Regierung); dieses fundamentale Prinzip wurde in Polen durch die *PiS* in mehrfacher Weise verletzt. Treibende Kraft war der Justizminister Ziobro, der als Generalstaatsanwalt in seiner Person gewissermaßen zwei Gewalten verkörperte. Die alte Regierung unter Ewa Kopacz hatte vor der Wahl im Sommer 2015 nach dem üblichen Verfahren fünf Nachfolger für Vakanzen im Obersten Verfassungsgericht benannt, aber Staatspräsident Duda hatte die Ernennung und Vereidigung der Kandidaten verweigert. Das neue Kabinett unter Führung der *PiS* benannte nun gleich nach seiner Amtseinführung Personen, die seiner politischen Richtung angehörten, und diese wurden im Eilverfahren berufen und in einer Nachtsitzung des Sejm vereidigt. Diese Vorgehensweise machte deutlich, dass die Mehrheit der Abgeordneten im Sejm die Kontrolle über das Justizwesen übernommen und damit die Regeln des Rechtsstaates verletzt hatte. Weitere Maßnahmen folgten, wie die Bestrafung von Richtern, die sich dem Vorgehen der Regierung widersetzten; die Wahl der Richter wurde der Standesorganisation der qualifizierten Amtsträger entzogen, die als »Kaste« diffamiert wurde. Ein Appell an andere Gerichte war aussichtslos, weil alle denselben Richtlinien folgten.

Neu und vielleicht unerwartet war indes die internationale Reaktion. Die europäischen Partner kritisierten die polnische Entwicklung zu einem autoritären Staat und mahnten die Beachtung der Rechtsstaatlichkeit an, wenn auch mit wenig Erfolg, denn die *PiS*-Vertreter konnten immer darauf verweisen, dass alle Maßnahmen – zumindest im Wortsinn – der polnischen Verfassung entsprachen. Die polnische Regierung beachtete dabei nicht, dass mit dem Beitritt Polens zur Europäischen Union das Gemeinschaftsrecht über dem nationalen stand. Der Rechtsstreit eskalierte zu Verfahren vor dem Europäischen Gerichtshof und führte, als Polen nicht nachgab, zu einer Aussetzung von Geldzahlungen, die zum Ausbau der Infrastruktur im Lande dringend gebraucht wurden.

Die Partei verteidigte die polnischen Interessen in ihrem Verständnis in den jeweiligen Gremien der Europäischen Union kompromisslos. Dies betraf etwa die Energiepolitik, die dadurch bestimmt war, dass Kohle 90 % der Stromversorgung lieferte; nachhaltige »grüne Energie« fand keine politische Unterstützung, und Windräder wurden als Trick der deutschen Industrie diffamiert, die damit Polen »kolonisieren« wolle.

Diese Feststellung weist schon auf die Bedeutung der Außenpolitik für die neue nationale Orientierung hin. Für sehr positiv hielt die Regierung ihr Verhältnis zu den USA und überschätzte damit wohl die Bedeutung Polens. Die Zugehörigkeit Polens zur EU wurde von der Bevölkerung zu über 80 % begrüßt, was die Regierung aber nicht von einer euroskeptischen Einstellung abhielt, die sie angesichts vieler Unstimmigkeiten in Brüssel zu einem schwierigen Partner machte. Aufschlussreich war etwa ihre Weigerung, den Ratsvorsitzenden Tusk für eine zweite Amtszeit zu unterstützen, was allgemein Kopfschütteln hervorrief. In der Politik gegenüber Russland war ein Zwiespalt deutlich, weil man einerseits vor imperialen Ansprüchen warnte und an kommunistische Verbrechen erinnerte, andererseits aber an umfangreichen Kohlelieferungen aus Russland festhielt.

Erdgas aus Russland spielte auf andere Weise eine wichtige Rolle, denn Polen gehörte zu den schärfsten Kritikern des Baus einer Pipeline durch die Ostsee, die russisches Gas unter Vermeidung des Landweges durch die Ukraine direkt nach Deutschland und das westliche Europa leiten sollte. Es war später eine große Genugtuung für die polnischen Politiker, dass diese Warnungen sich als realistischer als die westliche Gutgläubigkeit gegenüber Russland erweisen sollten.

Das Verhältnis zum deutschen Nachbarn war durch die *PiS* rasch belastet worden. Darin spielte das Auftreten von polenfeindlichen Bestrebungen einiger Vertriebenenpolitiker eine Rolle, die ein »Zentrum gegen Vertreibungen«, ein nur mühsam entschärftes Projekt zur Erinnerung an die Bevölkerungsumschichtungen nach Ende des Zweiten Weltkrieges, planten. Später konterte die polnische Seite mit einer Auflistung von durch den deutschen Überfall auf Polen 1939 erlittenen Schäden und stellte exorbitante Forderungen nach Entschädigung, die innenpolitisch motiviert waren und von deutscher Seite abgelehnt wurden.

Ein missglückter polnischer Alleingang war der Versuch, die Staaten zwischen Deutschland und Russland enger zusammenzubinden, was unter dem Stichwort der »3-Meere-Koalition« vom Baltikum im Nordosten bis Bulgarien im Südosten reichen sollte. Dies überdehnte die Möglichkeiten Polens bei weitem, und auch der bescheidenere Versuch einer engeren Bindung der »Visegrád-Staaten« in Ostmitteleuropa hatte nur ein deklamatorisches Ergebnis. Insgesamt hatte die Politik der *PiS* den Status Polens in Europa nicht verbessert, sondern alte Vorurteile über polnische Empfindlichkeiten wiederbelebt, aber auch die Hoffnung blieb erhalten, dass sich die Verhältnisse wieder bessern könnten.

Eine besondere Betrachtung verdient das Verhältnis Polens zur Ukraine, weil Teile jenes Landes jahrhundertelang entweder zum Königreich Polen gehört oder unter dessen Einfluss gestanden hatten. Daraus folgten nicht nur ein polnisches Überlegenheitsgefühl, sondern auch negative Erfahrungen auf beiden Seiten. Im Verlauf des Zweiten Weltkrieges waren viele Polen Opfer von Partisanenüberfällen der Aufständischen-Armee der Ukrainer (UPA) geworden, und nach Kriegsende bedeutete die Zwangsumsiedlung von Polen und Ukrainern neue Gewalt; so wurden Ukrainer aus dem südlichen Polen in der »Aktion Weichsel« an die Westgrenze Polens deportiert. Die Erinnerung an diese Zeit belastete das polnisch-ukrainische Verhältnis, und die *PiS* spitzte diese Kontroverse weiter zu, so dass das mühsam erreichte gute Verhältnis nach dem Ende der sowjetischen Herrschaft und die Ansätze zu einer Politik der »guten Nachbarschaft« mit den Nachfolgestaaten der Sowjetunion aufs Spiel gesetzt wurden.

Polen und die Ukraine hatten aber noch eine andere Gemeinsamkeit, nämlich eine Emigration von Arbeitskräften. Während die Polen nach dem Beitritt zur Europäischen Union in Großbritannien mit über einer Million Immigranten in verschiedenen Berufsgruppen – von medizinischen Fachkräften über Handwerker bis zu Hilfsarbeitern – die größte Gruppe von Arbeitsmigranten bildeten, hatten die vakanten Stellen in Polen eine vergleichbare Zahl (registrierter) Einwanderer aus der Ukraine besetzt, wobei die Dunkelziffer nicht erfasster Personen beträchtlich größer sein dürfte. Nach dem Ausscheiden der Briten aus den europäischen Institutionen wurden viele polnische Arbeitskräfte zum Verlassen des Landes gezwungen, die dann entweder in anderen Ländern Arbeit suchten oder angesichts der guten Konjunktur in die Heimat zurückkehrten.

Eine kräftige Stütze besaß die *PiS*-Regierung in einem großen Teil der polnischen Bischöfe und anderen Personen der katholischen Kirche, wenn auch diese Stützsäule im Laufe der Jahre ins Wanken geraten war. Als 2015 zahlreiche Flüchtlinge nach Europa kamen und die Bitte um Aufnahme der Menschen in vielen Ländern auf Ablehnung und Widerstand stieß, waren viele polnische Bürger von einer eher positiven Einstellung zu Hilfeleistungen auf die *PiS*-Linie umgeschwenkt; nunmehr wollten nur noch 4%

der Polen Flüchtlinge aufnehmen, 57 % dagegen überhaupt keine; für eine sich christlich nennende Nation war dies ein bemerkenswerter Widerspruch. Aus der Kirche waren zwar zaghafte Stimmen mit anderer Meinung zu hören, fanden aber bei den Politikern kein Echo. Dominant war hingegen der Einfluss der Kirche in der Frauenfrage; dies betraf nicht nur die allgemeinen Rechte der Frauen in der Gesellschaft und in der Familie, sondern in ganz besonderem Maße die geltenden Regeln zum Schwangerschaftsabbruch. Noch 1997 hatte das Oberste Verfassungsgericht in dieser Frage einem Kompromiss zugestimmt, aber nach der Bekanntgabe der Pläne von Regierung und Kirche zur Verschärfung der Bedingungen fanden sich im Oktober 2016 Hunderttausende Frauen und Männer auf den Straßen zum Protest zusammen. Nach einer Bedenkpause beschloss dann aber das Verfassungsgericht, das mittlerweile von *PiS*-hörigen Richtern dominiert wurde, dass fast jede Form der Abtreibung von Föten gegen die polnische Verfassung verstoße. Gegen diese Allianz von konservativen Politikern und der polnischen Kirche entstand auf den Straßen eine Massenbewegung, die die Entfremdung zwischen der Kirche und der Öffentlichkeit bezeugte. Auch bei anderen Einstellungen der Menschen zur Sexualität – Homosexualität, Homoehe und andere Formen einer von der Mehrheit abweichenden Genderidentifikation wie LGBT+ (»Lesbian, Gay, Bisexual, Transgender, +«) – war der Einfluss der Kirche auf die Gesellschaft geschwunden.

Dies wurde in einem dritten Komplex von Problemen überdeutlich, nämlich bei Fällen von sexuellem Missbrauch durch Geistliche – bis hin zur höchsten Ebene! –, Pädophilie durch aktive Handlungen oder deren konsequente Vertuschung und Leugnung. Der Vertrauensverlust war dramatisch; zwei Filme in den Jahren 2018 (*Klerus*) und 2019 (*Erzähl es bloß niemandem*) erschütterten Millionen von Zuschauern. Auch prominente Bischöfe wie der Krakauer Erzbischof, Kardinal Stanisław Dziwisz, der langjährige Privatsekretär von Papst Johannes Paul II., gerieten in den Strudel einer Fundamentalkritik. Der Erzbischof von Breslau, Kardinal Henryk Gulbinowicz, verlor alle seine Ämter und Rechte, auch das auf eine Beisetzung in seiner Kathedrale; anderswo, z.B. in Danzig, wurden Denkmäler für vormals hochgeehrte Geistliche gestürzt.

Diese Entwicklung verstärkte einen Trend, der sich schon vorher abgezeichnet hatte, nämlich die Säkularisierung der polnischen Gesellschaft. Der Einfluss der Alten in der Bevölkerung ging langsam, aber unaufhaltsam zurück, und die Jugend war durch die neuen Medien, die internationalen Kontakte und Bildung nicht mehr bereit, den Anweisungen der Kirche oder der Propaganda von Radio Maryja zu folgen; die Angleichung der polnischen Gesellschaft an die oft kritisierte westliche Lebensweise war nicht mehr aufzuhalten.

Die Wahlen von 2015 hatten gezeigt, dass sich die Innenpolitik Polens in einem Zustand der Gärung befand. Die *PiS* war mit 37,58 % zwar die stärkste Partei im Sejm geworden, brauchte aber die Unterstützung von zwei anderen Gruppierungen, um die Mehrheit zu erreichen. Die Ministerpräsidentin Beata Szydło war eine Übergangskandidatin, bis der im Hintergrund agierende Parteichef Kaczyński die praktische Politik ihrem Nachfolger Mateusz Morawiecki zuwies. Die äußeren Bedingungen für die Regierung waren gut: Die Wirtschaft wuchs um 5 %, was allmählich den Abstand zu den westlichen Ländern verkürzen sollte; die Sozialpolitik hatte der *PiS* die Zustimmung des ärmeren Teils der Bevölkerung eingebracht. Dies war vor allem dem monatlichen Zuschuss von 500 zl. pro Kind zu verdanken (zunächst ab dem zweiten Kind, dann 2019 schon ab dem ersten), was beim damaligen Kurs mit ca. 117 Euro für viele Familien eine große Hilfe gewesen war. Die Rücknahme der Erhöhung des Renteneintrittsalters war eine weitere Trumpfkarte der Regierung. Auch das national-konservative Programm fand die

Zustimmung weiter Teile der Bevölkerung; dagegen waren die Einschränkungen des Meinungspluralismus in den Medien (TV, Radio und Teile der Presse unter dem Einfluss der Regierung) oder die komplizierten Eingriffe in das Justizwesen für viele unverständlich. Der Weg in eine illiberale Demokratie war zwar beschritten worden, rief aber – mit Ausnahme der Proteste von Frauen gegen eine geplante Änderung des Abtreibungsverbotes – keinen massenhaften Widerstand hervor.

Das lag zu einem guten Teil am Zustand der Opposition im Sejm, die unübersichtlich und zerstritten war. Sie bestand im Wesentlichen aus einem lockeren Bündnis von Politikern und deren Anhang aus drei Gruppierungen, die sich zwar in der Ablehnung der *PiS*-Regierung einig waren, aber im Übrigen programmatisch und personell kaum zusammenfanden. Die Bürgerplattform litt nach dem Abgang von Donald Tusk nach Brüssel unter der Führungsschwäche des Parteichefs Grzegorz Schetyna, der die möglichen Partner nicht an seine umbenannte Bürgerkoalition (*KO – Koalicyja obywatelska*) binden konnte. Die widerstrebenden Interessen und die persönlichen Animositäten konnten zwar für die Wahl zum Senat überbrückt werden, so dass man sich auf je einen gemeinsamen Kandidaten je Sitz geeinigt und dadurch dort die Mehrheit erreicht hatte. Im Ergebnis lagen die Regierungs- und die Oppositionsparteien bei den Sitzen im Sejm ziemlich nahe beieinander, was die Polarisierung der politischen Meinung im Lande widerspiegelte. Der Wahlausgang eröffnete den zweiten Akt des Dramas über das Schicksal des Rechtsstaates in Polen.

Die Wahl zum Sejm am 13. Oktober 2019 brachte der *PiS* den erwarteten Erfolg, denn deren Wahlversprechen hatten die Wähler eher überzeugt als die Uneinigkeit der Oppositionsparteien. Auch die Mahnungen aus dem Ausland, als die Bestrebungen nach einer illiberalen Demokratie verstärkt wurden, hatten keine Wirkung gezeigt. Die

Wirtschaft entwickelte sich positiv, auch wenn der westliche Wohlstand noch ziemlich weit entfernt war; immerhin war die Arbeitslosigkeit mit 3,8 % im Juni 2019 auf dem niedrigsten Stand seit 1989, was den Menschen Sicherheit gab. Dies war die Voraussetzung für die Politik der *PiS*, durch eine Umstrukturierung der staatlichen Organe ihre Pläne eines »guten Wandels« zu intensivieren. Diese Politik hatte den Wahlkampf nicht sehr beeinflusst, denn die Opposition war zu sehr mit sich selbst beschäftigt gewesen. Der Sieg der *PiS* mit 43,6 % war dann auch keine Überraschung; wäre die Opposition dagegen einig gewesen, hätte sie an der *PiS* vorbei die Mehrheit im Sejm erreicht. Positiv war die Wahlbeteiligung, die mit 61,7 % so hoch lag wie seit 1989 nicht mehr; aber das Land war politisch gespalten. Im Senat hatte die Opposition durch eine geschickte Aufstellung gemeinsamer Kandidaten die Mehrheit erreicht. Dies konnte jedoch bei mangelnder Übereinstimmung mit dem Sejm nur eine aufschiebende Wirkung in Sachfragen oder Personalentscheidungen haben. Eine weitere Etappe auf dem Weg in eine illiberale Demokratie stand an.

Für Mai 2020 war die Wahl des Staatspräsidenten geplant, und dem Amtsinhaber Andrzej Duda schien wegen seiner Beliebtheit in der Bevölkerung und des Fehlens eines überzeugenden Gegenkandidaten der Erfolg sicher. Dass es nicht so einfach wurde, war einer übergeordneten Erscheinung zu verdanken: Am 4. März 2020 war in Polen der erste Fall einer Erkrankung gemeldet worden, die als eine Infektion der Atemwege auftrat. Aus China war der Erreger aus der Familie der Coronaviren nach Europa gelangt, wo er in kurzer Zeit die Wirtschaft lahmlegte, da die Lieferketten aus Asien und Europa zusammenbrachen; die Covid-19-Pandemie traf die Länder der Welt schwer. Die Regierung in Polen reagierte schnell und umfassend: Mitte März gab es bereits Ausgangssperren, Schulschließungen, Quarantänevorschriften und eine Abschottung der Grenzen. Während intensiv nach Gegenmitteln gesucht wurde, überzogen nacheinander vier immer gefährlichere Virusvarianten das Land, die in den folgenden zwei Jahren mehr als 120000 Todesfälle zur Folge hatten; im Oktober wurden mehrfach 30000 Ansteckungen pro Tag gemeldet Die Wahl des Präsidenten war unter diesen Umständen kaum durchzuführen. Nach intensiven Debatten über eine Verschiebung der Wahl oder die Einführung der Briefwahl – was beides der Verfassung widersprach – fand die Wahl an zwei Tagen im Juni und Juli 2020 statt. Erwartungsgemäß standen die Kandidaten der *PiS* (Duda) und der *KO* (der Stadtkommandant von Warschau Trzaskowski) einander gegenüber, und Duda siegte mit 51% gegen die 49% seines Kontrahenten. Die Spaltung des Landes in Ost und West, Stadt und Land, alt und jung, religiös und säkular hatte sich bestätigt.

Für die polnische Situation war der geringe zahlenmäßige Unterschied der beiden Blöcke charakteristisch: Die *PiS* wollte die Umgestaltung des Landes vorantreiben, hatte aber die sichere Mehrheit im Sejm durch das Ausscheiden einiger Abgeordneter verloren, was sie durch extreme Maßnahmen auszugleichen versuchte. Dazu gehörte die Verschärfung des Abtreibungsverbots durch ein Urteil des Verfassungsgerichts, aber auch die Versuche, durch materielle Vorteile und Korruption eine »fakultative Mehrheit« für ihre Ziele zu erreichen. Die Opposition war zersplittert, die Gewinnung der Macht war nach der Rückkehr von Donald Tusk in die Politik jedoch schon durch eine geringe Verschiebung der Zahl an Stimmen möglich geworden. Die Stimmung in der Gesellschaft hatte sich verändert: Die hohe Wahlbeteiligung und ein Sturm der Empörung der Frauen, die sich in Massendemonstrationen auf den Straßen der Städte äußerte, zeigten, dass die Zivilgesellschaft aus ihrer Lethargie aufgewacht war und auf eine Führungspersönlichkeit wartete, die diese Kräfte bündeln würde. Die *PiS* wurde von dieser Entwicklung überrascht; auch ihre Möglichkeit, durch Geldzuwendungen und berufliche Vorteile die Zahl ihrer Unterstützer zu vermehren, war dadurch eingeschränkt worden, dass die Zahlungen aus Brüssel – etwa zur Linderung der Schäden durch die Coronapandemie – für Polen ausgesetzt worden waren. Insgesamt handelte es sich dabei um verschiedene Beihilfen, die von der Regierung bereits verplant worden waren. Kritische Stimmen aus der *PiS* sprachen sich gegen den »Rechtsprechungsimperialismus« aus, und einige erwogen sogar den Austritt aus der Europäischen Union. Die Zunahme von Polemik und Hetze – besonders gegen Tusk und Deutschland – durch die von der Regierung beherrschten Medien konnte als Dämmerung der Herrschaft der Partei gedeutet werden.

Eine katastrophale Wendung der politischen Situation brachte am 24. Februar 2022 der Überfall russischer Truppen auf die Ukraine. Der Krieg war nach Europa zurückgekehrt, auch wenn dies in Moskauer Diktion verklausuliert »militärische Spezialoperation« genannt wurde. Polen war als Nachbarland sofort betroffen, materiell und emotional, weil sogleich Flüchtlinge aus der Ukraine eintrafen, deren Zahl in kurzer Zeit auf über drei Millionen Menschen anschwoll, die in Polen Aufnahme und Hilfe fanden. Insgesamt würden bis Ende des Jahres 7 Millionen Ukrainer nach Polen geflohen sein, mehrheitlich Frauen und Kinder, von denen 5 Millionen nach einer Übergangszeit in die Heimat zurückkehrten. An die Stelle des Streits über historische Konflikte trat die polnische Fürsprache für eine Aufnahme der Ukraine in die Europäische Union und die NATO – was als Versprechen für die Zukunft galt. Für die Verteidigung lieferte Polen rasch Waffen und Munition, besonders aus alten Sowjetbeständen, drängte aber die deutsche Regierung auf die Bereitstellung moderner Waffen, was Berlin sehr zögerlich und nur in Absprache mit anderen Verbündeten zusagte.

Die Wahlen für den Sejm und den Senat waren für den 15. Oktober 2023 angesetzt; der Wahlkampf der letzten

Monate davor war brutal und hässlich, voll Hass und Häme von Seiten der Regierungsparteien. Für sie betrieben die staatlichen Sender offene Werbung und suchten dem Hauptgegner Tusk durch Verleumdungen zu schaden. Es lag ein Wechsel in der Luft, denn das Wahlvolk war nach zwei Legislaturperioden, nach vielen Berichten über Korruption und Bereicherung zugunsten der Regierungsparteien der Propaganda müde geworden. So war das Ergebnis der Wahl, welche die geeinten Oppositionsparteien unter Tusk mit 53,1 % der Stimmen und 218 Sitzen von 460 im Sejm gewannen, keine Überraschung. Die *PiS* war mit 35,38 % der Stimmen zwar wieder die stärkste Partei geworden, besaß aber mit nur 194 Sitzen keine Mehrheit mehr. Die Hauptüberraschung aber war die Wahlbeteiligung von 74 % für Sejm und Senat, die größte jemals in Polen gemessene; die Frauen mit ihren Demonstrationen und die Jugend mit ihrem offenen Weltbild hatten den Stimmungswechsel zugunsten der bisherigen Opposition bewirkt.

Der Übergang der Regierungsgewalt an die neue Mehrheit brachte noch einmal eine politische Hakelei, denn der Staatspräsident Duda gab den Auftrag zur Regierungsbildung dem bisherigen Ministerpräsidenten Morawiecki, obwohl die Gegenseite mit ihrer Mehrheit bereits eine informelle Regierung beschlossen hatte. Rechtlich war das Vorgehen nicht zu beanstanden, es verschaffte aber der *PiS* noch einen Monat an der Macht, ehe dann Tusk gewählt wurde; man munkelte, dass in dieser Zeit noch Anhänger der alten Regierung befördert und Akten bereinigt werden konnten.

Der Übergang zu einer neuen Regierungspolitik war schwer, denn die Regeln der Rechtsstaatlichkeit mussten auch dort beachtet werden, wo die Verhältnisse und Neueinstellungen der alten Regierung unter Bruch der Verfassungsregeln zustande gekommen waren. Außerdem mussten in der neuen Regierung erst einmal die Pläne abgestimmt und die Verfahren geklärt werden. Als eine der ersten Maßnahmen veränderte der Ministerpräsident Tusk die Leitung des staatlichen Fernseh- und Radiosenders, so dass die Nachrichten und anderen Sendungen den Regeln der freien Journalistik und der Fairness entsprachen. Die Proteste der *PiS* dagegen waren pure Heuchelei und wirkungslos, aber selbst der Staatspräsident sprach von einem »Terror der Rechtsstaatlichkeit«.

Dies sah die Außenwelt indes anders. Da noch schwierige Verfahren zu bewältigen, Gesetze und Vorgehensweisen den Vorgaben der Europäischen Union und des Europäischen Gerichtshofes anzupassen waren, trat Brüssel in Vorleistung und gab Teile der gesperrten Hilfsgelder in einer Gesamtsumme von 110 Milliarden Euro frei. Polen war zurück in der Gemeinschaft der europäischen Partner; das Verhältnis zum deutschen Nachbarn wurde wieder freundschaftlich, auch wenn Kaczyński den Ministerpräsidenten Tusk nach dessen Vereidigung im Sejm als »deutschen Agenten« bezeichnete. Bis zu einer wirklichen Normalisierung der politischen Verhältnisse in Polen war indes noch ein weiter Weg zu gehen.

Die Geschichte der Polen im 20. Jahrhundert ist durch viele Peripetien gekennzeichnet. Am Anfang des Jahrhunderts war das Land geteilt und Objekt der Politik der Teilungsmächte. Das glückliche Kriegsende 1918 brachte unverhoffte Möglichkeiten der Staatsgründung und der Festlegung der Grenzen zu Lasten seiner Nachbarn. In der Zwischenkriegszeit war das Land mit fast allen Nachbarn zerstritten und zerrissen in seinem Innern. Der Zweite Weltkrieg machte es erneut zum Opfer seiner großen Nachbarn und bedrohte die physische Existenz des polnischen Volkes. Am Ende des Weltkrieges erhielt es nicht seine Freiheit, sondern wurde durch Stalin in ein System von Satellitenstaaten eingebunden. Erst 1989 ging eine Zeit der Unruhen und Unterdrückung zu Ende, die es gerechtfertigt erscheinen lässt, von einem Ende der Nachkriegszeit des Ersten Weltkrieges zu sprechen. Durch den Transformationsprozess begab sich Polen auf den Weg zu einer »normalen« Mitgliedschaft der europäischen Staatengemeinschaft. Die demokratische Verfassung des Landes mit einer pluralistischen Gesellschaft, Toleranz und Offenheit für die Modernisierung sind die Voraussetzung für die Überwindung der Vergangenheit und die Gewinnung der Zukunft.

Anhang

Abkürzungen

AK	*Armia Krajowa* (Armee im Lande)
AL	*Armia Ludowa* (Volksarmee)
AWS	*Akcja Wyborcza Solidarność* (Wahlaktion Solidarität)
BBWR	*Bezpartyjny Blok Współpracy z Rządem* (Parteiloser Block der Zusammenarbeit mit der Regierung), in der Dritten Republik: *Bezpartyjny Blok Wspierania Reform* (Parteiloser Block der Unterstützung der Reformen)
DiP	*Doświaczenie i Przyszłość* (Klub »Erfahrung und Zukunft«)
FJN	*Front Jedności Narodu* (Front der Nationalen Einheit)
GL	*Gwardia Ludowa* (Volksgarde, später AL)
KKP	*Krajowy Komitet Porozumiewawczy* (Landesverständigungskomitee)
KGB	*Komitet Gosudarstvennoj Bezopasnosti* (Komitee für Staatssicherheit; sowjetischer Geheimdienst)
KO	*Komitet Obywatelski* (Bürgerkomitee)
KOR	*Komitet Obrony Robotników* (Komitee zur Verteidigung der Arbeiter)
KPdSU	Kommunistische Partei der Sowjetunion
KPN	*Konfederacja Polski Niepodległej* (Konföderation Unabhängiges Polen)
KPP	*Komunistyczna Partia Polska* (Polnische Kommunistische Partei)
KRN	*Krajowa Rada Narodowa* (Landesnationalrat)
KSS	*Komitet Samoobrony Społecznej* (Komitee für gesellschaftliche Selbstverteidigung)
KSZE	Konferenz für Sicherheit und Zusammenarbeit in Europa
KUL	*Katolicki Uniwersytet Lubelski* (Katholische Universität Lublin)
LiD	*Lewica i demokraci* (Wahlbündnis »Linke und Demokraten«)
LPR	*Liga Polskich Rodzin* (Liga Polnischer Familien)
ND	*Stronnictwo Demokratyczno-Narodowego* (Nationaldemokratische Partei)

NKN	*Naczelni Komitet Narodowy* (Oberstes Nationalkomitee)
NSZ	*Narodowe Siły Zbrojne* (Nationale Streitkräfte)
OUN	*Organizacja Ukraińskich Narodowców* (Organisation Ukrainischer Nationalisten)
OZN	*Obóz Zjednoczenia Narodowego* (Lager der Nationalen Einigung)
PAN	*Polska Akademia Nauk* (Polnische Akademie der Wissenschaften)
PiS	*Prawo i Sprawiedliwość* (»Recht und Gerechtigkeit«)
PKWN	*Polski Komitet Wyzwolenia Narodowego* (Polnisches Komitee der nationalen Befreiung)
PO	*Platforma Obywatelska* (Bürgerplattform)
POW	*Polska Organizacja Wojskowa* (Polnische Militärorganisation)
PPR	*Polska Partia Robotnicza* (Polnische Arbeiterpartei)
PPS	*Polska Partia Socjalistyczna* (Polnische Sozialistische Partei)
PRL-bis	»eine zweite Volksrepublik«
PRON	*Patriotyczny Ruch Odrodzenia Narodowego* (Patriotische Bewegung der nationalen Wiedergeburt)
PRT	*Polski Rząd Tymczasowy* (Polnische Provisorische Regierung)
PRZN	*Polski Rząd Zjednoczenia Narodowego* (Regierung der Nationalen Einheit)
PSL	*Polskie Stronnictwo Ludowe* (Polnische Volkspartei; Bauernpartei)
PVAP	Polnische Vereinigte Arbeiterpartei
PZPR	*Polska Zjednoczona Partia Robotnicza* (Polnische Vereinigte Arbeiterpartei)
RGW	Rat für gegenseitige Wirtschaftshilfe
RJN	*Rada Jedności Narodowej* (Rat der nationalen Einheit)
ROPCiO	*Ruch Obrony Praw Człowieka i Obywatela* (Bewegung zur Verteidigung der Menschen- und Bürgerrechte)
SChL	*Stronnictwo Chrześcijańsko-Ludowe* (Christliche Volkspartei)
SD	*Stronnictwo Demokratyczne* (Demokratische Partei)
SdRP	*Socjaldemokracja Rzeczypospolitej Polski* (Sozialdemokratie der Republik Polen)

SDKPiL	*Socjaldemokracja Królewstwa Polski i Litwy* (Sozialdemokratie des Königreiches Polen und Litauens)
SLD	*Sojusz Lewicy Demokratycznej* (Demokratische Linksallianz)
SN	*Stronnictwo Narodowe* (Nationalpartei)
SP	*Stronnictwo Pracy* (Partei der Arbeit)
TKN	*Towarzystwo Kursów Naukowych* (Gesellschaft für wissenschaftliche Kurse)
UB	*Urząd Bezpieczeństwa* (Amt für Sicherheit, Geheimpolizei)
UD	*Unia Demokratyczna* (Demokratische Union)
UP	*Unia Pracy* (Arbeitsunion)
UW	*Unia Wolności* (Freiheitsunion)
WRON	*Wojskowa Rada Wyzwolenia Narodowego* (Militärrat der Nationalen Errettung)
ZBoWiD	*Związek Bojowników o Wolności i Demokrację* (Verband der Kämpfer für Freiheit und Demokratie)
ZChN	*Zjednoczenie Chrześcijańsko-Narodowe* (Christlichnationale Vereinigung)
ZK	Zentralkomitee
ZSL	*Zjednoczone Stronnictwo Ludowe* (Vereinigte Volkspartei; Bauernpartei)
ZWZ	*Związek Walki Zbrojniej* (Verband für den bewaffneten Kampf)

Literaturhinweise

Hilfsmittel und Gesamtdarstellungen

Bardach, Juliusz / Leśnodorski, Bogusław / Pietrzak, Michał (Hrsg.): Historia państwa i prawa polskiego [Geschichte des polnischen Staates und Rechtes]. Warszawa 1976.

Conrad, Norbert (Hrsg.): Deutsche Geschichte im Osten Europas. Schlesien. Berlin 1994.

Davies, Norman: God's Playground. A History of Poland. 2 Bde. Oxford 1981.

– Im Herzen Europas. Geschichte Polens. München ²2000.

Dworzaczek, Włodzimierz: Genealogia [Genealogie]. 2 Bde. Warszawa 1959.

Encyklopedia Historii Polski. Dzieje polityczne [Enzyklopädie der Geschichte Polens. Politische Geschichte]. 2. Bde. Warszawa 1994.

Haumann, Heiko: Geschichte der Ostjuden. München ³1991.

Hellmann, Manfred: Grundzüge der Geschichte Litauens und des litauischen Volkes. Darmstadt ⁴1990.

Hellmann, Manfred: Daten der polnischen Geschichte. München 1985.

Heyde, Jürgen: Geschichte Polens. München 2006.

Hoensch, Jörg K.: Geschichte Polens. 3., neu bearb. und erw. Aufl. Stuttgart 1998.

Jaworsky, Rudolf / Lübke, Christian / Müller, Michael G.: Eine kleine Geschichte Polens. Frankfurt a. M. 2000.

Kappeler, Andreas: Kleine Geschichte der Ukraine. München 1994.

Kobylińska, Ewa / Lawaty, Andreas / Stephan, Rüdiger: Deutsche und Polen. 100 Schlüsselbegriffe, München/Zürich 1992.

Kubiczek, Franciszek (Hrsg.): Historia Polski w liczbach [Geschichte Polens in Zahlen]. Warszawa 1993.

Lawaty, Andrea / Orłowski, Hubert (Hrsg.): Deutsche und Polen. Geschichte, Kultur, Politik. München 2003.

Lukowski, Jerzy / Zawadzki, Hubert: A Concise History of Poland. Cambridge 2000.

Mączak, Antoni [u. a.]: Od plemion do Rzeczypospolitej. Naród, państwo, terytorium w dziejach Polski [Von den Stämmen zur

Republik. Nation, Staat, Territorium in der Geschichte Polens]. Warszawa 1996.
Magocsi, P. R.: A History of Ukraine. Toronto 1996.
Miłosz, Czesław: The History of Polish Literature. Berkeley (Cal.) 1983.
Pogoniowski, Iwo Cyprian: Poland. A Historical Atlas. New York 1998.
Rhode, Gotthold: Kleine Geschichte Polens. Darmstadt 1965.
Samsonowicz, Henryk: Polens Platz in Europa. Osnabrück 1997.
Skodlarski, Janusz: Zarys historii gospodarczej Polski do 1939 roku [Abriss der Wirtschaftsgeschiche Polens bis 1939]. Warszawa 1995.
Subtelny, O.: Ukraine. A History. Toronto 1988.
Tymowski, Michał / Kieniewicz, Jan / Holzer, Jerzy: Historia Polski. Paris 1986.
Wandycz, Piotr S.: The Price of Freedom. A History of East Central Europe from the Middle Ages to the Present. [2]London / New York 2001.
Weinryb, Bernhard D.: The Jews of Poland. A Social and Economic History of the Jewish Community in Poland from 1100 to 1800. Philadelphia 1973.
Wieczorek, Alfried / Hinz, Hans-Martin (Hrsg.): Europas Mitte um 1000. Handbuch zur Ausstellung. 2 Bde. Stuttgart 2000.

Piastenzeit

Górecki, Piotr: Economy, Society, and Lordship in Medieval Poland, 1100–1250. New York / London 1992.
Kłoczowski, Jerzy: Historia Polski do końca XV wieku [Geschichte Polens bis zum Ende des 15. Jahrhunderts]. Lublin 2000.
Ludat, Herbert: An Elbe und Oder um das Jahr 1000. Wien 1971.
– Slaven und Deutsche im Mittelalter. Wien 1982.
Manteuffel, Tadeusz: The Formation of the Polish State: The Period of Ducal Rule, 963–1194. Detroit 1982.
Rowell, S. C.: Lithuania Ascending: A Pagan Empire within East-Central Europe, 1295–1345. Cambridge 1994.
Schneidmüller, Bernd / Weinfurter, Stefan (Hrsg.): Otto III. – Heinrich II. Eine Wende? Sigmaringen 1997.

Zeit der Jagiellonen

Czapliński, Władysław (Hrsg.): The Polish Parliament at the Summit of its Development (Sixteenth to seventeenth Centuries). Wrocław [u. a.] 1985.
Dembkowski, H.: The Union of Lublin: Polish Federalism in the Golden Age. New York 1982.
Fedorowicz, J. K. (Hrsg.): A Republic of Nobles. Studies in Polish History to 1864. Cambridge 1984.
Frost, R.: The Northern Wars: War, State and Society in North-Eastern Europe 1558–1721. London 2000.
Kamiński, Andrzej Sulima: Historia Rzeczypospolitej wielu narodów [Geschichte der Republik der vielen Völker]. 1505–1795. Lublin 2000.
Schmidt, Christoph: Auf Felsen gesät. Die Reformation in Polen und Livland. Göttingen 2000.
Schramm, Gottfried: Der polnische Adel und die Reformation. 1548–1607. Wiesbaden 1965.

Die Adelsrepublik

Bogucka, Maria: The Lost World of the »Sarmatians«. Warszawa 1996.
Hoensch, Jörg K.: Sozialverfassung und politische Reform. Polen im vorrevolutionären Zeitalter. Köln/Wien 1973.
Lukowski, Jerzy: The Partitions of Poland 1772, 1793, 1795. London 1999.
Michalski, Jerzy (Hrsg.): Historia sejmu polskiego. Tom I: Do schyłku szlacheckiej Rzeczypospolitej [Geschichte des polnischen Reichstags. Bd. I: Bis zum Ende der Adelsrepublik]. Warszawa 1984.
Müller, Michael G.: Die Teilungen Polens. 1772, 1793, 1795. München 1984.
Tazbir, Janusz: Kultura szlachecka w Polsce. Rozkwit, upadek, relikty [Adelskultur in Polen. Blüte, Niedergang, Relikte]. Warszawa 1983.
– (Hrsg.): Polska XVII wieku. Państwo, społeczeństwo, kultura [Polen im 17. Jahrhundert. Staat, Gesellschaft, Kultur]. Warszawa 1969.

Zamoyski, A.: The Last King of Poland. London 1999.
Zank, W.: The German Melting-Pot: Multiculturality in Historical Perspective. Basingstoke 1998.

Polen als geteiltes Land

Bromke, A.: Poland's Politics: Idealism vs. Realism. Cambridge (Mass.) 1967.
Broszat, Martin: Zweihundert Jahre deutsche Polenpolitik. Frankfurt a. M 1971.
Dylągowa, Hanna: Historia Polski [Geschichte Polens]. 1795–1990. Lublin 2000.
Eile, S.: Literature and Nationalism in Partitioned Poland, 1795–1918, Basingstoke 2000.
Eisenbach, A.: The Emancipation of the Jews in Poland, 1780–1870. Oxford 1992.
Fountain, A.V.: Roman Dmowski: Party, Tactics, Ideology, 1895–1907. Boulder (Col.) 1980.
Gill, Arnon: Freiheitskämpfe der Polen im 19. Jahrhundert. Frankfurt a. M. 1997.
Hagen, William W.: Germans, Poles and Jews. The Nationality Conflict in the Prussian East. 1772–1914. London 1980.
Hahn, Hans Henning: Außenpolitik in der Emigration. Die Exildiplomatie Adam Czartoryskis 1830–1840. München/Wien 1978.
Jedlicki, J.: A Suburb of Europe: Nineteenth Century Polish Approaches to Western Civilization. Budapest 1999.
Kieniewicz, Stefan: Historia Polski [Geschichte Polens]. 1795–1918. Warszawa 1983.
Lemke, Heinz: Allianz und Rivalität. Die Mittelmächte und Polen im Ersten Weltkrieg. Berlin 1977.
Mark, Rudolf: Galizien unter österreichischer Herrschaft. Marburg 1994.
Pajewski, Janusz: Odbudowa państwa polskiego [Wiederaufbau des polnischen Staates]. Warszawa ²1980.
Thaden, E. C.: Russia's Western Borderlands 1710–1870. Princeton (N. J.) 1984.
Trzeciakowski, L.: The *Kulturkampf* in Prussian Poland. Boulder (Col.) 1990.

Walicki, Andrzej: Poland Between East and West. The Controversies of Self-Definition and Modernization in Partitioned Poland. Cambridge (Mass.) 1994.
Wandycz, Piotr S.: The Lands of Partitioned Poland. 1795–1918. Seattle 1974.
Zamoyski, A.: Holy Madness. Romantics, Patriots and Revolutionaries, 1776–1871. London 1999.
Zieliński, Zygmunt: Kościół i naród w niewoli [Kirche und Nation in der Unfreiheit]. Lublin 1995.

Polen im 20. Jahrhundert

Bingen, Dieter: Die Republik Polen. Eine kleine politische Landeskunde. Bonn 1998.
Broszat, Martin: Nationalsozialistische Polenpolitik. 1939–1945. Stuttgart 1961.
Curry, J. L. / Fajfer, L. (Hrsg.): Polands Permanent Revolutions: Peoples vs. Elites, 1956–1990. Lawrence (Kans.) 1996.
Czubiński, Antoni: Historia Polski XX wieku [Geschichte Polens im 20. Jahrhundert]. Poznań 2000.
Garliński, Józef: Poland in the Second World War. London 1985.
Holzer, Jerzy: »Solidarität«. Die Geschichte einer freien Gewerkschaft in Polen. München 1985.
Jędrzejewski, W.: Piłsudski. A Life for Poland. New York 1982.
Karpiński, Janusz: Poland since 1944. Boulder (Col.) 1995.
Kaser, M. C. / Radice, E. (Hrsg.): The Economic History of Eastern Europe. 1919–1975. Oxford 1986.
Kersten, K.: The Establishment of Communist Rule in Poland. 1943–1948. Berkeley (Cal.) 1991.
Kühne, Hartmut: Das Jahrzehnt der Solidarność. Die politische Geschichte Polens 1980–1990. Berlin 1999.
Lawaty, Andreas / Mincer, Wiesław (Hrsg.): Deutsch-polnische Beziehungen in Geschichte und Gegenwart. Bibliographie 1900–1998. Wiesbaden 2000.
Luks, Leonid: Katholizismus und politische Macht im kommunistischen Polen. 1945–1989. Die Anatomie einer Befreiung. Köln [u. a.] 1993.
Madajczyk, Czesław: Die Okkupationspolitik Nazideutschlands in Polen 1939–1945. Berlin 1987.

Polonsky, Anthony: Politics in Independent Poland. 1921–1939. Oxford 1972.

Riekhoff, Hans von: German-Polish Relations 1918–1933. Baltimore/London 1971.

Roos, Hans: Geschichte der Polnischen Nation. 1918–1985. Von der Staatsgründung im Ersten Weltkrieg bis zur Gegenwart. 4., überarb. und erw. Aufl., fortgef. von Manfred Alexander. Stuttgart [u. a.] 1986.

Siedlarz, Jan: Kirche und Staat im kommunistischen Polen. 1945–1989. Paderborn [u. a.] 1996.

Wöhlke, Wilhelm (Hrsg.): Länderbericht Polen. Bonn 1991.

Ziemer, Klaus: Polens Weg in die Krise. Eine politische Soziologie der »Ära Gierek«. Frankfurt a. M. 1987.

Polen in der Europäischen Union

Polen-Analyse. Hrsg. vom Deutschen Polen-Institut in Darmstadt. Nr. 1 2006. Als PDF fortlaufend unter www.laender-analysen.de/polen.

Vetter, Reinhold: Das Bollwerk des Katholizismus wankt. Rapide Säkularisierung in Polen. Baden-Baden 2021. (Wissenschaftliche Beiträge aus dem Tectum Verlag. Reihe Geschichtswissenschaft. 51.)

– Polen im 21. Jahrhundert. Angekommen im europäischen Gemeinwesen – oder unterwegs auf nationalistischen Sonderwegen? Baden-Baden 2023.

Ziemer, Klaus: Das politische System Polens. Eine Einführung. Wiesbaden 2013.

Verzeichnis der Karten

Personenregister

Zum Autor

MANFRED ALEXANDER, Jahrgang 1939, studierte in Köln Germanistik, Geschichte, osteuropäische Geschichte, Philosophie und vergleichende Sprachwissenschaft. Nach dem Staatsexamen (1964) folgten 1968 die Promotion zum Dr. phil., 1976 die Habilitation und 1983 die Ernennung zum Professor für osteuropäische Geschichte an der Universität zu Köln. Buchveröffentlichungen: *Der deutsch-tschechoslowakische Schiedsvertrag von 1925 im Rahmen der Locarno-Verträge* (1970); *Der Petraševskij-Prozeß. Eine »Verschwörung der Ideen« und ihre Verfolgung im Rußland von Nikolaus I.* (1979); *Deutsche Gesandtschaftsberichte aus Prag. Innenpolitik und Minderheitenprobleme in der Ersten Tschechoslowakischen Republik. 1918–1932* (Band 1, 1983; Bd. 2, 2004; Bd. 3 auf CD-ROM beim Verfasser); *Quellen zu den deutsch-tschechischen Beziehungen 1848 bis heute* (2005); *Kleine Geschichte der böhmischen Länder* (2008). Bearbeitung und Fortführung von: Hans Roos, *Geschichte der Polnischen Nation. 1918–1985* ([4]1986); Günther Stökl, *Russische Geschichte von den Anfängen bis zur Gegenwart*, 7., vollständig überarbeitete und aktualisierte Auflage, Stuttgart 2009.